»So ist im katholischen Gesellenverein Billerbeck
im Jahre 1927 viel geleistet worden,
und wir dürfen mit Berechtigung hoffen,
daß in dieser Beziehung unter der zielsicheren
Führung unseres lieben Präses Keßen
im neuen Jahre ebenso viel und ebenso wertvolle
und interessante Arbeit vollbracht werden wird –
Gott zur Ehre und den Gesellen zum Vorteil.«

*(Chronik des Katholischen Gesellenvereins
Billerbeck 1922–1935, Seite 36)*

Heiner Johannes Wirtz

Katholische Gesellenvereine und Kolpingsfamilien im Bistum Münster 1852–1960

»Gott zur Ehre
und den Gesellen zum Vorteil«

Aschendorff Münster

Zu den Abbildungen auf dem Einband:
Vorne: Die Schreinerfachabteilung des KGV Münster, 1897
Hinten links: Adolph Kolping
Hinten rechts: Die münsterische Abordnung bei der Hundertjahrfeier in Köln, 1949

Gesamtherstellung: Druckhaus Aschendorff, Münster, 1999

Gedruckt auf säurefreiem, alterungsbeständigem Papier ∞

ISBN 3-402-05168-0

Inhalt

Geleitwort des Vorsitzenden des Kolpingwerks Diözesanverband Münster

Das Kolpingwerk Diözesanverband konnte im Januar 1999 ein »kleines Jubiläum« feiern. Vor 140 Jahren ernannte der damalige Bischof von Münster Johann Georg Müller den Kaplan an St. Aegidii und Präses des kath. Gesellenvereins Johann Reinermann zum ersten Diözesanpräses der bestehenden Gesellenvereine im Bistum Münster. Mit dieser Ernennung erfolgte zugleich die Gründung unseres Diözesanverbandes.

Das nun vorliegende Buch dokumentiert die Anfänge, das Werden und Wachsen unseres Verbandes. Sehr anschaulich wird der Wandel, den es auf Grund von gesellschaftlichen, politischen und kirchlichen Entwicklungen gegeben hat, aufgezeigt und damit die Entwicklung vom Verband kath. Gesellenvereine zum heutigen Kolpingwerk dargestellt.

Wir freuen uns darüber, daß Heiner J. Wirtz trotz schwieriger Aktenlage im Rahmen seiner Inauguraldissertation sich dem Thema »Katholische Gesellenvereine und Kolpingsfamilien im Bistum Münster 1852–1960« gestellt hat. Mit langem Atem hat er besonders vor Ort in den Archiven unserer Kolpingsfamilien geforscht, Gespräche mit Kolpingmitgliedern geführt und daraus ein Bild unseres Verbandes gezeichnet. Dafür gilt ihm unser herzlicher Dank. Der Mitgliederversammlung des rechtsfähigen Vereins – Kolpinghaus Münster danken wir für die Bereitstellung der finanziellen Mittel.

Das Kolpingwerk Deutschland befindet sich in einem innerverbandlichen Dialogprozeß »Kolping 2000«. Dieser Dialogprozeß dient dazu, mit möglichst vielen Kolpingsfamilien und überörtlichen Gliederungen über Grundlagen und unser Selbstverständnis sowie zukünftigen Aufgaben ins Gespräch zu kommen. Durch die Bundesversammlung im Jahr 2000 in Dresden soll als Ergebnis dieses Dialogprozesses ein Leitbild verabschiedet werden. Darin wollen wir als katholischer Sozialverband zum Ausdruck bringen, wer wir sind, was wir wollen und was wir tun. Das Sprichwort »Zukunft braucht Herkunft« lädt ein, sich im Rahmen dieses Dialogprozesses auch auf das zu besinnen, was unseren Verband geprägt hat, wo wir unsere Wurzeln haben. So ist das vorliegende Buch zugleich ein wertvoller Beitrag für unseren innerverbandlichen Dialogprozeß. Wir würden uns freuen, wenn dieses Buch auf ein breites Interesse stoßen würde, neugierig macht, noch mehr zu erfahren über das, was das Kolpingwerk im Bistum Münster in den vergangenen 140 Jahren in Gesellschaft und Kirche geleistet und bewegt hat.

Für den Diözesanvorstand

Ulrich Vollmer
Diözesanvorsitzender
Münster/Coesfeld, im Frühsommer 1999

Vorwort

Das hier vorliegende Buch enthält die leicht überarbeitete Fassung der Arbeit, die im Wintersemester 1998/99 unter dem Titel »›Gott zur Ehre und den Gesellen zum Vorteil‹ – Katholische Gesellenvereine und Kolpingsfamilien im Bistum Münster, 1852–1960« von der Katholisch-Theologischen Fakultät der Westfälischen Wilhelms-Universität Münster als Dissertation angenommen wurde. An dieser Stelle ist nun endlich Raum und Gelegenheit, den vielen Menschen zu danken, die von der ersten Anregung bis zum Druck großen und entscheidenden Anteil an der Entstehung hatten.

Die Einladung von Prof. Dr. Arnold Angenendt, bei ihm zu promovieren, kam für mich sehr überraschend. Für das Vertrauen in mich, eine solche Arbeit zu bewältigen, schulde ich ihm, dem überzeugenden Kirchenhistoriker und überzeugten Niederrheiner, ganz besonderen Dank. Kritische Unterstützung diesbezüglich kam von Prof. Dr. Andreas Holzem, der mich in vielerlei Hinsicht »auf den Weg gebracht« hat. Die eigentliche Betreuung meiner Arbeit übernahm dann Prof. Dr. Wilhelm Damberg. Er beriet von der Ausgangskonzeption bis zur Verlagssuche, hatte immer ein offenes Ohr und half mir über Tiefpunkte hinweg. Seine Menschlichkeit suchte im akademischen Betrieb ihresgleichen, sein Enthusiasmus für die Sache der Katholizismusforschung wirkte ansteckend und motivierte ungemein. Zusätzliche wertvolle Anregungen und Hilfestellungen leistete der Arbeitskreis für kirchliche Zeitgeschichte in Münster (AKKZG), der über den Tellerrand der Theologie hinausblicken ließ und neue Horizonte eröffnete. Ähnliches gilt für den Schwerter Arbeitskreis Katholizismusforschung, der überdies internationale Vergleichsdimensionen bot. Außerdem halfen mir Mitglieder beider Arbeitskreise bei der Literaturrecherche und bei der Korrektur der Entwürfe.

Ein weiterer ›Vater‹ dieser Arbeit ist auch das Kolpingwerk Diözesanverband Münster, und hier ganz besonders dessen Vorsitzender Ulrich Vollmer. Er bemühte sich um die finanzielle Unterstützung des Projektes, er schuf die wichtigen Kontakte innerhalb des Verbandes und gab als ›Kolpinginsider‹ wichtige Hinweise bezüglich meiner Ausführungen. Fast alles, was den Untersuchungsgegenstand betraf und nicht über öffentliche Archive zugänglich war, wurde durch ihn vermittelt. Viele Stunden haben wir diskutiert und zusammen nach weiteren Quellen und Zeitzeugen gesucht. Dennoch fühlte ich mich inhaltlich niemals bedrängt, so daß die Arbeit nicht zur Hofberichterstattung, oder, wie es ein Kollege formulierte, zum ›König-David-Report‹ mutierte. Den vielen Kolpingsfamilien, die mich überaus freundlich aufnahmen und mir ihre Unterlagen zur Verfügung stellten, sei an dieser Stelle ganz besonders gedankt. Ohne die Sorgfalt und Akribie von Vorsitzenden, Protokollführern und ehrenamtlichen Archivaren vor Ort wäre wahrscheinlich überhaupt kein Quellenmaterial mehr vorhanden und die Geschichte des Kolpingwerks im Bistum Münster nicht mehr nachzuzeichnen. Auch den Leitern und Mitarbeitern der von mir aufgesuchten öffentlichen Archive gilt mein Dank, vor allem Herrn Franz

Lüttgen vom Archiv des Kolpingwerks Deutscher Zentralverband in Köln. Abgerundet wurden meine Recherchen durch Gespräche mit Zeitzeugen, von denen ich an dieser Stelle Theo Grünewald, Bernhard Kohlstedte, Wilhelm Otto und Johannes Schmithausen herausheben möchte. Der rechtsfähige Verein Kolpinghaus Münster übernahm unbürokratisch und großzügig die Finanzierung des Projektes.

Alle fachlichen und finanziellen Hilfen wären aber ins Leere gelaufen, hätte ich nicht ein privates Netz gehabt, das mich immer wieder aufgefangen und getragen hat. Zu nennen sind hier meine Familie, Cläre und Hans Wirtz, Bernd Wirtz und Marion von Kannen-Wirtz, und die Freundinnen und Freunde früherer und späterer Phasen des Projektes, vor allem Ulrich Eimer, Ulrike Hecker, Ira Kroker, Miriam Küppers und Susanne Sommer, ganz besonders aber Marcus Kortmann, dem ich nicht nur den ›ultimativen Frust- und Motivationskalender‹ verdanke.

Allen explizit und implizit Genannten ein herzliches Dankeschön!

Heiner Johannes Wirtz
Mönchengladbach / Xanten,
am Fest der Geburt Johannes des Täufers 1999

Marc, Ulli, Wim
und meiner Familie
gewidmet

Einleitung

Die Bedeutung des katholischen Vereinswesens für die Selbst- und Fremdwahrnehmung des deutschen Katholizismus in den letzten eineinhalb Jahrhunderten ist seit den 1980er Jahren in vielen Arbeiten immer wieder betont worden[1]. Wenn das Katholische Milieu thematisiert wird, dann ist meist auch von den Vereinen und Verbänden als herausragenden Milieukonstituenten die Rede. Entsprechend ausgiebig ist der Gegenstand in neuerer Zeit betrachtet worden. Warum also dann die hier vorliegende Arbeit über die münsterischen Gesellenvereine und Kolpingsfamilien und ihre Organisation in einem Diözesanverband?

Das Kolpingwerk ist nicht irgendein Zusammenschluß katholischer Vereine. Dies gilt gerade für das Bistum Münster, weswegen es viele gute Gründe gibt, das Augenmerk gerade auf diesen Verband zu richten. Da ist zunächst die historische Zeitspanne der Existenz Katholischer Gesellenvereine bzw. – ab 1933 – Kolpingsfamilien im Bistum Münster zu nennen. Der erste Gesellenverein der Diözese wurde in der Stadt Münster schon im Jahr 1852 gegründet, nur wenige Jahre nach der Gründung des ersten Gesellenvereins überhaupt in Elberfeld im Jahr 1846 und des Kölner Zentralvereins im Jahr 1849. Damit steht der münsterische Verein auch am Beginn des die Massen mobilisierenden und sich dann breit auffächernden katholischen Vereinswesens in Deutschland. Die ›Lebenskurve‹ des Katholischen Milieus im Bistum Münster läßt sich durch diese Anfänge kurz nach der 1848er Revolution und deutlich vor der Reichsgründung und dem Kulturkampf in allen Phasen nachzeichnen. Hinzu kommt, daß die historische Entwicklung des Kolpingwerks im Bistum Münster zwar Brüche zu verzeichnen hat, aber keine Lücken. Der preußische Kulturkampf der 1870er und 80er Jahre und die Zeit des Nationalsozialismus haben ebenso wie die beiden Weltkriege zu Beeinträchtigungen, nie aber zur vollständigen Einstellung der Gesellenvereinsarbeit geführt. Das Gerücht, der Verband sei in jenen Krisenzeiten staatlicherseits verboten gewesen, hält sich zwar bis heute hartnäckig unter den Kolpingmitgliedern im Bistum Münster, es ist aber leicht und eindeutig zu widerlegen. Diese frühe und lückenlose Entwicklung der münsterischen Gesellenvereine schafft außerdem Vergleichsmöglichkeiten mit anderen Regionen.

Die Stärke des münsterischen Diözesanverbandes des Kolpingwerks ist ein weiterer Grund, sich dieses Themas anzunehmen. Um die Jahrhundertwende waren dort nämlich schon ca. 6000 Aktive – das heißt ledige Handwerksgesellen zwischen 17 und 35 – und 12000 Ehrenmitglieder, insgesamt also 18000, in 70 Ortsvereinen

[1] Vgl. in diesem Zusammenhang unter anderem: ALTERMATT, Urs: Katholizismus und Moderne. Zur Sozial- und Mentalitätsgeschichte der Schweizer Katholiken im 19. und 20. Jahrhundert (Zürich, 1989); MOOSER, Josef: »Das katholische Vereinswesen in der Diözese Paderborn um 1900 – Vereinstypen, Organisationsumfang und innere Verfassung«, in: Westfälische Zeitschrift 141 (1991), 445–461; OLLIGES-WIECZOREK, Ute: Politisches Leben in Münster – Parteien und Vereine im Kaiserreich (1871–1914) (Münster, 1995).

verzeichnet[2]. Eine Zahl, die sich bis 1960 auf 36000 Mitglieder in 300 Vereinen verdoppelte, bevor sie dann einen Abwärtstrend einschlug[3]. Heute gehören dem Kolpingwerk im Bistum Münster 44000 Mitglieder an[4]. Diese Steigerung liegt an der Öffnung des Verbands Ende der 60er Jahre für Frauen und Kinder. Seit der Zeit des Ersten Weltkriegs war und ist der Diözesanverband Münster damit der größte und mitgliederstärkste im gesamten Kolpingwerk. Seine Stimme hatte und hat im Gesamtverband sehr starkes Gewicht, Entscheidungen des Kölner Generalpräsidiums waren und sind nicht gegen den Willen Münsters zu fällen, und die Diözesanpräsides aus Münster gehörten zu den führenden Köpfen des gesamten Kolpingwerks.

Urs Altermatts immer wieder zitierter Forderung nach einer Erforschung des Katholizismus »von unten und von innen« will auch diese Arbeit folgen[5]. Für das Kolpingwerk gilt es dabei, drei Ebenen in den Blick zu nehmen: die Ebene der Kölner Gesamtverbandsleitung, die der Diözesanverbandsleitung in Münster und schließlich die Basis der Ortsvereine. Alle drei zusammen machen das ›innen‹ aus, letztere zusätzlich das ›unten‹. Soweit die Quellenlage es zuläßt, soll das Zusammenspiel der drei Ebenen in Augenschein genommen werden. Wer traf Entscheidungen, wer setzte Maßstäbe und Trends, wie funktionierte die Kommunikation zwischen den Ebenen, gab es einen abgestuften Erkenntnisstand oder wußten immer alle alles? Diese Fragen sind vor allem in jenen Zeiten von größter Bedeutung, in denen durch äußere Umstände innere Veränderungen vonnöten wurden. Das gilt vor allem für die großen gesellschaftlichen und politischen Umbrüche des 20. Jahrhunderts, konkret gesagt für die Nachkriegszeiten des Ersten und des Zweiten Weltkriegs und die Jahre um 1933. Auf ihrer genaueren Betrachtung liegt deshalb ein Schwerpunkt dieser Arbeit, um letztlich verallgemeinerte Aussagen darüber machen zu können, wie denn das Katholische Milieu insgesamt auf Krisen- und Umbruchszeiten reagierte.

Altermatt hatte die Sozialgeschichtsschreibung des Katholizismus definiert als Perspektive von unten, die Eliten und kirchliche Institutionen dabei aber nicht ausblendet, denn »[e]s geht um die Kultur- und Mentalitätsgeschichte der Durchschnittskatholiken«[6]. Damit die Alltagskultur des durchschnittlichen Kolpingbruders, der zumindest für den Untersuchungszeitraum dieser Arbeit synonym zu setzen ist mit dem durchschnittlichen Katholiken schlechthin – diese These sei hier gewagt –, nicht in der Beschreibung der Zeitläuften, der Umbrüche, Aufbrüche und Krisen außer Sicht gerät, ist ihr im Anschluß an die chronologische Darstellung der Verbandsentwicklung zwischen 1852 und 1960 ein eigener, systematischer Teil gewidmet. Gerade dieser Abschnitt soll die besondere Option der gesamten Arbeit für

2 Vgl. I. Teil Kap. 6 dieser Arbeit.
3 Vgl. II. Teil Kap. 4.5 dieser Arbeit.
4 Auskunft der Diözesanstelle des Kolpingwerks Diözesanverband Münster in Coesfeld, Zahl für 1995.
5 Altermatt, S. 28.
6 Ebd.

eine Perspektive ›von unten‹, von der Basis der Ortsvereine her verdeutlichen. Hierin unterscheidet sie sich von Arbeiten ähnlichen Gegenstands, die in den letzten Jahren erschienen sind[7].

Die ausdrücklich angestrebte Perspektive der Wahrnehmung durch und des Geschehens an der Basis ist zudem eine zur Tugend gewendete Not. Denn das methodologische Ideal einer ständigen Betrachtung der drei Ebenen im Verband steht unter einem klaren Quellenvorbehalt. Leider muß an dieser Stelle nämlich deutlich herausgestellt werden, daß die Lage nicht ideal ist. Für die Basisebene treffen Aufzeichnungsdefizite aus den Anfangsjahren auf Archivalienvernichtungen durch Indifferenz und Fahrlässigkeit im erodierenden Milieu in jüngerer und jüngster Zeit. Der Hauptgrund für die schlechte Quellenlage aber sind die Verluste durch Zerstörungen in Folge des Zweiten Weltkriegs, dem vor allem die zentralen Bestände in Köln und Münster zum Opfer fielen. Generalpräses Hürth schrieb bereits am 27.2.1944 in einem Rundbrief an alle Kolpingsfamilien: »Da bei der Zerstörung unseres Generalsekretariates unser gesamtes Archiv samt der wertvollen Bibliothek restlos verbrannt sind [!] , trotzdem alles im Schutzkeller geborgen schien, bitte ich unsere Kolpingsfamilien, bei ihren Beständen Umschau zu halten.«[8] Was dort im Archiv der Deutschen Kolpingsfamilie, aber auch im Archiv des Kolpingwerks Diözesanverband Münster und im Bistumsarchiv Münster an Quellen den Untersuchungsgegenstand betreffend erhalten ist, geht über Rudimente kaum hinaus. Für das diözesane Verbandsarchiv in Münster kommt erschwerend hinzu, daß fast alles von dem Material, das trotz der Bombenangriffe gerettet werden konnte, beim Aahochwasser des Winters 1947 unbenutzbar oder zerstört wurde. Vieles, was über Programm und Vorgehensweise der Verbandsebenen ›Köln‹ und ›Münster‹ berichtet werden kann, ist den Protokollführern und Vereinsoberen an der Basis zu verdanken, die Periodika und andere Veröffentlichungen der Verbandsleitungen gesammelt haben und in ihren Aufzeichnungen deren Aktivitäten dokumentiert, kommentiert oder gespiegelt haben.

Trotz aller Indifferenz und Fahrlässigkeit im Umgang mit der eigenen Vereins- und Verbandsgeschichte, und entgegen aller kriegsbedingten Verluste, die vor allem die Vereine in den großen Städten, im Industriegebiet und in verheerendem Maße am Niederrhein betreffen, gibt es im Diözesanverband Münster zahlreiche Kolpingsfamilien, die ihre Chroniken, Protokollbücher und Mitgliedslisten zum Teil über einhundertfünfzig Jahre hinweg geführt, gesammelt und bewahrt haben. Viele von ihnen haben ihre Archivalien entweder als Deposita (oder Schenkungen) im Bistumsarchiv Münster, im Archiv des Kolpingwerks Diözesanverband Münster in

[7] Hier sei vor allem genannt: KRIMMER, Ansgar: Der Katholische Gesellenverein in der Diözese Rottenburg 1852–1945 (VdKfZG, Reihe B: Forschungen Bd. 66) (Paderborn etc. 1994). In dieser Arbeit stehen insbesondere die Institutionsgeschichte und die gesellschaftspolitische Außenwirkung des Kolpingwerks im Vordergrund.

[8] Brief des Generalpräses an alle Kolpingsfamilien vom 27.2.1944 (Pfarrarchiv Epe, Kart. 46 – Depositum im Bistumsarchiv Münster).

Coesfeld oder im Heimathaus Telgte der Öffentlichkeit zugänglich gemacht oder waren bereit, sie für die Recherchen zur vorliegenden Arbeit direkt zur Verfügung zu stellen. Herangezogen für die Untersuchung wurden ferner zahlreiche Festschriften der einzelnen Gesellenvereine bzw. Kolpingsfamilien, vor allem solche, die schon vor dem Ersten Weltkrieg erschienen. Sie haben deshalb besondere Bedeutung, weil bei ihrer Erstellung auf heute nicht mehr vorhandene Quellen zugegriffen werden konnte. Auf diese Weise konnte Material aus folgenden Gesellenvereinen bzw. Kolpingsfamilien zusammengetragen werden: Ahlen, Altlünen, Barßel, Beckum, Billerbeck, Bocholt, Buer, Coesfeld, Datteln, Delmenhorst, Dinslaken, Dülmen, Epe, Freckenhorst, Gescher, Lindern, Münster-Zentral, Oldenburg-Stadt, Polsum, Recklinghausen-Zentral, Rheinberg, Rheine, Ruhrort, Telgte, Warendorf, Werne, Wessum. Für die Zeit des Dritten Reichs konnte zudem auf eine Sammlung des Diözesanverbandes zurückgegriffen werden, die aus einer Umfrage bei allen Kolpingsfamilien über ihre Vereinsgeschichte zwischen 1933 und 1945 resultierte, und die in den 1960er Jahren von Diözesanpräses Schmithausen initiiert wurde[9]. Abgerundet wird die Sicht ›von unten‹ durch Interviews mit Zeitzeugen, die noch in der Weimarer Republik einem Katholischen Gesellenverein der Diözese Münster beitraten. Außerdem wurde Pfarrer i.R. Schmithausen als einziger noch lebender Diözesanpräses der Untersuchungszeit befragt.

Wegen der fast vollständigen Zerstörung der Archivbestände der Kölner und münsterischen Verbandszentralen entwickelten sich die Periodika des Kolpingwerks zu den einzigen erhaltenen Quellen, die lückenlos Spitzentreffen und zentrale Entscheidungen protokollierten. Die entsprechenden Findungsprozesse und die Rezeption an der Basis allerdings können dort nur sehr bedingt nachvollzogen werden. Sie sind, wie schon erwähnt, eher aus den Aufzeichnungen der Ortsvereine zu erschließen. Dennoch sind gerade die Kölner Zeitschriften, in den Anfangsjahrzehnten von Kolping persönlich redigiert und herausgegeben, vor allem für die Zeit vor dem Ersten Weltkrieg eine überaus wichtige Fundstelle auch für das Geschehen im münsterischen Diözesanverband[10]. Neben den ›Rheinischen Volksblättern‹, seit 1901 ›Kolpingsblatt‹, seit 1950 ›Kolpingblatt‹ genannt, sind hier vor allem die ›Mitteilungen für die Vorsteher des Katholischen Gesellenvereines‹ zu nennen.

Die wechselnden Namen der Verbandszeitschriften weisen auf das Problem der wechselnden Begrifflichkeiten innerhalb des Kolpingwerks hin. Für die Ortsvereine ist dies noch recht einfach darzulegen. Von den Anfängen bis zum Herbst 1933

[9] Vgl. Sammlung NS-Zeit (Archiv des Kolpingwerks Diözesanverband Münster, Coesfeld). Beiträge folgender Kolpingsfamilien sind dort zu finden: Ahlen, Bocholt-Zentral, Borken, Buer-Erle, Damme, Emsdetten, Epe, Essen i.O., Greffen, Haltern, Kevelaer, Kirchhellen, Kleve, Lüdinghausen, Marl, Mesum, Ochtrup, Raesfeld, Ramsdorf, RE-Hillerheide, RE-Suderwich, Recklinghausen, Rees, Riesenbeck, Steinfeld, Sterkrade, Südlohn, Telgte, Uedem, Vechta, Vreden, Warendorf, Werne, Wesel , Westerholt.

[10] Vgl. in diesem Zshg.: SCHMOLKE, Michael: Adolph Kolping als Publizist. Ein Beitrag zur Publizistik und zur Verbandsgeschichte des deutschen Katholizismus im 19. Jahrhundert (Münster, 1966).

hießen sie ›Katholische Gesellenvereine‹, seitdem ›Kolpingsfamilien‹. Auf der Ebene des (deutschen) Gesamtverbandes hat die Bezeichnung häufiger gewechselt. Nach der Gründung der ersten Gesellenvereine im Rheinland nannte sich deren erster Zusammenschluß im Jahr 1850 ›Rheinischer Gesellenbund‹, ein Name, der aufgrund der raschen Ausbreitung auch über die Rheinschiene hinaus schon ein Jahr später wieder aufgegeben wurde. Der Gesamtverein hieß nun schlichtweg ›Katholischer Gesellenverein‹. Im Jahr 1907 änderte die Generalversammlung der Präsides diese Bezeichnung in ›Verband Katholischer Gesellenvereine‹ um. Mit dem neuen Generalstatut von 1925 wurde der alte Name ›Katholischer Gesellenverein‹ erneut eingeführt, nur, um im Herbst 1933 in ›Deutsche Kolpingsfamilie‹ umgeändert zu werden. Seit 1972 wird nur noch ›Kolpingwerk‹ verwendet, wobei der deutsche Gesamtverband als ›Deutscher Zentralverband‹ geführt wird[11]. In der Umgangssprache des Verbands wurde die Bezeichnung ›Kolpingwerk‹ schon viel früher, auch in den Varianten ›Kolpings Werk‹ und ›das Werk Adolph Kolpings‹, benutzt. In der vorliegenden Arbeit findet sie deshalb für den Gesamtverband, obwohl offiziell erst nach Ende des Untersuchungszeitraums eingeführt, häufiger Verwendung. Die Vereinsmitglieder werden im Folgenden variantenhalber ›Kolpingbruder‹ und ›Kolpingssohn‹ genannt. Auch das entspricht dem sprachlichen Umgang innerhalb des Verbandes[12].

Der Untersuchungszeitraum dieser Arbeit beginnt mit der Gründung des ersten Katholischen Gesellenvereins in der Diözese Münster im Jahr 1852. Dieser Anfangspunkt ergibt sich logisch aus dem Gegenstand der Untersuchung. Der gesetzte Endpunkt 1960 bedarf allerdings einer Erläuterung. Der münsterische Arbeitskreis für kirchliche Zeitgeschichte (AKKZG) hat in der Beschreibung der Lebenskurve des Katholischen Milieus im Gebiet des Bistums Münster dessen Auflösungsphase für die Zeit nach 1955 angesetzt und hinzugefügt: »Bei den berufsständisch orientierten Traditionsverbänden fand die Phase der Nachkriegsexpansion um 1960 ihren Abschluß[.]«[13] In der Tat ist das Jahr 1960 als Wendejahr für die Geschichte des münsterischen Diözesanverbandes des Kolpingwerks anzusehen, wie in dieser Arbeit zu zeigen sein wird[14]. Die nachfolgenden 1960er Jahre brachten dann den Weg-

11 Alle Angaben nach: GENERALSEKRETARIAT DES KATHOLISCHEN GESELLENVEREINS (Hg.): Handbuch des Katholischen Gesellenvereins (Köln, 1929). DEUTSCHE KOLPINGSFAMILIE (Hg.): Handbuch der Deutschen Kolpingsfamilie (Köln, 1960); KOLPINGWERK DIÖZESANVERBAND MÜNSTER (Hg.): 125 Jahre Diözesanverband Münster 1859–1984 (Münster, 1984); GROSINSKI, Klaus: »Katholische Gesellenvereine (KGV) 1846–1945«, in: Dieter Fricke et al. (Hg.): Lexikon zur Parteiengeschichte Bd. 3 (Ostberlin, 1985).

12 Zu beachten ist beim innerverbandlichen Sprachgebrauch das genitivische ›S‹ in Komposita mit dem Namen Kolping. Benutzt wird es bei ›Kolpingsfamilie‹ und ›Kolpingssohn‹, nicht aber bei ›Kolpingbruder‹ und ›Kolpingblatt‹. Bei der letzteren Bezeichnung ist das ›S‹ nach dem Zweiten Weltkrieg weggefallen.

13 ARBEITSKREIS FÜR KIRCHLICHE ZEITGESCHICHTE (AKKZG), »Katholiken zwischen Tradition und Moderne. Das Katholische Milieu als Forschungsaufgabe«, in: Westfälische Forschungen 43/1993, 588–654, hier S. 643.

14 Vgl. II. Teil, Kap. 4.5 dieser Arbeit.

fall milieubedingter Selbverständlichkeiten genauso wie den nun endgültigen Umbau vom Berufsstandsverein zum Familienverband mit sich. Die Zeit der Umbrüche, Aufbrüche und Krisen in Reaktion auf äußere politische und gesellschaftspolitische Entwicklungen und die feste Verankerung im Katholischen Milieu als besondere Merkmale des ersten Jahrhunderts Katholischer Gesellenvereine und Kolpingsfamilien im Bistum Münster waren vorbei.

Die vorliegende Arbeit ist ein Beitrag zur Katholizismusforschung im Bistum Münster. Sie sieht sich als Erweiterung und Ergänzung diesbezüglicher, in den letzten Jahren erschienener bzw. aktuell entstehender Arbeiten. Die im 19. Jahrhundert teilweise parallel zum Vereinswesen verlaufene Entwicklung des Auf- und Ausbaus der Caritas im Bistum Münster hat beispielsweise jüngst Meike Wagener-Esser aufgezeigt. Thomas Schulte-Umbergs Arbeit hat die Priesterausbildung zwischen preußischem Königreich und Drittem Reich zum Inhalt. Beide Arbeiten vertiefen Aspekte, die im Folgenden nur angerissen werden können, nämlich die Entwicklung des späten 19. Jahrhunderts weg von caritativen Einzelinitiativen, auch der Gesellenvereine mit ihren Hospizen, hin zur Großorganisation, mit der das Kolpingwerk nur noch wenige Berührungspunkte hatte, und den Wechsel von Idealbild und Ausbildung des Priesters, der in seiner Eigenschaft als Präses nachhaltig prägend für die Gesellenvereine und Kolpingsfamilien wurde. Christoph Kösters nimmt in seinem Buch »Katholische Verbände und moderne Gesellschaft« vor allem die Zeit des Dritten Reichs in den Blick und beleuchtet dort die Gesamtentwicklung des Bistums Münster, auch die Frage nach Widerstand oder Resistenz, für diese Zeit auf eine Weise, die weit über die Fragestellungen der vorliegenden Arbeit hinausgeht. Eine umfassende Darstellung der Konzepte, Krisen und Entwicklungen in der münsterischen Diözese nach Ende des Untersuchungszeitraums dieser Arbeit bietet Wilhelm Dambergs Buch »Abschied vom Milieu? Katholizismus im Bistum Münster und in den Niederlanden 1945–1980«[15].

[15] Vgl. WAGENER-ESSER, Meike: Geschichte der Caritas im Bistum Münster (Münster, Diss. theol. 1998); SCHULTE-UMBERG, Thomas: Zum Altare Gottes will ich treten (Münster, Diss.theol. 1998); KÖSTERS, Christoph: Katholische Verbände und moderne Gesellschaft. Organisationsgeschichte und Vereinskultur im Bistum Münster 1918 bis 1945 (= VdKfZ B, Bd. 68) (Paderborn etc., 1995); DAMBERG, Wilhelm: Abschied vom Milieu? Katholizismus im Bistum Münster und in den Niederlanden 1945–1980 (= VdKfZ B, Bd. 79) (Paderborn etc., 1997).

I. Teil

Von Adolph Kolping bis zum Ersten Weltkrieg – Die Etablierung des Katholischen Gesellenvereins im Bistum Münster und seine Verankerung im Katholischen Milieu

1. Zur Einführung: Fragen, Hypothesen, Forschungs- und Quellenlage

Am Anfang dieser Arbeit steht der Anfang der Kolpingbewegung im Bistum Münster, weshalb das zu untersuchende Phänomen von seinen Ursprüngen her betrachtet werden kann. Auch der erste Katholische Gesellenverein im münsterischen Bereich ist nicht voraussetzungslos gegründet worden. Die Geschichte der realisierten Idee von einem katholisch-sozialen Verein für Handwerksgesellen war, ehe sie in Münster fußte, schon ein halbes Jahrzehnt alt. Jene sechs Jahre zwischen 1846 und 1852 waren geprägt von den Aufbrüchen und Enttäuschungen der bürgerlichen Revolution. Sie waren für die Gesellenvereinsidee ebenso Jahre des Erfolgs wie auch des Scheiterns und der Bewährung[16].

Die damalige Situation von Staat, Gesellschaft und Kirche in Deutschland allgemein und die Probleme, derer sich der Gesellenverein im besonderen annahm, sind in den letzten dreißig Jahren breit erforscht worden. Hervorzuheben ist hier vor allem die Arbeiter- und Arbeiterbewegungsforschung[17]. Ihr ist allerdings vorzuwerfen, daß sie lange Zeit die kirchlichen Antworten auf die Soziale Frage vernachlässigt hat. Erst mit der Entideologisierung der 1990er Jahre wurden evangelische und katholische Initiativen mit in den größeren Kontext der sozialen Bewegungen des 19. Jahrhunderts eingeordnet und entsprechend ihrer Wirkung gewürdigt[18]. Unbestrittenes Ergebnis dieser Forschungen ist, daß am Anfang der in Deutschland die zweite Hälfte des 19. Jahrhunderts – und in ihrer Langzeitwirkung weite Strecken des 20. Jahrhunderts – beherrschenden Sozialen Frage/Arbeiterfrage das Problem der sozialen Lage der Handwerksgesellen stand. Aus katholischer Position heraus betrachtet heißt dies aber, daß die um Adolph Kolping herum entstehende Gesellenvereinsbewegung zwangsläufig die erste breite sozial-katholische Initiative, auch die erste katholische Arbeiterinitiative darstellt. Dieses Faktum wiederum ist in der katholisch-kirchenhistorischen Literatur lange Zeit vernachlässigt worden.

Die vorliegende Arbeit geht davon aus, daß mit der Gründung des ersten Gesellenvereins in der Diözese Münster quasi der Startschuß für den Sozialkatholizismus in diesem Raum gegeben wurde. Entsprechend ausführlich beschäftigt sie sich mit der münsterischen Gründung von 1852. Im Anschluß kommt die sich aus der schwierigen Grenzziehung zwischen Handwerkern und Gesellen – vor allem im Industriegebiet Rhein-Ruhr – und aus regionalen Unterschieden ergebende Heterogenität der ›früh‹ gegründeten Vereine zur Sprache. Einen ersten wichtigen Einschnitt in der Geschichte der Gesellenvereine stellt der sogenannte Kulturkampf der 1870er und 80er Jahre dar. Hier soll nachgewiesen werden, daß diese Ereignisse für

16 Vgl. hierfür neuerdings: LÜTTGEN, Franz: Johann Gregor Breuer und Adolph Kolping – Studien zur Frühgeschichte des Katholischen Gesellenvereins (Paderborn, 1997).

17 Stellvertretend vor allem für die Bielefelder Schule sei hier Jürgen Kocka genannt.

18 Stellvertretend sei hier genannt: SCHILDT, Gerhard: Die Arbeiterschaft im 19. und 20. Jahrhundert (München, 1996) (= Enzyklopädie Deutscher Geschichte Bd. 36).

die Gesellenvereine im Bistum Münster allerdings nicht so prägend waren, wie im 20. Jahrhundert oft angenommen wurde und wie es für andere katholische Gruppierungen sicherlich zutreffend ist.

Das wilhelminische Kaiserreich zeichnet sich durch eine Annäherung der Katholiken an das deutsche Nationalbewußtsein aus, wobei zu klären bleibt, inwiefern Katholische Gesellenvereine daran beteiligt waren. Außerdem soll die Hypothese, daß mit dem Beginn des Ersten Weltkriegs die Formierungsphase des Katholischen Milieus zu ihrem Ende kam[19], am Beispiel des Milieufragments Gesellenvereine überprüft werden und generell die Korrelation von Katholischen Gesellenvereinen und Katholischem Milieu in Augenschein genommen werden. So kann in hervorragender Weise die Ausgangssituation für den zweiten und ausführlichsten Teil dieser Arbeit, in dem die großen Umbruchssituationen des 20. Jahrhunderts behandelt werden, aufgezeigt werden.

Wenn die Gesamtquellenlage schon in der Einleitung insgesamt als schwierig bezeichnet wurde, so trifft dies ganz besonders für die Anfangszeit der Gesellenvereine zu. Wenige Vereine überliefern wenig Material. Deshalb muß auch hier teilweise auf historische Festschriften zurückgegriffen werden, für deren Erstellung, meist schon in den ersten Jahrzehnten des 20. Jahrhunderts und vor den Verlusten des Zweiten Weltkriegs, den Vereinen vor Ort Quellenmaterial zur Verfügung stand, das heute verloren ist. Mit der verstärkten Organisation der Kölner Gesamtvereinszentrale ab dem letzten Drittel des 19. Jahrhunderts kann zumindest verstärkt mit gedruckten Quellen in Form von Periodika gearbeitet werden. Für die Zeit des Kulturkampfs wiederum finden sich in den staatlichen Archiven vereinzelte Hinweise auf die bis dahin existierenden Gesellenvereine im münsterischen Bereich. Ein besonders ausgefallenes Zeitzeugnis ist das Diensttagebuch der Diözesanpräsides Hollmann und Kochmeyer, dessen Erhalt über die ansonsten unerfreuliche Quellenlage ein wenig hinweghilft.

[19] Vgl. AKKZG, S. 632ff.

2. Ausgangslage – Staat, Gesellschaft, Kirche am Vorabend der Gründung des münsterischen Gesellenvereins

Wie gestaltete sich die Ausgangslage bezüglich Staat, Gesellschaft und Kirche, oder, konkret gefragt, wie lebte ein katholischer Handwerksgeselle im Bereich des Bistums Münster um die Mitte des 19. Jahrhunderts? Um dies zu beantworten, ist ein längeres Ausholen unentbehrlich. Die Diözese Münster in moderner, mit wenigen Gebietsverlusten durch die Wieder- und Neugründungen der Bistümer Aachen und Essen 1929 und 1958 bis heute existenter territitorialer Ausdehnung, ist ein Produkt der Neuordnung der Bistümer in Preußen von 1821. Seitdem umfaßt das Diözesangebiet das klassische Münsterland, überdies das ehemalige Vest Recklinghausen, den nördlichen Niederrhein und die oldenburgischen Teile des Herzogtums Oldenburg. Politisch gehörten diese Regionen bis auf Oldenburg seit 1815 endgültig zum Königreich Preußen, und damit galt für das ganze Bistum als Ausgangssituation, daß eine katholische Bevölkerungsmehrheit – protestantisch waren nur Nordoldenburg und einzelne Enklaven wie Tecklenburg, Burgsteinfurt, Gemen und Moers – unter protestantischen Regierungen lebte und sich von diesen wie Bürger zweiter Klasse behandelt fühlte[20]. Nicht nur hieraus ergaben sich Spannungen zwischen ›Volk‹ und ›Obrigkeit‹. Die Jahrzehnte zwischen dem Ende der napoleonischen Ära und der Märzrevolution von 1848 waren gekennzeichnet durch gescheiterte Reformen, durch Restauration und soziale Probleme[21]. All dies kam in der Revolution zum Ausdruck und zum Ausbruch. Nach ihrem Scheitern im Frühjahr 1849 wurde vieles wieder auf die ›Vormärzsituation‹ zurückgeworfen, die staatliche Überwachung vielfach gar noch verschärft.

Die Lage für die deutschen Katholiken aber hatte sich nachhaltig verändert. Im Zuge der Revolution waren die ›Piusvereine für religiöse Freiheit‹ entstanden, ihre Generalversammlung im Oktober 1848 in Mainz gilt als erster deutscher Katholikentag. Der Startschuß für das weltweit einmalige deutsche katholische Verbands- und Vereinswesen war gefallen. Kurz darauf tagte die erste deutsche Bischofskonferenz und im Parlament der Frankfurter Paulskirche traten erstmals Politiker unter der dezidierten Etikettierung ›katholisch‹ auf. Trotz des Abbruchs der Revolution waren auf diese Weise Strukturen geschaffen worden, die die Zukunft des Katholizismus in Deutschland in der dann folgenden Form erst ermöglichten und enorm beeinflußten.

Die Jahrhundertmitte war für das Handwerk, vor allem für die Gesellen, eine Zeit der Krise. Die unmittelbare Zeit nach der politischen Neuordnung von 1815 war für diejenigen Handwerker, die nun unter preußischer Herrschaft lebten, also

[20] Vgl. hierfür u.a. BÖRSTING, Heinrich: Handbuch des Bistum Münster, Bd. 2: Gegenwart (Münster, 1946); SOWADE, Herbert: »Wachstum, Grenzen und Gestalt des Bistums Münster«, in: Werner Thissen (Hg.): Das Bistum Münster Bd. 2 (Münster, 1993) 319–362.

[21] Vgl. auch für das Folgende NIPPERDEY, Thomas: Deutsche Geschichte 1800–1866 (München, 6. Aufl.1993) S. 272–402; 595–673.

bis auf die Oldenburger alle im Bistum Münster, von der Einführung der völligen Gewerbefreiheit bestimmt. Die Abschaffung des Zunftzwangs kam einer Revolution des Berufsstands gleich. In dieser Zeit waren beispielsweise in Münster 10 v.H. Bürgern im Handwerk beschäftigt, 25 v.H. lebten davon[22]. Seit den 1830er Jahren wuchs der Sektor des Handwerks überproportional zur Bevölkerung. Der nun auch im Bistum Münster beginnende langsame Aufstieg der Industrie ging zumindest statistisch zunächst nicht auf Kosten des Handwerks.

Doch dieser Aufstieg führte in den 30er und vor allem dann in den 40er Jahren bei einer ökonomischen Stagnation zur Überbesetzung des Handwerkssektors. Unterbeschäftigung und Einkommensverluste waren die Folge, Handwerker plötzlich vom Pauperismus bedroht[23]. Betroffen waren davon vor allem die Gesellen. Die preußische Gewerbeordnung von 1845 mit ihren Modifizierungen von 1849 und 1854 bekannte sich zwar zur Gewerbefreiheit, sie enthielt aber noch deutliche Reste eines Handwerkersonderrechts. Das betraf vor allem das Verhältnis Meister – Geselle – Lehrling, aber auch die Möglichkeit der Einführung von Innungen. Das obligatorische Gesellenwandern nach der Lehrzeit war in Preußen 1831 endgültig abgeschafft worden. Es wurde aber als freiwillige Maßnahme und Tradition von weiten Teilen der Gesellenschaft fortgeführt. In den Zeiten von Stagnation und Überbesetzung im Handwerk zur Jahrhundertmitte verdeckten diese Wanderungen nur allzu oft eine latente Arbeitslosigkeit.

Das Handwerk unterhielt zur Unterstützung der wandernden Gesellen Kassen, dennoch waren diese oft gezwungen, zu betteln. Gerade die Handwerksgesellen, die ärmeren Berufszweigen angehörten und in den langen Jahren des Wanderns ihre Zunft- und Familienbindungen verloren, drohten in Bettelei, Vagabundentum und Kriminalität abzurutschen, den Anschluß an die kleinbürgerliche Existenz des ›ehrbaren‹ Handwerks zu verpassen[24]. Nach der Wanderschaft konnte nur ein Teil der Gesellen die Meisterprüfung ablegen und/oder sich als selbständiger Handwerker niederlassen. Während die Gesellenzeit klassischerweise die Übergangszeit zwischen Lehre und Meisterschaft war und alles in allem die Lebensjahre 18 bis 30 bezeichnete, stieg um die Mitte des 19. Jahrhunderts die Zahl der älteren und verheirateten Handwerksgesellen, die niemals selbständig werden sollten, immer stärker an[25]. Parallel dazu verlief eine andere Entwicklung. Der klassische Handwerksgeselle gehörte traditionell zum Haushalt des Meisters. Um die Mitte des 19. Jahrhunderts nahm aber die Zahl der beim Meister wohnenden Gesellen rapide ab. Das lag einerseits an der Zunahme größerer Betriebe mit mehreren Beschäftigten, die nicht alle im Meisterhaus unterkommen konnten, andererseits auch am aufkommenden Wunsch

[22] Vgl. GOEKEN, Ferdinand: Die Entwicklung des Gewerbes in Münster in Westfalen während des 19. Jahrhunderts (Münster, Diss.jur. 1924) S. 4ff.

[23] Vgl. Nipperdey, Deutsche Geschichte 1800–1866, S. 211f.

[24] Vgl. KOCKA, Jürgen: Arbeitsverhältnisse und Arbeiterexistenzen – Grundlagen der Klassenbildung im 19. Jahrhundert (Bonn, 1990) S. 341ff.

[25] Vgl. ebd. S. 331f.

stärkerer bürgerlicher Privatheit, an einer gewissen Teilemanzipation der Gesellen selbst und an der sich durchsetzenden Einführung von Geldlohnarbeit[26]. Dies führte positiv zu neuer Freiheit und größerer Selbständigkeit für die Gesellen und negativ zu Verlusten und einem gestiegenen Risiko von Verelendung.

Viele Handwerksgesellen wurden dann ab der Jahrhundertmitte von der Industrie ›absorbiert‹. Diese fing Überkapazitäten auf, hinzu kam, daß in vielen Betrieben die Grenze zwischen Handwerk und Industrie sich immer stärker verwischte. Die preußische Gewerbestatistik reagierte darauf im Jahr 1863, von dem ab sie nicht mehr zwischen Handwerk und ›Fabrikation‹ unterschied[27]. Gerhard Schildts Fazit für das Handwerksgesellendasein dieser Zeit lautet:

> So gab es denn vor der Industrialisierung eine zahlreiche Gesellenschaft, die, relativ mobil, nur noch zum Teil von der Hoffnung auf Selbständigkeit geprägt war, zum Teil sich der deutlichen Gefahr des Abstiegs zur Tagelöhnerarbeit bewußt war und die sich im großen und ganzen darauf einstellen mußte, lebenslang als unselbständige Arbeitskraft tätig zu sein.[28]

Wenn während der Revolution von 1848 von der Arbeiterklasse die Rede war, waren damit neben der unterhandwerklichen und der unterbäuerlichen Bevölkerung in erster Linie die Handwerksgesellen gemeint. So ist es nicht verwunderlich, daß Gesellen vielfach während der Revolution auf Seiten der radikaleren Gruppierungen standen, während sich viele etablierte Handwerksmeister auf die Gegenseite der Ordnungsmächte, teilweise sogar der Reaktion schlugen[29].

Um 1850 war dann aber das gesamte deutsche Handwerk, nicht nur der Gesellenstand, von einer Krise betroffen. Die Erfahrungen des rapiden strukturellen Wandels waren tief und eindrücklich und führten zu einer depressiven wirtschaftlichen Stimmung im Handwerk. In Münster beispielsweise zeigten sich nun negative Auswirkungen neuer Technologien und des Ausbaus des Eisenbahnnetzes, der einen Handel mit größeren Magazinen ermöglichte und die kleinen, nach Bedarf arbeitenden Handwerker an den Rand drängte. Dem entgegengesetzt wurde eine ›Darlehenskasse für kleine Handwerker‹, die, anders als die drei Innungen, die 1849 nach der Gewerbenovelle eingerichtet wurden, und dem bereits 1854 wieder aufgelösten Gewerberat, gut funktionierte. Auch weiterhin war ein Zehntel der Münsteraner im Handwerk beschäftigt und lebte ein Viertel der Bevölkerung davon. An diesen Verhältnissen änderte sich bis zum Jahrhundertende wenig. Vor dem Ersten Weltkrieg allerdings waren dann nur noch ungefähr 7 v. H. münsterischen Bürgern

26 Vgl. ebd.
27 Vgl. ebd. S. 301.
28 Vgl. Schildt, S. 2ff. Zitat S. 4.
29 Vgl. BERGMANN, Jürgen: »Das Handwerk in der Revolution von 1848«, in: Ulrich Engelhardt (Hg.): Handwerker in der Industrialisierung: Lage, Kultur und Politik vom späten 18. bis ins frühe 20. Jahrhundert (Stuttgart, 1984), 320–346.

Handwerker, und der Anteil der vom Handwerk lebenden Bevölkerung hatte sich auf knapp 12 v. H. halbiert[30].

Sich die gesellschaftspolitische und katholisch-kirchliche Situation Deutschlands um die Mitte des 19. Jahrhunderts zu vergegenwärtigen heißt auch, die Anfänge des Sozialkatholizismus zu betrachten, der eine Reaktion auf die zuvor geschilderten Zustände war. »Die reale Antwort des Katholizismus auf die soziale Frage der 40er Jahre«, so Thomas Nipperdey, »war Kolpings Gründung der Gesellenvereine 1845, die moralisch, pastoral, familien- und berufsbezogen die ›Standlosigkeit‹ der Gesellen überwinden sollten«[31]. Als pragmatisches Gegenstück zu katholisch-romantischer Sozialkritik der vorhergehenden Jahrzehnte waren Kolpings Konzept und die Gesellenvereine ein erstaunlich früher Ansatzpunkt für Entwicklungen, die sich, verbunden mit den Begriffen Ketteler, Zentrum, Volksverein und ›Rerum novarum‹, erst in der zweiten Jahrhunderthälfte voll ausprägen konnten. Der Gesellenverein war, berücksichtigt man die erwähnte Sozialstruktur des Handwerks in Deutschland Mitte des 19.Jahrhunderts, der erste katholische Arbeiterverein. Die Vereinschronologie bis zur ersten Gründung im Bistum Münster 1852 weist 1846 das Entstehen des Elberfelder Vereins durch Johann Gregor Breuer, die dortige Übernahme des Präsesamtes durch Adolph Kolping 1847, dessen Gründung des Kölner Vereins 1849, den ersten überregionalen Zusammenschluß ›Rheinischer Gesellenbund‹ 1850 und den Durchbruch auf nationaler Ebene beim Mainzer Katholikentag 1851 auf.

Diese Entstehungs- und frühe Ausbreitungsphase unmittelbar vor und während der 1848er Revolution sowie kurz nach deren Scheitern brachte von Anfang an gewisse Zwangsläufigkeiten bezogen auf die Vereinskonzeption mit sich. Zunächst und vor allem ist hier die gewählte Organisationsform an sich zu nennen. Es entsprach in besonderer Weise dem Zug der Zeit, einen Verein zu gründen. Kolping und der ›Gründervater‹ des Elberfelder Urvereins, Breuer, wollten sich mit dieser modernen bürgerlichen Form bewußt abheben von etablierten kirchlichen und kirchenrechtlich verfaßten Gruppen wie Bruderschaften und Sodalitäten. Auf der Generalversammlung des Katholischen Vereins in Münster 1852, die, wie noch zu zeigen sein wird, Anstoß für Vereinsgründungen im Bistum Münster wurde, grenzte sich Kolping deutlich von den Sodalitäten ab:

> Die Sodalität steht auf ganz anderem Boden als der Gesellenverein. Sie laufen nebeneinander. Wir führen die Leute in die Kirche, ziehen sie langsam hinein; man darf doch nicht einen zum Laufen antreiben, wenn er noch nicht gehen kann. Von Bruderschaft dürfen wir nicht reden; denn da ist die Sodalität da. Aus dem Gesellenverein wird aber nie eine Bruderschaft gemacht werden. (...) Der Gesellenverein und die Bruderschaft müssen auseinanderbleiben für immer. (...) Mit der Sodalität werden wir Arm in Arm

30 Vgl. GOEKEN, Ferdinand: Die Entwicklung des Gewerbes in Münster in Westfalen während des 19. Jahrhunderts (Münster, Diss.jur. 1924) S. 4ff.

31 Nipperdey, Deutsche Geschichte 1800–1866, S. 383. Gegründet wurde der erste Gesellenverein allerdings erst im Herbst 1846 und auch nicht vom Elberfelder Kaplan Kolping, sondern vom dortigen Lehrer Breuer.

gehen: Wir stören niemanden im heiligen Werke. Laßt uns die Sache der Gesellen betreiben. Und das sei Aufgabe des Katholischen Vereins;[32]

Diese Vereinsform erwies sich im Zuge der restaurativen nachrevolutionären Zeit aber durchaus als problematisch, war man doch durch sie dem Zugriff des Staates viel stärker ausgesetzt, als man es durch eine rein religiöse Gruppierung gewesen wäre. Das auf der ersten Generalversammlung der Gesellenvereine im Oktober 1850 in Düsseldorf beschlossene Generalstatut für alle bis dahin entstandenen und für alle noch zu entstehenden Vereine untersagte diesen religiöse Polemik ebenso wie die Behandlung von politischen Fragen. Ausgenommen davon blieb das Thema der Gewerbegesetzgebung, für deren Reform sich die Gesellenvereine stark machten. Nachdem sie in Preußen aber unter das Vereinsgesetz gestellt wurden, beschloß bereits ihre nächste Generalversammlung im November 1851 in Köln aus Furcht, die preußische Regierung könne die Katholischen Gesellenvereine verbieten, jegliche politische Erörterung und jedwede öffentliche Angelegenheit aus den Vereinsversammlungen herauszuhalten[33].

Mit dieser Überlebensstrategie standen sie nicht allein. »Der unpolitische Charakter der katholischen Vereine hat sie vor der ›zwangsweisen‹ Auflösung bewahrt«, kann Bernd Haunfelder generell für den Regierungsbezirk Münster und jene Zeit feststellen, und er illustriert dies am Beispiel des münsterischen Piusvereins, dessen Versammlungsprotokolle auch 1850 noch im Sonntagsblatt veröffentlicht wurden. Diese Protokolle zeigen deutlich, daß das, was dort offiziell zur Sprache kam, mit dem ursprünglichen, durchaus politischen Vereinsanliegen nicht mehr viel zu tun hatte[34]. Das Politikverbot der Gesellenvereine wurde, wie noch zu zeigen sein wird, erst nach dem Ersten Weltkrieg aufgehoben, um dann während des Dritten Reichs eine Neuauflage zu erfahren.

Die innerkirchliche Situation um die Mitte des 19. Jahrhunderts ist gekennzeichnet durch die strengkirchliche sogenannte ultramontane Umformung von Kirche und Frömmigkeit. In Ablehnung der Aufklärung wird der Heiligen- und Marienkult wiederbelebt, das Wallfahrtswesen erlebt eine Renaissance, und die Papstverehrung wird in den Mittelpunkt gestellt. Das alles geschieht unter enormer Mobilisierung der Massen[35]. Zusammen mit dem dann in den 40er Jahren enstehenden katholischen Presse- und Vereinswesen und den sich in der Revolution als katho-

[32] KOLPING, Adolph: »Rede auf der 6. Generalversammlung des Katholischen Vereines Deutschlands, Münster, 22.9.1852«, in: Rosa Copelovici et al. (Hg.): Soziale Frage und Gesellenverein Teil II: 1852–1858 (= Adolph-Kolping-Schriften, Kölner Ausgabe Bd. 4) (Köln, 1986) 40–45, hier: S. 42ff.

[33] Vgl. Grosinski, S. 230.

[34] Vgl. HAUNFELDER, Bernd: »Zwischen Widerstand und Anpassung: Zur Rolle der Vereine und Wahlkomitees im politischen Leben des Regierungsbezirks Münster 1848–1866«, in: Westfälische Forschungen 39/1989, 212–231; Zitat S. 224.

[35] Vgl. u.a. Nipperdey, Deutsche Geschichte 1800–1866, S. 406–423; DAMBERG, Wilhelm: Moderne und Milieu (= Geschichte des Bistums Münster Bd. 5) (Münster, 1998); SPERBER, Jonathan: Popular Catholicism in Nineteenth-Century Germany (Princeton/N.J., 1984), S. 10–98.

lisch verstehenden Politikern ist hierin der kraftvolle Beginn des sogenannten Katholischen Milieus zu sehen, gerade und vor allem auch in den übermehrheitlich katholischen Gebieten des Bistums Münster.

Wie also war nun die Lage eines katholischen Handwerksgesellen in der Diözese Münster, oder, konkreter noch, in der Stadt Münster selbst, am Vorabend der Gründung des dortigen Katholischen Gesellenvereins? In Preußen wie in fast allen deutschen Staaten herrschte die Reaktion, verbunden mit polizei- und obrigkeitsstaatlichen Machtmitteln. Ein wiederum verschärftes Presse- und Vereinsrecht war unter anderem die Folge, die entsprechenden Gegenmaßnahmen katholischer Vereine wurden schon geschildert. Die Gewerbenovelle von 1849 sollte die Handwerker stärker schützen, ihre positiven Auswirkungen blieben aber gering und konnten die Krise des Handwerks nicht aufhalten[36]. An der desolaten Lage der wandernden Gesellen änderte sich wenig, zumal nun selbst die etablierten Handwerksmeister, auch in Münster, nur dann wirtschaftlich überleben konnten, wenn sie sich neuen Bedingungen anpaßten und ihre Produktionsweisen beispielsweise auf Serienfertigung umstellten[37]. Der deutsche Katholizismus hatte in Münster eine seiner Hochburgen, und das hieß für die in Frage kommende Zeit in ultramontaner Ausrichtung. Dem konnte sich auch ein Handwerksgeselle sicherlich nicht entziehen, und die zu zeigenden Anfänge des münsterischen Gesellenvereins weisen durchaus darauf hin. Wirtschaftlich am Rande der Armut, gesellschaftlich standeslos und religiöskulturell strengkirchlich ausgerichtet – mit diesen drei Aspekten läßt sich die Lage der Handwerksgesellen in Münster um 1850 am besten beschreiben.

[36] Vgl. Nipperdey, Deutsche Geschichte 1800–1866, S. 674–683.
[37] Vgl. PÜNDER, Tilman: Münsters Entwicklung im 19. Jahrhundert (Münster, 1995), S. 4f.

3. Am Anfang war Adolph Kolping – Die Gründung der ersten Vereine und des Diözesanverbandes und die Phase der Etablierung (1852–1870)

3.1 Die Gründung des münsterischen Vereins 1852

»In deutschen Landen, da haben wir schon bereits einige 25 oder 26 Gesellenvereine fertig«, so Adolph Kolping im Herbst 1852 auf der 6. Generalversammlung des Katholischen Vereins Deutschlands in Münster, und er fuhr fort,

> ich wünschte, daß die Münsteraner darein träten; ich wünsche, daß sie das tun mit echt westfälischer Zähigkeit. (...) Ich wünsche, daß der münstersche Verein, der weiß, was er sonst noch in der Kirche zu tun hat, durch seine Frömmigkeit den übrigen vorleuchte, so daß der münstersche Verein in schöner Zucht und Sitte den anderen vorangeht.[38]

Jene Vorgängerveranstaltung heutiger Katholikentage im September 1852 kann durchaus als Geburtsstätte des Kolpingwerks im Bistum Münster angesehen werden, insofern erfüllte sich ein Teil von Kolpings Wünschen schnell und plangemäß. Im Anschluß an die Generalversammlung nämlich kam es am 14.11.1852 zur Gründung eines Gesellenvereins in der Stadt Münster, dem ersten in der dortigen Diözese. Dies war ein durchaus übliches Muster in der Frühphase der Gesellenvereine. Kolpings regelmäßige Teilnahme an den Generalversammlungen des Katholischen Vereins Deutschlands hatte große Bedeutung für die Ausbreitung des neuen Vereinstyps. Markierte, wie bereits geschildert, Kolpings Auftritt in Mainz 1851 die deutschlandweite Kenntnisnahme von der Gesellenvereinsidee, so ist die Veranstaltung vom September 1852 in Münster als definitive Etablierung jenes Gedankenguts in Westfalen zu betrachten. Außer der Gründung in Münster geht nämlich auch die des Gesellenvereins von Warendorf im folgenden Jahr 1853 auf die Generalversammlung zurück, überdies Gründungen im Nachbarbistum Paderborn[39]. Die Realisierung eines Katholischen Gesellenvereins in Münster geschah in Kooperation verschiedener Ebenen. Neben Kolping waren der münsterische Bischof Johann Georg Müller[40], Oberbürgermeister Heinrich von Olfers, Kaplan Johann Heinrich Reinermann von St.Aegidii[41] sowie einige Handwerksgesellen, die der Sodalität an-

[38] KOLPING, Adolph: »Rede auf der 6. Generalversammlung des Katholischen Vereines Deutschlands, Münster, 23.9.1852«, in: Rosa Copelovici et al. (Hg.): Soziale Frage und Gesellenverein Teil II: 1852–1858 (= Adolph-Kolping-Schriften, Kölner Ausgabe Bd. 4) (Köln, 1986) 45–51, Zitat S. 50.

[39] Vgl., auch für das Folgende, KRACHT, Hans Joachim: »Adolph Kolping und die Gründung der ersten Gesellenvereine in Westfalen«, in: Max Bierbaum (Hg.): Studia Westfalica. Beiträge zur Kirchengeschichte und religiösen Volkskunde Westfalens. Festschrift für Alois Schröer (Münster, 1972) 195–213.

[40] Johann Georg Müller (1798–1870), Weihbischof von Trier 1844–1847, Bischof von Münster 1847–1870.

[41] Johannes Reinermann (1820–1872), kath. Priester, 1852–1865 Präses des Kath. Gesellenvereins Münster, 1859–1872 Diözesanpräses der Kath. Gesellenvereine, seit 1865 Pfarrer in Sendenhorst.

gehörten, daran beteiligt. In diesem Fall kann also eindeutig von einer Gründung ›von oben‹ gesprochen werden, die von Anfang an die ausdrückliche Unterstützung der kirchlichen und kommunal-weltlichen Obrigkeit besaß. Reinermann wurde von Bischof Müller in Absprache mit Kolping zum ersten Präses ernannt. Überhaupt schien es Kolpings Strategie gewesen zu sein, noch bevor er auf der Generalversammlung für seine Sache werben konnte, einen geeigneten Präses zu finden, der dann die Vereinsgründung rasch vorantreiben konnte[42].

Die Statuten des neuen Vereins wurden, in enger Anlehnung an das Normalstatut von 1850 und mit Zustimmung des Kölner Zentralvereins, im Frühjahr 1853 entworfen und vom Bischof approbiert. Ein üblicher Vorgang – die einzelnen Vereine besaßen schon zu dieser frühen Zeit keine eigenen Statuten, sondern die vom werdenden Verband vorgegebenen, die nur leicht entsprechend den örtlichen Verhältnissen modifiziert wurden, beispielsweise in der Frage, ob der Vizepräses ein Laie sein konnte, was an kleineren Orten und in Diasporagegenden empfehlenswert, in der Stadt Münster mit ihrem hohen Klerikerbestand aber eher unnötig war. Die im Zusammenhang mit dem Statutenentwurf für Münster in der Literatur immer wieder erwähnte Gilderolle des Schmiedeamtes vom 1727, die sich bei den Vereinsarchivalien befindet, eine Tatsache, aus der eine Verbindung des neuen Vereins zur religiösen Tradition der alten münsterischen Gilden geschlossen wurde, hat dabei keine erkennbare Bedeutung gehabt[43].

Durch die enge altersmäßige Beschränkung der Mitgliedschaft[44] und die Konzentration auf wandernde Gesellen entstand in den einzelnen Vereinen eine hohe Mitgliederfluktuation. Um dennoch eine gewisse Kontinuität in der Organisation und entsprechenden wirtschaftlichen Rückhalt sicherzustellen, war von Kolping das Instrument eines aus Honoratioren oder alteingesessenen Handwerkern zu bildenden Schutzvorstands vorgesehen. Die Besetzung dieses Gremiums sagte gerade bei Neugründungen viel über die Akzeptanz und rasche Etablierung des Vereins vor Ort aus. Auch demzufolge war der stadtmünsterische Gesellenverein von der dortigen weltlichen und kirchlichen Führungsschicht von Anfang an begrüßt worden, denn dem ersten Schutzvorstand gehörten Spitzenvertreter des Stadtklerus, der Handwerkerschaft, der Kaufmannschaft und der Kommunalpolitik an[45]. Der Piusverein zu Münster hatte das Problem der wandernden Gesellen schon in den Vorjahren aufgegriffen und die Bildung frommer Vereine zur Unterstützung der mittellosen katholischen Handwerksgesellen diskutiert, insofern traf Kolping beim katho-

[42] Das legt zumindest ein Brief eines Dr.Scheller aus Münster an Kolping vom 3.3.1852 nahe (Archiv des Kolpingwerks Deutscher Zentralverband, Köln, A87).

[43] Vgl. Kracht, Adolph Kolping, S. 197; aber auch SCHRÖER, Alois: »Das Kolpingwerk in Münster 1852 bis 1977«, in: Kolpingwerk Diözesanverband Münster (Hg.): Europa in Freiheit. Wir bauen mit – 125 Jahre Kolpingwerk in der Diözese Münster (Münster, 1977) 97–107, hier S. 98; auch Kösters, S. 57.

[44] In den ersten Jahren durften nur 18–25jährige ledige Gesellen in die Vereine eintreten.

[45] Vgl. Feierstunde Nr. 5 vom 29.1.1854; Kracht, Adolph Kolping, S. 197; Schröer, S. 98.

lischen Establishment der westfälischen Metropole mit seinem Anliegen auf offene Ohren[46].

3.2 *Weitere frühe Vereinsgründungen*

An anderen Orten des Bistums lagen die Dinge gerade in den ersten Jahren der Gesellenvereinsidee ganz anders. Vielerorts gab es keine Gründungen von ›oben‹, ein klassisches Muster für die Verbreitung von Gesellenvereinen war stattdessen das Weitertragen des Konzepts durch wandernde Gesellen. In Beckum (1853) und Rheine (1868) gaben beispielsweise ehemalige Mitglieder des Kölner Muttervereins, in Ruhrort (1855) sogar des Elberfelder ›Urvereins‹ den Anstoß zur dortigen Gründung[47]. Hier in Ruhrort trat der doppelt günstige Fall ein, daß ein neugeweihter Kaplan, der in Münster 1852 Kolpings Aufruf zur Vereinsgründung selbst gehört hatte, auf gründungswillige Exmitglieder der Pioniervereine von Elberfeld, Köln und Bonn traf[48]. Nicht überall stieß der Wunsch von Handwerksgesellen, Vereine zu gründen, auf offene Ohren der Geistlichen oder der örtlichen Honoratioren. In Dülmen beispielsweise zeigte sich der Kaplan 1860 »weigerlich, weil er die Aufgabe und Bedeutung des Vereins noch zu wenig kannte«[49]. Bei einem der ältesten Vereine des Bistums, dem Ahlener Gesellenverein, legte sich der Widerstand der Ortsansässigen auch nach der von auswärtigen Gesellen initiierten Gründung nicht so schnell. In einer Festschrift von 1931 heißt es dazu:

> Es fehlte aber in der ersten Zeit nach der Gründung des Gesellenvereins nicht an Stimmen, welche die Notwendigkeit eines Gesellenvereins für Ahlen entschieden verneinten mit dem Hinweis darauf, daß die Erfahrungen, die Adolf Kolping zur Gründung der Gesellenvereine an anderen Orten Veranlassung geworden seien, für Ahlen in keiner Weise zuträfen, vielmehr das Vereinsleben eher dazu angetan sei, die Haussöhne der eigenen Familie zu entfremden.[50]

Der Verfasser des Jahres 1931 fährt dann fort, daß mehr als alle Gegenreden die rasante gewerbliche Entwicklung Ahlens, die in kurzer Zeit aus einem ruhigen Landstädtchen einen Industriestandort machte, diesen Einwand widerlegt hätte. In Recklinghausen wiederum lag der Fall genau umgekehrt. Der dortige Verein wurde am 2.9.1855 gegründet auf Initiative einiger Bürger der Stadt, die im Sommer 1855 in Köln der Generalversammlung der Vinzenzvereine beigewohnt und bei dieser

46 Vgl. Haunfelder, S. 224.

47 Vgl. Festschrift 75 Jahre KGV Beckum 1928; Festschrift 50 Jahre KGV Rheine 1918; Festschrift 50 Jahre KGV Ruhrort 1905.

48 Vgl. Festschrift 50 Jahre KGV Ruhrort 1905, S. 16f.

49 Festschrift 50 Jahre KGV Dülmen 1910, S. 17f.

50 Festschrift 75 Jahre KGV Ahlen 1931, S. 9.

Abb. 1: Adolph Kolping

Abb. 2: Verfügung zur Errichtung eines Diözesanverbandes durch Bischof Johann Georg Müller im Kirchlichen Amtsblatt der Diözese Münster, 14.1.1859

Kirchliches Amtsblatt

der

Diözese Münster.

Nr. 1. Münster, den 14. Januar 1859. **Jahrg. III.**

Nr. 1. Die am 8ten und 9ten September v. J. in Cöln abgehaltene General-Versammlung der Vorsteher der katholischen Gesellen-Vereine hat sich für den Anschluß derselben an die Diöcesan-Eintheilung ausgesprochen, so daß in jeder Diöcese ein Verein zum Diöcesan-Central-Verein bestimmt und dem Präses desselben die Fürsorge für sämmtliche Gesellen-Vereine des Bisthums und die Vermittlung ihrer Verbindung mit dem Central-Verein in Cöln aufgetragen werde. Sehr gern haben wir diese Anordnung genehmigt, den hiesigen Gesellen-Verein zum Central-Verein der Diöcese, und den Präses desselben, Herrn Caplan Reinermann, zum Diöcesan-Präses ernannt. Außer dem Diöcesan-Central-Vereine zu Münster bestehen Gesellen-Vereine gegenwärtig zu Warendorf, Beckum, Ahlen, Recklinghausen, Dülken, Ruhrort und Kempen. Wir bitten Gott für das Gedeihen derselben und für ihre weitere Ausbreitung und hegen den lebhaften Wunsch und die Hoffnung, daß sie bald auch an vielen andern Orten unserer Diöcese ins Leben treten mögen.

Die katholischen Gesellen-Vereine betreffend.

Münster, den 14. Januar 1859.

Der Bischof von Münster
† **Johann Georg.**

Gelegenheit Kontakt zu Kolping aufgenommen hatten[51]. Aus dieser Konstellation heraus ist zu vermuten, daß jene Recklinghäuser Bürger in der Gründung eines Gesellenvereins eine Maßnahme zur Vervollständigung des karitativen Netzes in ihrer Stadt sahen[52].

Trotz der Unterstützung der münsterischen Gründung durch Bischof Müller fanden die Gesellenvereine in der Geistlichkeit, wie nicht nur das Beispiel Dülmen zeigt, keineswegs ungeteilte Zustimmung. Auf Skepsis stieß vor allem die Tatsache, daß die Vereine nicht als kirchliche Vereinigungen mit rein religiösen Aufgaben, sondern als ›weltliche‹ konzipiert waren[53]. Auch Kolpings Toleranz in der Mitgliederfrage erregte in strengkirchlichen Kreisen Anstoß. So war Juden, Protestanten und anderen ›Andersgläubigen‹ die Mitgliedschaft im Verein grundsätzlich gestattet, wenn sie auch möglichst keine Leitungsämter übernehmen sollten[54]. Die ersten, in den 1850er Jahren entstandenen Gesellenvereine im Bistum Münster waren also, sowohl was ihr Ansehen in Kirche und Gesellschaft betrifft, wie auch in ihrem Charakter, ziemlich heterogen, und das, obwohl ihnen allen ein beinahe identisches Statut zugrunde lag. Diese Heterogenität mag ihre Ursachen in den unterschiedlichsten Gründungsgeschichten haben. Von Anfang an gab es Vereine, deren beinahe einzige Aufgabe war, Auffangbecken für wandernde Gesellen zu sein. Andere, vor allem ländlichere Vereine, stellten eher den katholischen Standesverein für ortsansässige Handwerksgesellen dar. In den aufstrebenden Industriegebieten hingegen waren Gesellenvereine oft reine Arbeitervereine. Im Bericht des Ruhrorter Präses über die dortige Gründung wird die Unsicherheit darüber sichtbar. In Kolpings ›Rheinischen Volksblättern‹ schreibt Kaplan Reßing: »Für Fabrikarbeiter, unter denen sich sehr viele junge Leute aus Ruhrort selbst befinden, und zwar von der Zeit an, daß sie der Schule entlassen sind, tut der Verein wahrhaft Not, wenn es nur angeht, solche auch in den Gesellen-Verein aufzunehmen.«[55] Die Entflechtung von Arbeiter- und Gesellenvereinen geschah erst in der Zeit des Kaiserreichs. Die Geschichte katholischer Arbeitervereine in Deutschland müßte insofern zurückdatiert werden. Sie begann nicht, auch wenn dieser Eindruck in der Literatur oft vermittelt wird, nach dem Kulturkampf oder gar nach der päpstlichen Enzyklika ›Rerum no-

51 Vgl. »Zur Geschichte unseres Gesellenvereins«, in: Jahrbuch des Katholischen Gesellenvereins zu Recklinghausen 1855–1886/1902–1914 (Archiv der Kolpingsfamilie Recklinghausen-Zentral).

52 Zum Aufbau karitativer Netzwerke im Bistum Münster vgl. zukünftig: Meike Wagener-Esser

53 Vgl. Grosinski, S. 231.

54 So sind in den Mitgliedsstatistiken vor allem der großen Gesellenvereine des Bistums Münster immer wieder Protestanten zu finden, wenn ihre Zahl auch zu vernachlässigen ist. Vgl. entsprechende Statistiken in den Archiven der Kolpingsfamilien Altlünen, Münster-Zentral, Telgte. Die Gesamtstatistik des münsterischen Diözesanverbandes weist für 1895 bei 13854 Mitgliedern 100 Protestanten und einen Juden aus; vgl. Mitteilungen für die Vorsteher der katholischen Gesellenvereine II. Serie Heft 34/1895, Sp. 1036. In Oldenburg-Stadt gehörte ein Protestant zu den Gründern des Katholischen Gesellenvereins. Vgl. August Huber: »Wie ich zum Gesellenverein kam« (Archiv der Kolpingsfamilie Oldenburg-Stadt).

55 Rheinische Volksblätter für Haus, Familie und Handwerk 50/1855, S. 121f.; vgl. auch Festschrift 50 Jahre KGV Ruhrort 1905, S. 18f.

varum‹ von 1891, sondern entwickelte sich mit den Gesellenvereinen und aus diesen heraus.

3.3 Die Errichtung des Diözesanverbandes 1859

Das wichtigste Ereignis zwischen der ersten Gründung 1852 und dem Kulturkampf der 1870er Jahre war für die Gesellenvereine des Bistums Münster die Einführung der Diözesanverbandsstruktur im Jahr 1859. Die Gründe dafür, diese zusätzliche Ebene einzurichten, waren vielfältig, nicht zuletzt aber war es auch ein Streben nach mehr Homogenität zumindest innerhalb der gleichen Diözese. Am augenfälligsten, und explizit so von der beschlußfassenden Generalversammlung der Gesellenvereine im September 1858 genannt, war die Absicht, mit den Diözesanverbänden sich stärker und enger als bisher organisatorisch der katholischen Kirche anzupassen. Der erwähnten Kritik, der Gesellenverein sei nicht religiös genug, sollte so begegnet werden. Kolping selbst schrieb:

> Diese natürliche Verbindungsweise, da jeder Verein in seinem Präses repräsentiert sei, dieser aber immer ein katholischer Geistlicher sein müsse, weise an die nächste Quelle jener Autorität hin, woher der Präses Amt und Anstellung erhalten. Also komme es besonders darauf an, auch das Vorsteheramt im Gesellenverein gewissermaßen aus den Händen des Diözesanbischofs zu erhalten, was in weiterer Ausführung die Folge habe, daß die Vereine der bezüglichen Diözese enger unter sich verbunden würden, etwa dadurch geordnet und geeint, daß durch den Hochwürdigsten Bischof der Diözese für dieselbe ein Diözesanpräses ernannt werden möchte, welcher die Oberaufsicht über die Vereine des Sprengels auszuüben habe und jährlich seinem Bischofe genauen Bericht abstatten solle.[56]

Die Einführung einer Diözesanstruktur ist vermutlich nicht auf bischöflichen Druck, sondern aus der Notwendigkeit kleinerer Einheiten entstanden. Ende der 1850er Jahre war die Zahl der Gesellenvereine zu groß geworden, als daß Kolping selbst sich bei jeder Gründung oder bei örtlichen Problemen darum kümmern konnte. Es entsprach sicherlich auch Kolpings strengkirchlicher Position, den Verband organisch enger an die katholische Kirche anzulehnen. Kritik an der neuen Struktur, die dem Ortsbischof ein stärkeres Mitwirkungsrecht im Verband sicherte, scheint es aber seit ihrer Einführung immer wieder gegeben zu haben. Zeitgenössisch ist sie zwar nicht belegt, aber hundert Jahre später noch sah sich Generalpräses Ridder genötigt, klarzustellen:

> Ganz abwegig wäre es, dahinter einen Versuch der Bischöfe oder der Kirche zu vermuten, den Gesellenverein mehr »in ihre Hand« zu bekommen. Im Gegenteil, es entspricht durchaus dem Geiste des Gesellenvereins und der Auffassung eines Kolpingssohnes, frei-

[56] Rheinische Volksblätter für Haus, Familie und Handwerk 38/1858, S. 606.

willig, ja gern und freudig sich der Kirche anzuschließen und der kirchlichen Obrigkeit sich zur Verfügung zu stellen.[57]

Am 14. Januar 1859 verfügte Bischof Johann Georg Müller im Kirchlichen Amtsblatt der Diözese Münster die Gründung des Diözesanverbandes Münster der Katholischen Gesellenvereine. Gemäß den Beschlüssen der Kölner Generalversammlung der Gesellenvereine vom September des Vorjahres wurde der KGV Münster zum Zentralverein der Diözese und dessen Präses Reinermann zum Diözesanpräses ernannt[58]. In einem Schreiben an Kolping drückte Bischof Müller erneut seine volle Unterstützung für die Gesellenvereine aus, gipfelnd in dem Satz: »Mit Freude ergreifen wir diese Gelegenheit, Ew. Hochwürden unsere dankbare Anerkennung Ihres segensreichen Wirkens für die Hebung des Handwerkerstandes auszusprechen.«[59] Neun Gesellenvereine waren bis dahin im Bistum Münster entstanden, neben Münster die schon bezüglich ihrer unterschiedlichen Gründerväter erwähnten in Warendorf, Beckum (beide 1853), Recklinghausen, Ruhrort (beide 1855) und in Ahlen (1856), darüberhinaus die drei niederrheinischen, dem nach Elberfeld und Köln ältesten Verein in Düsseldorf nahegelegenen Gesellenvereine von Kempen, Dülken und Lobberich (alle 1856)[60]. Der älteste Gesellenverein im neuinstallierten Diözesanverband aber war paradoxerweise der 1850 gegründete Hildesheimer Verein, denn Reinermann war die Betreuung der Diözesen Hildesheim und Osnabrück sowie der nordischen Missionen mitanvertraut worden. Erst 1872 wurde Reinermanns Nachfolger Wolters von dieser Aufgabe entlastet[61].

Auf der Würzburger Generalversammlung der Diözesanpräsides im September 1864 legte Kolping die Aufgaben eines Diözesanpräses und die Notwendigkeit von Diözesanverbänden in einem längeren Vortrag dar. »Wir können«, so Kolping, »uns untereinander gar nicht naturgemäßer und erfolgreicher aneinander schließen, zu einem lebendigen Organismus erwachsen, als nur durch den (...) Diöcesan-Verband«[62]. In Würzburg wurden sieben Artikel für ein vorläufiges Statut der Diözesanverbände verabschiedet. Sie behandelten bezeichnenderweise ausschließlich

57 RIDDER, Bernhard: Die Deutsche Kolpingsfamilie in ihren Diözesanverbänden (Köln, 1960), S. 6.

58 Vgl. Rheinische Volksblätter für Haus, Familie und Handwerk 6/1859, S. 125f.

59 Ebd.

60 Vgl. Tabelle 2. Erstaunlich ist in diesem Zusammenhang die Organisationsdichte von Gesellenvereinen am Niederrhein in jener ersten Phase der Verbandsgeschichte. Für das katholische Vereinswesen am Niederrhein (münsterischer wie Kölner Teil) in der zweiten Hälfte des 19. Jahrhunderts, vor allem im Kulturkampf, vgl. auch FÖHLES, Eleonore: Kulturkampf und katholisches Milieu 1866–1890 in den niederrheinischen Kreisen Kempen und Geldern und der Stadt Viersen (Viersen, 1995).

61 Vgl. EYMELT, Friedrich: »Adolf Kolpings Werk in Norddeutschland: Der Beginn der Organisation«, in: Die Diözese Hildesheim in Vergangenheit und Gegenwart 52/1984, 111–115, hier S. 112; SCHARF-WREDE, Thomas: Das Bistum Hildesheim 1866–1914 (= Quellen und Studien zur Geschichte des Bistums Hildesheim Bd. 3) (Hannover, 1995) S. 66; S. 354–358.

62 Mitteilungen für die Vorsteher der katholischen Gesellenvereine, I. Serie Heft 3/1864, Sp. 65–73; hier Sp. 67f.

die Rechte und Pflichten eines Diözesanpräses. Grob gesagt kam ihm die Mittlerfunktion zwischen Ortsverein und Ortspräses einerseits und Diözesanbischof andererseits zu. Die Ortspräsides hatten dem Diözesanpräses jährlich Bericht zu geben über die Entwicklung ihres Vereins, dieser gab dann seinerseits einen Gesamtbericht an den Bischof weiter. Ferner durften neue Gesellenvereine nur unter Mitwirkung des Diözesanpräses und mit Gutheißung des Bischofs gegründet werden, ähnliches galt für die Bestellung eines Ortspräses. Spontangründungen ›von unten‹ waren somit ausgeschlossen. Ferner sollte der Diözesanpräses darüber wachen, daß alle Ortsvereine ein dem Generalstatut entsprechendes Ortsstatut besaßen und dieses beachteten.

Die sieben Artikel für ein Diözesanstatut schlossen mit dem Satz: »Der Diözesanpräses übt alle vorstehenden Befugnisse aus kraft seines ihm vom Bischofe verliehenen Amtes.«[63] Die Gesellenvereine, die nicht kirchenrechtlich, sondern nach dem allgemeinen Vereinsrecht verfaßt waren, und die keine rein religiösen Vereine waren, wurden somit aufs engste mit dem Kirchenkörper verbunden. Dem Generalpräses in Köln blieb nur das Recht, die Versammlung der Diözesanpräsides einzuberufen und für den Zweck einer Gesamtstatistik ebenfalls jährliche Rechenschaftsberichte der Diözesanverbände einzufordern. Alle anderen Aufsichts- und Mitbestimmungsrechte hatte er selbst aus der Hand gegeben.

3.4 Die ersten zwanzig Jahre: Aus Einzelvereinen wird ein Verband

Die ersten beiden Jahrzehnte zwischen der münsterischen Gründung und dem Kulturkampf können als ›Verbandswerdung‹ bezeichnet werden. Die Verschiedenheiten der einzelnen Vereine, hervorgerufen durch unterschiedliche Absichten der Gründer, durch die unterschiedliche Sozialstruktur der Mitglieder oder durch unterschiedliche lokale Traditionen, wurden durch Abgrenzung, beispielsweise gegenüber verstärktem Vereinsengagement von Arbeitern oder Protestanten, und durch die diözesane Klammer nach und nach eingeebnet. Die Mitgliedschaft von Protestanten zum Beispiel blieb weiterhin erlaubt, eine stärkere Einflußnahme derselben vor allem durch Besetzung von Schutzvorstandsposten sollte aber von vornherein unterbunden bleiben, wenn auch mit der für Kolping typischen vorsichtigen Einschränkung: »Um des so nöthigen Friedens willen soll man, namentlich in gemischten Gebieten, in dieser Hinsicht mit gebührender Vorsicht zu Werke gehen.«[64] Was die Frage der Mitgliedschaft von Arbeitern betraf, so schlug die Diözesanversammlung der Präsides im Juni 1871 die Errichtung von Josephsvereinen vor. Diese sollten als katholisch-soziale Vereine sowohl Arbeiter als auch Handwerksgesellen aufnehmen und an kleineren Orten, an denen sich die Einrichtung separater Gesellen- und Arbeitervereine nicht lohnte, eine entsprechende Mischform darstellen. Die

[63] Ebd. Sp. 71.
[64] Ebd. Sp. 66.

Katholischen Gesellenvereine sollten sich zukünftig allein auf Handwerksgesellen beschränken, zumal nun mit der zunehmenden Industrialisierung eine klarere Unterscheidung zwischen Handwerkern und Industriearbeitern möglich wurde[65].

In den beiden ersten Jahrzehnten des Bestehens Katholischer Gesellenvereine im Bistum Münster wurde seitens des General- und des Diözesanpräses sowie der Ortspräsides beständig auf die absoluten Grundlagen der Organisation hingewiesen, die so selbstverständlich dann doch noch nicht zu sein schienen. So wurden beispielsweise die allgemeinen Vereinsziele immer wieder herausgehoben, wie in Warendorf, wo 1862 nach langer vereinsinterner Debatte die Erlaubnis erteilt wurde, im Vereinslokal »hin und wieder« ein Glas Bier zu trinken. Die Erklärung für das lange Zögern lautete: »Der Gesellenverein soll eben nach dem Willen seines Stifters kein rein geselliger Verein sein, sondern vor allem ernste Ziele verfolgen, nämlich die religiöse und sittliche Festigung und wirtschaftliche Förderung seiner Mitglieder.«[66] Auch die uneingeschränkte Stellung des Präses wurde häufiger gerechtfertigt. Im Jahr 1865 hieß es dazu:

> Daß ein katholischer Priester, und zwar ein mit der Seelsorge betrauter Priester, an der Spitze jedes Vereins stehen müsse, war gewissermaßen der Hauptpfeiler in dem Vereinsgebäude. Der katholische Priester ist der geborene Volkserzieher und er soll es ja im Grunde für alle Stände sein, für die armen und gedrückten Stände in erster Reihe.[67]

Im gleichen Jahr begannen im Warendorfer Gesellenverein Statutenverhandlungen, die sich über Jahre hinzogen, weil der Laien-Vorstand das Vetorecht des Präses nicht akzeptieren wollte. Erst 1869 wurde mit Hinweis auf den entsprechenden Paragraphen im Generalstatut der Streit von der bischöflichen Behörde in Münster zugunsten des Präses beigelegt[68]. So viel Engagement der Vereinsmitglieder hätten sich die Präsides andernorts gewünscht. In Ahlen klagte der Präses Beermann nämlich zur gleichen Zeit darüber, daß es ihm sehr schwer falle, die an kein Vereinsleben gewöhnten Gesellen zu selbständigen, wirklich aktiven Mitgliedern zu machen[69].

Das Ende der Startphase kam für die Katholischen Gesellenvereine im Bistum Münster nicht nur durch die rasanten politischen Veränderungen, die, im Anschluß an den deutsch-französischen Krieg 1870/71 mit der Reichsgründung, und als dessen und des I.Vatikanischen Konzils Folge mit dem Kulturkampf der 1870er Jahre eintraten. Der personelle Wechsel durch den Tod zweier Gründerväter ist hier mindestens ebenso wichtig gewesen. Im Dezember 1865 starb der geistige Leiter und erste Generalpräses der Gesellenvereine, Adolph Kolping. Sein Nachfolger wurde der

65 Vgl. Mitteilungen für die Vorsteher der katholischen Gesellenvereine, I. Serie Heft 23/1871, Sp. 677ff.

66 Festschrift 60 Jahre KGV Warendorf 1913, S. 32f.

67 Mitteilungen für die Vorsteher der katholischen Gesellenvereine, I. Serie Heft 4/1865. Sp. 100.

68 Vgl. Festschrift 60 Jahre KGV Warendorf 1913, S. 34f.

69 Vgl. Festschrift 75 Jahre KGV Ahlen 1931, S. 9.

Trierer Diözesanpräses Sebastian Schäffer[70]. Der erste Präses des münsterischen Gesellenvereins und nachfolgend auch erste Diözesanpräses, Johann Reinermann, starb im Juli 1872.

Tabelle 1: Gesellenvereinsgründungen im Bistum Münster 1852–1870 in chronologischer Reihenfolge[71]

Gründungsjahr	*Verein*	*Bemerkung*
1852	Münster	
1853	Warendorf	
1853	Beckum	
1855	Recklinghausen	
1855	Ruhrort	1958 zu Essen
1856	Ahlen	
1856	Kempen	1930 zu Aachen
1856	Dülken	1930 zu Aachen
1856	Lobberich	1930 zu Aachen
1859	Wesel	
1860	Dülmen	
1861	Coesfeld	
1861	Dorsten	
1861	Emmerich	
1861	Geldern	
1862	Goch	
1863	Cleve	
1863	Telgte	
1865	Buer	1958 zu Essen
1865	Gescher	
1867	Burgsteinfurt	
1868	Rheine	
1869	Greven	
1870	Horst-Emscher	1958 zu Essen
1870	Uedem	

70 Sebastian Schäffer (1828–1901), kath. Priester der Diözese Trier, Generalpräses Katholischer Gesellenvereine 1866–1901.

71 Alle Zahlen und Daten nach: Kolpingwerk Diözesanverband Münster, 125 Jahre Diözesanverband Münster, korrigiert vom Verfasser durch zeitgenössische Angaben aus den Schematismen für das Bistum Münster und den Mitteilungen für die Vorsteher der katholischen Gesellenvereine.

Tabelle 2: Gesellenvereinsgründungen im Bistum Münster 1852–1870 in chronologisch-geographischer Reihenfolge

Münsterland	*Niederrhein*	*Industriegebiet und Vest R'hausen*	*Oldenburg*
Münster, 1852	Kempen, 1856	R'hausen, 1855	
Warendorf, 1853	Dülken, 1856	Ruhrort, 1855	
Beckum, 1853	Lobberich, 1856	Dorsten, 1861	
Ahlen, 1856	Wesel, 1859	Buer, 1865	
Dülmen, 1860	Emmerich, 1861	Horst, 1870	
Coesfeld, 1861	Geldern, 1861		
Telgte, 1863	Goch, 1862		
Gescher, 1865	Cleve, 1863		
B'steinfurt, 1867	Uedem, 1870		
Rheine, 1868			
Greven, 1869			

4. »Wenn wir fallen, fallen wir in Ehren« – Die Auswirkungen des Kulturkampfes auf die Katholischen Gesellenvereine im Bistum Münster (1870–1884)

»Die Kulturkampfjahre«, so Nipperdey, »blieben – über viele Institutionen und Ideen und Emotionen – nicht nur die prägenden Erinnerungen, sondern auch die prägenden Erfahrungen der nachkommenden Generationen«[72]. Dies gilt sicherlich auch für viele aktive Laien und Priester in den Gesellenvereinen des Bistums Münster. Und doch ist hier gleich von Beginn an zu differenzieren. Der Kulturkampf ist zwar der erste schwerwiegende Einschnitt in die seit der ersten Gründung in Münster 1852 sich kontinuierlich und erfolgreich vollziehenden Ausbreitung der Gesellenvereine. Er hat aber zu keiner Zeit zu einer existentiellen Krise innerhalb des münsterischen Diözesanverbandes geführt und das Vereinsleben örtlich zwar sehr eingeschränkt, es aber nie zu einer Vereinsauflösung kommen lassen. Bis 1873 gehörten dem Diözesanverband bereits dreißig Vereine an, von denen nur der 1871 gegründete Verein zu Damme in Oldenburg, also nicht im Bereich der preußischen Gesetzgebung, lag[73].

Kulturkämpfe gab es nicht nur in Deutschland, sie waren zwischen 1870 und 1914 ein europäisches Phänomen der Auseinandersetzung zwischen modernem Staat und Liberalismus einerseits und der sich ultramontan – zentralisiert, antimodern, autoritär – entwickelnden katholischen Kirche andererseits. In den Konflikten ging es meist um die Besetzung von Feldern des öffentlichen Lebens wie Ehe und Schule, in diesem Zusammenhang auch um die Loyalitäten der Menschen, die gleichzeitig Staatsbürger und Kirchenangehörige waren. Die Katholischen Gesellenvereine waren von den 1871 mit dem ›Kanzelparagraphen‹ beginnenden staatlichen Maßnahmen gegen die katholische Kirche Deutschlands zunächst nicht betroffen. Ihr ›Zwischenstatus‹ als religiöse Gruppen, die nicht kirchlich verfaßt und nur indirekt kirchlich gebunden, und als Vereine, die dezidiert unpolitisch waren, hielt sie von Einschränkungen und Überwachungen fern. Die von Kolping und den weiteren Gründungsvätern so konzipierte Organisationsform war, wie bereits berichtet, eine Reaktion einerseits auf das nachrevolutionäre staatlich-politische Klima um 1850, andererseits auf die Anforderungen der modernen Zeit und ihrer sozialen Probleme gewesen. Demgegenüber hatte sich um 1870 die Veränderung ergeben, daß, zumindest von den geistlichen Leitern auf der Führungsebene ausgehend, eine deutliche Klerikalisierung des Verbandes eingetreten war. So wurde das ohnehin sehr beschränkte Mitbestimmungsrecht der Laien auf der Ebene der Generalver-

[72] NIPPERDEY, Thomas: Deutsche Geschichte 1866–1918. Zweiter Band: Machtstaat vor der Demokratie (München, 1992), S. 381.

[73] Vgl. Kolpingwerk Diözesanverband Münster, 125 Jahre Diözesanverband Münster, S. 28.

sammlungen im Jahr 1870 gänzlich abgeschafft[74]. Auch die neugeschaffenen Diözesanversammlungen waren reine Treffen von Ortspräsides mit dem Diözesanpräses. Die Verkirchlichung durch die Einführung der Diözesanstruktur hatte diese Klerikalisierungstendenz bereits eingeleitet. Mit dieser Charakteristik entsprachen die Gesellenvereine natürlich dem Bild von der ultramontanen katholischen Kirche in Deutschland, wie es von den kultur-kämpferischen Gegnern, die sich gern aniklerikal gerierten, angegriffen wurde, und machten sich dadurch verdächtig.

Mit einem Paukenschlag rückten die Gesellenvereine in Preußen dann im Juli 1874 in das Zentrum des Kulturkampfes. Generalpräses Schäffer beschreibt den Vorgang so:

> Am 13. Juli durcheilte die Nachricht von dem Attentate auf Se. Durchlaucht den Fürsten Bismarck die Welt, und gleich nach demselben erklärte der verwundete Herr Reichskanzler dem um ihn versammelten Volke: Der auf ihn geschossen, sei Mitglied des katholischen Gesellenvereins in Salzwedel. Folgenden Tages ging diese Nachricht nach allen Enden der Windrose.[75]

Das Generalpräsidium in Köln beeilte sich, dies zu dementieren. Weder war der Attentäter Gesellenvereinsmitglied, noch gab es einen Gesellenverein in Salzwedel. Bismarcks Verletzungen waren nicht schwerwiegend, der Schaden für die Katholischen Gesellenvereine aber umso beträchtlicher. Zunächst wurden die Büros Schäffers und seines Stellvertreters durchsucht, Mitgliederverzeichnisse und Statuten beschlagnahmt. Auch nahmen die Polizisten sämtliche Briefe von Ortspräsides an sich, was Schäffer zur Beruhigung derselben in den ›Mitteilungen‹ mit dem Satz kommentierte: »Die neuesten sind von 1871, weil ich von da an Briefe, sobald sie erledigt sind, zu vernichten pflegte.«[76] Dieses Faktum läßt darauf schließen, daß die Verbandsleitung sich schon von Beginn des Kulturkampfes an auf Auseinandersetzungen eingestellt hatte und diese nicht erst im Jahr 1874, das mit seinen ›Maigesetzen‹ sicherlich die Hochphase einläutete, erwartete.

Es blieb nicht bei Hausdurchsuchungen. Einige Ortsvereine, darunter der der Hauptstadt Berlin, wurden behördlicherseits geschlossen. Die liberale Presse fand im Gesellenverein eine Zielscheibe für antikatholische Propaganda. Der preußische Innenminister gab bereits zwei Tage nach dem Attentat und mit Bezug auf dieses einen Erlaß heraus, der die katholischen Vereine betraf. Er verfügte über sie Polizeiaufsicht und unterstellte sie so dem Vereinsgesetz von 1850, das die Behandlung politischer Vereine regelte. Die Verbandsleitung der Gesellenvereine hatte sich unter anderem durch das Politikverbot, wie berichtet, immer darum bemüht, dies zu umgehen. Im Innenministererlaß vom 15. Juli 1874 wurden Katholische Gesellen-

74 Vgl. RAEM, Heinz-Albert: Katholischer Gesellenverein und Deutsche Kolpingsfamilie in der Ära des Nationalsozialismus (VdKfZG B, Bd. 35) (Mainz, 1982), S. 8.

75 Mitteilungen für die Vorsteher der katholischen Gesellenvereine, I. Serie 37/1874, Sp. 378.

76 Ebd., Sp. 379.

vereine nun explizit genannt[77]. Generalpräses Schäffer sah durch diesen Erlaß schon das vorläufige Ende seiner Vereine gekommen. Beinahe resigniert und doch kämpferisch schrieb er an die Ortspräsides:

> Wenn wir fallen, fallen wir in Ehren; denn wir haben nur Gutes gewollt und gewirkt; und wenn wir fallen, fallen wir nicht für immer, denn das Gute welches der Gesellenverein dem Handwerk bietet, kann unmöglich vergessen werden. Eines Tages wird man sich unser wieder erinnern und uns bitten, die unterbrochen gewesene Thätigkeit wieder aufzunehmen.[78]

Durch Zirkularverfügungen an alle Landräte am 20. Juli und 21. Dezember 1874 bestätigte die Provinzialregierung in Münster den Erlaß des Innenministers. In der Verfügung vom Dezember wird nach dem einleitenden Satz »Besondere Beachtung verdienen die Gesellenvereine« die Organisation des Gesamtverbandes wie des Diözesanverbandes im Detail erklärt. Dann wird behauptet, daß die Gesellenvereine im Regierungsbezirk Münster »notorisch« in ihren Versammlungen Politik betrieben. Es läge nun an den kommunalen Behörden, Beweise dafür zu sammeln und, sobald dies geschehen sei, die Ortsvereine zu schließen und ihre Bestrafung aufgrund des Vereinsgesetzes zu beantragen. »Zur Konstatierung solcher Tatsachen«, heißt es weiterhin, »werden die Polizeibehörden ihre Aufmerksamkeit besonders auf die Vorträge, welche in den Versammlungen der Gesellenvereine gehalten werden, auf die von ihnen unterhaltenen Vereins-Bibliotheken und auf die bei den Wahlen vielfach zutage getretene Einwirkung derselben zu richten haben«[79].

Die Regierung in Münster schien also fest von Vereinsschließungen auszugehen. Nach den Quellen ist aber in keinem Fall des Diözesanverbandes Münster das Verbot eines Katholischen Gesellenvereins während des Kulturkampfes nachzuweisen. Das von den Anfängen um 1850 an intern verhängte Politikverbot wurde immer schon streng gehandhabt und mußte in den Vereinen nicht erst im Hinblick auf den Kulturkampf eingeübt werden. Das ist auch ein Erklärungsansatz dafür, daß Handwerker in der westfälischen Zentrumspartei während der Bismarckzeit gemessen an ihrem Bevölkerungsanteil weit unterrepäsentiert waren[80]. Politisch verdächtig machten sich die Gesellenvereine im Bistum Münster eher durch ihre Schutzvorstände, in denen jene katholischen Honoratioren und Würdenträger saßen, die sich durchaus politisch betätigten. In Münster waren dies mit dem Verleger Hüffer und dem Präses Kaplan Böddinghaus beispielsweise bedeutende Köpfe sowohl der Zen-

[77] Vgl. Minister des Innern an Oberpräsident vom 15.7.1874 (Staatsarchiv Münster, Oberpräsidium Nr. 1601: Überwachung der politisch-religiösen Bewegung, Bd. 2 1874–75, Bl.25); vgl. auch »Erlaß des Ministers des Innern vom 15. Juli 1874 betr. die katholischen Vereine«, in: FICKER, Ludwig: Der Kulturkampf in Münster (Münster, 1928), Anlage 37, S. 560f.

[78] Mitteilungen für die Vorsteher der katholischen Gesellenvereine, I. Serie 37/1874, Sp. 386.

[79] »Verfügung der Regierung zu Münster vom 21. Dezember 1874 an die Landräte in derselben Sache«, in: Ficker, Kulturkampf in Münster, Anlage 38, S. 561f.

[80] Vgl. Olliges-Wieczorek, S. 41.

trumspartei wie der Zentrumspresse, die wegen ihres politisch-publizistischen Engagements mehrmals Haftstrafen verbüßen mußten[81].

Der Oberpräsident wies deshalb den Regierungspräsidenten wie die untergeordneten Stellen an, die Gesellenvereine weiterhin streng zu beobachten. Um dies zu unterstreichen, legte er seinem Brief an den Regierungspräsidenten einen Zeitungsausschnitt aus dem Bocholter Kreisblatt über die gerichtlich verfügte Schließung des Gesellenvereins im schlesischen Naumburg bei[82]. Der münsterische Oberbürgermeister Offenberg hingegen äußerte sich in seinem Bericht an die Regierung über die polizeilichen Ermittlungen gegen den örtlichen Gesellenverein sehr positiv über denselben und erklärte abschließend, er sähe keine Veranlassung, gegen den Verein vorzugehen[83]. Ähnliche Berichte müssen auch von anderen örtlichen Behörden bei der Regierung in Münster eingegangen sein, denn diese beklagte sich beim Oberpräsidenten darüber, daß die Ortspolizeibehörden, sei es aus Mangel an Einsicht oder an Befähigung, nicht richtig gegen »Gesetzesübertretungen dieser Vereine« eingriffen[84]. Ob nun wegen der traditionellen Politikenthaltsamkeit im Vereinsleben oder wegen des Wohlwollens der Ortsbehörden – die Katholischen Gesellenvereine im Bistum Münster blieben auch weiterhin von staatlichen Zwangsmaßnahmen verschont.

Probleme im Vereinsleben gab es aber dennoch. Sie resultierten meist aus der Amtsniederlegung von Präsides. Die Gründe für diese während der Kulturkampfzeit vermehrte Amtsaufgabe der geistlichen Vereinsleiter sind aus den wenigen Quellen nicht immer mit Bestimmtheit herauszulesen. Zunächst ist hier der oberste Gesellenvereinsleiter des Bistums Münster zu nennen, Diözesanpräses Wolters[85]. Er hatte sein Amt Ende 1872 vom verstorbenen Gründungspräses Reinermann übernommen und war überdies seit 1871 Pfarrer an der Liebfrauen-Überwasser-Kirche in Münster. Im Jahr 1875 gab er seinen Posten als Diözesanpräses auf eigenen Wunsch wieder ab[86]. Als Grund kann spekulativ nur die Arbeitsüberlastung als Pfarrer und Diözesanpräses angenommen werden, zu der dann 1874/75 die beschriebene schwierige Situation der Gesellenvereine insgesamt hinzukam. Im gan-

81 Vgl. ebd. S. 90; »Preßkaplan« Karl Böddinghaus, Vikar an St.Aegidii und von 1870–1882 Besitzer und Redakteur des »Westfälischen Merkur«; Eduard Hüffer, Buchhändler und Verleger, Besitzer des »Münsterischen Anzeiger«; vgl. GRÜNDER, Horst: » ›Krieg bis auf's Messer‹ – Kirche, Kirchenvolk und Kulturkampf (1872–1887)«, in: Franz-Josef Jakobi / Thomas Küster (Hg.): Geschichte der Stadt Münster Band 2 (Münster, 1993), 131–166.

82 Oberpräsident an Regierungsvizepräsident Delius, 27.1.1875; Oberpräsident an Regierungspräsident, 29.1.1875 (Staatsarchiv Münster, Regierung Münster Nr. 1040).

83 Oberbürgermeister Offenberg an Regierungsvizepräsident Delius, 27.1.1875 (Staatsarchiv Münster, Regierung Münster Nr. 1040).

84 Regierungsvizepräsident Delius an Oberpräsident, 14.2.1875 (Staatsarchiv Münster, Regierung Münster Nr. 1040).

85 Franz Wolters (1829–1903), kath. Priester, 1871–1903 Pfarrer von Liebfrauen-Überwasser in Münster, 1872–1875 Diözesanpräses der Kath. Gesellenvereine im Bistum Münster.

86 Vgl. Mitteilungen für die Vorsteher der katholischen Gesellenvereine, I. Serie Heft 39/1875, Sp. 505.

zen Untersuchungszeitraum ist er der einzige Diözesanpräses, der nach so kurzer Zeit und auf eigenen Wunsch sein Amt aufgab.

Sein Nachfolger Anton Hollmann war zum Zeitpunkt seiner Ernennung Vikar an St.Aegidii, Münster, und Vizepräses des münsterischen Gesellenvereins. Er blieb in seinem Amt bis zu seinem Tod 1894, seit 1887 auch als Diözesanpräses der Arbeitervereine[87]. Hollmann wurde schon auf seinen ersten Reisen mit der Problematik der Vereine ohne Präses konfrontiert. So im Januar 1876 in Recklinghausen, wo der dortige Präses Dirking sein Amt niedergelegt hatte und auch von Hollmann nicht zu bewegen war, weiterhin für den Gesellenverein tätig zu sein. Die Recklinghäuser Vereinsmitglieder hatten sich deswegen schon an die Kölner Zentrale gewandt, da »der Verein brach lag«. Schließlich konnte Hollmann einen Kaplan überzeugen, das Präsesamt wenigstens kommissarisch weiterzuführen[88]. Daß das Vereinsleben ohne Präses ganz aussetzte, wird auch aus Ahlen berichtet. Das Fehlen eines geistlichen Vereinsleiters wird dort damit erklärt, daß den Priestern vor Ort »fast keine Zeit oder auch nur die gesetzliche Erlaubnis« blieb, sich um den Gesellenverein zu kümmern[89]. Für Letzteres gibt es allerdings keinen Anhaltspunkt.

Die erste von Hollmann geleitete Konferenz der Gesellenvereinspräsides des Bistums Münster fand im Oktober 1876 statt. Der Anwesenheits- und Entschuldigtenliste zufolge waren von den 33 bestehenden Vereinen des Diözesanverbandes sieben Präses verwaist. Mehrere Anwesende klagten darüber, daß sie von Seiten der Mitgeistlichen »außerordentlich wenig« Unterstützung in ihrer Arbeit für den Gesellenverein erfuhren. Auch das Problem der Amtsniederlegungen wurde diskutiert. Die Konferenz faßte diesbezüglich folgende Resolution:

> Es ist Ehrensache der Präsides, selbst in schwieriger Lage unter den augenblicklichen Verhältnissen das Amt des Präses nicht niederzulegen, da ein Ersatz sehr schwer gefunden werden kann. (...) Sollte aber nichts destoweniger ein Präses sich gezwungen sehen, sein Amt niederzulegen, ist es unter allen Umständen seine Pflicht, dem Diöcesan-Präses früh genug davon Anzeige zu machen.[90]

Und als Kommentar zu jenem letzten Satz hieß es: »Der Abschnitt (...) wurde dadurch veranlaßt, daß wiederholt Präsides ihr Amt niedergelegt, ohne davon Anzeige zu machen, und so diese Herren die Ursache geworden, daß die Vereine ent-

[87] Vgl. Kolpingwerk Diözesanverband Münster, 125 Jahre Diözesanverband Münster, S. 13. Anton Hollmann (1832–1894), kath. Priester, 1858–1891 Vikar an St.Aegidii Münster, 1875–1894 Diözesanpräses der Kath. Gesellenvereine, 1891–1894 Pfarrer von St.Servatii in Münster, 1887–1894 Diözesanpräses der Kath. Arbeitervereine der Diözese Münster.

[88] Vgl. Jahrbuch des KGV Recklinghausen 1855–1886, 1902–1914, »Zur Geschichte unseres Gesellenvereins« (Archiv der Kolpingsfamilie Recklinghausen-Zentral); Tagebuch des Diözesanpräses Hollmann, Eintragungen vom Januar 1876 (Archiv des Kolpingwerks Diözesanverband Münster, Coesfeld).

[89] Festschrift 75 Jahre KGV Ahlen 1931, S. 9.

[90] »Verhandlungen der Conferenz der Präsides der Diöcese Münster«, in: Mitteilungen für die Vorsteher der katholischen Gesellenvereine, I. Serie Heft 42/1877, Sp. 643–647, hier Sp. 644.

weder ganz zu Grunde gegangen oder doch stark heruntergekommen sind.«[91] Hier fanden sicherlich Hollmanns Erfahrungen aus Recklinghausen Eingang. Die Diözesankonferenz beschloß weiterhin, daß an solchen Orten, an denen kein Geistlicher mehr vorhanden sei, der das Amt des Präses übernehmen könne, »ausnahmsweise und vorläufig ein geeigneter Laie« gewählt werden könne. Auch wenn dies den Statuten zuwiderliefe, rechtfertige doch »das Ungewöhnliche der Zeitverhältnisse« diese Ausnahme[92]. Weiterhin wurde den versammelten Präsides empfohlen, das Amt des Vizepräses nicht außer Acht zu lassen und auch hierfür in Ermangelung von Geistlichen Laien zu beauftragen.

Die darauffolgende Diözesankonferenz der Gesellenvereinspräsides des Bistums Münster fand im Oktober 1877 in Wesel statt. Von den 36 Vereinen des Diözesanverbandes mußten zu diesem Zeitpunkt fünf ihre Aktivitäten ruhen lassen. Die übrigen 31 hatten alle einen Geistlichen zum Präses. Die ein Jahr zuvor beschlossene Ausnahmeregelung war also nicht angewendet worden. Immerhin drei Vereine hatten einen Laien zum Vizepräses berufen. In Recklinghausen übte dieses Amt nun ein Metzgermeister, in Rheinberg ein Goldschmied und in Horst ein Fabrikant aus[93]. Drei Vereine waren seit der letzten Versammlung neu hinzugekommen und bestätigten damit die auch in Folgejahren zutreffende Entwicklung, daß der Kulturkampf keinen oder nur wenig Einfluß auf Vereinsneugründungen hatte. Zwischen 1870 und 1880 wurden im Diözesanverband Münster 20 Gesellenvereine neu gegründet, ein Bruch im ständigen Aufwärtstrend ist nicht festzustellen[94]. Wie sehr das ›Kirchenvolk‹ hinter seinen Geistlichen, in diesem Falle den Vereinspräsides, stand, zeigt die abschließende Bemerkung in den ›Mitteilungen‹ über die Konferenz von Wesel: »Die Bürger von Wesel hatten es sich nicht nehmen lassen, die Präsides (...) als Gäste zu sich einzuladen, damit Keiner in einem Gasthofe zu logiren genöthigt sei.«[95]

Im Jahr 1877 fand in Münster eine Veranstaltung statt, die trotz oder vielleicht gerade wegen des Kulturkampfes ein immenses Ausmaß annahm. Am 17. und 18. Juni 1877 beging der münsterische Gesellenverein sein 25jähriges Gründungsjubiläum. 51 geladene auswärtige Vereine, darunter jene von Köln und Elberfeld, beteiligten sich an der Feier. Einer der Höhepunkte war ein großer Festzug aller Vereine durch die Hauptstraßen zum Rathaus, wo Präses Böddinghaus eine Festrede hielt[96]. Das Silberjubiläum des Kölner Muttervereins im Mai 1874 hatte nur in ganz be-

91 Ebd.

92 Ebd. Sp. 645.

93 Vgl. »Statistik der Vereine der Diöcese Münster«, in: Mitteilungen für die Vorsteher der katholischen Gesellenvereine, I. Serie Heft 45/1878, Sp. 723ff.

94 Vgl. Kolpingwerk Diözesanverband Münster, 125 Jahre Diözesanverband Münster, S. 28–30, korrigiert nach den jährlichen Statistiken in den Mitteilungen für die Vorsteher der katholischen Gesellenvereine.

95 »Conferenz der Präsides der Diöcese Münster zu Wesel am 1. October 1877«, in: Mitteilungen für die Vorsteher der katholischen Gesellenvereine, I. Serie Heft 45/1878, Sp. 720–723, hier Sp. 723.

96 Vgl. Ficker, Kulturkampf in Münster, S. 252f.

scheidenem Rahmen und fast ohne die üblichen Deputationen anderer Gesellenvereine stattfinden können[97]. Drei Jahre später war in Münster von Beeinträchtigungen nichts mehr zu spüren. Ähnlich ist auch festzustellen, daß die Diözesankonferenzen von Gesellenvereinspräsides im Bistum Münster ohne Bruch während der Kulturkampfjahre haben einberufen werden können. Von der Kölner Zentrale zu veranstaltende Generalversammlungen der Diözesan- und Landespräsides hingegen wurden zwischen 1870 und 1878 nicht abgehalten[98].

Bei so viel Normalität und Kontinuität im Diözesanverband Münster darf nicht vergessen werden, daß Bischof Johann Bernhard Brinkmann zwischen 1875 und 1884 im niederländischen Exil leben mußte, und daß demzufolge die Zahl verwaister Pfarren bis auf 156 anstieg[99]. Daß die Entwicklung der Katholischen Gesellenvereine im Bistum Münster dennoch ohne größere Brüche oder Verzögerungen ablaufen konnte, liegt vor allem an Diözesanpräses Hollmann, der durch umfangreiche Reisen den Kontakt zu strauchelnden Vereinen aufrecht erhielt und durch direktes Auftreten und Verhandeln vor Ort, wie im Falle Recklinghausens, die Sache des Gesellenvereins auch gegenüber Amtsbrüdern zur Geltung brachte. Gleichzeitig ließ er die Verbindung zum Kölner Generalpräsidium nie abreißen. Er schaffte es, unter Ausnutzung der klassischen Strukturen der Gesellenvereine, hier sei nur das Politikverbot genannt, während der Kulturkampfjahre die Achse Ortsverein – Diözesanverband – Generalpräsidium funktionsfähig zu halten. Die beschriebene ›Klerikalisierung‹ der Gesellenvereine erwies sich im Kulturkampf als selbstgestellte Falle, denn, wie einige Vereine auch deutlich zeigten, ohne Präses fand an manchen Orten kein Vereinsleben statt. Der in diesem Fall von der Diözesankonferenz gezeigte Pragmatismus, in Ausnahmefällen auch Laien als Vereinsleiter anzuerkennen, blieb bloße Geste und wurde aufgrund von Hollmanns Bemühungen um geistliche Präsides überhaupt nicht umgesetzt.

Der preußische Kulturkampf war für die Gesellenvereine, vor allem für solche, deren Vereinsleben in dieser Zeit brach lag, sicherlich ein Einschnitt und ein einprägsames Erlebnis. Eine Umbruchssituation war er aber nicht. Die Vereinsstrukturen und die Inhalte der Vereinsarbeit änderten sich nicht oder nur marginal. Die Aufbau- und Etablierungsphase des Verbandes lief auch weiterhin ab, sie war zwar zugegebenermaßen durch staatliche Verordnungen bedroht, wurde aber nur gestreift und kam, zumindest im Bistum Münster, nie zum Stillstand.

97 Vgl. Mitteilungen für die Vorsteher der katholischen Gesellenvereine, I. Serie Heft 36/1874, Sp. 376.

98 Vgl. Tagebuch des Diözesanpräses Hollmann (Archiv des Kolpingwerks Diözesanverband Münster, Coesfeld); Grosinski, S. 228.

99 Johann Bernhard Brinkmann (1813–1889), Generalvikar der Diözese Münster 1857–1870, Bischof von Münster 1870–1889. Vgl. BÖRSTING, Heinrich: Geschichte des Bistums Münster (Bielefeld, 1951), S. 164.

Tabelle 3: Gesellenvereinsgründungen im Bistum Münster 1871–1884 in chronologischer Reihenfolge[100]*:*

Gründungsjahr	*Verein*	*Bemerkung*
1871	Bocholt	
1871	Damme	
1871	St. Tönis	1930 zu Aachen
1872	Rheinberg	
1872	Oedt	1930 zu Aachen
1873	Westerholt	
1875	Gladbeck	
1875	Wadersloh	
1876	Cloppenburg	
1877	Duisburg	1958 zu Essen
1877	Lüdinghausen	
1878	Xanten	
1879	Borken	
1879	Bottrop-Mitte	1958 zu Essen
1879	Drensteinfurt	
1879	Hochfeld	1958 zu Essen
1880	Oelde	
1881	Borghorst	
1881	Rees	
1882	Elten	
1882	Haltern	
1883	Wilhelmshaven	

[100] Alle Zahlen und Daten nach: Kolpingwerk Diözesanverband Münster, 125 Jahre Diözesanverband Münster, korrigiert vom Verfasser durch zeitgenössische Angaben aus den Schematismen für das Bistum Münster und den Mitteilungen für die Vorsteher der katholischen Gesellenvereine.

Tabelle 4: Gesellenvereinsgründungen im Bistum Münster 1871–1884 in chronologischer-geographischer Reihenfolge:

Münsterland	*Niederrhein*	*Industriegebiet u. Vest R'hausen*	*Oldenburg*
Bocholt, 1871	St. Tönis, 1871	Westerholt, 1871	Damme, 1871
Wadersloh, 1875	Rheinberg, 1872	Gladbeck, 1875	Clp'burg, 1876
Lüdinghsn., 1877	Oedt, 1872	Duisburg, 1877	W'haven, 1883
Borken, 1879	Xanten, 1878	Bottrop, 1879	
Drenst'furt, 1879	Rees, 1881	Hochfeld, 1879	
Oelde, 1880	Elten, 1882	Haltern, 1882	
Borghorst, 1881			

5. »Der Gesellenverein hat dem katholischen Deutschland einen kräftigen Stamm echt religiös gesinnter, charakterfester Männer geschenkt«[101] – Der Katholische Gesellenverein im Bistum Münster im II. Deutschen Kaiserreich (1884–1914)

5.1 *Nach dem Kulturkampf: Schärfung des Vereinsprofils*

Die triumphale Rückkehr des Bischofs Johann Bernhard Brinkmann im Jahr 1884 markierte im Bistum Münster das Ende des Kulturkampfs. Die nachfolgenden dreißig Jahre bis zum Beginn des Ersten Weltkriegs waren für die Gesellenvereine geprägt von einem deutlichen Ausbau des Verbandes und einer parallel zum Gesamtkatholizismus erfolgenden Annäherung an einen reichsfreudigen Patriotismus. Hinzu kamen die innerverbandlichen und innerkatholischen Auseinandersetzungen um gewerkschaftliche Organisationsformen sowie die wachsende Konkurrenz des sich immer weiter entfaltenden katholischen Verbands- und Vereinswesens.

Zunächst aber stand die endgültige Abgrenzung von den Arbeitervereinen. Im Jahr 1890 wurde als sozialer Überverein für die katholische Antwort auf die ›Soziale Frage‹ der Arbeiterinnen und Arbeiter der Volksverein für das Katholische Deutschland mit Sitz Mönchengladbach installiert, ein Jahr später erließ Papst Leo XIII. die erste Sozialenzyklika ›Rerum novarum‹. Im Bistum Münster waren bis dahin schon 36 katholische Arbeiter- und Knappenvereine entstanden, eine Zahl, die bis 1913 auf 227 emporschnellte[102]. Die Sozial- und Wirtschaftsstruktur in weiten Bereichen des Bistums wandelte sich in den letzten Jahrzehnten des 19. Jahrhunderts mit ungeheurer Geschwindigkeit. Der Bergbau des Ruhrgebiets wanderte nordwärts und berührte damit immer stärker münsterisches Bistumsgebiet, die Stahlindustrie hatte ihren Schwerpunkt nun im Westen um Duisburg, das ebenfalls zu Münster gehörte. Die Textilproduktion im Westmünsterland wurde industrialisiert, auch hier ließen sich nun klassische Handwerker und Industriearbeiter deutlich voneinander unterscheiden. Als Zwischenlösung waren vom Generalpräsidium Josefsvereine empfohlen worden. Diese entwickelten sich nach und nach wieder zu Gesellen- oder zu Arbeitervereinen, im Falle Dinslakens beispielsweise zu ersterem[103]. Es entstanden aber auch Arbeitervereine aus Gesellenvereinen heraus, die Recklinghäuser Kolpingbrüder überliessen zum Beispiel dem neugegründeten Arbeiterverein zunächst ihr Haus als Vereinslokal[104].

101 Franz Schweitzer: »Eine wichtige Zukunftsaufgabe unserer Vereine«, in: Mitteilungen für die Vorsteher der katholischen Gesellenvereine, IV. Serie Heft 21/1915, S. 11.

102 Vgl. Kösters, S. 71.

103 Vgl. Festschrift 40 Jahre KGV Dinslaken 1930, S. 11. Hier wurde durch die Gründung eines eigenen Arbeitervereins aus dem Josefsverein ein Katholischer Gesellenverein.

104 Vgl. Protokollbuch für die Vorstandssitzungen des KGV Recklinghausen 1902–1914/1919, Eintragung vom 8.3.1904 (Archiv der Kolpingsfamilie Recklinghausen-Zentral).

Als Diözesanpräses Hollmann 1894 starb, wurde das Amt des Arbeitervereinpräses, das dieser wie selbstverständlich mit innegehabt hatte, vom Amt des Gesellenvereinspräses getrennt, ein deutliches Zeichen für den Aufschwung der Arbeiterpastoral im Bistum Münster. Der Westfälische Merkur berichtete:

Das Doppelamt eines Diöcesan-Präses sowohl der Gesellenvereine, als auch der Arbeiter- und Knappschaftsvereine, das der verstorbene Herr Pfarrer Anton Hollmann allein bekleidete, ist, wie wir hören, in den letzten Tagen neu besetzt worden. In Anbetracht der stets wachsenden Arbeiten hat der hochwürdigste Herr Bischof es für gut befunden, eine Theilung dahin eintreten zu lassen, daß der eifrige und geschickte Nachfolger Hollmann's in der Leitung des großen Gesellenvereins hiesiger Stadt, Herr Vicar Theodor Kochmeyer, zum Generalpräses der Gesellenvereine im Bistum Münster ernannt ist; zum Diöcesan-Präses der Arbeiter- und Knappenvereine aber der neue Herr Dompfarrer Rüping, der in Gründung und Leitung des hiesigen Arbeitervereins, dessen stets wachsende Mitgliederzahl der prächtige neue Saalbau kaum noch fassen kann, in kurzer Zeit so Bedeutendes für diese Seite der Lösung der socialen Frage bei uns geleistet hat.[105]

Der neue Diözesanpräses legte entsprechend seinem nun klar definierten Amt großen Wert auf eine strikte vereinsmäßige Trennung von Arbeitern und Gesellen. Das führte vor allem in den Industriegebieten zu heftigen Auseinandersetzungen. In Meiderich hatte Kochmeyer dem dortigen Präses vorgeschlagen, den Gesellenverein, dessen Mitglieder augenscheinlich überwiegend Arbeiter waren, wenigstens in einen Josefsverein umzuwandeln. Als der Präses dies versuchte, kam es zu einem regelrechten Aufstand gegen ihn. Erst nach über einem Jahr konnte das Vereinsleben geregelt weitergehen, und zwar erst nach Entschuldigung der Mitglieder an den Präses und besonderen »Maßregeln« gegen die »Verführer«[106].

Das heftige Bemühen um homogene Gesellenvereine, die reine Handwerkervereinigungen sein und damit die beschriebenen lokal unterschiedlichsten Formen der ersten Jahrzehnte ablösen sollten, wirft ein Licht auf die generelle Linie der Verbandsleitung im Kaiserreich nach dem Kulturkampf. Berufliche Bildung und religiöse Praxis sollten gegenüber den karitativen Aufgaben den Vorzug haben. Bei evangelischen Gesellenvereinen war die Entwicklung in der entgegengesetzen Richtung verlaufen. Dazu paßt auch die Tatsache, daß der Wunsch von 26 Gesellen aus Visbek in Oldenburg, im Gegensatz zu Meiderich also einem rein ländlichen Gebiet, einen Gesellenverein gründen zu wollen, 1898 von Kochmeyer abgelehnt wurde, weil die meisten von ihnen laut Heimatpfarrer »nur arme Tagelöhner« waren[107].

105 Westfälischer Merkur vom 11.6.1894. Theodor Kochmeyer (1853–1929), kath. Priester, 1892–1899 Vikar an St.Aegidii Münster, 1899–1903 Pfarrer in Ruhrort, 1903–1929 Pfarrer von Liebfrauen-Überwasser in Münster, Diözesanpräses der Kath. Gesellenvereine 1894–1922.

106 Vgl. Tagebuch des Diözesanpräses Kochmeyer, Eintragungen vom Dezember 1896, Juni 1897, Januar 1898 (Archiv des Kolpingwerks Diözesanverband Münster, Coesfeld).

107 Vgl. Tagebuch des Diözesanpräses Kochmeyer, Eintragung vom Januar 1898 (Archiv des Kolpingwerks Diözesanverband Münster, Coesfeld).

5.2 Streitpunkte um die Jahrhundertwende: Fachabteilungen und Christliche Gewerkschaften

Die größte Errungenschaft des Verbands der Gesellenvereine in den 1890er Jahren war dementsprechend nicht karitativ, sondern auf dem Gebiet der beruflichen Weiterbildung anzusiedeln: die Fachabteilung[108]. Eine Konferenz von Gesellenpräsides hatte 1893 in Köln die probeweise Einrichtung solcher die fachliche Ausbildung einzelner Handwerkszweige fördernden und begleitenden Vereinsabteilungen befürwortet, die Würzburger Generalversammlung von 1895 fasste nun den endgültigen und für den Gesamtverband bindenden Beschluß, ihre Einrichtung in allen Vereinen zu versuchen. Die Entwicklung und Durchsetzung der Fachabteilungsidee war maßgeblich dem münsterischen Professor für christliche Gesellschaftslehre und sozialpolitischen Sprecher der Zentrumsfraktion im Reichstag, Franz Hitze, zuzuschreiben[109].

Ursprünglich sollten die Fachabteilungen neben ihrer Weiterbildungsfunktion gleichermaßen gewerkschaftliche Aufgaben übernehmen. Da zeitgleich aber auch die katholisch initiierten, überkonfessionellen christlichen Gewerkschaften im Entstehen waren, verzichteten die Initiatoren der Fachabteilungen auf diese Funktion, zumal sich ein innerkatholischer Streit um die Interkonfessionalität und die Organisationsform als Gewerkschaft bereits ankündigte und Diözesanpräses Kochmeyer ebenso wie Professor Hitze eindeutig auf Seiten der Gewerkschaften standen und diesen den Rücken stärken wollten. Außerdem setzte man von Gesellenvereinsseite her genauso wie bei den Arbeitervereinen auf saubere Abgrenzung. Zwar ergaben sich in der Forderung nach Erhöhung des Lohnniveaus Gemeinsamkeiten, die Gesellenvereine beabsichtigten mit ihren Fachabteilungen aber in erster Linie die Vorbereitung auf die spätere Selbständigkeit, während die Gewerkschaften die Lebensbedingungen, vor allem der Arbeiter, allgemein verbessern wollten[110]. Auf diese Weise gelang es den Gesellenvereinen auch, sich weitgehend dem Gewerkschaftsstreit zu entziehen, der nach der Jahrhundertwende bis zum Ersten Weltkrieg den deutschen Katholizismus ebenso polarisierte wie lähmte.

Kochmeyer schien gleich im ersten Jahr seiner Amtsführung ständig mit den Themen Fachabteilungen und christliche Gewerkschaften beschäftigt zu sein. Nach seiner offiziellen Ernennung im Juni 1894 entwickelte er sich zu einem Experten auf diesem Gebiet, was nicht zuletzt durch die auch räumliche Nähe zu Hitze zu erklären ist. So referierte er über diese Thema auf Pastoralkonferenzen des Klerus

108 Zur praktischen Umsetzung und historischen Entwicklung der Fachabteilungen vgl. III. Teil Kap. 4.1

109 Vgl. Grosinski, S. 232; Franz Hitze (1851–1921), katholischer Priester der Erzdiözese Köln, Kaplan in Mönchengladbach, dort an der Gründung des Volksvereins für das Katholische Deutschland beteiligt, seit 1893 Prof. der christl. Gesellschaftslehre in Münster, 1884–1921 MdR, sozialpolit. Sprecher der Zentrumsfraktion, 1898–1912 MdprA.

110 Vgl. Raem, S. 8.

ebenso wie auf dem Kölner Katholikentag im August 1894. Dort trat er vehement für die christlichen Gewerkschaften, aber auch für die Errichtung von Fachabteilungen in Gesellenvereinen, ein:

> Der Einzelne muß heute unterliegen, daher überall das Bestreben nach beruflicher Gliederung der Stände. Diese Bewegung steigt mit Macht, es ist Zeit, daß wir Katholiken die Sache in die Hand nehmen, daß wir gegenüber den religionsfeindlichen Fachvereinen und gleichgültigen Gewerkschaften christliche Gewerkschaften gründen, ohne feindliche Trennung der Confessionen, ganz übereinstimmend mit der Meinung des hl. Vaters (...). Nun sagt man: Wir haben ja die Arbeiter- und Gesellen-Vereine, besonders in Köln, der Stadt Kolping's. Aber es ist nöthig, daß diese Vereine an die einzelnen Berufe herantreten; denn gegen socialdemokratische Minen müssen Gegen-Minen gelegt werden. (...) Welch ein Schutz würde in christlichen gewerkschaftlichen Organisationen liegen für die christlichen Arbeiter, welche sonst zuweilen von den »Genossen« aus der Arbeit herausmanövriert werden. Welche Summe von zwecklosen Verhetzungen würde dann wegfallen, welche Fluth wüster Schimpfereien gegen die Pfaffen, diese »Lohnknechte des Capitalismus«.[111]

Unterdessen hatte sich am 1. August 1894 mit der Tischlerabteilung die erste Fachabteilung in Münster gegründet[112]. Die Diözesankonferenz der Präsides fand einen Monat später mit dem Gast Hitze, »welcher mit Jubel begrüßt wurde«[113], statt. Dort wurde unter Würdigung der positiven Erfahrungen aus Münster ein vorsichtiger Beschluß zum Thema ›Fachabteilungen gefaßt: »In Übereinstimmung mit den in Köln gefaßten Resolutionen beschließt die Münster'sche Diöcesan-Conferenz, daß vorläufig in den größeren Vereinen unserer Diöcese die Einrichtung von Fach-Abtheilungen versucht werden soll.«[114] In der Diözesankonferenz des Folgejahres wurden dann die ersten Erfahrungen der größeren Vereine zusammengetragen. Sie fielen recht unterschiedlich aus, so daß die Versammlung zu dem Resultat kam, daß eine fachliche Weiterbildung durch den Verein zwar unbedingt vonnöten, die Zeit für eine obligatorische Einführung von Fachabteilungen aber noch nicht reif sei. Über die Auswirkungen der Fachabteilungen auf die Gesinnung der Gesellen wurde kontrovers diskutiert. Präses Haan aus Goch befürchtete, daß die in Fachabteilungen ausgebildeten Gesellen »um so leichter den Socialdemokraten anheimfallen würden, wenn sie in andern Vereinen keine Fach-Organisationen anträfen«. Dagegen hielten andere Präsides, daß gerade in den Gesellenvereinen die Mitglieder »gefeit würden gegen den Umsturz«[115]. Die Fachabteilungen schufen durchaus auch bei Arbeitgebern und Handwerksmeistern Mißtrauen. Diese fürchteten

111 Tagebuch des Diözesanpräses Kochmeyer, Eintragungen vom 23.7. und 29.8.1894 (Archiv des Kolpingwerks Diözesanverband Münster, Coesfeld).

112 Vgl. ebd., 1.8.1894.

113 Mitteilungen für die Vorsteher der katholischen Gesellenvereine, II. Serie Heft 32/1894, Sp. 960.

114 Ebd., Sp. 961.

115 Vgl. Mitteilungen für die Vorsteher der katholischen Gesellenvereine, II. Serie Heft 36/1895, Sp. 1099–1101; Zitate Sp. 1100.

sich vor der Konkurrenz des besser ausgebildeten Nachwuchses, andererseits witterten sie gewerkschaftliche Umtriebe in den Abteilungen. Noch 1906 sah sich der münsterische Gesellenverein genötigt, die Unterschiede zwischen Gewerkschaften und Fachabteilungen deutlich herauszustellen[116].

Die Generalversammlung des Jahres 1900 hatte das Recht der Gesellen herausgestellt, sich in den christlichen Gewerkschaften zu organisieren, hatte aber auch vor einer Verquickung Gesellenverein - Gewerkschaften gewarnt[117]. Diese Linie bestimmte die Haltung der Gesellenvereine im Gewerkschaftsstreit. Man sympathisierte mit ihnen, schlug sich aber nicht nachhaltig auf ihre Seite. So konnten die Mitglieder ihre Haltung im Streit selbst bestimmen, Zerreißproben sollten auf diese Weise umgangen werden.

An der Basis wurde denn auch heftig um die Position zu den christlichen Gewerkschaften gerungen. Bei den Vorstandswahlen des KGV Recklinghausen im Jahre 1906 wurde die Frage nach der Eignung der Kandidaten mit ihrer Stellung zu den Gewerkschaften verknüpft[118]. Aus dem Jahresbericht des KGV Münster von 1909 geht hervor, daß in den Vorjahren ausgerechnet in den Fachabteilungen, die davon doch ausgenommen sein sollten, über die Gewerkschaftsfrage diskutiert wurde, was einige Gesellen bemängelten[119]. Im Jahr 1910 drohten einem Recklinghäuser Mitglied disziplinarische Maßnahmen, weil er das Gesellenhaus ein »christliches Gewerkschaftshaus« genannt hatte[120]. Der Erfolg der christlichen Gewerkschaften bei den Mitgliedern der Gesellenvereine war regional recht unterschiedlich. die einzig erhaltenen statistischen Angaben dazu stammen aus dem Jahre 1913. Zu dieser Zeit waren in 47 von 85 Vereinen Gesellen auch Gewerkschaftsmitglieder, in Münster 90 v.H., in Recklinghausen gar 95 v.H.[121]. Während die Meinungen zu den christlichen Gewerkschaften auch an der Basis auseinandergingen, herrschte bezüglich der sozialdemokratischen, sogenannten Freien Gewerkschaften Einigkeit. Ein Mitglied des Katholischen Gesellenvereins konnte nicht gleichzeitig bei den Freien Gewerkschaften aktiv sein. Der Senior des Oldenburger Gesellenvereins wurde 1905 in einer gemeinsamen Aktion von Präses und Laienvorstand ausgeschlossen,

116 Vgl. Olliges-Wieczorek, S. 93.

117 Vgl. Raem S. 8f.

118 Vgl. Protokollbuch für die Vorstandssitzungen des KGV Recklinghausen 1902–1914/1919, Eintragung vom 28.10.1906 (Archiv der Kolpingsfamilie Recklinghausen-Zentral).

119 Vgl. Bericht des KGV Münster über die Vereinstätigkeit im Jahre 1909 (Archiv der Kolpingsfamilie Münster-Zentral, Mappe 1900–1910).

120 Vgl. Protokollbuch für die Vorstandssitzungen des KGV Recklinghausen 1902–1914/1919, Eintragung vom 21.10.1910 (Archiv der Kolpingsfamilie Recklinghausen-Zentral).

121 Vgl. Summarische Übersicht über den Stand der kath. Gesellenvereine in der Diözese Münster Ende 1913 (Archiv der Kolpingsfamilie Telgte Nr. 13.7 – Depositum im Heimathaus Telgte). Die einzige für den Gesamtverband bekannte Zahl stammt aus dem Jahr 1907, wo nach vorsichtigen Schätzungen der Kölner Zentrale ungefähr ein Fünftel der Mitglieder (11400 von 54633) auch den Christl. Gewerkschaften angehörte; vgl. Grosinski, S. 232.

weil er am Festumzug der sozialdemokratischen Gewerkschaften teilgenommen hatte[122].

5.3 Die Diözesansynode von 1897

Für das Jahr 1897 berief Bischof Dingelstad eine Diözesansynode ein[123]. Die dort beschlossenen Statuten spiegeln, so Damberg, »das Bild einer Kirche, die sich in der Auseinandersetzung mit den rasanten gesellschaftlichen Veränderungen gegen Ende des 19. Jahrhunderts als geschlossene Gesellschaft formiert, in der der Kontakt mit Nicht-Katholiken als Bedrohung empfunden wird.«[124] Diese geschlossen katholische Gesellschaft organisiert sich nach innen in die Standesgemeinschaften der Kleriker und der Laien, wobei sich letztere wiederum nach Berufs- und Naturständen in besonderen Gruppen zusammenschließen. Damberg weiter:

> Diesen Gemeinschaften oder Vereinigungen gilt die besondere Aufmerksamkeit der Synode: Sie gelten offensichtlich als das meistversprechende pastorale Modell, nicht nur, um die Geschlossenheit der ›Herde‹ nach außen abzusichern, sondern auch zur Lösung der ›sozialen Frage‹, der man durch eine Strategie bloßer Abgrenzung nicht begegnen konnte.[125]

Die Synode war für den Verband der Gesellenvereine im Bistum Münster deshalb von außerordentlichem Wert. Sie stellte sozusagen kirchenamtlich die große Bedeutung speziell der Arbeiter- und Gesellenvereine für das diözesane Gesamtkonzept der Pastoral heraus. Die feste Verankerung der Gesellenvereine im katholischen Milieu des Bistums allgemein wie auch in den Überlegungen und Planungen der Bistumsleitung wurde dadurch manifest. Fast fünfzig Jahre nach ihren Anfängen waren sie eine feste Größe im katholisch-kirchlichen Leben geworden, sie standen nun sogar im Zentrum der Überlegungen von Bischof und Klerus.

Deutliches Zeichen dafür war auch die Diözesankonferenz der Gesellenpräsides im Juli 1897, fünf Wochen vor der Synode. Der Bischof ließ es sich nicht nehmen, die Versammlung persönlich zu begrüßen. Er drückte seine volle Sympathie und sein lebhaftes Interesse für die Kolpingssache aus und dankte den Präsides dafür, daß sie »so willig und eifrig zu ihrer Seelsorgsarbeit noch die Mehrarbeit für die sociale Frage übernommen hätten«[126]. Dann erörterten die versammelten geistlichen Ver-

122 Vgl. Chronik des Katholischen Gesellenvereins zu Oldenburg, Bd. I (1885–1913), Eintragung von 1905 (Archiv der Kolpingsfamilie Oldenburg-Stadt).

123 Hermann Josef Dingelstad (1835–1911), Bischof von Münster 1889–1911.

124 Vgl., auch für das Folgende: DAMBERG, Wilhelm: »Gesellschaftlicher Wandel und pastorale Planung. Das Bistum Münster und die Synoden von 1897, 1924, 1936 und 1958«, in: Werner Thissen (Hg.): Das Bistum Münster Bd. II (Münster, 1993), 13–18; Zitat S. 17.

125 Ebd.

126 Mitteilungen für die Vorsteher der katholischen Gesellenvereine, III. Serie 5/1897, Sp. 152–156; Zitat Sp. 153.

einsleiter auf Wunsch des Bischofs das Kapitel ›De Unionibus‹ im Schema für die bevorstehende Synode, jenen Text, der die Vereinsarbeit, auch der Gesellen, so ausführlich behandelte. Außer einem weitausholenden Lob der Präsides, der Laienfunktionäre, des Vereinslebens und der Vereinshäuser wird darin aber auch auf die Gefahren aufmerksam gemacht. Die Präsides, so mahnte der Text, sollten bei aller Sorge für das »zeitliche Wohl« der Mitglieder nicht deren »ewiges Wohl« aus dem Auge verlieren, ein deutlicher Hinweis darauf, daß man sich von Seiten der Bistumsleitung eine stärkere Betonung religiöser Inhalte im Gegensatz zu karitativen, berufsbildenden oder gar geselligen wünschte. Entsprechend wurden Generalkommunionen und Exerzitien empfohlen, Jubiläen und Theatervorführungen sollten dagegen eingeschränkt, Tanzabende grundsätzlich verboten werden. Auch wurde in der Vorlage von Neugründungen an kleineren Orten abgeraten.

Das Ergebnis der Diskussion der Gesellenpräsides: »Die Versammlung begrüßte freudig diesen Erlaß, erlaubte sich aber einige Aenderungen zu beantragen.«[127] Der erste Passus betraf die Ernennung von Ortspräsides. Die Diözesankonferenz sprach sich dafür aus, daß auch weiterhin der Diözesanpräses der bischöflichen Behörde den Ernennungsvorschlag unterbreiten solle, und nicht, wie in der Vorlage vorgesehen, der Ortspfarrer zusammen mit ihm. Hier zeigte sich innerverbandliches Selbstverständnis gegenüber der Hierarchie. Weiterhin wollte die Versammlung die Exerzitienempfehlung abgeschwächt sehen, sie sollten höchstens alle zwei bis drei Jahre stattfinden und ein außerordentliches Mittel bleiben. Die strikten Bestimmungen bezüglich der Theateraufführungen sollten nach Meinung der Präsides ebenfalls gelockert werden. Der Passus »Weiber sind von der Bühne auf alle Fälle zu verbannen. Frauenrollen sollen auch im allgemeinen von den Mitgliedern nicht übernommen werden« sei zu schroff. Ausnahmen müßten hier geduldet werden[128].

Die starke Stellung der Präsides in den Vereinen wurde sowohl in der Vorlage wie im endgültigen Text des Kapitels ›De Unionibus‹ der Synode betont. Er sollte unter anderem vor Vereinsaufführungen alle Deklamations- und Theatertexte auf ihre rechte Sittlichkeit überprüfen. Von Selbstbestimmung der Laien oder emanzipatorischer Wirkung im Kontext der Vereinsarbeit war keine Rede. Thomas Schulte-Umberg stellt klar heraus:

> Nach dem Modell der Synode waren die Vereine allerdings nicht dafür vorgesehen, die Arbeiter zur selbständigen Wahrnehmung und Vertretung ihrer Interessen heranzuziehen. Hier galt es vielmehr, der vorgegebenen Struktur der Kirche gerecht zu werden, das heißt, die Organisationsstruktur der Vereine und deren Alltag mußte dem gemäß der Unveränderlichkeit der Kirche ewig feststehenden Verhältnis zwischen Klerikern und Laien entsprechen. Aber auch der Klerus selbst mußte dem Bild hierarchischer Ordnung

[127] Ebd.
[128] Ebd. Sp. 154.

entsprechen, so werden die Vereinspräsides zur Subordination unter und Kooperation mit ihren Pfarrherrn ermahnt.[129]

Der Gesellenverein war nie als kirchlicher Verein konzipiert worden. Er hatte aber von Anfang an eine Präsidesverfassung, und diese galt in ›De Unionibus‹ als deutlicher Ausdruck priesterlicher Autorität[130]. Daß das Präsidesprinzip genauso gut kollegial in Bezug auf den Laienvorstand angewendet werden konnte, war eine Erfahrung der frühen Jahre und sollte sich in späterer Zeit wiederholen[131]. Seit der Klerikalisierung der 1860er Jahre aber stand die absolute Autorität nicht nur der Ortspräsides, sondern vor allem auch des Diözesanpräses. Die zusätzliche Mahnung an die Präsides zur Subordination unter ihren Pfarrer hatte seine Gründe. Hin und wieder traten offene Konflikte zwischen Gesellenpräsides und Ortspfarrern auf, die der Diözesanpräses zu schlichten versuchte. So nahm der Pfarrer von Ruhrort am 40. Stiftungsfest des Gesellenvereins trotz der Anwesenheit Kochmeyers demonstrativ nicht teil, da er sich mit dem dortigen Vereinspräses überworfen hatte[132]. Insgesamt aber genossen die Gesellenvereine während des Untersuchungszeitraums nie so viel Aufmerksamkeit und Rückendeckung von der Kirchenleitung wie um die Jahrhundertwende, was in der Synode von 1897 offensichtlich wird. Sie wurden zu diesem Zeitpunkt geradezu als Allheilmittel in der ›sozialen Frage‹ und zum Zusammenhalt des Milieus betrachtet.

5.4 Mehr Organisation gegen mehr Konkurrenz

Auf der Höhe kirchlicher Anerkennung stehend, bemühte der Verband der Katholischen Gesellenvereine, Gesamtverband wie Diözesanverband, sich um die Jahrhundertwende verstärkt um den Ausbau seiner Organisation. Nachdem bereits 1884 eine jährliche Abgabe aller Vereine für das Generalpräsidium in Köln beschlossen worden war, kam die Diözesankonferenz von 1892 überein, so etwas auch zugunsten des Diözesanpräses einzuführen. Vereine mit mehr als hundert Mitgliedern sollten fortan jährlich zehn, kleinere Vereine fünf Mark nach Münster schikken, »um die verschiedenen Ausgaben, welche dem Diöcesanpräses erwachsen, bestreiten zu helfen«[133]. Den wiederholten Anträgen niederrheinischer Präsides, es mögen doch regelmäßige Bezirkskonferenzen eingeführt werden, die den aufgrund unterschiedlicher wirtschaftlicher Strukturen regional verschiedenen Problemen stärker gerecht werden können, wurde 1894 endlich stattgegeben, wenn auch mit

129 Thomas Schulte-Umberg: Zum Altare Gottes will ich treten (Münster, Diss.theol. 1998).
130 Vgl. ebd.
131 Vgl. Teil II Kap. 4.
132 Tagebuch des Diözesanpräses Kochmeyer, Eintragung vom 6.10.1895 (Archiv des Kolpingwerks Diözesanverband Münster, Coesfeld).
133 Vgl. Mitteilungen für die Vorsteher der katholischen Gesellenvereine, II. Serie Heft 23/1892, Sp. 691.

der Auflage, dem Diözesanpräses darüber Bericht zu erstatten[134]. Die schon 1872 errichteten Bezirke als Untereinheiten der Diözesanverbände bekamen im Bistum Münster auf diese Weise eine sinnvolle Funktion.

Ebenfalls durch die Diözesankonferenz von 1894 wurde die Erhebung einer alljährlichen detailierten Gesamtstatistik für alle Vereine des münsterischen Diözesanverbandes beschlossen. Zu diesem Zwecke sollte ein umfangreicher Fragebogen, der alle Vereinsbereiche und -aktivitäten berührte, entwickelt und an alle Vereine versandt werden. Franz Hitze, der Gastredner der Konferenz, bot sich an, falls dieses Verfahren dem Diözesanverband finanziell zu aufwendig sei, selbst für die Kosten der Aktion aufzukommen, so überaus sinnvoll und notwendig hielte er eine genaue Erfassung von Daten und Aktivitäten aller Gesellenvereine des Bistums[135].

Mitte der 1890er Jahre entstand in der Stadt Münster ein Volksbüro, das nach Modell und Idee des Volksvereins für das Katholische Deutschland eine Beratungsstelle für Fragen der Sozialversicherung, der Armenpflege sowie von Miet-, Steuer- und Vormundschaftssachen war. Der Gesellenverein war neben Arbeiterverein, Vinzenzverein und Abteilung Münster des Volksvereins der Träger des Büros und vergrößerte, modernisierte und professionalisierte dadurch sein soziales Dienstleistungsangebot enorm. Vom Erfolg dieser Beratungstätigkeit überzeugt, empfahl der Diözesanpräses den Nachbarvereinen des Münsterlandes 1896 den Beitritt zum Volksbüro[136].

Zur gleichen Zeit etablierten sich die Gesellenvereine auch nach bürgerlichem Recht mehr und mehr. Der münsterische Verein erhielt am 14.9.1895 die Korporationsrechte, was eine staatliche Anerkennung voraussetzte, und das Gesellenhospiz erlangte gleichzeitig die Rechte einer juristischen Person[137]. Andere Vereine des Bistums folgten, vor allem nach Einführung des Bürgerlichen Gesetzbuches am 1.1.1900, durch Eintragung in das Vereinsregister. Die Diözesankonferenz von 1901 hatte dies ausdrücklich allen Vereinen mit einem gewissen Vermögen oder mit Liegenschaften empfohlen und erklärt, der zuständige Minister habe in einem Modellfall dem Landrat von Rheydt am Niederrhein die Anweisung gegeben, Gesellenvereinen trotz ihres scheinbar religiösen Zweckes diese Eintragung nicht zu verweigern[138]. Die seit der Gründung Mitte des 19. Jahrhunderts bestehende Mischlage eines Vereins nach weltlichem Recht jedoch mit Präsides-Verfassung und enger An-

[134] Vgl. Mitteilungen für die Vorsteher der katholischen Gesellenvereine, II. Serie Heft 32/1894, Sp. 962.

[135] Ebd., Sp. 961.

[136] Vgl. KÜSTER, Thomas: Alte Armut und neues Bürgertum. Öffentliche und private Fürsorge in Münster von der Ära Fürstenberg bis zum Ersten Weltkrieg (1756–1914) (Münster, 1995) S. 239; vgl. Mitteilungen für die Vorsteher der katholischen Gesellenvereine, III. Serie Heft 2/1896, Sp. 60.

[137] Vgl. Erlaß des Oberpräsidenten vom 14.9.1895 (Stadtarchiv Münster, Stadtregistratur Fach 153); vgl. auch Olliges-Wieczorek, S. 92f.

[138] Vgl. Mitteilungen für die Vorsteher der katholischen Gesellenvereine, III. Serie Heft 12b–13/1902, Sp. 430f.

lehnung an die Diözesanhierarchie wurde unter den neuen Umständen des BGB noch einmal augenfällig festgeschrieben.

Der auch äußerlich manifesteste Ausdruck des Professionalisierungs- und Organisationsschubs um die Jahrhundertwende war der Ausbau der Diözesanleitung und des Generalpräsidiums. Das Schlüsselereignis diesbezüglich war die Mainzer Generalversammlung vom 9.–11.9.1902. Hier wurden zunächst die Aufgaben eines Diözesanpräses genauestens beschrieben:

> Er hat die Aufgabe, mit dem ihm unterstellten Vereinen den notwendigen Kontakt zu unterhalten, die Gründung neuer Vereine zu befördern und zu überwachen; speziell aht der Diözesanpräses die Statuten der zu gründenden Vereine vor deren Ueberreichung an die politische Behörde zu prüfen, beim Bau oder Erwerb von neuen Häusern sowohl den Bau- als den Finanzplan zu prüfen und denselben dem generalpräses zur endgültigen Genehmigung vorzulegen. Bei Erledigung einer Präsesstelle hat der Diözesanpräses auf deren baldige Wiederbesetzung zu dringen, für den neugewählten Präses diese oberhirtliche Bestätigung nachzusuchen und die Person des neu ernannten Präses dem Generalpräses mitzuteilen. Der Diözesanpräses hat wenigstens alle zwei Jahre die Präsides zu einer Konferenz zusammenzurufen und bei derselben den Vorsitz zu führen, die Vereine der Diözese von Zeit zu Zeit zu besuchen und bei dieser Gelegenheit in sämtliche Vereinsbücher, besonders in das Mitgliederverzeichnis, in die Protokolle und in die Vereinschronik, ferner in die Vermögensgebarung des Vereins unter Vorlage sämtlicher Rechnungen und Belege, in die Sparkasse der Mitglieder sowie überhaupt in das gesamte Vereinsleben genaue Einsicht zu nehmen. Der Diözesanpräses hat streng darauf zu achten, daß die einzelnen Vereine nicht zu Vergnügungsvereinen herabsinken, sondern rein kolpingisch bleiben, den Präsides des Diözesanverbandes mit Rat und Tat zur Seite zu stehen, endlich auf Grund der alljährlich von den Präsides an das Diözesanpräsidium zu erstattenden Berichte an den Bischof sowie an den Generalpräses, event. auch an den Zentralpräses, über die ihm unterstellten Vereine ausführlich einmal im Jahre schriftlich Bericht zu erstatten.[139]

Das ausführliche Zitat soll an dieser Stelle zeigen, wie zeitaufwendig und vielfältig zu Beginn des Jahrhunderts das Amt des Diözesanpräses geworden war. Dieser war gleichzeitig Finanzmanager und Kassenprüfer, Schulungsleiter und Kolpingserbwalter, Diözesanmoderator und Berichterstatter für Bischof und Generalpräses. Folgerichtig verlangte die Generalversammlung denn auch, den Diözesanpräses für dieses Amt komplett freizustellen. Das allein konnte aber nicht reichen, und so erhielt der münsterische Diözesanpräses wenige Jahre später erstmals einen Sekretär an seine Seite[140].

Parallel dazu verlief die Entwicklung auf der Ebene der Kölner Gesamtverbandsleitung. Der nach dem Tode Schäffers 1901 neuernannte Generalpräses Franz Hu-

[139] Vgl. Mitteilungen für die Vorsteher der katholischen Gesellenvereine, III. Serie Beilage: Protokoll der Generalversammlung 1902, o.S.

[140] Vgl. Kolpingwerk Diözesanverband Münster, 125 Jahre Diözesanverband Münster, S. 14.

bert Schweitzer normierte und professionalisierte auch hier die Aufgabenbereiche[141]. Das erforderte allerdings eine stärkere finanzielle Ausstattung der Zentrale. »Die Propaganda, die Erhaltung der Konkurrenzfähigkeit, die Verbandsstatistik, welche nicht umgangen werden kann, die Einrichtung einer Auskunftsstelle in Köln sind (...) ohne Verbandsbeitrag unmöglich«, so befand die Generalversammlung von 1902 und beschloß die Schaffung einer Verbandskasse, verbunden mit einem Anteil für die Zentrale in den Mitgliedsbeiträgen im Gegensatz zum alten System der Abgabe pro Verein[142]. Schließlich beantragte die Generalversammlung die Aufnahme in die Schematismen der einzelnen Diözesen. »Wenn die Kinderbewahrungsanstalten, die doch bloß lokales Interesse haben, mit den Kinderschwestern im Schematismus angeführt sind, dann ist es auch billig und recht, daß die Gesellenvereine zur Orientierung namentlich der verantwortlichen Seelsorger aufgenommen werden« hieß es dort selbstbewußt[143]. Außerdem sollte auf diese Weise die »Fühlung mit dem Diözesanbischof« zum Ausdruck gebracht werden.

Der professionelle Ausbau der Kölner Verbandszentrale fand seinen vorläufigen Abschluß und Höhepunkt in der Ernennung Wilhelm Schwers zum ersten Generalsekretär im Jahr 1904[144]. Der Gesamtverband hatte nun eine Doppelspitze aus richtungsweisendem und geistlich leitendem Generalpräses und organisierendem aber auch vordenkendem Generalsekretär. Dieses System sollte sich bis in die Zeit des Dritten Reichs erfolgreich bewähren und schuf zusätzliche Kapazitäten für eine stärkere Präsenz der Zentrale vor Ort. Der Professionalisierungsschub der Verbandsorganisation um die Jahrhundertwende lag im Trend der Zeit. Beispielhaft für den deutschen Katholizismus sind hier die Gründung des Volksvereins für das katholische Deutschland 1890 und des Deutschen Caritasverbands 1897 zu nennen. Von Franz Hitze, der an beiden Gründungen beteiligt und dem münsterischen Diözesanverband der Gesellenvereine, wie bereits gezeigt, ganz besonders verbunden war, stammte das entsprechende Schlagwort »Mehr Organisation!«[145].

Für die Gesellenvereine bestand nach der Jahrhundertwende aber noch eine ganz besondere Notwendigkeit, ihre Arbeit effizienter und nach außen hin attraktiver zu gestalten. Der Konkurrenzdruck innerhalb des katholischen Vereinswesens war durch dessen Auffächerung enorm gewachsen. Schon in den 1890er Jahren hatte es Klagen gegeben, die Gesellenvereinsversammlungen seien deshalb schlecht besucht, weil die Mitglieder zusätzlich anderen Vereinen angehörten und auch dort am Vereinsleben teilnahmen. Die Diözesankonferenz von 1892 hatte noch in moderatem Ton empfohlen, der Präses möge sich darauf beschränken, auf die Teilnahmepflicht

[141] Franz Hubert Schweitzer (1866–1924), kath. Priester der Erzdiözese Köln, Generalpräses Kath. Gesellenvereine 1901–1924.

[142] Vgl. Mitteilungen für die Vorsteher der katholischen Gesellenvereine, III. Serie Beilage: Protokoll der Generalversammlung 1902, o.S.

[143] Ebd.

[144] Wilhelm Schwer (1876–1949), 1904–1920 Generalsekretär des KGV, 1921 Prof. für christl. Gesellschaftslehre in Bonn. Vgl. II. Teil, Kap. 2.2.

[145] Vgl. Meike Wagener-Esser.

für Vereinsversammlungen hinzuweisen, und ansonsten gemahnt: »Eine öffentliche Warnung vor andern Vereinen, wenn dieselben ihrer Natur nach nicht zu verwerfen sind, ist bedenklich.«[146] Das Problem wurde aber dringender und die Diskussion entsprechend heftiger. Diözesanpräses Kochmeyer schloß seinen statistischen Bericht über die Entwicklung des Diözesanverbandes im Jahr 1901 mit den trotzigen Worten: »Daß nicht alles Gold ist, wissen wir Präsides am besten, aber andern katholischen Vereinen gegenüber kann der Gesellenverein, der älteste von allen, noch immer stolz seinen Platz behaupten, er ist nicht veraltet.«[147] Im Jahr 1904 ging die Zahl der aktiven Mitglieder im Bistum Münster erstmalig zurück, und zwar leicht von 6600 im Jahr 1902 auf 6560 zwei Jahre später. Auch diese Stagnationsphase wurde von der Verbandsführung mit der Konkurrenz anderer Vereine und Organisationen erklärt. Generalpräses Schweitzer schrieb in den ›Mitteilungen‹:

> In den 1850er und 60er Jahren war der Gesellenverein die einzige katholische Organisation für die arbeitenden Stände und genoß als solche den Vorzug, in der Öffentlichkeit namentlich seitens der katholischen Presse eifrigst propagirt zu werden. Das ist anders geworden. Arbeitervereine, Jünglingsvereine, Gewerkschaften, Windthorstbunde sind uns an die Seite getreten und sowohl ihre Aufgaben auf ganz anderen Gebieten liegen sollten, suchen sie die katholischen Handwerksgesellen, auf die mit Fug und Recht nur der Gesellenverein Anspruch machen kann, zu sich hinüberzuziehen. (...) Die alten, soliden Organisationen haben den Schaden dieser Vereinsmeierei zu tragen, und vor allem weiß der Gesellenverein, wie die vorliegende Statistik wieder lehrt, davon zu erzählen.[148]

Die vor allem in der zweiten Hälfte des 20. Jahrhunderts geradezu gepflegte Konkurrenz zu den Arbeitervereinen bzw. zur KAB war also um die Jahrhundertwende in die Welt getreten. Und wenn die Gesellenvereine, im Bistum Münster durchaus verbunden mit deutlicher Sympathie, einen neutralen Standpunkt zu den umstrittenen Christlichen Gewerkschaften einnahmen, dann war damit die grundlegende Konzeption dieser Organsiationsform gemeint. Über Abwerbungen oder attraktivere Freizeitangebote seitens der Gewerkschaften hingegen war man bei den Kolpingvereinen ausgesprochen verärgert[149].

Der münsterische Ortspräses Alfers setzte sich auch noch im Jahresbericht von 1909 mit der vermeintlichen Stagnation, die nun statistisch nicht mehr zu belegen war, die aber scheinbar immer noch empfunden wurde, auseinander. Seine Erläuterungen beschränkten sich nicht auf ein Beklagen der Vereinsmeierei. Er mahnte mit den Worten »Unsere Zeit aber fordert sehr viel Werbearbeit« eine bessere Öffentlichkeitsarbeit an und erklärte die Probleme der Gesellenvereine mit dem Rückgang des Handwerkssektors zugunsten der Industrie, was sich auch in dem enormen Auf-

146 Vgl. Mitteilungen für die Vorsteher der katholischen Gesellenvereine, II. Serie Heft 23/1892, Sp. 692.

147 Vgl. Mitteilungen für die Vorsteher der katholischen Gesellenvereine, III. Serie Heft 14/1902, Sp. 485.

148 Mitteilungen für die Vorsteher der katholischen Gesellenvereine, III. Serie Heft 32/1905, Sp. 1051ff.

149 Vgl. ebd.

schwung der Arbeitervereine wiederspiegele. Die angemessene Reaktion der Gesellenvereine auf diese Tatsachen dürfe nun aber nicht eine Änderung der Ziele und Mittel sein, es müsse ganz im Gegenteil weiterhin festgehalten werden an den Idealen eines selbständigen Handwerkerstandes und der beständigen Fortbildung der Gesellen[150].

5.5 Katholisch und patriotisch: Stimmungswechsel um die Jahrhundertwende

Die »Frontstellung von Katholizismus und Kaiserreich«[151] lockerte sich mit dem Abklingen des Kulturkampfes Anfang der 1880er Jahre zusehens. Die Zentrumsfraktion erreichte im Reichstag eine Schlüsselstellung, und, zumindest was den Klerus betraf, fanden sich Lösungen für die verfahrenen Situationen. Nun trat eine allmähliche Wende hin zu einer nationalen Integration der Katholiken in Deutschland ein. Einerseits brauchte die Reichsregierung die Stimmen der Zentrumsabgeordneten, um Mehrheiten zu erringen, andererseits war aber auch die Oppositionshaltung des Zentrums nach langen Jahren bitterer Auseinandersetzungen und Schmähungen einem Abnutzungsprozeß unterlegen[152]. Außerdem war nach über 20 Jahren der neue Staat etabliert. In den 90er Jahren bestimmte die Politik der »Reichsfreudigkeit« des Windthorst-Nachfolgers Ernst Lieber den Kurs der katholischen Partei[153].

Die Kaiserverehrung wurde nun in weiten Kreisen des deutschen Katholizismus neben die Papstverehrung gestellt, was Morsey auf folgende Formel brachte: »Im Strom des zeitgenössischen Hurra-Patriotismus blieb das Bestreben unverkennbar, sich als ›guter‹ und womöglich ›besserer‹ Deutscher zu bewähren.«[154] Deutlich muß in diesem Zusammenhang zwischen dem Verhältnis der deutschen Katholiken zum II. Deutschen Kaiserreich einerseits und zum Kaiser andererseits unterschieden werden. Der Kaiser, und hier ist Wilhelm II. gemeint, wirkte diesbezüglich deutlich integrativ. Nachdem er im Jahr 1888 den Thron bestiegen hatte, standen ihm die deutschen Katholiken nicht nur loyal, sondern, so Morsey, »in zunehmendem Maße enthusiasmiert« gegenüber[155]. Er war vom Kulturkampf unbelastet und seine Sozialpolitik entsprach den Vorstellungen des Zentrums und auch der Gesellenvereinsführung. Nachdem er 1890 Bismarck entlassen hatte, erreichte die Kaiserbegeisterung bei den Katholiken einen ersten Höhepunkt. In den Jahren um die Jahr-

[150] Bericht des KGV Münster über die Vereinstätigkeit im Jahre 1909 (Archiv der Kolpingsfamilie Münster-Zentral, Mappe 1900–1910).

[151] GRÜNDER, Horst: »Nation und Katholizismus im Kaiserreich«, in: Albrecht Langner (Hg.): Katholizismus, nationaler Gedanke und Europa seit 1800 (Paderborn etc., 1985) S. 68.

[152] Vgl. ebd., S. 69.

[153] Ebd., S. 84.

[154] MORSEY, Rudolf: »Die deutschen Katholiken und der Nationalstaat zwischen Kulturkampf und Erstem Weltkrieg«, in: Historisches Jahrbuch 90 (1970), S. 63.

[155] Ebd., S. 45.

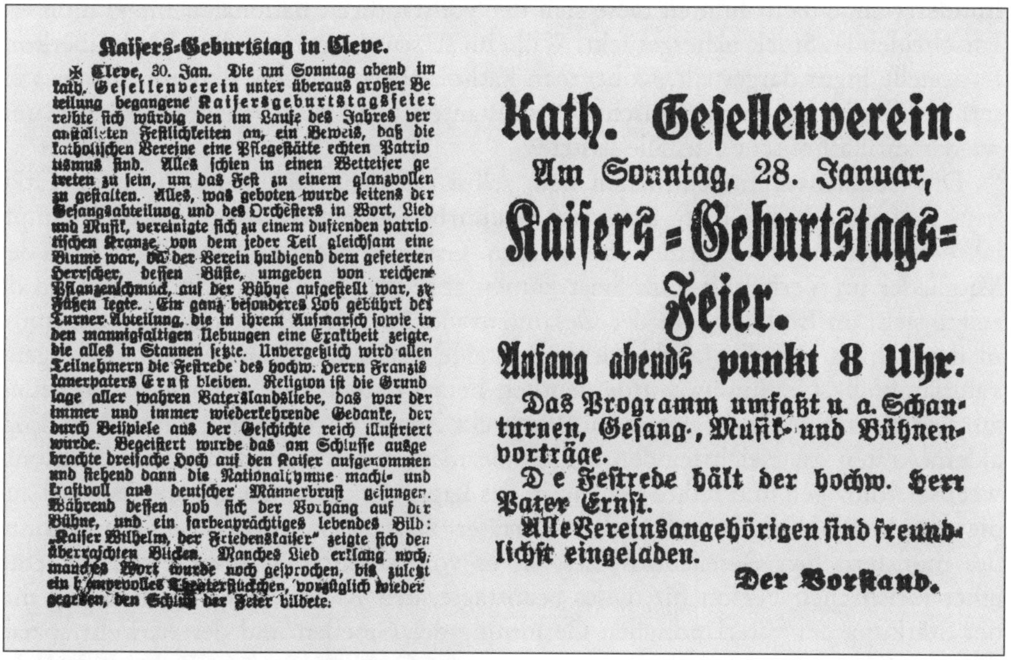

Kaisers-Geburtstag in Cleve.

✠ Cleve, 30. Jan. Die am Sonntag abend im kath. Gesellenverein unter überaus großer Beteilung begangene Kaisersgeburtstagsfeier reihte sich würdig den im Laufe des Jahres veranstalteten Festlichkeiten an, ein Beweis, daß die katholischen Vereine eine Pflegestätte echten Patriotismus sind. Alles schien in einen Wetteifer getreten zu sein, um das Fest zu einem glanzvollen zu gestalten. Alles, was geboten wurde seitens der Gesangsabteilung und des Orchesters in Wort, Lied und Musik, vereinigte sich zu einem duftenden patriotischen Kranze, von dem jeder Teil gleichsam eine Blume war, die der Verein huldigend dem gefeierten Herrscher, dessen Büste, umgeben von reichem Pflanzenschmuck, auf der Bühne aufgestellt war, zu Füßen legte. Ein ganz besonderes Lob gebührt der Turner-Abteilung, die in ihrem Aufmarsch sowie in den mannigfaltigen Uebungen eine Exaktheit zeigte, die alles in Staunen setzte. Unvergeßlich wird allen Teilnehmern die Festrede des hochw. Herrn Franziskanerpaters Ernst bleiben. Religion ist die Grundlage aller wahren Vaterlandsliebe, das war der immer und immer wiederkehrende Gedanke, der durch Beispiele aus der Geschichte reich illustriert wurde. Begeistert wurde das am Schlusse ausgebrachte dreifache Hoch auf den Kaiser aufgenommen und stehend dann die Nationalhymne macht- und kraftvoll aus deutscher Männerbrust gesungen. Während dessen hob sich der Vorhang auf der Bühne, und ein farbenprächtiges lebendes Bild: „Kaiser Wilhelm, der Friedenskaiser“ zeigte sich den überraschten Blicken. Manches Lied erklang noch, manches Wort wurde noch gesprochen, bis zulezt ein [illegible] Theaterstückchen, vorzüglich wiedergegeben, den Schluß der Feier bildete.

Kath. Gesellenverein.

Am Sonntag, 28. Januar,

Kaisers-Geburtstags-Feier.

Anfang abends punkt 8 Uhr.

Das Programm umfaßt u. a. Schauturnen, Gesang-, Musik- und Bühnenvorträge.

Die Festrede hält der hochw. Herr Pater Ernst.

Alle Vereinsangehörigen sind freundlichst eingeladen.

Der Vorstand.

Abb. 3: Bericht über die »Kaisersgeburtstagsfeier« im Klever Gesellenverein, Nachdruck aus dem ›Klever Volksfreund‹ vom 30.1.1906

Abb. 4: Postkarte zum 50-jährigen Jubiläum des münsterischen Gesellenvereins 1902

hundertwende dann fühlten diese sich der vollständigen nationalen Integration ein entscheidendes Stück nähergerückt. Wilhelm II. wurde mehr und mehr als überkonfessionelle Figur dargestellt, wobei man katholischerseits gerne übersah, daß er weiterhin Oberhaupt der preußischen Protestanten blieb und sich durchaus hin und wieder antikatholische Ausfälle leistete[156].

Die Gesellenvereine enthielten sich, selbst auferlegt, jeglicher politischer Tätigkeit. Auf diese Weise hatte man, wie ausführlich gezeigt wurde, die Kulturkampfjahre weitgehend unbeschadet überstanden. Grundstimmungen und Tendenzen der Mitglieder im Verhältnis zum Staat kamen aber dennoch zum Ausdruck. Und da zeigte sich, im Einklang mit der Gesamtentwicklung des deutschen Katholizismus, in den Jahren um die Jahrhunderwende eine deutliche Veränderung. Die eigene vaterländische Gesinnung wurde deutlich herausgestellt, vor allem in Abgrenzung zur Sozialdemokratie. War man zu Bismarcks Zeiten noch zusammen mit den Sozialdemokraten zu Reichsfeinden erklärt worden, hatte man nun einen Positionswechsel vollzogen und reihte sich ein in das Lager der Patrioten, die mit Fingern auf die sozialdemokratischen ›Vaterlandsverräter‹ zeigten. So erklärte das Kuratorium des münsterischen Gesellenhospizes, als es vom städtischen Magistrat die Rechte einer juristischen Person für dieses beantragte, den Zweck dieser Einrichtung mit der Stärkung der vaterländischen Gesinnung der Gesellen und der Abwehr sozialdemokratischer Ideen[157]. Ähnlich bewertete der Gesellenverein in Ruhrort im Jahr 1905 seine eigene Arbeit:

> Gerade die eifrige Befolgung der Devise ›Religion und Tugend‹, in Verbindung mit dem sicheren und weitgehenden Ausbau des Kassen- und Unterrichtswesen haben bewirkt, daß der Verein ein mächtiger Schutzdamm geworden ist gegen das Eindringen der verderblichen Ideen moderner Volksbeglücker in den Gesellenstand; durch aufmerksame Pflege dieser Seite des Vereinslebens hofft der Gesellenverein auch in Zukunft Männer heranzubilden, die für Staat und Kirche in gleicher Weise brauchbar sind.[158]

Die Verbindung von Staat und Kirche wurde immer häufiger herausgestellt. Ein Beispiel dafür ist auch das in katholischen Kreisen der Zeit verbreitete Lied »Papst und Kaiser«, das im Programm zur Einweihungsfeier des neuen Gesellenhaus in Münster im Jahr 1906 abgedruckt war. Es handelte sich dabei um eine Weiterdichtung der Nationalhymne »Heil Dir im Siegerkranz«. Dem eigentlichen Text war die Strophe

> Gesalbter unsers Herrn
> Der Kirche schönster Stern
> Dich preisen wir!
> Du unser Stolz und Ruhm

[156] Vgl. ebd.

[157] Vgl. Kuratorium des St.-Joseph-Gesellenhospiz an Magistrat der Stadt Münster, 26.7.1895 (Stadtarchiv Münster, Stadtregistratur Fach 153); vgl. auch Olliges-Wieczorek, S. 93.

[158] Festschrift 50 Jahre KGV Ruhrort 1905, S. 40.

Wächter im Heiligtum
Du starker Fels im Meer
Heil Pius, Dir![159]

voran(!)gestellt. Begierig wurde außerdem jedes Lob der Gesellenvereine von staatlicher oder zumindest nicht-katholischer Seite registriert. Den Jahresbericht 1907 begann der münsterische Präses mit dem Aussage: »Die Tätigkeit der katholischen Gesellenvereine findet in letzter Zeit immer wärmere Anerkennung«[160]. Dann zitierte er aus einem Artikel der ›Handwerkszeitung‹, dem amtlichen Organ der Berliner Handwerkskammer, in dem die Organisation Kolpings beschrieben und der nationale Verdienst, den sie sich um die Handwerkersache erwerbe, herausgestellt wird. »Jeder Freund der Gesellenvereine«, so Präses Alfers resümierend, »muß diese rückhaltlose Anerkennung dankbar begrüßen, kann sie doch nur förderlich sein, daß sich immer mehr selbstlose Handwerksfreunde in den Dienst der edlen Sache stellen und daß vor allem bei der Handwerksjugend selbst der Gesellenverein die nötige Beachtung finde«[161].

Eine Symbiose von Gesellenvereinen und Zentrumspartei, sei es personell oder inhaltlich, hat im Kaiserreich nicht stattgefunden. Die Organisation Kolpings mit ihrem Politikverbot war 1870 diesbezüglich schon zu etabliert, um an ihrer Linie etwas zu ändern und sich aktiv im politischen Katholizismus zu engagieren. Diese Tatsache wird von der Forschungsrichtung, die im deutschen Katholizismus des Kaiserreichs zunächst immer das Zentrum sieht und für untersuchungswert hält, oft genug übersehen[162]. Und dennoch lassen sich auch in den Gesellenvereinen um die Jahrhundertwende Stimmungsänderungen im allgemeinen Verhältnis zum II. Deutschen Kaiserreich feststellen, wie sie durch die neue Eingebundenheit der Zentrumsfraktion des Reichstags in die nationale Politik am deutlichsten zum Ausdruck kommen. Die Kulturkampfzeit war nun weitgehend überwunden und die Gesellenvereine erfasste die Welle des Patriotismus ebenso wie andere Organe des deutschen Katholizismus und der Gesamtgesellschaft.

159 Programm zur Einweihung des neuen Gesellenhauses zu Münster, Josephsfest 1906 (Archiv der Kolpingsfamilie Münster-Zentral, Mappe 1900–1906).
160 KGV Münster, Jahresbericht 1907 (Archiv der Kolpingsfamilie Münster-Zentral, Mappe 1900–1910).
161 Ebd.
162 Vgl. beispielsweise LOTH, Wilfried: Katholiken im Kaiserreich (Düsseldorf, 1984).

6. Zwischenbilanz: Etabliert, erfahren und stolz – Standortbestimmung am Ende des Kaiserreichs

Das Ende des Kaiserreichs und der Beginn des Ersten Weltkriegs kann gleichzeitig als das Ende der Aufbau- und Etablierungsphase des Katholischen Milieus im Bereich des Bistums Münster angesehen werden[163]. Für die Katholischen Gesellenvereine der Diözese, deren Entwicklung ähnlich alt war wie die des Milieus, gilt das Gleiche. Fast neunzig Vereine gehörten dem Diözesanverband im Jahr 1914 an, sämtliche Groß- und Mittelstädte in allen Teilen des Bistums waren ›versorgt‹[164].

Nach sechzig Jahren konnte man schon auf eine Vielfalt an Erfahrungen zurückgreifen. Da waren die Anfangsschwierigkeiten gewesen, die sich vor allem in einer ambivalenten Haltung des Klerus und des örtlichen Bürgertums den Gesellenvereinen gegenüber manifestierten, aber auch in einer Suche nach dem geeignetsten Vereinsprofil. Im Kulturkampf hatte eine Auseinandersetzung mit den staatlichen Behörden stattgefunden, vor allem an den Orten ohne Präsides war zum ersten Mal eine Art Krisenmanagement, auch von Seiten der Diözesanleitung, gefragt gewesen. Um die Jahrhundertwende dann wurde, dem nun eindeutigen Standort der Gesellenvereine in Staat, Gesellschaft und Kirche gemäß, die Organisation ausgebaut und das Profil, nicht zuletzt durch die Einrichtung der für die Mitglieder attraktiven Fachabteilungen, geschärft. Die Struktur des Verbandes und seiner Vereine schien nun ein für alle Mal geklärt zu sein, sowohl was die verschiedenen Ämter und Positionen wie auch die inhaltliche Ausrichtung und außerdem die Abgrenzung zu anderen katholischen Vereinigungen anging.

Wie weit die Katholischen Gesellenvereine im Bistum Münster schon um die Jahrhundertwende etabliert waren, zeigt die Diözesankonferenz der Präsides von 1897. Dort wurde, wie gezeigt, die bevorstehende Diözesansynode, konkret das das Vereinswesen betreffende Kapitel »De Unionibus« erörtert. Gleichzeitig besprachen die Präsides aber auch das neue Handwerkergesetz, das sämtliche, seit den Anfängen bestehende Grundsatzforderungen der Gesellenvereine berücksichtigte. Am Schnittpunkt von Staat und Kirche stehend wurde dem Verband der Gesellenvereine von beiden gebührende Beachtung geschenkt[165].

Was das Innenleben des Katholischen Milieus betraf, so taten sich die Gesellenvereine nicht allein durch Abgrenzung beispielsweise gegenüber Arbeitervereinen hervor. Ganz im Gegenteil war man mit anderen Milieukonstituenten eng vernetzt und tief im Gesamtmilieu verankert. Das reichte bis zu ganz pragmatischen Absprachen. In Ruhrort trugen Gesellenvereinsmitglieder den Sarg, wenn ein Mitglied der Jungfrauenkongregation verstarb. Umgekehrt flochten und steckten Mitglieder dieses Frauenvereins Kränze für verstorbene Gesellenvereinsmitglieder. Außerdem

[163] Vgl. AKKZG.

[164] Vgl. Kolpingwerk Diözesanverband Münster, 125 Jahre Diözesanverband Münster, S. 28.

[165] Vgl. Mitteilungen für die Vorsteher der katholischen Gesellenvereine, III. Serie Heft 5/1897, Sp. 153f.

beteiligte sich der KGV Ruhrort 1863 an der Anschubfinanzierung für den dortigen Borromäusverein[166]. Diese Solidarität katholischer Vereine untereinander hatten einzelne Gesellenvereine selbst erfahren, zum Beispiel in Recklinghausen, wo Elisabeth- und Vinzenzverein in den Anfangsjahren materiell halfen[167]. Die sich im Zeichen des Milieukatholizismus enorm ausbreitenden Missionsorden und geistlichen Gemeinschaften wurden mancherorts eingeladen, die Gesellenhospize zu bewirtschaften, so die Schwestern von der Göttlichen Vorsehung, die ab 1911 die Betreuung des münsterischen Kolpinghauses übernahmen.

Welchen Stellenwert die Katholischen Gesellenvereine im Bistum Münster zu Beginn des 20. Jahrhunderts erreicht hatten, zeigen auch die unvollständig erhaltenen statistischen Daten. Laut Diözesanpräses Kochmeyer waren Ende 1907 im westfälischen wie im niederrheinischen Bistumsteil ungefähr ein Drittel aller katholischer Handwerksgesellen in einem Gesellenverein Mitglied. Im oldenburgischen Teil lag der Organisationsgrad bei 25 v.H.. Diese Angaben sind umso erstaunlicher, als das Netz der Gesellenvereine zu jener Zeit zwar eng, aber bei weitem nicht flächendeckend war[168]. Die Zahl der aktiven Mitglieder stieg, nach der kurzfristigen Stagnation im ersten Jahrzehnt des neuen Jahrhunderts, bis zum Kriegsbeginn auf 7398, die Zahl der Ehrenmitglieder auf über 16000[169]. Die durchschnittliche Mitgliederzahl pro Verein lag bei 91, war regional allerdings recht unterschiedlich. Während am Niederrhein im Durchschnitt 103 Gesellen einen Verein bildeten, waren es im Münsterland 96 und in Oldenburg nur 38[170]. Bereits 1910 überflügelte Münster mit 38 eigenen Gesellenhäusern alle anderen Diözesanverbände, auch die Zahl der Ehrenmitglieder war schon unerreicht. Nach dem Krieg sollte dann ebenfalls die Zahl der Aktiven den bis dahin größten Diözesanverband Köln in den Schatten stellen und Münster endgültig und bis auf den heutigen Tag zur stärksten Diözese im Kolpingwerk werden lassen[171].

Über den Stellenwert der Gesellenvereine im Bistum Münster am Ende des Kaiserreichs sagt auch ein Augenzeugenbericht aus Bocholt viel aus. Dort wurde einen Monat vor Kriegsausbruch im Sommer 1914 das Kolpingdenkmal eingeweiht: »Direkt um das Denkmal hatten sich die kirchlichen Würdenträger versammelt, es wa-

166 Vgl. Festschrift 50 Jahre KGV Ruhrort 1905, S. 40.

167 Vgl. Jahrbuch des KGV Recklinghausen 1855–1886/1902–1914 (Archiv der Kolpingsfamilie Recklinghausen-Zentral).

168 Vgl. Summarische Übersicht über den Stand der kath. Gesellenvereine in der Diözese Münster Ende 1907 (Archiv der Kolpingsfamilie Telgte Nr. 13.1 – Depositum im Heimathaus Telgte).

169 Vgl. »Kriegsstatistik der katholischen Gesellenvereine 1.8.1914 bis 1.7.1916«, in: Mitteilungen für die Vorsteher der Katholischen Gesellenvereine 1/1917, S. 11.

170 Vgl. Summarische Übersicht über den Stand der kath. Gesellenvereine in der Diözese Münster Ende 1908 (Archiv der Kolpingsfamilie Telgte Nr. 13.2 – Depositum im Heimathaus Telgte).

171 Vgl. Summarische Übersicht über den Stand der kath. Gesellenvereine in der Diözese Münster Ende 1910 (Archiv der Kolpingsfamilie Telgte Nr. 13.4 – Depositum im Heimathaus Telgte); vgl. »Kriegsstatistik der katholischen Gesellenvereine 1.8.1914 bis 1.7.1916«, in: Mitteilungen für die Vorsteher der Katholischen Gesellenvereine 1/1917, S. 11.

ren mindestens fünf oder sechs Purpurträger dabei, unter anderem Erzbischof Döring, Bischof Poggenburg[172], Generalpräses Schweitzer, Diözesanpräses Kochmeyer und andere mehr.«[173] Aus der Perspektive des Gesellenvereins war dies die komplette kirchliche Hierarchie, und deren Erscheinen bedeutete eine enorme Auszeichnung für das Kolpingwerk allgemein und den Bocholter Gesellenverein im besonderen. Die Gesellenvereine mit ihren Diözesanverbänden und der Kölner Gesamtverbandsleitung stellten 1914 ein bedeutendes Segment des Katholischen Milieus in Deutschland dar. Dessen war man sich in Köln wie in Münster durchaus bewußt. Ein Artikel des Generalpräses Schweitzer in den ›Mitteilungen‹ von 1915 bringt das entsprechende Selbstbewußtsein und den damit verbundenen Stolz zum Ausdruck. Dort heißt es unter anderem:

> Schauen wir uns nach den Männern um, die im katholischen öffentlichen Leben in unseren größeren und kleineren Städten an der Spitze stehen, die sich in kirchlichen, politischen, sozialen, charitativen Vereinigungen und dergl. betätigen, so finden wir unter diesen fast allerorts ehemalige Mitglieder des Gesellenvereins. Ja, es gibt in Deutschland eine nicht geringe Anzahl von Orten, wo das katholische Laienelement, welches in der Öffentlichkeit hervortritt, fast ausschließlich aus alten Kolpingssöhnen besteht. Sehr interessant ist ferner eine Umschau im organisierten Handwerk, in den Innungen und den Handwerkskammern. Was da mitarbeitet, was organisiert, leitet, ist zum weitaus größten Teil aus der Schule des katholischen Gesellenvereins hervorgegangen. Kommt man mit katholischen Stadtverordneten und Parlamentariern zusammen, die dem Handwerksstande angehören, so erfährt man fast stets, daß sie »auch einmal« Angehörige eines Gesellenvereins gewesen sind.[174]

Tabelle 5: Gesellenvereinsgründungen im Bistum Münster 1885–1914 in chronologischer Reihenfolge[175]

Jahr	*Verein*	*Bemerkung*
1885	Oldenburg	
1885	Sterkrade	1958 zu Essen
1885	Wildeshausen	
1886	Herten	

[172] Johannes Poggenburg (1862–1933), Generalvikar der Diözese Münster 1911–1913, Bischof von Münster 1913–1933.

[173] Mdl. Auskunft Wilhelm Thiemann, Bocholt, 10.6.1968 (Archiv der Kolpingsfamilie Bocholt-Zentral).

[174] Franz Schweitzer: »Eine wichtige Zukunftsaufgabe unserer Vereine«, in: Mitteilungen für die Vorsteher der katholischen Gesellenvereine, IV. Serie Heft 21/1915, S. 11.

[175] Alle Zahlen und Daten nach: Kolpingwerk Diözesanverband Münster (Hg.): 125 Jahre Diözesanverband Münster 1859–1984 (Münster, 1984), korrigiert vom Verfasser durch zeitgenössische Angaben aus den Schematismen für das Bistum Münster und den Mitteilungen für die Vorsteher der katholischen Gesellenvereine.

Jahr	*Verein*	*Bemerkung*
1886	Vechta	
1888	Dinklage	
1888	Emsdetten	
1888	Oberhausen-Osterfeld	1958 zu Essen
1889	Löningen	
1890	Dinslaken	
1890	Ibbenbüren	
1890	Meiderich	1958 zu Essen
1891	Gronau	
1892	R'hausen-Süd	
1893	Datteln	
1893	Lohne	
1894	Delmenhorst	
1894	Waltrop	
1894	Werne	
1895	Stadtlohn	
1898	Breyell	1930 zu Aachen
1899	Lünen	
1900	Kirchhellen	
1902	Althamborn	1958 zu Essen
1904	Velen	
1905	Kevelaer	
1906	Rhede	
1906	Hüls	1930 zu Aachen
1906	Marl	
1907	Buer-Erle	1958 zu Essen
1908	Epe	
1908	Marxloh	1958 zu Essen
1909	Ahaus	
1909	Ochtrup	
1909	Raesfeld	
1910	Homberg	
1910	Vreden	
1911	Legden	
1913	Selm	
1914	Mesum	
1914	Nordwalde	
1914	Sendenhorst	

Tabelle 6: Gesellenvereinsgründungen im Bistum Münster 1885–1914 in chronologisch-geographischer Reihenfolge

Münsterland	*Niederrhein*	*Industriegebiet und Vest R'hausen*	*Oldenburg*
Emsdetten, 1888	Dinslaken, 1890	Osterfeld, 1888	Oldenburg, 1885
Ibbenbüren, 1890	Breyell, 1898	Sterkrade, 1885	Wildesh'sen, 1885
Gronau, 1891	Kevelaer, 1905	Herten, 1886	Vechta, 1886
Werne, 1894	Hüls, 1906	Meiderich, 1890	Dinklage, 1888
Stadtlohn, 1895	Homberg, 1910	RE-Süd, 1892	Löningen, 1889
Lünen, 1899		Datteln, 1893	Lohne, 1893
Velen, 1904		Waltrop, 1894	Delmenhorst, 1894
Rhede, 1906		Kirchhellen, 1900	
Epe, 1908		Althamborn, 1902	
Ahaus, 1909		Marl, 1906	
Ochtrup, 1909		Buer-Erle, 1907	
Raesfeld, 1909		Marxloh, 1908	
Vreden, 1910			
Legden, 1911			
Selm, 1913			
Mesum, 1914			
Nordwalde, 1914			
Sendenhorst, 1914			

II. Teil

Umbruchszeiten

1. Zur Einführung: Fragen, Hypothesen, Forschungs- und Quellenlage

Das 20. Jahrhundert zeichnet sich in der deutschen Geschichte als eine Zeit großer Katastrophen, aber auch erstaunlicher Errungenschaften, gewaltiger Umbrüche und weniger Kontinuitäten aus, vor allem in seiner ersten Hälfte. Im folgenden Großkapitel sollen die drei dominanten Umbruchszeiten der ersten Jahrhunderthälfte – die beiden Nachkriegszeiten und die Zeit der nationalsozialistischen Machtübernahme nämlich – in ihrer Bedeutung für das Katholische Milieu allgemein und für die Katholischen Gesellenvereine und Kolpingsfamilien im Bistum Münster im besonderen dargestellt und in Beziehung zueinander gesetzt werden.

Das Ende des Ersten Weltkriegs mit seinen unmittelbar folgenden gesellschaftspolitischen Veränderungen in Deutschland bedeutete für das Katholische Milieu eine enorme Herausforderung. Der Einbruch der Moderne in die eigene Geschlossenheit schien unaufhaltsam. Wie es aus einer Phase der der Frustration heraus gelang, nicht nur eine Konsolidierung, sondern auch eine erfolgreiche Neuorientierung zu schaffen, gilt es aufzuzeigen. Dabei muß vor allem berücksichtigt werden, welche grundlegenden Überlegungen zum ›Katholischen‹ in Deutschland den entsprechenden Hintergrund bildeten, und, vor allem, wieviel von diesen Veränderungen konkret vor Ort in den einzelnen Gesellenvereinen rezipiert wurden.

Die Orientierungssuche des politischen Katholizismus in dieser Situation hat Rudolf Morsey aufgezeigt[176], während sich Thomas Ruster dem theologischen Diskurs in den 1920er Jahren in seiner Auseinandersetzung zwischen Katholizismus und Moderne gewidmet hat[177]. Die Hypothese, daß sich das von den intellektuellen Spitzen des Milieus formulierte Grundgefühl auch bei ›einfachen‹ Handwerksgesellen wiederfindet, soll in der vorliegenden Arbeit verifiziert werden. Einen Gesamtüberblick über die Entwicklung des Verbands- und Vereinswesen im Bistum Münster in der Weimarer Republik bietet Christoph Kösters[178]. Seine wertvolle Vorarbeit für den Gegenstand dieser Arbeit – vor allem auch für die dann folgende Zeit des Nationalsozialismus, auf der Kösters' Schwerpunkt liegt – soll im Folgenden unterstützend aber auch kritisch gespiegelt einbezogen werden.

In den 1920er Jahren überstieg die Zahl der Katholischen Gesellenvereine im Bistum Münster die 100er-Marke. Entsprechend kann für diese Zeit trotz aller nachfolgenden Widrigkeiten auf ein weitergefächertes Quellenmaterial der Ortsvereine zurückgegriffen werden. Zudem ist in den Jahren der Weimarer Republik die Or-

176 Vgl. MORSEY, Rudolf (Bearb.): Die Protokolle der Reichstagsfraktion der Deutschen Zentrumspartei (Mainz, 1981).

177 Vgl. RUSTER, Thomas: Die verlorene Nützlichkeit der Religion. Katholizismus und Moderne in der Weimarer Republik (Paderborn/ München/ Wien/ Zürich, 1994).

178 Vgl. KÖSTERS, Christoph: Katholische Verbände und moderne Gesellschaft. Organisationsgeschichte und Vereinskultur im Bistum Münster 1918 bis 1945 (= VdKfZ B, Bd. 68) (Paderborn etc., 1995).

ganisation der Kölner Verbandszentrale hervorragend ausgebaut gewesen, was sich in entsprechenden erhaltenen Periodika und sonstigen Publikationen niederschlägt, ergänzt durch das schriftstellerische Tun des neuen Generalsekretärs Nattermann.

Die Umstände der Machtergreifung der Nationalsozialisten im Jahre 1933 nehmen in der zeitgeschichtlichen Forschung einen breiten Raum ein. In diesem Zusammenhang ist die Rolle der Kirchen immer wieder Gegenstand historischer Arbeiten. So sind in den letzten zwei Jahrzehnten wichtige Standardwerke, sowohl im Bereich der Überblicksdarstellungen wie auch bei den Einzeluntersuchungen, erschienen[179]. Auf die katholischen Verbände, in jener Zeit allein schon zahlenmäßig ein wichtiger Pfeiler des Katholizismus, wurde das Augenmerk ebenfalls gerichtet. Für den Katholischen Gesellenverein ist hier vor allem die 1982 erschienene Dissertation von Heinz-Albert Raem zu nennen, die erstmals auf der Basis des wenigen vorhandenen Quellenmaterials die Haltung der Kölner Verbandsspitze um Generalpräses Hürth und Generalsekretär Nattermann in der Zeit des Nationalsozialismus kritisch beleuchtet[180]. In jüngerer Zeit ist außerdem eine Darstellung der geschichtlichen Entwicklung des Rottenburger Diözesanverbandes erstellt worden, die, den Zeitraum von 1852–1945 umfassend, auch das ahr der ›Machtergreifung‹ streift[181]. Hier wird der Versuch unternommen, das Vorgehen der diözesanen Verbandsleitung mit den Kölner Vorgaben und der Rezeption an der Basis zu spiegeln.

Genau dies soll auch in der vorliegenden Arbeit mit Bezug auf das Bistum Münster geschehen, wobei die Perspektive stärker von der Basis her angelegt ist, um einerseits der berühmten und in ähnlichen Arbeiten immer wieder zitierten Forderung Urs Altermatts nach einer intensiveren Erforschung des Katholizismus »von unten und von innen« nachzukommen[182], und um andererseits der schwierigen Quellenlage gerecht zu werden.

Die Fragen, die beim Thema ›Katholische Kirche und Drittes Reich‹ im allgemeinen und ›Katholischer Gesellenverein im Jahr 1933‹ im besonderen immer wieder erörtert werden, sind zwar vielschichtig und vielfältig, sie kreisen aber um einen Themenkomplex: Konfrontation oder Kooperation der Kirche und ihrer Glieder mit den neuen Machthabern. Dabei stehen sich Positionen gegenüber, die im Extremfall von einer genuinen Affinität zwischen Katholizismus und Nationalsozia-

179 Hier sind vor allem zu nennen: GOTTO, Klaus u. Konrad Repgen (Hg.): Die Katholiken und das Dritte Reich. 3. erw. u. überarb. Aufl. Mainz 1990; SCHOLDER, Klaus: Die Kirchen und das Dritte Reich. Bd. 1 (Frankfurt a.M./Berlin 1977); Bd. 2 (Frankfurt a.M./Berlin, 1980); HÜRTEN, Heinz: Deutsche Katholiken 1918–1945. (Paderborn etc., 1992).

180 RAEM, Heinz-Albert: Katholischer Gesellenverein und Deutsche Kolpingsfamilie in der Ära des Nationalsozialismus (= VdKfZG B, Bd. 35) (Mainz, 1982).

181 KRIMMER, Ansgar: Der Katholische Gesellenverein in der Diözese Rottenburg 1852.1945 (= VdKfZG B, Bd. 66) (Paderborn etc., 1994).

182 S. 28.

lismus, zumindest aber von fahrlässiger Indifferenz ausgehen[183], und solche, die von einer natürlichen Frontstellung der Katholischen Kirche zum Drittem Reich sprechen[184]. Die meisten aber differenzieren zwischen unterschiedlichen Phasen und Protagonisten und werden so der Komplexität der Vorgänge am ehesten gerecht. Das Jahr 1933 ist in diesem Zusammenhang besonders interessant. Sowohl im Episkopat wie auch an der Verbandsspitze beispielsweise des Katholischen Gesellenvereins wechselten Prinzipien, Vorgehensweisen und Taktiken im Umgang mit den Nationalsozialisten beinahe monatlich, was ein genaueres Hinsehen schwierig aber unentbehrlich macht. Die Notwendigkeit zu handeln wurde der katholischen Seite von Regierungs- und NS-Parteiseite dabei aufgezwungen. Das ständige Überdenken und Wechseln von Positionen geschah also nicht aus Willkür, sondern in Interaktion mit dem Vorgehen der nationalsozialistischen Machthaber.

Die Selbsterhaltung der Katholischen Kirche, ihr Raum in der Öffentlichkeit und der Bestandsschutz für ihre Organisationen spielten bei den Überlegungen von Episkopat und Verbandsspitzen eine wichtige Rolle. Wie weit sich in diesem Zusammenhang Kooperation einerseits, Konfrontation andererseits vollzog oder sinnvollerweise hätte vollzogen werden sollen, ist heute oft Gegenstand wissenschaftlicher Kontroversen[185]. Auch die vorliegende Arbeit wird sich mit dieser Fragestellung beschäftigen. Die umstrittene Verbandspolitik des Generalsekretärs des Verbandes Katholischer Gesellenvereine, Nattermann, fordert förmlich dazu auf. Mit dem Blick darauf, wie die Basis in den Gesellenvereinen des Bistums Münster dieses Vorgehen rezipierte, soll als eigener Beitrag dieser Arbeit zumindest ansatzweise die Frage geklärt werden, ob die Verbandspolitik stärker von taktischen Erwägungen oder den inneren Überzeugungen der Mitglieder geprägt war.

Die Quellenlage bei diesem Vorhaben ist nicht sehr erfreulich. Zunächst einmal stehen die von der Kölner Verbandsleitung herausgegebenen Periodika »Kolpingsblatt« und – für Vorstandsmitglieder – »Der Führer« zur Verfügung, für den Gesellenverein Münster-Zentral außerdem, allerdings lückenhaft, seine monatliche Veröffentlichung »Die Kolpingsfamilie«. Doch diese innerverbandlichen Publikationen leiden, wie fast alle kirchlichen Druckerzeugnisse ab Frühjahr 1933, an jenem von Raem folgendermaßen beschriebenen Mangel: »Je repressiver die Machthaber gegen den konfessionellen Gegner vorgingen, desto mehr verzichteten die Verbände auf öffentliche Mitteilungen über den internen Zustand oder über Vorgänge innerhalb

183 So beispielsweise Ernst-Wolfgang Böckenförde und Carl Amery; vgl. AMERY, Carl: Die Kapitulation oder deutscher Katholizismus heute (Reinbek, 1963); BÖCKENFÖRDE, Ernst-Wolfgang: Der deutsche Katholizismus im Jahre 1933 (Freiburg i.Br., 1988).

184 Hier wären Klaus Gotto und Konrad Repgen zu nennen; vgl. Gotto/Repgen, Die Katholiken und das Dritte Reich.

185 Vor allem die sog. Scholder-Repgen-Kontroverse über Zustandekommen und Bewertung des Reichskonkordates. Hierzu siehe vor allem die einleitenden Bemerkungen von Karl Otmar von Aretin zu Scholders »Altes und Neues zur Vorgeschichte des Reichskonkordats. Erwiderung auf Konrad Repgen«, in: SCHOLDER, Klaus: Die Kirchen zwischen Republik und Gewaltherrschaft. Gesammelte Aufsätze. Hg.v. Karl Otmar von Aretin u. Gerhard Besier. Berlin 1988. S. 171–203.

Kath.
Gesellen-Verein
Emmerich.
✠ ✠ ✠
Den Heldentod fürs Vaterland starb in Feindesland unser treues Mitglied
Theod. Kellewald
im Inf.-Reg. Nr. 16
3. Komp.
Die Vereinsmesse findet Sonntag, den 9. Januar, morgens 7 Uhr in der St. Aldegundiskirche statt.
Der Präses.

Gesellen-Verein
Emmerich.
† † †
Die hl. Messe
für das verstorbene Vereinsmitglied
Johann Claßen
ist am
Sonntag, 4. Febr.,
morgens 8 Uhr
in der St. Aldegundiskirche, wozu freundlichst einladet
Der Vorstand.

Kath.
Gesellen-Verein
Emmerich.
† † †
Wir erfüllen hiermit die traurige Pflicht, unsere Mitglieder und Ehrenmitglieder von dem Tode unseres Ehrenmitgliedes
Herrn
Joh. Meenen
geziemend in Kenntnis zu setzen.
Die feierlichen Exequien finden statt am Dienstag morgen 8 Uhr in der St. Aldegundis-Kirche, gleich darauf die Beerdigung vom Sterbehause Wollenweberstr. Nr. 33 aus.
Um rege Teilnahme bittet
Der Vorstand.

Kath.
Gesellen-Verein
Emmerich.
† † †
Auf dem Felde der Ehre starben den Heldentod unsere lieben Mitglieder
Ernst Kellewald
und
Heinr. van Pluer.
Die Vereinsmesse für Ernst Kellewald findet am Donnerstag morgen um 7 Uhr und für Heinr. van Pluer am Freitag morgen um 9 Uhr in der St. Aldegundiskirche statt.
Der Vorstand.

Kath.
Gesellen-Verein
Emmerich.
✠ ✠ ✠
Hierdurch erfüllen wir die traurige Pflicht, unsere Mitglieder und Ehrenmitglieder von dem auf dem Felde der Ehre erlittenen Heldentode unseres treuen Mitgliedes
Gerh. Siebers
in Kenntnis zu setzen.
Die Seelenmesse seitens des Vereins ist am kommenden Mittwoch morgen um 6 Uhr, die zweite hl. Messe statt eines Kranzes am nächsten Sonntag morgen.
Wir bitten freundlichst um recht zahlreiche Beteiligung.
Der Vorstand.

Kath.
Gesellen-Verein
Emmerich.
† † †
Wir erfüllen hiermit die traurige Pflicht, unsere Vereinsangehörigen von dem Tode unseres Mitgliedes
Heinr. Budding
in Kenntnis zu setzen.
Das feierliche Seelenamt findet am Samstag, den 22. Januar, morgens 8½ Uhr in der St. Aldegundiskirche, daran anschließend die Beerdigung vom Sterbehause Wollenweberstraße aus statt.
Die Vereinsmesse ist am Sonntag, den 23. Januar, morgens 9 Uhr.
Der Vorstand.

Kath
Gesellenverein
✠ ✠ ✠
Als weiteres Opfer des Weltkrieges starben den Heldentod fürs Vaterland unsere lieben Vereinsmitglieder
Heinr. Damen,
Theod. Driever,
Gerhard Peer.
Die Vereinsmessen finden statt wie folgt:
Für **Heinrich Damen** Mittwoch um 6 Uhr.
Für **Theodor Driever** Donnerstag um 6 Uhr.
Für **Gerhard Peer** am Freitag um 6 Uhr.
Der Vorstand.

Kath.
Gesellen-Verein
Emmerich.
† † †
Wir erfüllen hiermit die traurige Pflicht, unsere Mitglieder und Ehrenmitmitglieder von dem Tode unseres Ehrenmitgliedes
Herrn
Willemsen
geziemend in Kenntnis zu setzen.
Die feierlichen Exequien finden statt am Donnerstag morgen 8 Uhr in der St. Aldegundis-Kirche, gleich darauf die Beerdigung vom Sterbehause Großer Löwe aus.
Um rege Teilnahme bittet
Der Vorstand.

Abb. 5: Todesanzeigen des KGV Emmerich für im Ersten Weltkrieg gefallene Mitglieder

Kath. Gesellenverein Emmerich

Am Sonntag, den 11. Mai

Patronats-Fest

verbunden mit 6248

Kriegerheimkehrfeier

Morgens 7 Uhr: gem. hl. Kommunion.
10 Uhr: Hochamt für die verstorbenen Kriegsteilnehmer. Die Mitglieder versammeln sich ¼ Stunde vorher im Vereinshaus und ziehen hinter der Fahne geschlossen zur Kirche und zurück.
Nach dem Hochamt: Aufnahme der neuen Mitglieder und Konzert im Vereinshaus.
Abends 8 Uhr: **Festversammlung** verbunden mit THEATER

Zur Aufführung gelangt:

„Pech" Schwank in einem Aufzuge von Th. Natz und „Der Strolchbaron" Schwank in einem Aufzuge von Th. Natz

Zu dieser Veranstaltung sind die Mitglieder mit ihren Angehörigen herzlichst eingeladen.

Eintrittspreise:
à Person 1,— Mk., akt. Mitglieder 0,50 Mk., Fremde 2,— Mk.
Mitglieds-Bücher sind vorzuzeigen.

Der Vorstand.

Abb. 6: Einladung zur Kriegsheimkehrerfeier des KGV Emmerich am 11.5.1919

der eigenen Organisation, um dem Regime keine Angriffspunkte zu bieten.«[186] Auch das Zentralarchiv des Kolpingwerkes in Köln kann nur lückenhaft weiterhelfen, was vor allem in der vollständigen Zerstörung des Generalsekretariates bei Bombenangriffen im Zweiten Weltkrieg seine Ursache hat[187]. Erhalten geblieben sind dort nur Teile der Unterlagen des Generalpräses Hürth, die allerdings für den Schwerpunkt »Katholische Gesellenvereine im Bistum Münster« nur wenig ergiebig sind.

Die Kriegsfolgen sind auch der Grund, warum in den weiteren infrage kommenden Archiven bedauerlich wenig Material zum Thema zu finden ist. So ist das Archiv des Diözesanverbandes Münster der Katholischen Gesellenvereine bzw. Kolpingsfamilien, das sich im großen Komplex des Kolpinghauses an der Aegidiistraße in Münster befand, ebenfalls schwer beschädigt worden. Überdies ist vieles, was dennoch erhalten wurde, beim Aa-Hochwasser 1947 unbrauchbar geworden und wurde deshalb meist weggeworfen. Ähnlich erging es den Beständen des Bistumsarchiv Münster. Was dort heute für die Zeit der letzten 150 Jahre zu finden ist, stammt überwiegend aus Deposita von Pfarrarchiven. Sollte es für das Thema dieser Arbeit von Interesse sein, so hat es Eingang gefunden. Ein entscheidender Teil der Quellengrundlage kommt daher erneut den Archivalien einzelner Kolpingsfamilien zu, die trotz staatlicher Unterdrückung und Bombenkrieg ihre Bestände erhalten konnten.

Für die Zeit nach Kriegsende, vor allem nach 1949, gilt dann beinahe das Gegenteil. Die Masse der erhaltenen Materialien übersteigt das zu bearbeitende Maß. Hier müssen und werden deshalb ganz bestimmte Schwerpunkte gesetzt. Zunächst steht die Frage der Reorganisation des katholischen Verbandswesen im Wechselspiel der Interessen von Kirchenleitung, Verbandsleitungen und Ortsvereinen. Bloßes Anknüpfen an Vordiktaturzeiten, komplette Neudefinition oder Kompromiß könnten hier die Alternativen lauten. Die Antwort, die im Bistum Münster gefunden wurde, kann als Modell für den gesamten deutschen Katholizismus der Nachkriegszeit angesehen werden, wie zu zeigen sein wird.

Ein weiterer Schwerpunkt liegt auf dem neu entstehenden gesellschaftspolitischen Engagement, mit dem der Kolpingverband auch heute noch in Verbindung gebracht wird. Es hat seinen fulminanten Startpunkt in der Gründungsphase der Bundesrepublik. Fraglich und zu untersuchen ist in diesem Zusammenhang, wie und ob sich politisch-gesellschaftliches Handeln und religiöse Zielsetzungen verbinden ließen. Der vorliegende zweite Teil dieser Arbeit will dann auf dem Höhepunkt

[186] Raem, S. 3.

[187] Auskunft Franz Lüttgen, Zentralarchiv des Kolpingwerks, Köln. Dies wird außerdem schon am 27.2.44 in einem Brief des Generalpräses Hürth an alle Kolpingsfamilien bestätigt. Dort heißt es wörtlich: »Da bei der Zerstörung unseres Generalsekretariates unser gesamtes Archiv samt der wertvollen Bibliothek restlos verbrannt sind, trotzdem alles in Schutzkeller geborgen schien, bitte ich unsere Kolpingsfamilien, bei ihren Beständen Umschau zu halten.« PfA Epe, Kart.46 (Depositum Bistumsarchiv Münster).

katholisch-kirchlicher Nachkriegsrenaissance innehalten und danach fragen, ob zu dieser Zeit großen Einflusses und mächtiger Beteiligung die Weichen für das zu Kommende richtig gestellt wurden. Aus der neueren Forschung sind für diese Fragestellungen vor allem zwei Werke zu nennen. Zum einen betrachtet Karl Gabriel die Ausgangskonstellationen und Weichenstellungen des deutschen Katholizismus in seinen Auseinandersetzungen mit der säkularen Moderne in der jungen Bundesrepublik[188]. Zum anderen zeigt Wilhelm Damberg detailiert den Weg auf, den die münsterische Bistumsleitung in dieser Situation gegangen ist[189].

Abschließend sollen in diesem zweiten Teil die ›Umbruchszeiten‹ bilanziert werden. Damit soll ein Beitrag geleistet werden zu der Frage, wie der deutsche Katholizismus in den Krisenzeiten des 20. Jahrhunderts reagierte, ob es typische und wiederkehrende Verhaltensmuster gab oder ob aufeinander aufbauende Strategien entwickelt wurden. In der Forschung wurden die entsprechenden Zeiten bisher singulär betrachtet, eine vergleichende Studie blieb Desiderat. Beim vorliegenden Gegenstand ›Katholische Gesellenvereine und Kolpingsfamilien im Bistum Münster‹ drängte sich nun eine Vergleichsbilanz wegen der kontinuierlichen Verbandsentwicklung von der Mitte des 19. Jahrhunderts bis heute geradezu auf.

188 Vgl. GABRIEL, Karl: Christentum zwischen Tradition und Postmoderne (= Quaestiones Disputatae 141) (Freiburg,1992).
189 Vgl. Damberg, Abschied vom Milieu.

2. Das Ende des Kaiserreiches und die Weimarer Republik (1916–1929)

2.1 *»Viel innere Unzufriedenheit wird aus dem Felde heimgebracht werden« – Kriegsende und Neuanfang, 1916–1919*

> Wie sollen wir denen begegnen, die aus dem Kriege zurückkehren, – zurückkehren mit aufgewühlten Seelen, auf alle Fälle gesteigerten religiös-metaphysischen Sinnes – fragend, zweifelnd und doch mit einem neuen Selbstgefühl durchwoben, das sich nicht durch spitzfindige Beweise und nicht durch Forderung kindlicher Unterwürfigkeit wird abspeisen lassen, das vielmehr männlich von uns verlangen wird eine klare, überzeugende ernste Deutung der geschauten und gelittenen furchtbaren Realität und Angabe von Wegen, sie zu heilen. Das ist keine Frage landläufiger Apologetik, sondern eine Frage der geistigen Mission des katholischen Glaubens und der katholischen Kirche.[190]

Der Philosoph Max Scheler[191] stellte diese Frage nach dem Umgang mit den Kriegsheimkehrern seitens des deutschen Katholizismus schon mitten im Krieg in seinem berühmten Aufsatz »Soziologische Neuorientierung und die Aufgabe der deutschen Katholiken nach dem Krieg« im ›Hochland‹ vom Juni 1916. Die Erkenntnis, daß, egal wann und wie der Krieg ein Ende nehmen würde, ein Umbruch bevorstand, daß die Kriegsteilnehmer eine fundamentale Entwicklung durchgemacht hatten und daß damit auch die Geschlossenheit des katholischen Milieus ins Wanken geriet, war schon 1916, als in Deutschland allgemein noch von einem bevorstehenden Siegfrieden ausgegangen wurde, für die führenden Köpfe des Klerus und des Verbandskatholizismus offensichtlich.

Dies galt auch und besonders für den Verband der Katholischen Gesellenvereine, denn bei einem Mitgliederprofil von Männern zwischen 17 und 35 Jahren war der Anteil an Soldaten im Ersten Weltkrieg naturgemäß außerordentlich hoch. Bis zum 1.7.1916 waren über 92% der zu Kriegsbeginn aktiven Gesellenvereinsmitglieder aus dem Bistum Münster bereits einberufen, 550 von ihnen, ungefähr 7,5%, schon gefallen[192]. Der Generalsekretär des Zentralkomitees der deutschen Katholiken und münsterische Domprediger Adolf Donders[193] hielt in der Weihnachtswoche 1916 während eines Informationskursus für Gesellenpräsides in Köln einen später veröffentlichten Vortrag mit dem Titel »Vereinsseelsorge als Gegengewicht gegen die materialistische Zeitströmung«, der sehr hellsichtig die möglichen Probleme der

190 Max Scheler: »Soziologische Neuorientierung und die Aufgabe der deutschen Katholiken nach dem Krieg – Teil IV«, in: Hochland 13. Jg./Juni 1916, 257–294; Zitat S. 257.

191 Max Scheler, dt. Philosoph (1874–1928).

192 Vgl. »Kriegsstatistik der katholischen Gesellenvereine 1.8.1914 bis 1.7.1916«, in: Mitteilungen für die Vorsteher der Katholischen Gesellenvereine 1/1917, S. 11. Prozentzahlen nach eigener Berechnung.

193 Adolf Donders (1877–1944): 1911–1944 Domprediger in Münster, 1919–1944 dort auch Professor für Homiletik; 1906–1921 Generalsekretär des Zentralkomitees der deutschen Katholiken. Vgl. RÖMER-KRUSEMEYER, Maria: Adolf Donders (Münster, 1949).

Verbandsarbeit nach dem Kriege vorzeichnete und deshalb wert ist hier länger zitiert zu werden. Donders führte unter anderem aus:

> Für die Seelsorge beginnt der »Krieg« erst eigentlich nach dem Krieg: wenn alle diese Hunderttausende aus den Schützengräben wieder in ihre Heimat zurückfluten, wenn es gilt, diese Männer der 3 Kriegsjahre aus ihrem »Abenteurerleben« wieder in geordnete Verhältnisse zu führen, daß sie im Familienleben wieder ihre Freude finden, daß sie auf den Glockenschlag ihre Arbeit beginnen und enden, daß sie in das Vereinsleben wieder freudig sich einfügen. Das wird eine schwere Aufgabe.
> Da gilt es für uns vor allem, die Stunde zu nutzen, den rechten Zeitpunkt zu benutzen, um die Massen der arbeitenden Stände in ihrem religiösen Leben zu erfassen, die Zurückkommenden zu schützen.
> Der Gesellen-Verein hatte und erfüllte stets die Doppel-Aufgabe, den Idealismus der Religion mit dem Realismus des Lebens zu verbinden. Dieser Aufgabe muß er jetzt seine besondere Aufmerksamkeit zuwenden. Der auf das Materielle gerichtete Zeitgeist hat nicht etwa jetzt eine andere Richtung genommen. Er wird nach dem Kriege stärker sein als zuvor und »sieben andere böse Sünden mitbringen«.
> Demgegenüber gilt es, die jungen Menschen, die da fasziniert werden von diesen Idolen der Zeit – nicht von ihren Idealen, die den Einflüssen der materialistischen Zeitrichtung von allen Seiten unterworfen werden, zurückzurufen, damit sie nicht unter dem faszinierenden Einfluß dieser Zeitströmungen allzusehr in materiellen Gedanken und Bestrebungen aufgehen und ihnen gegenüber das Ideale und Religiöse im Privat- und Vereinsleben allzusehr ausschalten. (...)
> Ist nach der Seite des sozialen Gedankens nicht ein starker Radikalismus in ihnen lebendig geworden? Viel innere Unzufriedenheit wird aus dem Felde heimgebracht werden. Der sozialistische Propagandageist wird dann um so faszinierender wirken. Der Einfluß des Geistlichen wird nicht mehr so leicht sein wie früher. Dazu kommt die Scheidung zwischen denen, die dabei gewesen sind, und denen, die nicht dabei gewesen sind. Ein hochgespanntes Selbstgefühl wird mit den Kämpfern heimkehren, Darum lassen sie sich nicht so leicht mehr von uns führen, als wie zuvor.[194]

An klaren Analysen des zu Erwartenden fehlte es also nicht. Allein, die weiteren Umstände bis zum Kriegsende und darüber hinaus in der wirren Zeit des Winters 1918–19 ließen keine theoretische Diskussion um die Zukunft und mögliche neue Konzepte der Gesellenvereine zu. Gefragt war bloßer Pragmatismus. Wie konnte der Vereinsbetrieb angesichts der Einberufung so vieler Mitglieder aufrecht erhalten bleiben, wie konnte der Kontakt zu den im Felde Stehenden gewahrt werden und wie konnten die Gesellenhospize in Lazarette, dann in Soldatenheime und schließlich wieder in Gesellenhäuser umfunktioniert werden? Wenn Diözesanpräses Kochmeyer Reisen zu Gesellenvereinen im Bistum unternahm, dann meist nur, um Erneuerungs- oder Wiederbelebungsversuche strauchelnder oder ruhender Ortsver-

194 DONDERS, Adolf: Vereinsseelsorge als Gegengewicht gegen die materialistische Zeitströmung (Köln, 1917); Zitate S. 4;8.

eine anzustrengen, wie beispielsweise 1916 in Sendenhorst[195]. Vereinzelt gab es auch Vereine, deren Tätigkeit zwar in vermindertem Maße, jedoch ohne Unterbrechung weiterlief. Dazu gehörten zum Beispiel der KGV Altlünen und der KGV Recklinghausen, deren Theatergruppen für gute Zwecke den ganzen Krieg hindurch Aufführungen veranstaltet hatten[196].

Hürten betont, daß der Erste Weltkrieg sich auch für den deutschen Katholizismus als Scheidelinie erwies, hinter die es keinen Weg zurück gab, daß er aber geichzeitig das Bild erstaunlicher Kontinuität und Stabilität bezüglich Personal, Doktrin, Institutionen und Aktionsweisen bot[197]. Diese Spannung zwischen weltgeschichtlicher Zäsur und vermeintlicher Milieukontinuität spiegelt sich auch im münsterischen Diözesanverband der Gesellenvereine wieder. Betrachtet man die Protokollbücher und Chroniken der Ortsvereine, dann kann der Eindruck entstehen, Kriegsende und Revolution in Deutschland hätten auf die Gesellenvereine keinen anderen Einfluß gehabt, als daß der normale Vereinsalltag, wie er sich vor dem Sommer 1914 schon darstellte, wieder aufgenommen werden konnte. Es ist von Weihnachts- und Neujahrsfeiern ist die Rede, die erstmals nach fünf Jahren wieder durchgeführt werden konnten, sowie von ordentlichen Jahreshauptversammlungen mit Vorstandswahl[198]. Einige Vereine aber waren auch ganz konkret mit dem jähen Kriegsende befaßt. So bemühte sich der Mutterverein in Münster bemühte sich, mehr Hospizräume wegen »der eiligen Demobilmachung und des Zurückflutens zahlreicher Gesellen in die früheren Beschäftigungsgebiete« zur Verfügung zu stellen, sah aber von einem größeren Umbau aufgrund der »unsicheren politischen Lage und der Schwierigkeit in der Materialbeschaffung« ab[199].

Die Verbandsleitungen in Köln und Münster reagierten außerordentlich schnell auf das Kriegsende. Die Arbeit in den Gesellenvereinen sollte unverzüglich wiederaufgenommen werden. Noch im November 1918 ergingen diesbezüglich Erlasse vom Generalpräses Schweitzer, und schon zu diesem frühen Zeitpunkt trafen sich in Münster die Gesellenpräsides der Diözese, um das weitere Vorgehen zu beraten[200]. Zu den Beschlüssen gehörte die Erhöhung der Mitgliedsbeiträge, die einerseits der Kölner Zentrale zugute kam, andererseits den einzelnen Ortsvereinen. Köln

195 Vgl. Tagebuch des Diözesanpräses Kochmeyer, Eintragungen von 1915–1917 (Archiv des Kolpingwerks Diözesanverband Münster, Coesfeld).

196 Vgl. Protokollbuch für Vorstandssitzungen des Kath. Gesellenvereins Lünen 1910–1919, Eintragungen vom 30.4.1916 u. 4.1.1918 (Archiv der Kolpingsfamilie Altlünen); Protokollbuch für die Vorstandssitzungen des Gesellenvereins Recklinghausen 1902–1914 / 1919, Eintragung vom 2.2.1919 (Archiv der Kolpingsfamilie Recklinghausen-Zentral).

197 Vgl. Hürten, Deutsche Katholiken 1918–1945, S. 35.

198 Vgl. u.a. Protokollbuch für Vorstandssitzungen des Kath. Gesellenvereins Lünen, Eintragungen vom 5.12.1918 u. 2.2.1919 (Archiv der Kolpingsfamilie Altlünen).

199 Vgl. Protokollbuch des Kuratoriums Gesellenhaus Münster, Eintragung vom 28.11.1918 (Archiv des Kolpingwerks Diözesanverband Münster, Coesfeld).

200 Vgl. Mitteilungen für die Vorsteher der katholischen Gesellenvereine 6/1918, S. 95; Protokollbuch für Vorstandssitzungen des Kath. Gesellenvereins Lünen 1910–1919, Eintragung vom 5.12.1918 (Archiv der Kolpingsfamilie Altlünen).

wollte damit den Bezug des Kolpingblattes, das erweitert werden sollte, an die Mitgliedschaft koppeln. Die Ortsvereine sollten mit ihrem erhöhten Anteil den Wiederaufbau der Fachabteilungen und Unterrichtskurse finanzieren. Hier wurde also ein deutlicher Akzent auf Bildung und Ausbildung gelegt. Zusätzlich reagierte Schweitzer aber, im Gegensatz zu anderen Spitzen des deutschen Katholizismus einschließlich der Zentrumsführung, auch prompt auf die neue politische Lage. Den Erfahrungen von 1848 und dann auch aus dem Kulturkampf der 1870er Jahre folgend hatte der Gesellenverein immer einen Entpolitisierungsartikel in seinem Generalstatut aufrechterhalten. Der Generalpräses forderte nun die Ortspräsides auf, diesen Artikel nicht mehr allzu eng zu verstehen, stattdessen mehr Wert auf die staatsbürgerliche und politische Bildung der Gesellen zu legen, besonders im Vorfeld von Wahlen.

Bemerkenswert an dieser schnellen Stellungnahme ist, daß nicht die vermeintlich gottlose Revolution oder die antireligiöse neue Staatsführung beklagt wurden, sondern die neuen Möglichkeiten der politischen Teilhabe antizipiert wurden. Die Aufforderung des Generalpräses, sich zu politisieren, wurde zwar zur Basis weitergereicht, sorgte dort aber durchaus für Verwunderung. Während der Altlüner Generalversammlung am 2.2.1919 entspann sich eine Diskussion über die neue Linie, ausgelöst durch die Klage eines Vereinsmitglieds, die Altlüner Kolpingbrüder hätten nicht genug bei den Wahlen zur Nationalversammlung am 19.1.1919 geholfen, was wohl so zu verstehen ist, daß sie sich nicht genügend am Wahlkampf für das Zentrum beteiligt hatten. Ein anderes Vereinsmitglied erwiderte darauf wohlgeschult und mit der ganzen Legitimation der Verbandsgeschichte, daß nach den Statuten im Verein keine Politik getrieben werden solle. Der Präses mußte klarstellen, daß er von Köln die Anweisung erhalten habe, dafür zu sorgen, daß die Mitglieder nun auch politisch geschult würden. Die Notwendigkeit dessen aufgrund der aktuellen Lage wurde ihm von mehreren Kolpingsbrüdern bestätigt, das Abhalten politischer Vorträge in zukünftigen Vereinsversammlungen schließlich mit Mehrheit beschlossen[201].

Wie schon erwähnt, waren die Gesellenvereine im münsterischen Diözesanverband im Winter und Frühjahr 1918/19 mit der Reorganisation ihrer Vereinsstrukturen und -arbeit beschäftigt. Die Situation in den einzelnen Vereinen stellte sich dabei durchaus unterschiedlich dar. Weihnachts-, Neujahrs- und Karnevalsfeiern sowie Josefsschutzfeste wurden beispielsweise in Altlünen, Bocholt und Recklinghausen auch deshalb so aufwendig wie möglich organisiert, um die Heimkehrenden wieder zu sammeln und Werbung für den Verein zu betreiben. In vielen Ortsvereinen hatte seit Jahren mangels Teilnehmerzahl keine satzungsgemäße Generalversammlung mit entsprechender Vorstandswahl stattfinden können, dies mußte nun nachgeholt werden. In Altlünen trat bei dieser Gelegenheit der komplette Vorstand

201 Vgl. Protokollbuch für Vorstandssitzungen des Kath. Gesellenvereins Lünen 1910–1919, Eintragungen vom 2.2.1919 und 8.5.1919 (Archiv der Kolpingsfamilie Altlünen).

zurück, um so zusätzlich auch nach außen einen Neuanfang zu demonstrieren[202]. An manchen Orten war eine Rückkehr zu den ›Normalverhältnissen‹ vom Sommer 1914 recht schnell erreicht. Der Bericht zum Josefsfest des KGV Münster im Mai 1919 stellte fest, daß zu diesem Zeitpunkt alle Abteilungen, die schon vor dem Krieg existierten, ihre Arbeit wieder aufgenommen hatten[203]. Für einige Gesellenvereine hingegen war eine schnelle Reorganisation allein schon aufgrund ihrer Mitgliederstruktur nicht möglich. So war die überwiegende Zahl der Mitglieder im KGV Oldenburg-Stadt wegen der Diasporalage Auswärtige, die so kurz nach dem Krieg vom Felde erst einmal in ihre Heimat zurückgekehrt waren, ehe sie wieder ihrer Arbeit ›in der Fremde‹ nachgingen. Die Einberufung einer ersten Generalversammlung in Oldenburg im Januar 1919 erwies sich demgemäß als Fehlschlag, da aus den 5–6 Anwesenden nicht einmal ein Vorstand gebildet werden konnte. Erst im Mai 1920 konnten die Vereinsgremien satzungsgemäß gewählt werden[204].

Die Restitution der Vorkriegsverhältnisse mit einer Akzenterweiterung in Richtung auf stärkere politische Bildung und Partizipation war bis zum Sommer 1919 das vordringlichste Ziel der Vereinsarbeit vor Ort gewesen. Von den beschriebenen Grundsatzüberlegungen der letzten Kriegsjahre zu einer Neukonzeptionierung jedoch, nötig vor allem wegen der Eingliederung der Kriegsheimkehrergeneration, schien nicht mehr viel übriggeblieben zu sein. Schweitzer schrieb, die Demokratisierung des Verbandes sei zwar notwendig, könne aber noch eine Weile auf sich warten lassen, bis die Gemüter sich beruhigt hätten, und fügte an:

> Sorgen wir inzwischen dafür, daß die Reihen sich wieder schließen! Agitation zur Gewinnung neuer Mitglieder ist die Forderung der Stunde. Und daß der echte alte Kolpingsgeist wieder seinen Einzug halte in unsere Vereine – dafür Sorge zu tragen, scheint mir ungleich dringlicher als jede Statutenänderung.[205]

Der Pragmatismus der ersten Nachkriegszeit wischte längerfristige und theoretischere Überlegungen zur Verbandsarbeit vom Tisch. Die Milieustabilität überlagerte scheinbar den Epocheneinschnitt. Doch schon im Sommer 1919 wurde auch im Diözesanverband Münster der Katholischen Gesellenvereine deutlich, daß ein einfaches Wiederanknüpfen an die Vorkriegszeit mit leichter Modifizierung allein nicht reichte. Schweitzer selbst hatte von den heimgekehrten Mitgliedern als zwar brav, aber bis ins Mark radikalisiert gesprochen[206]. In dieser Situation verschickte die Kölner Zentrale im Spätsommer 1919 an alle Gesellenvereine einen ausführlichen stati-

202 Vgl. Protokollbuch für Vorstandssitzungen des Kath. Gesellenvereins Lünen 1910–1919, Eintragung vom 5.12.1918 (Archiv der Kolpingsfamilie Altlünen).

203 Vgl. Jahresbericht des Kath. Gesellenvereins Münster zum Josefsfest am 18.Mai 1919 (Archiv der Kolpingsfamilie Münster-Zentral, Mappe 1910–1920).

204 Vgl. Chronik des Kath. Gesellenvereins Oldenburg-Stadt Bd. II (1914–1922), Eintragungen von 1920 (Archiv der Kolpingsfamilie Oldenburg-Stadt).

205 Franz Schweitzer: »Demokratisierung unserer Organisation?«, in: Mitteilungen für die Vorsteher der katholischen Gesellenvereine 7/8 1919, S. 117–125; Zitat S. 125.

206 Ebd. S. 117.

stischen Bogen, der nicht nur Zahlen, sondern auch die politische, die religiöse und überhaupt die allgemeine Stimmung in den einzelnen Ortsvereinen eruieren sollte.

Bei den noch erhaltenen Rückantworten fällt auf, daß die Frage »Gibt das religiös-sittliche Verhalten der aus dem Kriege zurückgekehrten Mitglieder vielleicht Veranlassung zur Klage?« durchweg mit »nein« beantwortet wurde, in Münster gar mit dem Zusatz versehen »das religiös-sittliche Leben hebt sich immer mehr«, während die Frage »Hat die heute herrschende allgemeine Vergnügungssucht auch auf die Vereinsmitglieder übergegriffen und dem Vereinsleben irgendwie Abbruch getan?« bejaht wurde. Diese Bestandsaufnahme war geradezu eine Kursvorgabe für die Entwicklung und die Konflikte im Verband für die bevorstehenden 20er Jahre, denn während das religiöse Leben im Verband parallel zum gesamten Katholizismus in Deutschland einen Aufschwung erlebte, entzündeten sich gerade zwischen den geistlichen Vereinsleitern und den Mitgliedern an der Basis häufig Streitereien um die rechte Freizeit- und Wochenendgestaltung und um die Rolle, die der Gesellenverein dabei einnehmen sollte. Aufschlußreich sind auch die Teile der Fragebogenaktion, die sich mit der politischen Gesinnung der Gesellenvereinsmitglieder beschäftigten. Während Präses Deitermann im ländlichen Telgte auf etwaige Fragen nur das eine Wort »Zentrum« einfügte, wußte Präses Veen in Münster, wahrscheinlich repräsentativ für Großstadtsgesellenvereine, davon zu berichten, daß ein Teil seiner Gesellen zur Sozialdemokratie neigte. Außerdem waren fast 10% der münsterischen Kolpingsbrüder in den sozialdemokratischen, sogenannten ›freien‹ Gewerkschaften organisiert. Vor dem Ersten Weltkrieg wäre eine Mitgliedschaft dort in einzelnen Ortsvereinen noch Ausschlußgrund gewesen[207]. Weitere 88% gehörten den christlichen Gewerkschaften an, die gewerkschaftliche Organisierung der münsterischen KGV-Mitglieder war also fast vollständig[208].

Fast ein Jahr nach dem Ende des Ersten Weltkriegs und dem Umsturz der bis dahin bestehenden staatlichen Ordnung war die Arbeit der Gesellenvereine im Bistum Münster ungefähr wieder auf Vorkriegsstand. Nur ein Verein, der Katholische Gesellenverein Lastrup, war neu zum Diözesanverband hinzugekommen. Umstrukturierungen und Neukonzeptionierungen waren zwar ins Auge gefaßt, aber auf unbestimmte Zeit zunächst einmal verschoben worden. Noch herrschte bei der Verbandsspitze in Köln wie in Münster personelle Kontinuität bezogen auf die Zeit des Kaiserreichs. Ein Wandel kündigte sich allerdings bereits an. Die Stimmung und Einstellungen der Gesellen zu Religion und Politik wurden untersucht, Veränderungen zur Vorkriegszeit deutlich konstatiert. Im Verband wurde laut über eine

207 Ein Beispiel dafür findet sich im Kath. Gesellenverein Oldenburg-Stadt im Jahr 1905; vgl. Chronik des KGV Oldenburg-Stadt Band I (1885–1913), Eintragung von 1905 (Archiv der Kolpingsfamilie Oldenburg-Stadt). Vgl. I. Teil Kap. 5.2

208 Vgl. u.a. Kath. Gesellenverein zu Telgte, Statistik für das Jahr 1919 (Archiv der Kolpingsfamilie Telgte, 14.7 - Depositum im Heimathaus Telgte); Kath. Gesellenverein Münster, Statistik für das Jahr 1919 (Archiv der Kolpingsfamilie Münster-Zentral, Mappe 1910–1920); Prozentzahlen nach eigener Berechnung.

Demokratisierung der eigenen Strukturen nachgedacht. Der Gesellenverein in der Stadt Münster erhielt im September 1919 einen neuen Präses, und damit trat ein Mann in das öffentliche Bewußtsein des Diözesanverbandes, der diesen während der Weimarer Republik umgestalten und wie kein anderer prägen sollte: Dr. Johannes Veen[209].

2.2 *»Entweder Ihr gewinnt in den Stürmen unserer Zeit das rettende Gestade, oder Ihr werdet aus dem Verein herausgeworfen« – Krisenjahre, 1919–1923*

Ab dem Herbst 1919 war in den meisten Gesellenvereinen des münsterischen Diözesanverbandes der Vereinsalltag wieder eingekehrt. Gesamtveranstaltungen und Treffen in den einzelnen Abteilungen wurden wieder regelmäßig abgehalten. Von einer Art Aufbruch, wie er in einer ›neuen Zeit‹ zu erwarten gewesen wäre, war aber nirgendwo etwas zu spüren. Das Aufschieben nötiger Neukonzeptionierungen begann sich bereits zu rächen, ging negativ einher mit den teilweise recht kritischen Ansichten der Kriegsheimkehrer betreffend der alten Milieustrukturen. So finden sich zwischen Ende 1919 und 1923 quer durch den Diözesanverband Berichte von schlecht besuchten Veranstaltungen und von Vereinsabteilungen, die, gerade erst wieder installiert, ihre Arbeit mangels Beteiligung der Mitglieder wieder schließen mußten. In Altlünen folgte auf die Bestandsaufnahme, der Besuch der Vereinsveranstaltungen ließe »manchmal viel zu wünschen übrig«, die Begründung, »dieses ist wohl darauf zurückzuführen, daß ein großer Teil unserer Mitglieder nicht durchdrungen ist vom Geiste Kolpings«[210].

Gesellenvereine, die schon aufgrund ihrer Mitgliederstruktur Probleme hatten, nach dem Krieg ihre Arbeit zu reaktivieren, wie in dem schon beschriebenen Fall des KGV Oldenburg-Stadt, kämpften nun um ihr Überleben. Dort in Oldenburg nutzten andere katholische Institutionen die für den Verein schwierige Zeit aus. So mußte der Gesellenverein sein eigenes Haus aus finanziellen Gründen dem benachbarten Krankenhaus, einem Vorschlag seines Vize-Präses, der gleichzeitig Verwalter jenes katholischen Hospitals war, folgend, überlassen. Die Verbitterung darüber, daß das katholische Milieu sich in einer Krisenzeit nicht solidarisch erwies, sondern Teile dessen den eigenen Vorteil suchten, ist aus den Aufzeichnungen des Gesellenvereins deutlich herauszulesen[211]. Gerade in den Großstädten zeigten sich nun erste

[209] Dr. Johannes Veen (1881–1934), 1914 Generalsekretär der kath.Jugendvereine Deutschlands, im Ersten Weltkrieg Leiter der kath. Soldatenheime, 1918 Domvikar, 1919 Präses des KGV Münster, 1922–1934 Diözesanpräses der Katholischen Gesellenvereine im Bistum Münster, seit 1926 auch Diözesanpräses der Kath. Jugend- und Jungmännervereine.

[210] Jahresbericht des KGV Lünen über das 23. Vereinsjahr 1922 (Archiv der Kolpingsfamilie Altlünen).

[211] Dort heißt es beispielsweise: »Ein eigenes Haus gab es für den kath. Gesellenverein Oldenburg nicht mehr! Ob der K.G.V.O. recht gehandelt hat, diese Streitfrage überlassen wir der weiteren

Erosionserscheinungen in der Geschlossenheit des Milieus. In Recklinghausen stand neben der Klage über die schlecht besuchten Vereinsveranstaltungen die Feststellung, daß die Neugründung der Turnabteilung gescheitert war. Hier machte sich, trotz der neu erfolgenden Bündelung des ›katholischen Sports‹ in der Deutschen Jugendkraft (DJK), die Konkurrenz der ›weltlichen Sportvereine‹ bemerkbar, Doppelmitgliedschaftsverbote seitens der Gesellenvereine[212] zeigten keine durchschlagende Wirkung mehr.

Die Reaktion der Präsides vor Ort bestand in dieser Situation in oft heftigen aber hilflosen Drohungen und Appellen. Vom Oldenburger Präses Bitter wird berichtet, daß er ein »strenger und doch vereinsliebender« Mann gewesen sei[213]. Der Recklinghäuser Präses Linnenkemper führte in einer Einladung zu einer strikt reglementierten Karnevalsfeier im Februar 1920 aus, daß ein katholischer Verein »in Ausführung von Befehlen mit gutem Beispiel vorangehen« müßte[214].

Präses Veen in Münster erließ seine Appelle zu mehr Geschlossenheit, Disziplin und Anteilnahme an der Vereinsarbeit vor allem in den Einladungen und Vorträgen zum Josefsfest. Im Jahr 1920 verhieß er seinen Gesellen noch in klassischer Milieumanier den Schutz vor der feindlichen Außenwelt durch den Verein[215]. Ein Jahr später drohte er schon in der Einladung mit Blick auf die das Fest vorbereitenden Exerzitienvorträge: »Entweder gewinnt Ihr jetzt durch unsere Vorträge in den Stürmen unserer Zeit das rettende Gestade – oder Ihr werdet aus dem Verein herausgeworfen!«[216] Eine ähnliche Drohung findet sich auch unter der Einladung für 1922. Dort heißt es fettgedruckt und unterstrichen: »Solche Mitglieder, die ohne vorherige Entschuldigung den Vorträgen in der Ägidiikirche und der General-Kommunion fernbleiben, werden in der Vereinsliste gestrichen.« In der vorhergehenden Einladung hatte es unter anderem geheißen:

> In einer Zeit, da alles wankt und stürzt, halten allein stand die ewigen Fundamente. Darum hält uns in der kommenden Woche (...) täglich (...) ein berühmter Kanzelredner des Redemptoristenordens in der Ägidiikirche einen Vortrag über Dinge, die über den Alltag mit seiner Plage und seiner Jagd nach vergänglichem Gut, seiner Lust und seiner Schuld hinausweisen auf ewige Ziele. Da wird auch Dein Blick wieder klar werden und sich stählen, um helfend miteinzugreifen zur Rettung Deiner und Deines Volkes heiligster

Geschichte.« Chronik des KGV Oldenburg-Stadt Bd. II (1914–1922), Eintragungen von 1920 u. 1921 (Archiv der Kolpingsfamilie Oldenburg-Stadt).

212 Vgl. Teil III, Kapitel 4.3.

213 Chronik des KGV Oldenburg-Stadt Bd. II (1914–1922), Eintragung von 1920 (Archiv der Kolpingsfamilie Oldenburg-Stadt).

214 Einladung Präses Linnenkempers an die Ehrenmitglieder des KGV Recklinghausen, 9.2.1920 (Archiv der Kolpingsfamilie Recklinghausen-Zentral).

215 »Draußen braust und tobt der politische Kampf« – Vortrag Veens zum Josefsfest 1920 (Archiv des Kolpingwerks Diözesanverband Münster, Coesfeld, Kart.548).

216 Einladung Veens an die Mitglieder und Ehrenmitglieder des KGV Münster zum Josefsfest, 6.4.1921 (Archiv des Kolpingwerks Diözesanverband Münster, Coesfeld, Kart.548).

Güter. (...) Dieses Mal darfst Du nicht verhindert sein. Du wirst sicher daran teilnehmen, nicht wahr![217]

Autoritäre Gesten im Sinne des Bildes vom Präses als strenger aber liebender Vater des Vereins hatte es auch schon im Kaiserreich gegeben, sie wurden aber in der Regel nicht so deutlich herausgestellt. In den ersten Jahren der Weimarer Republik schien nun die Schärfe der präsidialen Äußerungen in direktem Kontrast zur Wirkung auf die Vereinsmitglieder zu stehen, denn den Vereinsprotokollen zufolge hatten die Drohungen keine unmittelbare Wirkung auf die Vereinsdisziplin.

Die Krisensituation kann nicht auf den münsterischen Diözesanverband beschränkt gewesen sein, denn im Gesamtverband begann im Jahr 1920 ein Brodeln neuer Ideen und Konzepte, um eine Anpassung an die gesellschaftlichen Veränderungen zu erreichen und den katholischen Gesellenvereinen einen Neuaufbruch zu verschaffen. Der bayrische Landespräses Murböck brachte Vorschläge ein, die äußerst innovativ, weitreichend und in gewissem Sinne auch radikal waren. Im Juli 1920 regte er zunächst an, ein Vereinsprogramm zu erarbeiten. Bis zu diesem Zeitpunkt galten im Verband die programmatischen Schriften Adolph Kolpings als Grundlage. Murböck argumentierte, es sei ein Kennzeichen der neuen Ära, daß die unterschiedlichen Parteien und gesellschaftlichen Gruppen ein Programm aufgestellt hätten, um auch nach außen hin in »kurzen, schlagenden Sätzen« ihre Arbeit und ihre Ziele darzustellen[218]. Außerdem stellte Murböck Gedanken an, wie sich die katholischen Gesellenvereine zukünftig im gesellschaftlichen Spektrum allgemein aber auch speziell im Gesamtbereich des Katholizismus verorten sollten[219]. Zunächst konstatierte er, daß es den alten Gesellenverein Kolping'scher Prägung nicht mehr geben könne, weil die Klasse der Gesellen und ihre spezifischen Probleme nicht mehr existierten. Die Handwerksgesellen – vor allem die wandernden – der Jahrhundertmitte des 19. Jahrhunderts waren Proletarier, der Gesellenverein notwendigerweise ein Wohltätigkeitsverein. Siebzig Jahre nach den Anfängen stellte sich die Situation ganz anders dar. Deshalb müsse man den Verein vom Mitgliederprofil bis hin zur Finanzierung umstrukturieren. Der Begriff ›Handwerker‹ müsse auch auf die Arbeiter und Angestellten ausgedehnt werden, die Wanderunterstützung in den Hospizen und die Allgemein- und Berufsbildung in den Vereinsabteilungen stärker als Dienstleistungen betrachtet werden, die ihren Preis haben, den genügend gut verdienende Mitglieder aber ohne Probleme aufbringen könnten[220].

[217] Einladung Veens an die Miglieder und Ehrenmitglieder des KGV Münster zum Josefsfest 1922 (Archiv der Kolpingsfamilie Münster-Zentral, Mappe 1920–1930).

[218] Vgl. Mitteilungen für die Vorsteher der katholischen Gesellenvereine 6/1920, S. 170f.

[219] Diese Gedanken und Vorschläge erschienen 1921 gesammelt unter dem Titel: MURBÖCK, Jakob: Der kath.[olische] Gesellenverein in seinem Verhältnis zur Jugend- und Standesbewegung (München, 1921); Bezeichnenderweise ist diese Publikation – als eine der wenigen aus dieser Zeit überhaupt – im Archiv des münsterischen Diözesanverband erhalten.

[220] Vgl. ebd., S. 7–11.

Murböck rührte mit seinen Gedanken an Tabus des Verbands. Bedingt durch die zentrale Stellung Kolpings hatten sich die Verbandsgenerationen bis zum Ende des Ersten Weltkriegs nicht an eine grundlegende Veränderung des Konzeptes gewagt, die ursprünglichen Überlegungen des ›Gründervaters‹ blieben bei einigen Modifizierungen unangetastet. Weiter fragte Murböck auch, wie die Gesellenvereine bestehen könnten gegen die im vollen Aufschwung begriffene katholische Jugendbewegung, und vermutete, daß dies ohne verstärkte demokratische Partizipationsmöglichkeiten der Mitglieder, beispielsweise durch Teilnahme und Stimmrecht bei Diözesan- und Zentralversammlungen, nicht möglich sei[221].

Der bayrische Landespräses blieb mit seinen Überlegungen nicht allein. An ganz zentraler Stelle wurden ebensolche Gedanken zu einem zeitgemäßen Umbau des Verbandes angestellt, von Johannes Nattermann nämlich, der am 15.8.1920, zu diesem Zeitpunkt erst 31 Jahre alt, zum neuen Generalsekretär des Gesamtverbandes berufen wurde[222]. Ihm war es ein persönliches Anliegen, die neue Gesellschaftsform der republikanischen Demokratie zur Grundlage der Vereinsarbeit zu machen. Zusammen mit seinem Vorgänger Wilhelm Schwer und dem Sozialwissenschaftler Theodor Brauer[223] arbeitete Nattermann für die erste Generalversammlung nach dem Krieg im Juli 1921 einen Programmentwurf aus, der dort einstimmig angenommen wurde. Das neue Programm stellte sich ganz bewußt auf den Boden der neuen Gesellschaftsordnung und nahm viele Schlagworte und Probleme der neuen Zeit auf. So heißt es dort unter anderem:

> Der Katholische Gesellenverein knüpft bei seinem sozialen Programm an die neuzeitliche Entwicklung der gesellschaftlichen Verhältnisse an und erstrebt eine durchgreifende Reform derselben.[224]

Über die religiöse Vereinsarbeit heißt es im Programm:

> Der Katholische Gesellenverein sucht als religiöse Familiengemeinschaft im engen Anschluß an die gottgegebene Autorität der Kirche durch regelmäßige eingehende Darlegung der katholischen Glaubenslehren (Religionsvortrag) und durch praktische Anleitung zum gemeinschaftlichen Empfang der kirchlichen Gnadenmittel (gemeinschaftliche heilige Kommunion, Exerzitien, Eucharistisches Apostolat) in seinen Mitgliedern eine kernige, lebensgestaltende Frömmigkeit grundzulegen und diese vor allem in lebensvollen Zusammenhang zu bringen mit der täglichen Berufsarbeit im Sinne der Kolping'schen Verbindung von Religion und Arbeit.

221 Vgl. ebd., S. 12–17.

222 Johannes Christian Nattermann (1889–1961), kath. Priester der Erzdiözese Köln, Generalsekretär des KGV 1920–1934, 1925 Promotion über »Adolf Kolping als Sozialpädagoge«.

223 Wilhelm Schwer (1876–1949), 1904–1920 Generalsekretär des KGV, 1921 Prof. für christl. Gesellschaftslehre in Bonn; Theodor Brauer (1880–1942), kath. Sozialwissenschaftler, wissenschaftlicher Mitarbeiter im Generalsekretariat des KGV, 1923–1933 Prof. in Karlsruhe und Köln.

224 GENERALSEKRETARIAT DES KATHOLISCHEN GESELLENVEREINS (Hg.): Das Programm des Katholischen Gesellenvereines. 2. Aufl., Köln, 1926. S. 9.

(...) Indem der Gesellenverein zu diesem religiös verklärten Berufsidealismus hinführt, lenkt er von selbst die Mitglieder ab von der übertriebenen Vergnügungssucht unserer Tage und leitet sie an, die ernsten Zeitaufgaben stets im Auge zu haben.[225]

Dieser Passus war im Grunde eine direkte Übernahme Kolping'scher Ideen und entsprach größtenteils der schon bestehenden religiösen Praxis der Gesellenvereine im Bistum Münster. Neu war jedoch der stärkere Akzent auf der Eucharistie, ganz im Sinne der zeitgenössischen Eucharistischen Bewegung. Zeittypisch war auch das Einfügen der im deutschen Katholizismus jener Tage ständig benutzten Klage über die »übertriebene Vergnügungssucht«.

Im sozialpolitischen Teil des neuen Programms wurde die Unentbehrlichkeit einer Autorität im Staats- und Wirtschaftsleben betont, gleichzeitig aber der Ausbau der Selbstverwaltung eingefordert. In der planmäßigen Berufsbildung durch den Gesellenverein wurde das wirksamste Mittel gesehen, »das Eindringen jeglicher Art von Anarchie in den Arbeitsprozeß« zu verhüten[226]. Außerdem vermittle die berufliche Aus- und Weiterbildung des Gesellenvereins der Jugend die Einsicht in den Wert »organischen Wachstums«, der Unterordnung und der »Achtung vor der Autorität« und stärke sie auf diese Weise. Weiter heißt es:

Diese Stärkung kommt in weitestem Maße dem Staate in einem pflichtbewußten Staatsbürgertum zugute. Der Katholische Gesellenverein unterstützt diese Tendenz durch die Abhaltung sozialer und staatsbürgerlicher Unterrichtskurse im Sinne der katholischen Weltanschauung, jedoch darf er nicht in parteipolitische Kämpfe hineingezogen werden.[227]

Auch hier findet sich wieder ein implizites Bekenntnis zum neuen Staat und seiner Ordnung. Durch den letzten Passus wurde aber ebenso deutlich eine gewisse Distanz zur Zentrumspartei, die in der Weimarer Republik gleichzeitig politischer Arm des deutschen Katholizismus und staatstragend war, gewahrt.

In den Ausführungen zum Bildungsprogramm des Katholischen Gesellenvereins fanden sich schließlich Kolpings Formulierung von der »Volksakademie im Volkston«, von Nattermann später erweitert im Begriff »Volkshochschule« und Sätze wie:

Das Ziel dieser Bildung muß sein, alle in der individuellen Persönlichkeit des einzelnen wurzelnden edlen Kräfte zur Entfaltung zu bringen, nicht nur zur eigenen inneren Bereicherung, sondern auch zum Dienste am Volksganzen.
(...) So ordnet sich auch diese Bildungsarbeit dem allgemeinen sozialen Ziele des Gesellenvereines ein, eine lebenstüchtige und lebensfrohe Jugend zum Aufbau einer neuen Volkskultur wirksam zu machen.[228]

225 Ebd.
226 Ebd. S. 10.
227 Ebd.
228 Ebd. S. 11; vgl. auch NATTERMANN, Johannes: Der Gesellenverein als Volkshochschule (Köln, 1921).

Individualität und Volksganzes, lebensfrohe Jugend und Volkskultur: Der Gesellenverein nahm hier die scheinbaren Zeitwidersprüche auf und brachte sie zusammen.

Die Generalversammlung vom 26.–27. Juli 1921 beließ es aber nicht bei bloßen Absichtserklärungen für die Arbeit der kommenden Jahre mittels eines erstmalig verfassten Programms. Sie faßte weiterhin auch einen Beschluß, der der Forderung nach stärkerer Demokratisierung des Verbandes gerecht wurde. Auf dieser höchsten Verbandsebene ebenso wie auf allen anderen Ebenen sollten künftig nicht allein die Präsides, sondern auch die Aktiven mit vollem Stimmrecht vertreten sein[229]. Die Generalversammlung hatte die Grundlagen dafür geschaffen, aus dem alten Verband Katholischer Gesellenvereine einen zeitgemäßen katholischen Sozialverband zu bilden. Ob der Umbau gelang, dies lag nun an den jeweiligen Diözesanverbänden, vor allem an den einzelnen Gesellenvereinen vor Ort. Diese aber mußten, zumindest im Bistum Münster, zunächst ihre Krisensituation überwinden – mit oder ohne neuem Programm .

Zum Josefsfest am 7. Mai 1922 konnte der münsterische Ortspräses Veen einen prominenten Redner gewinnen. Theodor Brauer, der Mitautor des neuen Verbandsprogramms, hielt den Festvortrag für den KGV Münster. Das Thema lautete »Bedarf der Wiederaufbau auch der sittlichen Triebkraft?« und hatte die vermeintlich desolate geistig-moralische Situation der deutschen Nachkriegsgesellschaft zum Gegenstand. Eine dem neuen Programm gemäße Aufbruchstimmung ist dem Vortrag nicht zu entnehmen, nicht einmal ein vorsichtiger Optimismus. Brauer beschränkt sich auf eine Bestandsaufnahme der gesamtgesellschaftlichen Situation, die seiner Meinung nach von Entfremdungen – Gottesentfremdung, Gemeinschaftsentfremdung, Ichentfremdung – gekennzeichnet ist, und appelliert an die Kolpingsbrüder, »festzuhalten, was zu halten ist«. Seine Gesellschaftsanalyse zeigt deutlich den Schock, den der Einbruch der Moderne auch in die Sphäre des Katholizismus nach dem Ersten Weltkrieg auslöste: »Auf uns bricht jetzt die volle Wirkung des neuzeitlichen Abfalles von der Ordnung, die dem Leben unserer Vorväter ein so harmonisches Gepräge gab, mit einem Schlage herein.«[230] Die Feindbilder einer gottlosen Presse und Wissenschaft und einer seelenlosen Industriearbeit werden aufgezeichnet. In dieser Situation sollen die Gesellen auf die »stille, im Augenblick unmerkliche, auf die Dauer aber unfehlbare Wirkung des Beispiels setzen«[231]. Erstaunlicherweise ist von aktiver Mitgestaltung der Gesellschaft, von Anknüpfung an neuzeitliche Verhältnisse und Reform durch Partizipation, so wie im zu diesem Zeitpunkt schon fast ein Jahr alten, von Brauer mitverfassten Programm, hier überhaupt keine Rede.

Ein nach außen und innen deutlich sichtbarer Ausdruck von Aufbruch im Verband war der I. Internationale Gesellentag am 4. und 5. Juni 1922 in Köln. Er war

229 Vgl. Mitteilungen für die Vorsteher der katholischen Gesellenvereine 8/9 1921, S. 246f.

230 »Dr. Brauer, Köln. Vortrag auf dem Josefsfest 1922: Bedarf der Wiederaufbau auch der sittlichen Triebkraft?« (Archiv des Kolpingwerks Diözesanverband Münster, Coesfeld, Kart. 548).

231 Ebd.

mit 20000 Teilnehmern die erste große Massenveranstaltung des Kolpingwerks, das sich bis dahin zwar an Katholikentagen beteiligt, Ähnliches aber nie selbst veranstaltet hatte[232]. Das Echo auf diesen Gesellentag war auch im münsterischen Diözesanverband sehr groß. Selbst der KGV Oldenburg-Stadt schickte eine Abordnung nach Köln und nannte es hinterher in der Vereinschronik »von allen Treffen (...) das größte«[233]. Aus Recklinghausen kamen 50, aus Altlünen sogar 73 Mitglieder nach Köln[234]. Rechnet man diese wenigen erhaltenen Angaben hoch, dann stellte der münsterische Diözesanverband, der im Jahr 1922 den hundertsten Ortsverein aufnahm, sicherlich eine in die Tausende gehende Teilnehmerzahl. Nicht nur in der veranstaltenden Kölner Zentrale, sondern auch in den Vereinen vor Ort versprach man sich vom Gesellentag einen enormen Auftrieb, oder, wie es in Altlünen hieß: »Möge dieser Geist (...) unser Vereinsleben zur vollen Blüte bringen.«[235] Ob dieses Gemeinschaftserlebnis den erhofften geistigen Aufbruch brachte, das läßt sich aus den Quellen sehr schwer herauslesen, er wäre von einem solch singulären Ereignis wohl auch zuviel erwartet. Tatsache ist aber, daß es auch 1922 möglich war, bei einem entsprechenden Angebot eine große Anzahl von Vereinsmitgliedern anzusprechen und zum Engagement zu bewegen. Die Idee des Gesellenvereins an sich war nicht in eine Krise geraten, wohl aber seine Formen und die Vermittlung seiner Inhalte.

Die Organisation des Gesellentages und die große Resonanz auch im Diözesanverband Münster zeigen, daß die Arbeit der Reformer im Verband um Nattermann Früchte trug. Ausdruck dessen war auch, daß sich um die Zeit des Gesellentages zum ersten Mal die Laien-Vertreter für die Generalversammlung, wie 1921 beschlossen, trafen. Zu diesem Zweck war das Amt des Bezirksseniors geschaffen worden. Die Zeitschrift für die Vorstandsebene der Gesellenvereine, ›Der Führer‹, führte voller Stolz und »zum dauernden Gedächtnis« die Namen aller Deligierten auf. Gemäß der vorhandenen Bezirksstruktur waren dies für das Bistum Münster zehn Männer. Im vollen Bewußtsein des historischen Einschnitts wurde im ›Führer‹ noch hinzugefügt: »Die Vertreter müssen überall jetzt vorangehen in treuer Arbeit und Pflichterfüllung, damit einst das Andenken der ersten Vertreter gesegnet sei.«[236]

[232] Vgl. Kolpingsblatt vom 1.7.1922, S. 121–128.

[233] Chronik des KGV Oldenburg-Stadt Bd. II (1914–1922), Eintragung von 1922 (Archiv der Kolpingsfamilie Oldenburg-Stadt).

[234] Vgl. Chronik des KGV Recklinghausen 1920–1927, Eintragung vom 12.6.1922 (Archiv der Kolpingsfamilie Recklinghausen-Zentral); Protokollbuch für Vorstamdssitzungen des KGV Lünen von 1923, Jahresbericht über das 23. Vereinsjahr 1922 (Archiv der Kolpingsfamilie Altlünen).

[235] Ebd.

[236] »Unsere Vertreterversammlung«, in: Der Führer – Zeitschrift für die Vorstandsmitglieder, Vertrauensmänner und Abteilungsleiter der katholischen Gesellenvereine 4–6/1922, S. 62ff.; für die Diözese Münster wurden folgende Vertreter genannt: Testroet, Geldern; Lettmann, Recklinghausen; Kurenbach, Borken-Bocholt; Robertz, Kempen; Pricking, Unteremscher; Tausch, Kleve-Goch; Lüssing, Duisburg; Fredericks, Oldenburg; Maure, Bez. Münster; Zum Egen, Stadt Münster.

Das Jahr 1923 war für das Deutsche Reich ein turbulentes Jahr voller Krisen und Umbrüche. Französische und belgische Truppen besetzten das Ruhrgebiet, die Inflation erreichte ihren Höhepunkt und die Republik war ständig von Links- wie Rechtsextremisten bedroht. Im September 1923 wurde deshalb über das ganze Reich der Ausnahmezustand verhängt. Das Kolpingwerk blieb von diesen Krisen nicht unbehelligt. Der Diözesanverband Münster war vor allem von der Ruhrbesetzung betroffen. Die Gesellenhäuser beispielsweise des KGV Recklinghausen und des KGV Altlünen wurden von französischen Truppen beschlagnahmt[237]. Aber auch die Hyperinflation erschwerte die Vereinsarbeit erheblich. Die Mitgliedsbeiträge mußten von Monat zu Monat neu festgesetzt werden. Anfang des Jahres 1923 beschloß die Diözesanvorständetagung in Münster aus diesem Grunde, der Bezirksvorstand eines jeden Bezirkes solle an jedem ersten Mittwoch des Monats einen Beitrag festlegen, der dem halben ortsüblichen Stundenlohn entspräche. Der Bezirkspräses für Unteremscher, Kaplan Helmus, zeigte sehr bald auf, daß dies bei einer sich beschleunigenden Inflation völlig illusorisch sei und nur unnötige Arbeit und Kosten verursache[238]. So wurden die Monatsbeiträge von jedem Gesellenverein bis zur Währungsreform am Jahresende einzeln festgelegt, in Altlünen betrugen sie im September 1923 beispielsweise 8 Millionen, im Oktober 20 Millionen, im November 2 Milliarden Mark und im Januar 1924, nach der Währungsreform mit Umstellung auf die Rentenmark, schließlich 40 Pfennige[239].

Die Geldentwertung verhinderte größere Maßnahmen der Vereine wie beispielsweise Hausneubauten oder -ausbauten. Das konnte auch der im Oktober 1922 neuernannte Diözesanpräses Veen, der seit 1919 Ortspräses in Münster war und der sich bereits vor dem Krieg in seiner Funktion als Sekretär des Verbandes katholischer Jünglingsvereine in Düsseldorf intensiv mit dem Bau von Jugend- und Vereinsheimen beschäftigt hatte, nicht verhindern[240].

Veen folgte Präses Kochmeyer, der sein Amt aus Gesundheitsgründen aufgeben mußte[241]. Der neue Diözesanpräses war sehr erfahren im Verbandskatholizismus, zunächst durch seine Arbeit in der Zentrale der katholischen Jugendvereine in Düsseldorf, seit dem Ende des Krieges auch in verschiedenen Funktionen für den münsterischen Diözesanverband der Gesellenvereine. Was Nattermann für den Gesamtverband bedeutete, das stellte Veen für den Diözesanverband dar. Er stand für einen personellen Neuanfang und einen programmatischen Aufbruch, schien omnipräsent zu sein und wirkte dabei auf die Kolpingbrüder sehr charismatisch, kämpferisch

237 Vgl. Chronik des KGV Recklinghausen 1920–1927, sämtliche Eintragungen ab dem 15.1.1923 (Archiv der Kolpingsfamilie Recklinghausen-Zentral); Protokollbuch für Vorstandssitzungen des KGV Altlünen von 1923, Eintragung u.a. vom 30.4.1923 (Archiv der Kolpingsfamilie Altlünen).

238 Vgl. »Beiträge im Diözesanverband Münster«, in: Der Führer 1–3/1923, S. 23.

239 Vgl. Protokollbuch für Vorstandssitzungen des KGV Altlünen von 1923, Eintragungen von September 1923–Januar 1924 (Archiv der Kolpingsfamilie Altlünen).

240 Vgl. VEEN, Johannes: Jugendheime (Düsseldorf, 1913).

241 Vgl. Tagebuch der Diözesanpräsides Holtmann und Kochmeyer, Eintragung vom 6.10.1922 (Archiv des Kolpingwerks Diözesanverband Münster, Coesfeld).

und äußerst ehrgeizig. Zeugnis dessen ist, daß er sich von den Vereinen im Bistum einen Dienstwagen finanzieren lassen wollte, was diese ihm jedoch per Abstimmung in neuem demokratischen Selbstbewußtsein verweigerten. So bezahlte er den Wagen selbst, der dann einen Stander ›Der Diözesanpräses‹ trug und dem ein Hausmeister des münsterischen Gesellenhauses als Chauffeur diente. Auch unternahm Veen eine Dienstreise in die USA, um dort die für die Zeit modernsten ›Ledigenheime‹ als Modelle für zukünftig im Bistum Münster zu errichtende Gesellenhäuser zu begutachten[242].

Veen verkörperte eher den Typus des modernen Vereinsmanagers im Gegensatz zur spirituellen Vaterfigur, wußte neben allem Pragmatismus aber immer auch die Emotionen der Gesellen anzusprechen. Typisch für ihn war eine Rede, wie er sie beim Stiftungsfest der Turnabteilung des KGV Münster 1923 hielt, und die der Chronist wie folgt zusammenfasste:

> Nach scharfer Gegenüberstellung der sozialistischen Ideen mit gesunden Grundsätzen Kolpingscher Lebensweisheit und von Herzen kommenden und zu Herzen gehenden Worten von der Erneuerung der christlichen Familie ließ er [die Rede] ausklingen in den Treueschwur zu Kolping und seinem ewig modernen Gesellenverein.[243]

Veen kombiniert hier die traditionelle Abgrenzung zum Sozialismus mit dem aktuellen Thema der Erneuerung der christlichen Familie als Therapie für die Probleme der Zeit und endet mit dem zeittypischen Treueschwur an Kolping[244], der auf den »ewig modernen« Gesellenverein ausgeweitet wird. Den Verein auf ewig modern zu erhalten, indem überlieferte Werte zeitgemäß und innovativ vermittelt werden, genau dies war das Anliegen Veens.

Trotz aller nun auch von außen herangetragenen Schwierigkeiten für die Vereinsarbeit wirkte sich in Veens erstem Amtsjahr als Diözesanpräses der 1921 im Gesamtverband begonnene Aufbruch allmählich auch auf die Basis im Bistum Münster aus. Das Ende der Krise begann überraschenderweise damit, daß die Vereinsmitglieder, scheinbar endlich den Appellen ihrer Präsides folgend, sich eine stärkere Selbstdisziplin und Selbstkontrolle bezüglich des Vereinsengagement auferlegten. In Altlünen wurde beispielsweise aus den Reihen der Mitglieder im September 1923 der Antrag gestellt, jeder Kolpingbruder habe im Quartal mindestens eine Gemeinschaftskommunion und eine Vereinsversammlung zu besuchen, wolle er weiterhin Mitglied bleiben[245]. Ähnliche Beschlüsse finden sich in sämtlichen Gesellenvereinen des Bistums, während man sich in dem immer noch strauchelnden Oldenburger

242 Auskunft Bernhard Kohlstedte, 11.6.1996.

243 Chronik der Turnabteilung des KGV Münster 1919–1931, Jahresbericht 1923 (Archiv der Kolpingsfamilie Münster-Zentral).

244 Der Treueschwur an Kolping war schon in der Weimarer Republik fester Bestandteil feierlicher Versammlungen der Gesellenvereine und hat sich nicht erst im Dritten Reich ausgeprägt. Vgl. entsprechende Annahmen bei Kösters, S. 322.

245 Vgl. Protokollbuch für Vorstandssitzungen des KGV Lünen von 1923, Eintragung vom 24.9.1923 (Archiv der Kolpingsfamilie Altlünen).

Gesellenverein mit der Drohung begnügte, dann einen Vereinsausschluß durchzuführen, wenn drei Monate hindurch kein Beitrag gezahlt wurde[246].

Der Grund für die neue Selbstdisziplinierung lag weniger in einer gestiegenen Autorität des Präses als an der Tatsache, daß die Vereinsmitglieder in dieser Zeit politischer und wirtschaftlicher Krisen stärker den Zusammenschluß übten, Halt in ihrem gewohnten Vereinsmilieu, vielleicht gar im Katholischen Milieu schlechthin suchten. Die Erosionstendenzen des Milieus waren schließlich noch nicht soweit gediehen, daß eine größere Nähe zu ihm nicht doch wieder gesucht werden konnte. Auch die verstärkte Einbindung der Laien in die Vereinsverantwortung durch konsequente Vorständearbeit auf allen Ebenen des Verbandes zahlte sich nun aus. Das Bewußtsein der Gesellen, auch und gerade in Krisenzeiten selbst Verantwortung für das ›Funktionieren‹ des Vereins zu übernehmen, wuchs enorm. Aus den Appellen und Drohungen der Präsides wurde nun eine »gründliche Innenarbeit«[247] des Vorstands.

Mit der politischen Stabilisierung, die Ende 1923 einsetzte, war auch die größte Aufbruchsphase des münsterischen Diözesanverbandes der Katholischen Gesellenvereine eingeläutet. Zweieinhalb Jahre hatte es seit den Beschlüssen der Generalversammlung gedauert, bis diese an der Basis Früchte trugen. In dieser Zeit zeichnete sich die Vereinsarbeit überwiegend durch Stillstand, an einigen Orten sogar durch den Kampf um das Bestehen aus. Eine direkte Auseinandersetzung der örtlichen Gesellenvereine mit dem Grundsatzprogramm von 1921 ist nirgendwo festzustellen. Vereinsvorträge wurden über die verschiedensten Themen aus Religion, Politik und Kultur gehalten, nicht aber über das neue Programm. Greifbarere Auswirkungen hatte da schon der Gesellentag von Köln 1922, der bei vielen Kolpingbrüder des Bistums Münster großen Eindruck hinterließ. Gemeinschaftserlebnisse hatten halt eine überaus stärkere identitätsstiftende Wirkung als Programmentwürfe.

2.3 »...nachdem der Verein innerlich gefestigt war«[248]– Aufbruch aus der Krise, 1923–25

Die personelle Rundumerneuerung an der Spitze des Verbandes wurde im Herbst 1924 vervollständigt. Am 27.9.1924 starb Generalpräses Schweitzer, am 21.10.1924 wurde der ehemalige Kölner Lokalpräses Hürth zu dessen Nachfolger

246 Vgl. Chronik des KGV Oldenburg-Stadt Bd. III (1922–1929), Jahresbericht 1923/24 (Archiv der Kolpingsfamilie Oldenburg-Stadt)

247 Protokollbuch für Vorstandssitzungen des KGV Lünen von 1923, Jahresbericht über das 23. Vereinsjahr 1922 (Archiv der Kolpingsfamilie Altlünen).

248 Zitat aus einem Referat des Recklinghäuser Ehrenmitglieds Ludwig Stahlhut vom 16.1.1933 über den »Gesellenverein in der Nachkriegszeit«; Protokollbuch des KGV Recklinghausen 1931–1933, Eintragung vom 16.1.1933 (Archiv der Kolpingsfamilie Recklinghausen-Zentral).

gewählt[249]. Mit Hürth, Nattermann und Veen war aus Sicht des münsterischen Diözesanverbandes eine neue, recht junge Verbandsspitze im Amt, die die ganze Zeit der Weimarer Republik bis 1934, also schon im Dritten Reich, die Geschicke der Gesellenvereine steuern sollte.

Für den neuen Generalsekretär markiert die Währungsreform vom 20.11.1923[250] den Wendepunkt von der Krise zum Neuaufbruch im Verband der Katholischen Gesellenvereine. In einem Sammelband über deutsche Jugendverbände beginnt er seinen Bericht über die Katholischen Gesellenvereine mit dem Jahr 1923, so als wenn auch er davon ausginge, daß dies und nicht das ›Programmjahr‹ 1921 oder das ›Gesellentagsjahr‹ 1922 für den Gesamtverband den Aufbruch darstellte. Rückblickend schreibt er nüchtern:

> Die mit dem Ende des Jahres 1923 einsetzende Stabilisierung des Geldes brachte eine gewisse Ruhe ins soziale Leben und damit auch in die Jugend hinein und bot zugleich die materielle Voraussetzung für eine aufbauende Arbeit in der Jugend. Der Gesellenverein ging bei dieser aufbauenden Arbeit zielgerecht nach seinem 1921 aufgestellten Programm, das die Herausbildung des ganzen Mannes ins Auge faßt, vor.[251]

Diese Sichtweise ist vor allem aus dem Blickwinkel des Leitungsfunktionärs heraus zu verstehen. Sie ist nicht falsch, aber zu kurz gegriffen. Für das Gesellenvereinsmitglied an der Basis waren Stimmungen und Strömungen entscheidender als historisch-politische Eckdaten, auch wenn sich diese Stimmungen sicherlich nicht losgekoppelt von verbands- und gesellschaftspolitischen Ereignissen entwickelten. Diese wurden allerdings für die längerfristige Vereinsarbeit oft nur als Begleiterscheinungen wahrgenommen. Und dennoch, Ende des Jahres 1923 war durchaus ein breiter Stimmungsumschwung im Diözesanverband Münster der Katholischen Gesellenvereine festzustellen, der sowohl aus den wirtschaftlichpolitischen Umständen und der programmatischen Arbeit der Verbandsspitze wie aus der Gefühlslage des Gesamtkatholizismus in Deutschland heraus zu erklären ist.

Zur Illustrierung dieses deutschen Katholizismus um die Jahre 1923/24 läßt sich aus der Sicht der Gesellenvereine beispielsweise Peter Wusts Artikelserie »Die Rückkehr des deutschen Katholizismus aus dem Exil« anführen. Sie erschien im Mai 1924 in der Kölnischen Volkszeitung und löste eine große Diskussion aus, war sie doch deutlichster Ausdruck katholischen Triumphgefühls, daß das endlich erlangte Selbstbewußtsein der Katholiken im deutschen Staatsgefüge auf die einfache Formel brachte: entweder Rettung durch die Traditionen des Katholizismus, oder Unter-

[249] Theodor Hürth (1877–1944), kath. Priester der Erzdiözese Köln, 1902–1914 Präses des KGV Köln-Zentral, 1924–1944 Generalpräses des KGV.

[250] Durch Gesetz vom 13.10.1923 wurde für den 20.11.1923 die Umstellung auf die Zwischenwährung Rentenmark zur Stabilisierung der deutschen Währung festgelegt. Durch das Münzgesetz vom 30.8.1924 wurde dann die endgültige Währung Reichsmark eingeführt, die bis 1948 Bestand hatte.

[251] NATTERMANN, Johannes: »Der Gesellenverein seit 1923«, in: Hertha Siemering (Hg.): Die deutschen Jugendverbände (Berlin, 3. Aufl. 1931) 193–197; Zitat S. 195.

Abb. 7: Familienausflug des KGV Dinklage 1926

Abb. 8: Die Verbandsspitzen zu Besuch in Tecklenburg, 1925 (2.v.l.: Generalpräses Hürth; rechts: Diözesanpräses Veen)

gang[252]. Die Gesellenvereine und ihre Führung in Münster und Köln sahen sich just als Wahrer dieser für die Gesamtgesellschaft nun scheinbar so wichtigen Traditionen. So rückte man im eigenen Selbstverständnis vom Rand ins Zentrum gesellschaftlicher Partizipation.

Im inneren Gefüge des deutschen Katholizismus hatten sich die Gesellenvereine nun andererseits mit jenen neuartigen Gruppen auseinanderzusetzen, die Ausdruck des katholischen Aufbruchs waren, diesen in Schwung hielten und am meisten von ihm profitierten: die Bewegungen. Vereine waren zu Kolpings Zeiten das modernste Mittel bezüglich der Bündelung gleicher Interessen gewesen. Gerade darin lag schließlich auch der Erfolg der Gesellenvereine in der zweiten Hälfte des 19. Jahrhunderts. Nach dem Ersten Weltkrieg nun setzte der katholische Zeitgeist nicht mehr auf die Vereine alten Stils, sondern auf Bewegungen. In der Folge außerkatholischer Entwicklungen schon vor dem Krieg entstand nun eine genuin katholische Jugendbewegung, außerdem die monastische Bewegung, die Akademikerbewegung und, als deutsches Spezifikum mit Auswirkungen bis zum II. Vatikanischen Konzil, die liturgische Bewegung. Letztere sollte auf Anregung der Verbandspitze auch Eingang finden in die religiöse Praxis der Gesellenvereine. Zu diesem Zwecke wurde auf dem Kölner Gesellentag 1922 zur Bildung von liturgisch-eucharistischen Apostolaten in den Vereinen aufgerufen, allerdings, zumindest für den münsterischen Diözesanverband, ohne großes Echo[253]. Die Jugendbewegung als mögliche Konkurrenz für die eigene Arbeit hingegen stieß bei der Verbandsleitung eher auf Ablehnung. Der alte Generalpräses Schweitzer zeigte im Dezember 1923 auf, daß die Selbsterziehung und das Wandern, Charakteristika der neuen Jugendbewegung, alte Bestandteile der Kolpingschen Vereine seien. Sein Fazit lautete:

> Die Jugendbewegung unserer Tage bietet uns also nicht viel Neues. Kolping, der große Seelenkenner, hat ihre Gedanken geahnt und ihre Empfindungen vorausempfunden. (...) Wir brauchen nicht umzulernen und uns von Liebgewordenem abzuwenden. (...) Wir müssen nur das, was wir bisher getan, mit noch mehr Seeleneifer und mit noch mehr Eingehen auf die Persönlichkeit des Einzelnen tun.[254]

Der gesamte Tonfall der Rede Schweitzers drückt eine gewisse Gereiztheit aus vor allem auch darüber, daß die katholische Jugendbewegung in breiten Klerikerkreisen mit viel Wohlwollen gesehen und der Gesellenverein als ›altkonservativ‹ abgetan wird. Gegen die Jugendbewegung gerichtete Vorträge und Diskussionen finden sich auch vor Ort in den Vereinen. So sprach der Vorstand des KGV Mün-

[252] Vgl. zu Wusts Artikelserie und deren Rezeption: Ruster, S. 88ff.; Hürten, Deutsche Katholiken 1918–1945, S. 65f.

[253] Vgl. Protokollbuch für Vorstandssitzungen des Katholischen Gesellenvereins Lünen von 1923, Jahresbericht 1922 (Archiv der Kolpingsfamilie Altlünen).

[254] Franz Schweitzer: »Der Gesellenverein und die moderne katholische Jugendbewegung. Rede des Generalpräses Prälaten Schweitzer bei der Kolping-Gedenkfeier zu Köln, 2. Dezbr. 1923«, in: Mitteilungen für die Vorsteher der katholischen Gesellenvereine, VIII. Serie Heft 22/1924, S. 399–406, Zitat S. 405.

ster noch im Herbst 1926 »über die Verderben bringenden Jugendbündnisse wie Wandervogel, Heliandgruppe u.s.w.«[255].

Die vermeintliche Konkurrenz der katholischen Jugendbewegung war für die Gesellenvereine des münsterischen Diözesanverbandes allerdings keine wirkliche. Die Bewegungen waren vielfach von Jugendlichen mit höherer Schulbildung und von Akademikern geprägt, Handwerker überwiegend ländlicher Herkunft vermochten sie kaum zu erreichen. Ganz im Gegenteil wurde durch junge Präsides, die mit den Bewegungen in Kontakt gekommen waren, der Versuch gemacht, Formen dieser Gruppen den Gesellenvereinen bekanntzumachen und für diese zu übernehmen, wie noch zu zeigen sein wird[256]. Dies geschah mit unterschiedlichem Erfolg, wie am Beispiel der liturgischen Apostolate zu sehen ist, war aber insgesamt sehr fruchtbar und anregend und fügte sich in die Reformbemühungen der Verbandsspitze ein. Nachdem nun Ende 1923 nach Nattermanns Formulierung Ruhe ins soziale Leben eingekehrt war, entstand im Vereinsleben endlich auch Raum für solche Neuansätze und Experimente.

Der sich Ende 1923 schon ankündigende Aufschwung in der Arbeit der Gesellenvereine läßt sich mangels verläßlicher Zahlen nicht insgesamt empirisch darstellen. Stichprobenartige Indizien sind sicherlich die Zahl der neu entstandenen Ortsvereine. Nach entsprechendem zeitlichen Abstand wegen des nötigen organisatorischen Vorlaufs wurden in den Jahren 1925–1927 jeweils zehn, zwölf und elf Gesellenvereine im münsterischen Diözesanverband neu gegründet, Zahlen, die in der Geschichte des Kolpingwerks im Bistum Münster nur in den Jahren 1950–1952 überboten wurden[257]. Die Mitgliederzahl des KGV Recklinghausen stieg zwischen 1922 und 1925 von 220 auf 322[258], in Telgte zwischen dem 1.12.1924 und dem 1.12.1925, also innerhalb eines Jahres, von 80 auf 98[259]. Die Teilnehmerzahl an der jährlich im Januar stattfindenden Generalversammlung des Altlüner Gesellenvereins steigerte sich in den Jahren 1924–1927 von 63 auf 92, die Zahl der aktiven Mitglieder dort in der gleichen Zeit von 182 auf 223[260]. Selbst der Gesellenverein in der Stadt Oldenburg, der in den 20er Jahren aus strukturellen und finanziellen Gründen immer wieder um sein Überleben kämpfen mußte, berichtete 1925: »So gut war

255 Katholischer Gesellenverein Münster, Protokollbuch des Vorstands 1926–1928, Protokoll der Vorstandssitzung vom 12.10.1926 (Archiv der Kolpingsfamilie Münster-Zentral).

256 Bezeichnend ist in diesem Zusammenhang ein Vortrag auf einem Führerkurs des Bezirks Recklinghausen im Jahr 1926, der von einem Religionslehrer Hesse aus Paderborn gehalten wurde und den Titel trug: »Was können wir aus der Jugendbewegung lernen?«; vgl. Chronik des Katholischen Gesellenvereins Recklinghausen 1920–1927, Eintragung vom 7.3.1926 (Archiv der Kolpingsfamilie Recklinghausen-Zentral).

257 Vgl. Kolpingwerk Diözesanverband Münster, 125 Jahre Diözesanverband Münster, S. 28ff.

258 Vgl. Chronik des Gesellenvereins Recklinghausen 1920–1927, Geschäftsbericht für das Jahr 1923; Geschäftsbericht für das Jahr 1927 (Archiv der Kolpingsfamilie Recklinghausen-Zentral).

259 Vgl. Jahresbericht 1925 des Katholischen Gesellenvereins Telgte (Archiv der Kolpingsfamilie Telgte Nr. 13.8 – Depositum im Heimathaus Telgte).

260 Vgl. Protokollbuch für Vorstandssitzungen des Katholischen Gesellenvereins Lünen von 1923, Eintragungen vom 27.1.1924, 8.2.1925, 8.2.1926; 8.2.1927 (Archiv der Kolpingsfamilie Altlünen).

schon lange nicht mehr eine Generalversammlung besucht worden«, und über das von ihm im gleichen Jahr veranstaltete oldenburgische Bundesfest: »Abschließend darf gesagt werden, daß dieses Fest viel dazu beigetragen hat, Liebe, Interesse und Verständnis für den KGV Oldenburg neu zu wecken und zu vermehren.«[261]

Neben der schon erwähnten positiven Grundstimmung für ›das Katholische‹ und der Dynamik und den Anstößen, die von den neuen Bewegungen ausgingen, trugen auch die neuen Partizipationsmöglichkeiten für die Laien-Mitglieder viel zur gesteigerten Popularität der Gesellenvereine bei. Nattermann sagt dazu in einem zeitgenössischen Aufsatz:

> [Die] Erweckung des Menschen und das dadurch von selbst gegebene Bewußtsein des Menschen von seiner eigenen Menschenwürde führt von selbst zu der Forderung nach einer demokratischen Gestaltung des sozialen, wirtschaftlichen und politischen Lebens (...). Derselbe Geist verlangt aber auch ein immer stärkeres Mitgestalten der Mitglieder am Kolpingswerk (...). Für solches Mitgestalten wurden die Mitglieder geschult in den Führerkursen.[262]

Das Jahr 1925 stellt den endgültigen Durchbruch in der Mitgestaltung der Mitglieder auf allen Ebenen dar. Die 18. Generalversammlung des Verbandes Katholischer Gesellenvereine am 30.6.1925 in Würzburg sah zum ersten Mal die gleichberechtigte Teilnahme der Aktivenvertreter neben den Präsides an diesem höchsten beschlußfassenden Verbandsgremium[263]. Dort wurde auch das neue Generalstatut des Gesamtverbands verabschiedet, das die Teilhabe der Laien-Mitglieder an den Entscheidungsprozessen im Verband im Detail regelte, durch die Schaffung von Zentralverbänden als Zwischenstufe zwischen Gesamtverband und Diözesanverbänden darüberhinaus für eine zusätzliche Dezentralisierung sorgte[264]. Die neuen Mitentscheidungsmöglichkeiten setzten sich auch auf Bistumsebene fort. Auf der der Würzburger Generalversammlung folgenden Diözesankonferenz in Münster waren Vertreter von allen 115 Gesellenvereinen des Bistums erschienen, ein Zeichen dafür, auf wieviel positive Resonanz die Laienmitwirkung stieß. Das Referat über die Generalversammlung hielt nicht der Diözesanpräses, sondern der Bocholter Bezirkssenior, und der Senior des münsterischen ›Muttervereins‹ sprach über die Wanderfürsorge[265]. In den Folgejahren ist in den Zeitschriften und Chroniken der Gesellenvereine sehr häufig von den von Nattermann erwähnten Führerkursen die Rede, die meist auf Bezirksebene stattfanden. Über solche Kurse für die Bezirke Oldenburg und Münster im Winter 1925/1926 heißt es im Kolpingblatt, daß sie

261 Chronik des Katholischen Gesellenvereins Oldenburg-Stadt Bd. III (1922–1929), Jahresbericht 1925 (Archiv der Kolpingsfamilie Oldenburg-Stadt).

262 Johannes Nattermann: »Der Gesellenverein seit 1923«, S. 196f.

263 Vgl. Generalsekretariat des Katholischen Gesellenvereins (Hg.): Handbuch des Katholischen Gesellenvereins (Köln, 1929), S. 18.

264 Ebd. S. 19–27.

265 Vgl. »Aus den Vereinen«, in: Kolpingsblatt S. 16/1926.

»außerordentlich gut besucht waren, und zwar stramme, aber auch sehr bedeutende Schulungsarbeit leisteten«[266].

Die Mitgliedermitbestimmung hatte aber auch ihre Grenzen. Als es im Herbst 1925 darum ging, für gesellige Anlässe des Vereinslebens und vor allem für Jubiläumsfeiern disziplinarische Richtlinien herauszugeben, um »gegen die überhand nehmende Vergnügungssucht« ein deutliches Zeichen zu setzen, wurden diese von den Bezirkspräsides beschlossen, nicht von einer Gesamtdiözesankonferenz. Den Laienvertretern wurden die neuen Richtlinien auf einem anschließenden Vorständetag nur noch zur Kenntnisnahme und nachträglichen, wirkungslosen Abstimmung vorgelegt[267]. Eine neue Selbstdisziplin unter den Vereinsmitgliedern hatte zwar den Aufschwung des Vereinslebens mit angestoßen, dennoch schienen die Präsides dieser Selbstregulierung nicht vollständig zu vertrauen.

2.4 Positionsbestimmung: Deutscher Katholizismus und Katholischer Gesellenverein in der zweiten Hälfte der 20er Jahre

In der zweiten Hälfte der 20er Jahre befand sich der Diözesanverband Münster der Katholischen Gesellenvereine in einer Blütephase. Zwischen 1914 und 1927 steigerte sich die Zahl der aktiven Mitglieder von 7398 auf 10726, die Zahl der Gesellenvereine von 87 auf 123[268]. Bis 1929 wurde dies noch einmal auf 11590 Mitglieder in 139 Vereinen ausgeweitet. Der Diözesanverband Münster der Katholischen Gesellenvereine war damit der mitgliederstärkste und hatte den Kölner Diözesanverband, der von den Anfängen bis zum Ersten Weltkrieg immer mit weitem Abstand die meisten Mitglieder hatte, eingeholt und überholt. Von den Triumphgefühlen, die, wie schon erwähnt, den deutschen Katholizismus in den 20er Jahren durchaus mitprägten, waren die Verantwortlichen des münsterischen Diözesanverbandes aber weit entfernt. Es spricht für Veens professionelle Art, den Verband zu leiten, daß er sich nicht von den Statistiken allein beruhigen ließ. Einzelne Vereine hatten nämlich enorme Probleme, auch entgegen dem Gesamttrend[269], außerdem blieb die politische und wirtschaftliche Gesamtsituation Deutschlands schwierig. Hinzu kam, daß in der kirchlichen Hierarchie darüber nachgedacht wurde, ob das breitgefächerte Vereins- und Verbandssystem des deutschen Katholizismus in Zukunft so fortgeführt werden könnte. So wurde in der münsterischen Diözesansyn-

266 Vgl. ebd.; über Führerkurse für den Bezirk Bocholt-Borken vgl. Kolpingsblatt S. 71/1926.

267 Vgl. »Beschluß der Bezirkspräsides des Diözesanverbandes Münster bezüglich Jubiläumsfeiern der katholischen Gesellenvereine«, in: Der Führer 8–9/1925, S. 66; vgl. auch: Beschlüsse des Diözesan-Vorständetags vom 8.11.1925 in Münster (Pfarrarchiv Epe, Karton 49 – Depositum im Bistumsarchiv Münster); Zitat ebd.

268 Vgl. »Kriegsstatistik des Katholischen Gesellenvereines 1. August 1914 bis 1. Juli 1916« und »Statistik für das Jahr 1927« in: Mitteilungen für die Vorsteher der katholischen Gesellenvereine 3/1927, S. 60–68.

269 So beispielsweise Epe, Oldenburg, Telgte (vgl. III. Teil, Kap. 4.4).

ode von 1924 einerseits die Frage nach der Reichweite des Vereinswesens, andererseits die Frage nach dem die Verbands- und Vereinsverästelungen einigenden Band laut[270].

Im Oktober 1925 fand in Kevelaer ein Kurs zum Thema ›moderne Vereinsseelsorge‹ statt, zu dem die Präsides des münsterischen Diözesanverbandes auch ihre Kollegen der benachbarten Bistümer Köln, Paderborn und Osnabrück eingeladen hatten. Mitten in der sich nun deutlich abzeichnenden neuen Erfolgszeit der Gesellenvereine gab es dort viele kritische Beiträge, die überdies in den Publikationen des Gesamtverbandes hinterher auch ausführlich dokumentiert wurden. Von einer Abkehr der Pastoral von den Vereinen hin zu den Familien war die Rede, und von dem zu diesem Zeitpunkt scheinbar immer häufiger auftretenden Vorwurf, daß »der den Vereinen zugewendete Kraftaufwand oft in keinem Verhältnis zu dem Endeffekt des Erfolges« stünde. Damit war in erster Linie der Zeitaufwand der Präsides für das in den 20er Jahren weit aufgefächerte katholische Vereinswesen gemeint, das zudem unter der zunehmenden Konkurrenz weltlicher Vereine zu leiden hatte. Kurz gesagt, der Kaplan vor Ort mußte immer mehr Stunden für immer zweifelhafteren Erfolg aufbringen. Außerdem fühlten die versammelten Präsides sich vom Erfolg der Jugendbewegung in ihrer eigenen Arbeit infrage gestellt. Sie betrachteten diese als scharfe Reaktion der Jugend selbst gegen überkommene Vereinsformen und fragten sich, ob eine solche Entwicklung nicht frühzeitig von den traditionellen katholischen (Jugend-)Vereinen, also auch den Gesellenvereinen, registriert und umgesetzt werden konnte. »Ohne Zweifel darf auch bis zu einem gewissen Grade von einem Versagen der katholischen Vereine gesprochen werden«, lautete der Kommentar zu diesem Problemfeld. Einer der Gründe für dieses Versagen sei, daß nicht nur das katholische Vereinswesen an sich so aufgespalten sei, sondern auch der Gesellenverein selbst. Durch die vielen Vereinsabteilungen bis hin zur Sport- und zur Theatergruppe habe man sich in Nebensächlichkeiten verloren. Selbst das starke Gewicht auf der Wanderunterstützung, die die Bekanntheit Kolping›scher Vereine weit über das Spektrum des Katholizismus hinaus ausmachte, sei eine Ablenkung von den ursprünglichen und immer noch wichtigsten Vereinszielen gewesen. Deshalb sei eine von vielen Jugendliche kritisierte »typische Vereinsmeierei« durchaus auch in den Gesellenvereinen entstanden. Ein Rückbesinnen auf die ureigensten Prinzipien des Vereins sei daher vonnöten:

> Der Katholische Gesellenverein sieht seine Aufgabe nicht nur darin, Fürsorgeverein für Ortsfremde und nebenbei noch eine katholische Pflegestätte edler Jugendfreude und Geselligkeit zu sein, sondern er erkennt seine Erziehungsaufgabe nach ernstester Weisung seines Gründers darin, daß er den Lebenszweck des jungen Menschen zu seinem eigenen Vereinszweck macht.[271]

[270] Vgl. Wilhelm Damberg, Abschied vom Milieu, S. 51.

[271] »Die soziale Vereinsarbeit als Mittel der modernen Seelsorge. Bericht über den Präsideskurs zu Kevelaer am 27., 28. und 29. Oktober 1925«, in: Mitteilungen für die Vorsteher der katholischen

Neben aller Selbstkritik steht aber auch der Stolz, daß aus dem alten Gesellenverein ein moderner katholisch-sozialer Verein geworden ist, heißt es doch ebenso: »Es steht wohl außer Zweifel, daß diese soziale Vereinsform die modernste ist«[272]. Daß man nur so und in Abkehr von einem rein kirchlichen Verein Zukunft haben wird, darin sehen sich die Präsides durch die zeitgenössische Entwicklung der Jugendkongregationen und Sodalitäten bestätigt, die sich immer mehr gezwungen sahen, außerkirchliche Elemente zu übernehmen, um bei der Jugend überhaupt noch Resonanz zu finden.

Der Kevelaerer Präsideskurs vom Oktober 1925 ist auch auf einer anderen Ebene bedeutsam, macht er doch deutlich, auf welch' hohem Niveau die überregionale Schulungsarbeit des Diözesanverbandes Münster in der Zeit nach dem Ersten Weltkrieg stattfand. Neben der Verbandsspitze Hürth, Nattermann und Veen hielten katholische Sozialwissenschaftler wie Nattermanns Vorgänger Schwer und der Jesuit Gustav Gundlach, dessen Gedanken die Grundlage zur Enzyklika ›Quadrogesimo anno‹ von 1931 bildeten, Vorträge über Kirche, Gesellschaft und Wirtschaft[273]. Auch auf Bezirksebene, teils sogar auf Ortsebene und für Laienfunktionäre wurden nun nicht mehr die vor dem Ersten Weltkrieg üblichen Exerzitienpatres aus dem nächstgelegenen Kloster zusammen mit dem Ortspräses, sondern Redner aus der Verbandszentrale oder Persönlichkeiten des katholisch-öffentlichen Lebens für Schulungen eingesetzt. In diesem Zusammenhang sind vor allem der Kölner Verbandssekretär Winkler, sozusagen der oberste hauptamtliche Laie des Kolpingwerks, der Generalsekretär der westfälischen Zentrumspartei Huppertz, der münsterische Kapuzinerpater und Pastoraltheologe Chrysostomus Schulte sowie immer wieder Generalsekretär Nattermann und Diözesanpräses Veen zu nennen[274].

Das Vereinswesen des katholischen Deutschlands war in den Jahren vor dem Ersten Weltkrieg dessen ganzer Stolz gewesen, wurde es doch auch von Außenstehen-

Gesellenvereine 1/1926, S. 12ff.; Zitat S. 13, letzter Halbsatz des Zitats im Original sperrig gedruckt.

272 Ebd.

273 Zu Gundlach siehe: RAUSCHER, Anton: »Die personale Struktur des gesellschaftlichen Lebens. Gustav Gundlach und sein Beitrag zur katholischen Soziallehre«, in: Karl Dietrich Bracher u.a. (Hg.): Staat und Parteien. Festschrift für Rudolf Morsey zum 65. Geburtstag (Berlin, 1992), S. 333–344.

274 Vgl. u.a. Führerkursus des Bezirks Recklinghausen 1926 mit Winkler und Veen, Chronik des KGV Recklinghausen 1920–1927, Eintragung vom 7.3.1926 (Archiv der Kolpingsfamilie Recklinghausen-Zentral); Führerkursus u.a. für Vorstand des KGV Oldenburg-Stadt Oktober 1926 mit Nattermann, Lehrkursus für KGV Oldenburg-Stadt und KGV Delmenhorst März 1927 mit Schulte und Veen, Chronik des KGV Oldenburg-Stadt Bd. III (1922–1929), Jahresberichte 1926 und 1927 (Archiv der Kolpingsfamilie Oldenburg-Stadt); staatspolitischer Kursus für den KGV Telgte mit Huppertz im Winter 1929/30, Protokollbuch des KGV Telgte 1928–1948, Eintragung vom 31.12.1929 (Archiv der Kolpingsfamilie Telgte Nr. 42.1 – Depositum im Heimathaus Telgte).

den als modellhaft für die gesamte katholische Kirche angesehen[275]. In den 20er Jahren nun, als diese Vereins- und Verbandsstruktur sich noch einmal steigerte und der diesbezügliche Organisationsgrad der deutschen Katholiken nie mehr erreichte Ausmaße annahm, wurden in den intellektuellen und klerikalen Führungszirkeln des Katholizismus Stimmen laut, die die Vereinsstruktur als notwendiges Hilfsmittel des 19. Jahrhunderts, das der Kirche grundsätzlich aber wesensfremd und deshalb zu überwinden sei, verstanden. Die kritischen Stellungnahmen zum katholischen Vereinswesen ausgerechnet von den Gesellenvereinspräsides auf dem Kevelaerer Präsideskurs zeigten, daß diese Gedankengänge auch den niederen Klerus erreicht hatten. Papst Pius XI. (1922–1939) hatte in seiner ersten Enzyklika ›Ubi arcano dei‹ von 1922 zur ›Katholischen Aktion‹ aufgerufen. Er verstand darunter die Teilhabe der Laien am hierarchischen Apostolat der Kirche mit dem Fernziel einer (Wieder-)Verchristlichung der Gesellschaft und den Charakteristika missionarisch-apostolisch, hierarchisch-uniform und pfarrorientiert. Die Katholische Aktion war zudem organisatorisch-kirchenrechtlich der kirchlichen Hierarchie untergeordnet und so greif- und steuerbarer als der nach weltlichem Vereinsrecht funktionierende ›Wildwuchs‹ der Verbände.

Mit den päpstlichen Verlautbarungen und ihren papsttreuen Auslegungen waren den Kritikern des Vereinswesen Argumente von höchster Autorität an die Hand gegeben. Und auf eine bloße Verbands- und Vereinsschelte lief die Diskussion um die katholische Aktion in Deutschland in jenen ersten Jahren zunächst einmal hinaus. Der hohe vereinsmäßige Organisationsgrad der deutschen Katholiken verhinderte allerdings, daß die Katholische Aktion nach italienischem Vorbild durchgesetzt werden konnte. Auch der Magdeburger Katholikentag von 1928, der die Katholische Aktion zum Hauptthema hatte, konnte keine Übereinstimmung herbeiführen und damit auch keine Klarstellung schaffen[276]. Gerade im Bistum Münster hatte der Vereinskatholizismus seine Hochburg. Der Verband der Gesellenvereine war nur ein Beispiel dafür, auch bei den Jugendverbänden war der Organisationsgrad im Bistum Münster der höchste[277]. So blieb die organisatorische Umsetzung der Katholischen Aktion in der Diözese zunächst »Schimäre«[278], und die Diskussion darüber »blieb auf einen kleinen Kreis von Fachleuten beschränkt«[279]. So taucht auch in sämtlichen erhaltenen Quellen des münsterischen Diözesanverbandes der Gesellenvereine aus den 20er Jahren, auch in jenen, die Reformbemühungen und -vorschläge enthalten, der Begriff der Katholischen Aktion kein einziges Mal auf. Erst in der Zeit des ›Dritten Reiches‹ und dann vor allem in der Nachkriegszeit des

275 So erklärte der Mailänder Kardinal Ferrari auf dem Kölner Katholikentag von 1903 das katholische Vereinswesen in Deutschland zum Vorbild für die Katholiken anderer Nationen und zum Muster einer gewissermaßen modernen, volksverbundenen Kirche.

276 Vgl. Hürten, Deutsche Katholiken 1918–1945, S. 136f.

277 Ebd. S. 131.

278 KAUFMANN, Doris: Katholisches Milieu in Münster 1928–1933. (Düsseldorf, 1984), S. 61.

279 Kösters, S. 156.

Zweiten Weltkriegs fand, wie noch zu zeigen sein wird, eine intensive Auseinandersetzung mit dem päpstlicherseits schon 1922 eingeführten Konzept statt.

Daß der Verband katholischer Gesellenvereine, der sich seit der Würzburger Generalversammlung vom Juni 1925 nur noch »Katholischer Gesellenverein« nannte, Mitte der 20er Jahre so viel Eigenständigkeit und Selbstbewußtsein besaß, daß er in ein positiv ausgedrückt organisches, negativ ausgedrückt starres Konzept einer Katholischen Aktion mit unbedingtem Pfarr- und Bistumsprinzip und unter strikter Führung von Pfarrer und Bischof nicht hineinpasste, zeigte sich äußerst deutlich bei dem II. Internationalen Gesellentag, der am 5. und 6.6.1927 in Wien stattfand. Seine Losung lautete »Familie, Demokratie, Völkerfriede« und erteilte damit den Bestrebungen eines Rückzugs aus der Tagespolitik und dem politischen Katholizismus insgesamt, wie beispielsweise in der Katholischen Aktion vorgesehen und im faschistischen Italien auch realisiert, eine klare Absage. In den Resolutionen zum Wiener Gesellentag hieß es zum Punkt Familie unter anderem:

> Für jeden katholischen Gesellen ist die Gründung und Führung einer wahrhaft glücklichen katholischen Familie das Werk seines Lebens. Für jeden katholischen Gesellen ist die Grundlegung, Pflege und Förderung dieses Zieles Grundlage, Umgrenzung und Krönung jeglicher Vereinsarbeit.

Zum Thema Demokratie lautete ein Kernsatz:

> In der Demokratie sieht er [der Gesellenverein] die Gewähr für die Gleichheit der Rechte und der Verpflichtung vor der Verfassung und dem Gesetz, die Anerkennung einer auf Menschenwürde und gegenseitiger Achtung beruhenden Möglichkeit der Ausbildung, der Lebensgestaltung und des Aufstiegs für alle und die gerechte Bewertung nach Tüchtigkeit und Leistung.

Die Resolution zum Thema ›Völkerfriede‹ war schließlich diese:

> Ausgehend von der Familie als der Wurzel nicht nur der Einzelmenschen, sondern auch der gesamten Menschheit, betrachtet der Gesellenverein die einzelnen Völker als Glieder einer Menschheitsfamilie, in der jedes Glied das Recht zur Entfaltung und Nutzbarmachung seiner Kräfte hat, jedoch nicht auf Kosten eines anderen Volkstums, weil nur so der materielle und kulturelle Fortschritt der Menschheit gefördert werden kann. Die bei der Unvollkommenheit alles Irdischen nicht ausbleibenden Mißverständnisse, Spannungen und Interessengegensätze müssen nach der katholischen Auffassung des Gesellenvereins auf dem Wege der Rechtsgestaltung und vor allem durch eine aus dem Geist der Liebe geborene Verständigung zu beseitigen versucht werden. Die Mitglieder des Gesellenvereins, als Söhne einer verschiedenes Volkstum umfassenden Kolpingsfamilie, betrachten es als ihre Aufgabe, diese Grundsätze zunächst im eigenen Gesellenverein praktisch zu üben, vor der Öffentlichkeit programmatisch zu vertreten und für ihre Durchführung im Leben der Völker freudig zu kämpfen.[280]

[280] »Die Resolutionen des II. Internationalen Gesellentages (Pfingsten 1927) zu Wien«, hier zitiert nach: Generalsekretariat des Katholischen Gesellenvereins (Hg.): Handbuch des Katholischen Gesellenvereins (Köln, 1929) S. 37ff.

Das Bekenntnis zur Demokratie war hier also noch einmal uneingeschränkt erfolgt, allen anderslautenden Zeittendenzen zum Trotz. Besonders beachtenswert ist aber auch das Eintreten für den Völkerfrieden und für gewaltlose politische Lösungen in zwischenstaatlichen Konfliktfällen. Der Verband unterstrich hier deutlich seine Internationalität und dadurch auch sein Verständnis von Katholizität. Die Kölner Verbandsleitung wiederholte die Wiener Resolutionen in den dem Gesellentag folgenden Monaten im Kolpingsblatt und anderen Organen ständig. Raem sieht zwei Gründe dafür. Einerseits sollten die Resolutionen auch als bewußter Protest gegen die Zerschlagung von Teilen der italienischen Jugendverbände durch Mussolini verstanden werden, andererseits sollten sie deutliche Signale in Richtung von Zentrumspartei und Bayrischer Volkspartei aussenden, daß die Gesellenvereine zwar keine Parteiinstanzen seien, dennoch aber in sämtlichen Ausschüssen, Parteigremien und bei der Kandidatenkür gebührend berücksichtigt werden sollten[281].

Ähnlich wie zum Gesellentag 1922 in Köln war auch für die Wiener Großveranstaltung die Resonanz im münsterischen Diözesanverband recht groß[282]. Und anders als im Falle des Grundsatzprogramms von 1921 fand diesmal auch eine direkte Auseinandersetzung mit den Resolutionen in der nachfolgenden Vereinsarbeit statt. Im stadtmünsterischen Gesellenverein wurde beispielsweise noch im gleichen Jahr 1927 ein zusätzlicher Ehevorbereitungskurs für die Mitglieder angeboten, um den Wiener Beschlüssen zum Punkt ›Familie‹ gerecht zu werden[283]. Durch zurückkehrende Teilnehmer war eine Anbindung an die Resolutionen geschaffen worden, die, anders als das Grundsatzprogramm, unter Mitwirkung der aktiven Mitglieder zustande gekommen waren. Das vergrößerte ihre Wirkung enorm. Das Grundsatzprogramm 1921 hatte an der Basis bei weitem nicht die Resonanz erreicht, die das Gemeinschaftserlebnis I. Internationaler Gesellentag im Jahr darauf schaffte. Nun, im Falle des II. Internationalen Gesellentages von Wien, wurde die Wirkung des Gemeinschaftsgefühls erfolgreich ausgenutzt, um eine deutliche inhaltliche Botschaft, die Wiener Resolutionen, zu transportieren. Neben der ständigen Propagierung der Beschlüsse in den Verbandsorganen gab die Verbandsleitung im Mai 1928 außerdem noch ein »Wiener Manifest« heraus, das die Resolutionen kommentierte und ausweitete[284].

281 Vgl. Raem, S. 19.

282 Bei einem Mitgliederbestand von 223 nahmen vom Altlüner KGV beispielsweise 12 Mitglieder und der Präses am Wiener Gesellentag teil; vgl. Protokollbuch für Vorstandssitzungen des KGV Lünen von 1923, Generalversammlung am 8.2.1927 und Jahresbericht 1927 (Archiv der Kolpingsfamilie Altlünen). In Recklinghausen waren es 11 Teilnehmer bei 331 Mitgliedern; vgl. Chronik des KGV Recklinghausen 1920–1927, Geschäftsbericht für das Jahr 1926 und Eintragung vom 3.6.1927 (Archiv der Kolpingsfamilie Recklinghausen-Zentral).

283 Vgl. »Jahresbericht über unsern Verein und unsere Häuser im Jahre 1927«, in: Die Kolpingsfamilie – Monatliche Mitteilungen des Gesellenvereins Münster, 2. Jg./Nr. 1 vom 1.5.1928.

284 Vgl. »Das Internationale Manifest«, in: Generalsekretariat des Katholischen Gesellenvereins (Hg.): Handbuch des Katholischen Gesellenvereins (Köln, 1929) S. 35ff.

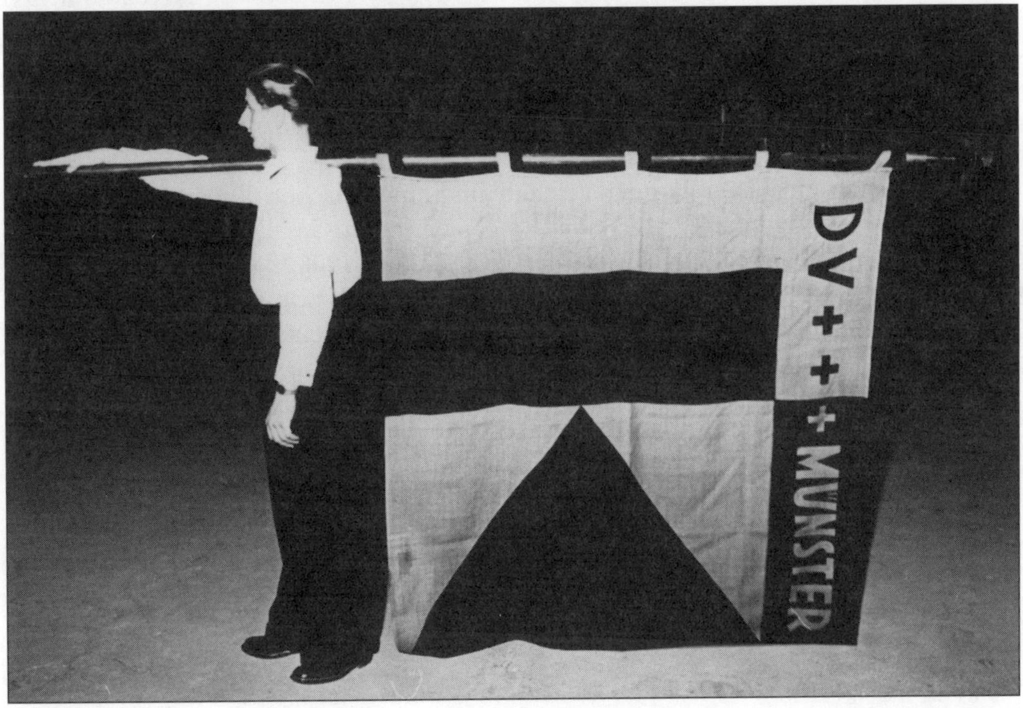

Abbildungen 9, 10, 11: Typische Form der alten Fahne (hier: Roxel, 1924) und die neue Fahne (hier: Diözesanbanner, nach 1945)

Der politische Teil der Wiener Resolutionen wurde nach wenigen Jahren von den Zeitläuften überholt. So energisch und euphorisch die Beschlüsse in den Jahren 1927/28 verfochten wurden, so ungern wurde die Verbandsspitze vor allem in den Anfangsjahren des Dritten Reichs an sie erinnert. Eine andere Neuentwicklung jener Zeit aber ist bis in die Gegenwart des Kolpingwerks hinein gültig und bildet nach wie vor eine Art Markenzeichen des Verbandes. Zum 1.1.1928 wurde für den Gesamtverband das K-Banner eingeführt. Schon im Kaiserreich hatte es ein gemeinsames Abzeichen der Katholischen Gesellenvereine gegeben. Es zeigte Handwerksutensilien vor einem Kreuz, umgeben vom Schriftzug »Gott segne das ehrbahre Handwerk – KGV«. Das alte Abzeichen war sehr viel filigraner als das neue, das sachlich-schlicht und leicht auch aus der Distanz zu identifizieren war, und überdies einen hohen Wiedererkennungswert hatte. Die Farbgebung, schwarz auf orangenem (goldenem) Hintergrund, trug zu dieser Wirkung noch bei. Künstlerisch war die Ausführung auf der Höhe der Zeit, das stilisierte ›K‹ entsprach der Bauhausbewegung und dem Kunststil der sogenannten Neuen Sachlichkeit. Inhaltlich verhieß das neue Zeichen ein stärkeres Bekenntnis zum Gründervater Kolping. Dazu paßt, daß die Einleitung seines Seligsprechungsverfahrens seit Januar 1926 durch Generalpräses Hürth vorbereitet wurde[285]. Mit der Einführung des K-Zeichens hatte die Verbandsführung großes Gespür für innere und äußere Breitenwirkung gezeigt. In einer Zeit von Massenbewegungen hatte der Verband eine deutliche Marke gesetzt, die von ihrer Ausführung her jene Modernität ausstrahlte, die der Verband, auch im Gefüge des deutschen Katholizismus, doch so sehr anstrebte. Verbandsintern war das K-Zeichen von großer identitätsstiftender Wirkung, und das aus dem Rückblick betrachtet nicht nur kurzfristig, sondern über Jahrzehnte.

Die Anschaffung neuer Banner geschah im münsterischen Diözesanverband je nach finanzieller Lage der Ortsvereine. Einer der ersten Gesellenvereine mit neuer Fahne war der KGV Recklinghausen, der Ende Januar 1928 Gastgeber der Bezirksvorständekonferenz war, und zu diesem Anlaß erstmals das neue Vereinszeichen über dem Gesellenhaus aufzog[286]. Wie sehr das neue Vereinslogo eine Akzentverschiebung hin zu stärkerer Identifikation mit dem Gründungsvater bedeutete, zeigt der Eintrag in der Chronik des Oldenburger Vereins anläßlich der Weihe der neuen Fahne:

> 12.6.1928 hielten wir im Kreise der Vereinsmitglieder die Weihe des neuen K-Banners. Da haben wir uns gesagt, daß dieses Banner 1.) ein sichtbarer Ausdruck sein soll dafür, daß wir der großen Kolpingsfamilie angehören, 2.) daß Adolf Kolping in unserem Leben, Arbeiten und Kämpfen unser Führer sein soll, 3.) daß wir alle als treue Kolpingssöhne in opferwilliger Liebe und im Geiste Kolpings uns zusammenschließen wollen.[287]

[285] Vgl. Mitteilungen für die Vorsteher der katholischen Gesellenvereine 1/1926, S. 1f.

[286] Vgl. »Bezirksvorständetagung des katholischen Gesellenvereins in Recklinghausen«, in: Recklinghäuser Volkszeitung, 31.1.1928.

[287] Chronik des KGV Oldenburg-Stadt Bd. III 1922–1929, Eintragung vom 12.6.1928 (Archiv der Kolpingsfamilie Oldenburg-Stadt).

Die Wörter Handwerk, Geselle oder Gesellenverein erscheinen hier überhaupt nicht. Der Begriffswechsel der frühen 1930er Jahre, über den noch zu berichten sein wird, erfuhr hier eine schrittweise Vorbereitung.

Was kennzeichnet nun den münsterischen Diözesanverband am Ende der 1920er Jahre, vor der Auseinandersetzung mit dem Nationalsozialismus? Vom Erfolg und weitestgehenden Ausbau wurde schon zu Beginn diese Abschnittes gesprochen. Schaut man sich die Neugründungen von Gesellenvereinen an, wird man feststellen, daß sie in den Jahren der Weimarer Republik überwiegend in ländlichen Gegenden geschahen[288]. Kösters erklärt diese Entwicklung einerseits mit dem »rasanten Anstieg« des Anteils von Industrie und Handwerk im Gegensatz zur Landwirtschaft, der die ländlichen Regionen teilweise miterfaßte und der bei gleichzeitigem Bestreben kirchlicherseits, das katholische Milieu trotz Strukturwandels zu erhalten, zu entsprechenden Vereinsgründungen führte. Andererseits hätten die Gesellenvereine einen gewissen »Nachholbedarf« gegenüber den schon vor dem Kriege flächendeckend entstandenen Jünglingsvereinen gehabt[289]. Allgemeiner läßt sich hinzufügen, daß die 1920er Jahre sicherlich die Zeit des höchsten Organisationsgrades des katholischen Verbands- und Vereinswesens in Deutschland waren, die die Gesellenvereine im Bistum Münster nicht ausnahm. Außerdem liegt der ›Verländlichung‹ des münsterischen Diözesanverbandes der Gesellenvereine eine Veränderung des Charakters der Vereine zugrunde. Die alten, vor dem Krieg gegründeten Gesellenvereine entsprachen überwiegend dem klassischen Kolping›schen Konzept von der Anlaufstelle für wandernde oder auswärtige Handwerksgesellen, sie stellten ein Stück Milieuheimat in der Fremde dar. Die Mitgliederschaft war in den fast ausschließlich katholischen Gebieten des Bistums eine Mischung aus jenen Auswärtigen und den dazu kommenden einheimischen Gesellen, für die der KGV ihr natürlicher Standesverein war, gewesen[290]. In allen Kreisstädten, Ober- und Unterzentren auf Bistumsgebiet waren dementsprechend schon um die Jahrhundertwende Gesellenvereine vorhanden, und zwar in den Bistumsteilen Münsterland, westfälisches Industriegebiet, rheinisches Industriegebiet, Niederrhein und Oldenburg gleichermaßen. Dem klassischen Vereinsziel gemäß lag die Quote der Vereine mit eigenem Haus bis 1914 immer bei ungefähr 50 v.H.[291]. Die nach dem Ersten Weltkrieg gegründeten Vereine stellten dagegen eher eine Vervollständigung des Vereinsspektrums einer Pfarrei dar, sie füllten sozusagen die Lücke Berufsstandsverein für das Handwerk. Auswärtige oder wandernde Gesellen waren in diesen Vereinen in ländlicheren und struktur-

288 Hier sind z.B. zu nennen: Liesborn (1921), Havixbeck (1922), Ramsdorf (1923), Stromberg (1924), Osterwick (1925), Lindern (1926), Harsewinkel (1927).

289 Vgl. Kösters, S. 168f.

290 Vgl. Kath. Gesellenverein zu Telgte, Mitgliedsbuch 1873–1895 (Archiv der Kolpingsfamilie Telgte Nr. 26 - Depositum im Heimathaus Telgte); vgl. Mitgliederverzeichnis des Kath. Gesellenvereins Lünen 1916, Mitgliederhauptbuch des Kath. Gesellenvereins Lünen 1922 (Archiv der Kolpingsfamilie Altlünen).

291 Vgl. III. Teil, Kap. 2.1 dieser Arbeit.

schwächeren Gegenden seltener zu finden[292]. Gesellenhäuser oder gar Hospize verloren so ihre ursprünglich immense Bedeutung, hinzu kam die wirtschaftlich unsichere Zeit in den 1920er Jahren mit Hyperinflation und Massenarbeitslosigkeit, die einen Hausbau oft unmöglich machte. So sank die Quote der Gesellenvereine mit eigenem Haus bis 1925 auf 43 v.H., bis 1932 gar unter 30 v.H.[293]. Über diese Entwicklung kann auch nicht der Neubau der beiden ›Mutterhäuser‹ in Münster und Köln in den Jahren 1929 und 1930 hinwegtäuschen.

In der zweiten Hälfte der 1920er Jahre stand der Diözesanverband Münster der Katholischen Gesellenvereine also in voller Blüte, allerdings mit kleinen Schönheitsfehlern. Während die Gesellen des Bistums in nie gekannter Weise für die Kolpingssache organisiert werden konnten und das Vereinsleben in vielen Orten hervorragend lief, machten sich Vordenker des deutschen Katholizismus darüber Gedanken, wie das Verbands- und Vereinswesen überwunden werden konnte. Schwierigkeiten rissen auch in dieser Hochphase in einigen Vereinen nicht ab, vor allem wirtschaftlich bedeuteten die 20er Jahre eine ständige Berg- und Talfahrt. Aber, und das ist, was die meisten Vereinsmitglieder erreichte, was sie mitbekamen: die Stimmung war eine hervorragende bis euphorische, davon künden vor allem die Berichte überregionaler Treffen und Tagungen. Im Großen gilt für den Diözesanverband Ende der 20er Jahre das, was für den KGV Altlünen im Kleinen gilt. Dort waren nämlich nach absoluten Blütejahren ab 1927/28 die Vereinsaktivitäten wieder rückläufig. Doch wegen der hohen Mitgliederzahlen herrschte laut Chronik eine gute Stimmung im Verein und das Gefühl, der KGV Altlünen stünde glänzend da und die Vereinsarbeit müßte im gleichen Stile weiterlaufen wie in den Jahren vorher[294].

Tabelle 7: Gesellenvereinsgründungen im Bistum Münster 1919–1932 in chronologischer Reihenfolge[295]

Gründungsjahr	*Verein*	*Bemerkung*
1919	Lastrup	
1920	Buer-Resse	1958 zu Essen
1920	Neubeckum	
1921	Habinghorst	zu Paderborn
1921	Calcar	

292 Vgl. Chronik des Kath. Gesellenvereins Billerbeck 1922–1935 (Archiv der Kolpingsfamilie Billerbeck).

293 Eigene Berechnungen nach Schematismus für die Diözese Münster 1925, 1932.

294 Vgl. Protokollbuch für Vorstandssitzungen des Kath. Gesellenvereins Lünen von 1923, Jahresbericht über das 28.Vereinsjahr 1927 (Archiv der Kolpingsfamilie Altlünen).

295 Alle Zahlen und Daten nach: Kolpingwerk Diözesanverband Münster, 125 Jahre Diözesanverband Münster, korrigiert vom Verfasser durch zeitgenössische Angaben aus den Schematismen für das Bistum Münster und den Mitteilungen für die Vorsteher der katholischen Gesellenvereine.

Gründungsjahr	*Verein*	*Bemerkung*
1921	Liesborn	
1921	Steinfeld	
1921	Walsum-Aldenrade	
1922	Billerbeck	
1922	Havixbeck	
1922	Marl-Hüls	
1922	Visbek	
1923	Erkenschwick	
1923	Ramsdorf	
1924	Langenbochum	
1924	Roxel	
1924	Stromberg	
1925	Altenberge	
1925	Bottrop-Boy	1958 zu Essen
1925	Buldern	
1925	DU-Beeck	
1925	Essen/Oldbg.	
1925	Hopsten	
1925	Laggenbeck	
1925	Lette	
1925	Olfen	
1925	Osterwick	
1926	Bork	
1926	Buer-Beckhausen	1958 zu Essen
1926	Emstek	
1926	Friesoythe	
1926	Herbern	
1926	Holtwick	
1926	Lindern	
1926	Neuenkirchen	
1926	Nottuln	
1926	Recke	
1926	Saerbeck	
1926	Senden	
1927	Ascheberg	
1927	Bakum	
1927	Gladbeck-Süs	1958 zu Essen
1927	Groß-Reken	
1927	Harsewinkel	
1927	Kamp-Lintfort	

Gründungsjahr	*Verein*	*Bemerkung*
1927	Langförden	
1927	Mettingen	
1927	Moers	
1927	Ostbevern	
1927	RE-Suderwich	
1928	Alstätte	
1928	Waldliesborn	
1928	Cappenberg	
1928	Freckenhorst	
1928	Laer	
1928	RE-Hillerheide	
1928	Südlohn	
1928	Wettringen	
1929	Amelsbüren	
1929	Cappeln	
1929	Ennigerloh	
1929	Herzfeld	
1929	Hörstel	
1929	Horstmar	
1929	Maria Veen	
1929	Metelen	
1929	Neuenkirchen	
1930	Bockum-Hövel	
1930	Brochterbeck	
1930	Darfeld	
1930	Handorf	
1930	Isselburg	
1930	Oer	
1930	Schermbeck	
1931	Beelen	
1931	Greffen	
1931	Riesenbeck	
1932	Goldenstedt	
1932	Walsum	

Tabelle 8: Gesellenvereinsgründungen im Bistum Münster 1919–1932 in chronologisch-geographischer Reihenfolge

Münsterland	*Niederrhein*	*Industriegebiet und Vest R'hausen*	*Oldenburg*
Neubeckum, 1920	Calcar, 1921	Resse, 1920	Lastrup, 1919
Liesborn, 1921	Kamp-Lintfort, 1927	Habinghorst, 1921	Steinfeld, 1921
Billerbeck, 1922	Moers, 1927	Aldenrade, 1921	Visbek, 1922
Havixbeck, 1922	Isselburg, 1930	Marl-Hüls, 1922	Essen, 1925
Ramsdorf, 1923		Erkenschwick, 1923	Emstek, 1926
Roxel, 1924		Langenbo-chum,1923	Friesoythe, 1926
Stromberg, 1924		Boy, 1925	Lindern, 1926
Altenberge, 1925		Beeck, 1925	Bakum, 1927
Buldern, 1925		Beckhausen, 1926	Langförden, 1927
Hopsten, 1925		Süs, 1927	Cappeln, 1929
Laggenbeck, 1925		Suderwich, 1927	Neuenkirchen, 1929
Lette, 1925		Hillerheide, 1928	Goldenstedt, 1932
Osterwick, 1925		Oer, 1930	
Bork, 1926		Schermbeck, 1930	
Herbern, 1926		Walsum, 1932	
Holtwick, 1926			
Neuenkirchen, 1926			
Nottuln, 1926			
Recke, 1926			
Saerbeck, 1926			
Senden, 1926			
Ascheberg, 1927			
Groß-Reken, 1927			
Harsewinkel, 1927			
Mettingen, 1927			
Ostbevern, 1927			

Münsterland	*Niederrhein*	*Industriegebiet und Vest R'hausen*	*Oldenburg*
Alstätte, 1928			
Waldliesborn, 1928			
Cappenberg, 1928			
Freckenhorst, 1928			
Laer, 1928			
Südlohn, 1928			
Wettringen, 1928			
Amelsbüren, 1929			
Herzfeld, 1929			
Ennigerloh, 1929			
Hörstel, 1929			
Horstmar, 1929			
Maria Veen, 1929			
Metelen, 1929			
Handorf, 1930			
Brochterbeck, 1930			
Beelen, 1931			
Greffen, 1931			
Riesenbeck, 1931			

3. Das Ende der Republik, die nationalsozialistische Machtergreifung und die Etablierungsphase der Diktatur (1929–1935)

3.1 *»Wer Kolping zum Vater hat, der kann nicht die rote Marianne zur Mutter haben und auch nicht Hitler zum Onkel haben«*[296] *– Katholischer Gesellenverein und Nationalsozialismus vor 1933*

Das Jahr 1929 sah nicht nur den Beginn der Weltwirtschaftskrise, sondern in Deutschland auch den beispiellosen Aufstieg der NSDAP. Wenn ihr auch nennenswerte Einbrüche in katholisch dominierten Gebieten – und bis auf das nördliche Oldenburger Land bestand die Diözese Münster fast nur aus solchen – versagt blieben, so wurde die Nazi-Partei doch urplötzlich zu einem Faktor, mit dem man sich auseinandersetzen mußte, zu dem man Stellung beziehen mußte.

Die Kölner Verbandsspitze wurde dazu förmlich gezwungen. Am 17.November 1929 fanden unter anderem in Preußen Kommunalwahlen statt, und am Abend dieses Tages stürmten Mitglieder der NSDAP den Festsaal des Kölner Kolpinghauses und lieferten sich eine Schlägerei mit den Ordnern[297]. Der Verband war zu dieser Zeit noch so stark auf die Kölner Zentrale ausgerichtet, daß sich dieser Vorfall schnell auch unter den Kolpingssöhnen im Bistum Münster herumgesprochen haben wird, zumal es geradezu zum ›Pflichtprogramm‹ eines Gesellen auf Wanderschaft gehörte, das Grab Kolpings in Köln zu besuchen und einige Tage im Kölner Kolpinghaus zu verbringen. Generalsekretär Nattermann nahm diese Schlägerei zum Anlaß, in der ersten Ausgabe des Kolpingsblattes im neuen Jahr 1930 die verbindliche Haltung des Gesamtverbandes gegenüber den Nationalsozialisten zu formulieren. Er brachte seine Stellungnahme auf die Formel, daß »kein Gesellenvereinsmitglied Mitglied der Nationalsozialistischen Arbeiterpartei sein kann, ohne sich als Gesellenvereinsmitglied aufzugeben.«[298] Nattermann kam damit den verschiedenen ähnlich lautenden Erklärungen der deutschen Bischöfe gut ein Jahr zuvor[299]. Nur die KAB hatte im Bereich des Katholizismus noch früher, nämlich aus Anlaß des Hitler-Putsches im November 1923, die Unvereinbarkeit der Mitgliedschaft festgestellt[300]. Diese eindeutige Haltung des Gesellenvereins war eine konsequente Fortführung einer gegen jeden politischen Extremismus gerichteten Verbandslinie und eine Folgerung der Resolutionen des II. Internationalen Gesellenta-

296 Johannes Nattermann: »Beruf und Leben«, in: Kolpingsblatt 1930, S. 1.
297 Vgl. Raem, S. 26.
298 Johannes Nattermann: »Beruf und Leben«, in: Kolpingsblatt 1930, S. 1.
299 Vgl. Scholder Bd. 1, S. 167–169.
300 Vgl. ARETZ, Jürgen: Katholische Arbeiter-Bewegung und Nationalsozialismus. Der Verband katholischer Arbeiter- und Knappenvereine Westdeutschlands 1923 bis 1945 (= VdKfZ B, Bd. 25) (Mainz 1978) S. 46.

ges von Wien 1927, der unter dem Motto »Familie, Demokratie, Völkerfriede« stand und sich eindeutig zu den neuen Republiken bekannte[301].

Im Bistum Münster wurde diese Position von den Gesellenvereinen selbstverständlich übernommen. Einerseits waren die Vorgaben aus Köln bis zur Vertrauens- und Autoritätskrise des Generalsekretariates nach dem Zweiten Weltkrieg für die einzelnen Vereine vor Ort quasi ›Gesetz‹, andererseits stellte die NSDAP in den meisten Gebieten der Diözese auch während ihres reichsweiten Aufschwungs 1929/30 eine zu vernachlässigende Größe dar. Auf jeden Fall wurde das Thema »Nationalsozialismus« in den Ortsvereinen diskutiert, und dies nicht nur in den großen Städten und industriellen Regionen. Ein Beispiel aus Billerbeck, wo im Dezember 1930 in den Fragekasten ein Zettel mit der Frage »Kann ein Katholik Nationalsozialist sein« geworfen wurde, zeigt dies. In der nächsten Vereinsversammlung ging der Präses darauf in einem längeren Vortrag ein und gab die eindeutige Antwort: Nein![302]

Und dennoch: Münster – Stadt wie Bistum – war trotzdem nicht gerade ein Hort der Republikverteidiger und Demokratieverfechter. Das läßt sich sich aus einem Artikel vom Katholikentag 1930 in Münster herauslesen, der im Kolpingsblatt erschien und über die große Kundgebung der katholischen Jugend, zu der sich auch der Katholische Gesellenverein zählte, berichtete. Dort heißt es unter anderem: »Sah man in Münster sonst fast nur schwarz-weiße Fahnen, sehr viel schwarz-weiß-rot, vor allem Kirchenfahnen, so ändert sich nun das Bild. Schwarz-rot-goldene Banner leuchten auf, im Tritt kommt die Jugend vom Ludgerikirchplatz herangezogen.«[303] Die Bevölkerung Münsters zeigte also per Flagge ihre Sympathie für die ›alte Ordnung‹ Preußens, des Kaiserreichs und der katholischen Kirche. Nicht so die katholische Jugend. Innerhalb des Katholizismus war tatsächlich sie es, die sich vor allem in den Wahlkämpfen von 1932 und 1933 massiv für den Zentrumspolitiker und Münsteraner Heinrich Brüning, Reichskanzler von 1930–32, und damit für den Erhalt der Republik, einsetzte, wie noch zu zeigen sein wird.

Daß der politische Extremismus immer mehr Raum im Tagesgeschehen der Republik von Weimar einnahm, war auch an der Basis des KGV in der Diözese Münster spätestens seit 1931 nicht mehr zu übersehen. Die geistlichen Vereinsleiter und die obersten Laien, also Präsides und Senioren, sahen sich veranlaßt, in diesem Zusammenhang zu informieren und aufzuklären. In den Gesellenvereinen wurden Vorträge und Diskussionen über ›Nationalsozialismus‹ und ›Bolschewismus‹ gehalten[304]. Ein flammender Aufruf, gerade an solchen Vorträgen teilzunehmen, um sich

[301] Vgl. in diesem Zusammenhang: NATTERMANN, Johannes: Gesellenverein und Demokratie (Köln 1928).

[302] Vgl. Chronik des Katholischen Gesellenvereins Billerbeck 1922–35, S. 70. Archiv der Kolpingsfamilie Billerbeck.

[303] O.V.: »Streiflichter vom Katholikentag in Münster«, in: Kolpingsblatt 1930, S. 143–145, Zitat S. 144.

[304] So beispielsweise in Telgte. Vgl. Protokollbuch des Katholischen Gesellenvereins Telgte, Eintragung vom 28.1.31 und 27.3.31 (Archiv der Kolpingsfamilie Telgte, Depositum Heimathaus Telgte).

für den Weltanschauungskampf zu stärken, ist im Mitteilungsblatt des münsterischen Gesellenvereins vom Herbst 1931 zu finden. Auszugsweise heißt es da:

> [Heute], wo in den Parlamenten die Weltanschauungen auf Leben und Tod sich gegenüberstehen, wo es um das Letzte und Heiligste geht, um die ganze christliche Kultur: da müssen wir Katholiken zusammenstehen wie ein Mann, da müssen wir in religiösen Dingen, in Weltanschauungsfragen beschlagen sein. Da müssen vor allem unsere Männer und Jungmänner, die den Kampf doch zu führen haben, an Beschlagenheit und Schlagfertigkeit, an Überzeugungsfestigkeit und Begeisterung dem Gegner nicht nur ebenbürtig, sondern überlegen sein. (...) Unsere Feinde blasen zum Generalangriff. Haltet auch ihr euch bereit![305]

Der nicht genannte Verfasser[306] läßt weiterhin erkennen, daß er den einfachen Kolpingssohn nicht gerade für politisch mündig hält, er fordert ihn nämlich auf, Politpropaganda in Form von Flugblättern und Zeitungen, die von extremistischen Parteien kommen, dem Präses abzugeben. Außerdem wird im Fortgang des Artikels klar, daß der Verfasser die Gefahr von kommunistischer Seite für bedeutender hält, denn nur diese wird direkt genannt[307].

Während die grundsätzliche Ablehnung des Nationalsozialismus im Gesellenverein außer Frage stand, wurden schon 1931 vorsichtige taktische Überlegungen angestellt, wie man dem Erfolg der NSDAP begegnen sollte. Sie kamen vom Generalsekretär Nattermann, der forderte, der neuen Bewegung nicht bloß schroffe Ablehnung, sondern ehrliche Auseinandersetzung entgegenzubringen. Dies hätte die katholische Kirche vor 1914 auch mit den Sozialdemokraten tun sollen, um sie aus ihrem religionsfeindlichen Ghetto herauszuholen[308]. Diese Thesen wurden durch ihre Verbreitung im Kolpingsblatt einem großen Publikum, auch im Bistum Münster, bekannt. Dennoch ist von einer positiven Rezeption derselben im münsterischen Diözesanverband nichts zu spüren. Dort war 1931 klar, wo der ›Feind‹ stand, nämlich linksaußen und rechtsaußen. Jeglicher Kontakt und jegliche Auseinandersetzung mit den Extremisten, die nicht Konfrontation oder Abschottung bedeutete, war möglichst zu vermeiden.

Deutlich zum Ausdruck kam dies in einer »Kampfwoche der katholischen Jugend«, die Ende Januar 1931 in verschiedenen Teilen des Bistums veranstaltet wurde, und an der sich auch Gesellenvereine beteiligten. Der »Steinfurter Anzeiger« berichtet von einer Großkundgebung aller katholischen Jugendorganisationen Grevens – auch des Gesellenvereins – aus diesem Anlaß. Das Feindbild war hier für den Redner ebenso ganz klar:

305 O.V.:»Schmiedet die Waffen des Geistes!«, in: Die Kolpingsfamilie – Monatliche Mitteilungen des Gesellenvereins Münster, 5. Jg./Nr. 7 vom 25.11.1931.

306 Es ist allerdings zu vermuten, daß es sich bei dem Verfasser um Präses Veen handelt.

307 »Vor mir liegt (...) ein Kommunistenflugblatt raffiniertester Art. Wie viele mögen dadurch irre werden!« Vgl. Anm. 18.

308 Vgl. Kolpingsblatt 1931, S. 1.

Die Not ist groß, die gesamte Lage des deutschen Vaterlands drängt auf Entscheidung. Zwei große Parteien kämpfen um die Gunst des Volkes, die Nationalsozialisten und die Kommunisten. Der Erfolg der Nationalsozialisten bedeutet zu allertiefst auch einen Sieg des Kommunismus. Beiden Parteien rufen wir ein energisches »Nein« zu. Warum? Weil beide Parteien das bedrohen, was für uns das wesentlichste ist, unsere Weltanschauung und unseren Glauben an Gott[309].

Dann zählte der Redner die ›Knackpunkte‹ im Verhältnis zu den Nationalsozialisten auf: Nationalkirche, Simultanschule, Rassenlehre. Die letztere bezeichnete er als »ungeheuerlich« und erklärte zur abschreckenden Anschauung: »Kinder, die nicht begabt sind, sollen bei der Geburt gleich getötet werden.«[310] Im Schlußwort zu dieser Veranstaltung rief der Grevener Pfarrer Schlothmann alle auf, treu zur Kirche und zum »bedrängten Vaterland« zu stehen, und er gab den Jungmännern eine Geschichte von Adolph Kolping mit auf den Weg. Dieser habe auf dem Sterbebett seinem Bruder ein Kreuz gereicht mit den Worten: »Nimm das Kreuz und wehr‹ dich damit.« Diese Worte rufe er auch der Grevener Jugend zu[311].

Im Gesellenhaus zu Münster fand ebenfalls eine Kundgebung im Rahmen der »Kampfwoche der katholischen Jugend« statt. Die Veranstaltung drohte wegen zahlreicher Störungsversuche jugendlicher Nationalsozialisten zu platzen, konnte aber letztlich dennoch abgehalten werden. Ein Professor Tischleder grenzte nicht nur erneut die katholische Position gegen Kommunismus und Nationalsozialismus ab, wobei er vor allem die Rassenlehre und das Neuheidentum scharf ablehnte, sondern er legte, »aus heiligem Freiheitssinn gepaart mit Pflichtgefühl«[312], auch ein klares Bekenntnis zur Republik ab. Die Kundgebung endete mit dem deutlichen Versprechen »Wir stehen hinter unserem Führer Brüning«[313].

Das Jahr 1932 war ein Jahr ständigen Wahlkampfes. Die wahlberechtigten Kolpingssöhne im Bistum Münster wurden für zwei Wahlgänge der Reichspräsidentenwahl, für zwei Reichstagswahlen, für die preußische Landtagswahl und im oldenburgischen Bistumsteil für die dortigen vorgezogenen Landtagswahl zu den Urnen gerufen. Reichsweit konnten Hitler beim zweiten Wahlgang zur Präsidentenwahl und die NSDAP bei der Reichstagswahl im Juli jeweils um die 37 Prozentpunkte erringen – und kamen damit der Macht auf legalem Wege ein gewaltiges Stück näher. Zudem saßen sie seit 1930 schon als Koalitionspartner in der thüringischen Landesregierung. Seit Juni 1932 führten sie die Regierung in Oldenburg und

309 »Das schwarze Greven ist erwacht – Machtvolle Kundgebung der kath. Grevener Jungmänner« in: Steinfurter Anzeiger, 25.1.1931.

310 Ebd.

311 Ebd. Vgl. SCHÄFFER, Sebastian: Adolph Kolping – Sein Leben und Werk (Köln, 1. Aufl. 1880). In der 7. Auflage von 1952 findet sich diese Begebenheit auf S. 194. Schäffer war nicht nur Zeitgenosse Kolpings, sondern auch dessen Nachfolger als Generalpräses der Gesellenvereine. Seine Kolping-Biographie ist bis heute im Kolpingwerk weit verbreitet.

312 »Der Ruf an die katholische Jugend – Professor Dr. Tischleder sprach auf einer Massenkundgebung im Gesellenhaus«, in: Münsterischer Anzeiger, 1.2.1931.

313 Ebd.

gaben in den zum Bistum Münster gehörenden Landesteilen nicht nur den katholischen Gesellen einen Vorgeschmack auf das Kommende[314]. Im Jahr 1932 rückte also eine Regierungsübernahme durch die Nationalsozialisten in den Bereich des Möglichen, was im Bereich des KGV nochmals verstärkte Überlegungen nach dem Umgang mit der NSDAP und nach der eigenen Haltung zur Republik auslöste. Der Recklinghäuser Gesellenverein machte das beispielsweise bei seiner Weihnachtsfeier im Januar 1932 für sich dadurch deutlich, daß er die Bühne mit schwarz-rot-goldenem Stoff schmückte, »den Republikfarben«, wie der Protokollant ausdrücklich vermerkt[315].

Doch Nattermanns fortgesetzte Gedankenspiele, wie man die Nationalsozialisten durch Einbindung bändigen, oder durch Übernahme einiger ihrer Aussagen und Werte Anteil an ihrem Erfolg gerade bei jungen Leuten haben könnte[316], zeigten auch im Diözesanverband Münster seine Wirkung. In seinen monatlichen Mitteilungen druckte der münsterische Gesellenverein im März 1932 kommentarlos einen Artikel aus dem »Führer«, der von der Kölner Verbandsspitze herausgegebenen Zeitschrift für Präsides und Senioren, ab. Dort heißt es unter der Überschrift »Das deutsche Erbe Adolf Kolpings« beispielsweise: »Allein schon die heute so herausgestellte und auch wirklich mit Recht stark empfundene Verbindung des Nationalen mit dem Sozialen ist ein Kernstück in Leben und Werk dieses großen deutschen Priesters.«[317] Solche Artikel trugen laut Raem ungewollt dazu bei, die Gesellen an die Sprache der NS-Propaganda zu gewöhnen[318]. Sie gaben gewiß nicht die Meinung der Basis des münsterischen Diözesanverbandes wieder. Dort wurden solche taktische Spielchen nicht gespielt. Hier hielt man sich strikt an die bischöflichen Anweisungen der Vorjahre. Es ist kein Zufall, daß »Das deutsche Erbe Adolf Kolpings« in der von Lokal- und Diözesanpräses Johannes Veen redigierten »Kolpingsfamilie« erschien. Veen stand in enger Verbindung mit der Kölner Verbandsspitze, war Mitglied des Generalrates, ein Sympathisant der Nationalsozialisten war er aber bestimmt nicht. Er versuchte lediglich, ebenso wie Nattermann, durchaus populäre nationalsozialistische Parolen von nationaler Gemeinschaft, Solidarität und Disziplin für die Kolpingssache zu nutzen.

314 Bei den vorgezogenen Landtagswahlen vom 29. Mai 1932 hatte die NSDAP 48,4% der Wählerstimmen erhalten und damit die absolute Mehrheit der Sitze im Oldenburger Landtag erreicht. Im Oldenburger Münsterland, dem südlichen katholischen Landesteil, hatte sie nur 16,6% erhalten, ihren Stimmenanteil gegenüber dem Vorjahr aber fast verdoppeln können. Vgl. Klaus Schaap, Die Endphase der Weimarer Republik im Freistaat Oldenburg 1928–1933 (Bonn, Diss. phil. 1975) S. 186ff.

315 Protokollbuch des KGV Recklinghausen 1931–33, Eintragung vom 4. Januar 1932 (Archiv der Kolpingsfamilie Recklinghausen).

316 Vgl. Raem, S. 33–36.

317 »Das deutsche Erbe Adolf Kolpings«, in: Die Kolpingsfamilie – Monatliche Mitteilungen des Gesellenvereins Münster, 5. Jg./Nr. 11 vom 25.3.32.

318 Vgl. Raem, S. 36.

Auch für die Kölner Verbandsspitze war der Kurs dann aber wieder ganz klar, wenn es um Empfehlungen für die diversen Wahlen ging. Anfang April 1932 erging vom Generalsekretariat ein Rundschreiben an alle Präsides und Senioren mit der Aufforderung, »mit aller Kraft sich bei den Mitgliedern für die Wiederwahl Hindenburgs« einzusetzen[319]. Außerdem enthält der Brief einen Auftrag an die Vereine, sich geschlossen mit Tracht und Banner an den Wahlveranstaltungen von Zentrum und Bayerischer Volkspartei zu beteiligen. Er endet mit der eindeutigen Aussage:

> Wir vom Gesellenverein müssen dafür sorgen, daß der verderblichen und hemmungslosen Agitation der Phrasen und Versprechungen (insbesondere der NSDAP) die Kräfte politischer Disziplin und Verantwortung in Stadt und Land sich durchsetzen. Das entspricht unserer ganzen Tradition und sozialen Arbeit.[320]

Die Umsetzung dieses Aufrufes reichte dann von dem flammenden Aufruf der Wirtschafterin des Kolpinghauses in Recklinghausen (der sogenannten »Kolpingsmutter«) in der Vereinsversammlung zur Wiederwahl Hindenburgs bis zur Teilnahme des gleichen Vereins mit 80 Mitgliedern an der größten westfälischen Wahlkampfkundgebung des Zentrums mit Brüning zur Reichstagswahl im Juli in Bochum[321]. Desweiteren wurde die inhaltliche Auseinandersetzung mit dem Nationalsozialismus in den Religions- und Bildungsvorträgen der einzelnen Gesellenvereine fortgesetzt. Daß man dort ernsthaft bemüht war, dem weltanschaulichen Gegner nicht durch plumpe Gegenpropaganda und bloßes Zentrums-Wahlkampfgetöse zu begegnen, sondern durch Analyse Hitlerscher Positionen und deutlicher Herausstellung der sich davon unterscheidenden eigenen Grundsätze, zeigt ein weiteres Beispiel aus Recklinghausen.

Der dortige Präses und verschiedene Gastredner hielten über das Jahr verteilt mehrere Vorträge über die päpstliche und bischöfliche Haltung zum Nationalsozialismus, verglichen die Persönlichkeiten Adolph Kolpings und Adolf Hitlers sowie deren Stellung zu Religion und katholischer Kirche und referierten schließlich direkt über Einzelaspekte aus »Mein Kampf«[322]. Daß der geistliche Vereinsleiter dort vor allem »Hitler und das Judentum« und »die Rassen-Frage« behandelte, zeigt, daß im Bereich des Katholizismus vor 1933 die NS-Ideologie nicht nur im Hinblick auf die eigene mögliche Betroffenheit hinterfragt wurde, und es beweist auch, daß Hitlers programmatische Schrift durchaus ausführlich gelesen und vor allem ernstgenommen wurde. Dies verfehlte seine Wirkung bei den Gesellen nicht, denn der Schriftführer des Vereins gibt seinen Eindruck folgendermaßen wieder: »Der Präses

[319] Rundschreiben des Generalsekretariats des Kath.Gesellenvereins an die Leitungen aller deutscher Gesellenvereine vom 4. April 32, (Pfarrarchiv Freckenhorst /Depositum Bistumsarchiv Münster, Karton 19P).

[320] Ebd.

[321] Protokollbuch des Katholischen Gesellenvereins Recklinghausen 1931–33, Eintragungen vom 7.3. und 25.7.32 (Archiv der Kolpingsfamilie Recklinghausen-Zentral).

[322] Protokollbuch des Katholischen Gesellenvereins Recklinghausen 1931–33, Einträge vom 2.5.32; 30.5.32; 6.6.32; 15.7.32; 22.7.32; 3.10.32 (Archiv der Kolpingsfamilie Recklinghausen-Zentral).

verlas einige Stellen aus dem Buch, wo Hitler sein Wollen und Ziel geradezu in gemeiner und brutaler Weise darstellt.«[323] Ähnliche Beispiele gibt es auch von anderen Gesellenvereinen im Bistum Münster. So war in Telgte im Winter 1932/33 ein »Volkspolitischer Kurs« an zehn Abenden um Aufklärung bemüht[324], und auf Bezirksebene endete ein Wochenendkurs für Vorstandsmitglieder mit dem Fazit: »Weder ein marxistischer Sozialismus noch ein hitlerianischer Nationalismus entsprechen den Anforderungen der menschlischen Natur.«[325]

In der Stadt Münster entstand 1931 die katholische Liga. Dies war eine Organisation, die zwar nicht direkt mit dem KGV verbunden war, deren Mitglieder sich aber zu einem großen Teil aus dem Gesellenverein rekrutierten[326]. Ihr Ziel war es, katholische junge Männer in erster Linie für die katholische Kirche und das Zentrum, in zweiter Linie für die Republik zu mobilisieren. Es wurden auch ausdrücklich jene angesprochen, die »das parlamentarische Wesen nicht mehr vertrugen«, um sie »bei der Fahne [zu] halten«[327]. Praktisch war die Liga eine Art mobiler Wahlkampf-Einsatztruppe für das Zentrum und Saalschutz für deren Versammlungen. Sie stellte sozusagen das katholische Pendant zu Rotfront, SA und SS dar. Ihr Selbstverständnis drückte sie so aus: »... Wir stehen hier auf urkatholischem Boden und sind nicht willens, uns auch nur einen Augenblick von rauflustigen Elementen terrorisieren zu lassen. «[328] Führende Köpfe der Liga, die kein kirchlicher Verein, sondern an die Jugendbewegung angelehnt war und demnach auch keinen Präses hatte, waren der Jesuit Friedrich Muckermann und der Kapuziner Castor Eich. Dieser hielt Anfang der 30er Jahre während der Winterhalbjahre die wöchentlichen Religionsvorträge in Münsters Gesellenverein, was die enge Verflechtung mit dem KGV verdeutlicht[329].

Doris Kaufmann unterstellt der Katholischen Liga politischen Irrationalismus und die Begünstigung außerparlamentarischer Konfliktlösungen, und daß sie in ihrem Aktivismus letztlich nur um sich selbst kreiste[330]. Das mag vordergründig stimmen, es überschätzt aber Stellenwert und Aufgabe der Liga. Sie war keine originäre Bewegung, sondern eine Reaktion auf die Mobilmachung der anderen. Provoziert durch Versammlungsstörungen und Straßenaufmärsche der extremen Linken und Rechten, und irritiert darüber, daß diese so weit auf zutiefst katholisches Territorium vordringen konnten, wollten junge, verbandlich gebundene Katholiken

323 Ebd., Eintragung vom 30.5.32.

324 Vgl. Arbeitsplan für den Volkspolitischen Kreis im Kath. Gesellenverein (Archiv der Kolpingsfamilie Telgte 17.5 - Depositum Heimathaus Telgte).

325 »Bezirk Werne, Lünen, Lüdinghausen«, in: Kolpingblatt S. 151/1932.

326 Mdl. Auskunft von Bernhard Kohlstedte und Anton Wünnemann, vgl. auch Kaufmann, Doris: Katholisches Milieu in Münster 1928–1933. (Düsseldorf, 1984) S. 110f.

327 MUCKERMANN, Friedrich: Im Kampf zwischen zwei Epochen. Lebenserinnerungen. (Mainz, 1973) S. 450.

328 »Aufruf der Katholischen Liga«, in: Münsterische Morgenpost v. 23.2.1933.

329 Vgl. Jahresbericht 1930/31 des KGV Münster (Archiv der KF Münster-Zentral, Mappe 1930–40).

330 Kaufmann, S. 111f.

zeigen, wie in Münster und im Münsterland die Mehrheitsverhältnisse lagen und wem demnach die Hoheit über Straßen und Säle zukam. Wenn darin ein Hang zu außerparlamentarischen Lösungen zu sehen ist, dann lag das nicht nur im Trend der Zeit, die auf Bewegungen statt auf demokratische Versammlungen setzte, es entsprach auch dem vom politischen Vorbild der Ligisten, Heinrich Brüning, mit seinen autoritären Notverordnungskabinetten vorgelebten Regierungsstil.

Die Katholische Liga in Münster war wahrscheinlich auch das Vorbild für eine Vereinigung, die sich 1932 in Billerbeck zusammenfand, die aber vom Namen her ein Kuriosum darstellt. Der dortige Gesellenverein, die christlichen Gewerkschaften und der Windthorstbund bildeten im März 1932 eine »Volksfront« mit dem Zweck,

> alle christlichen Kräfte, die sich auf dem Boden unseres heutigen Staates, also hinter den Reichspräsidenten von Hindenburg und den Reichskanzler Dr.Heinrich Brüning, stellen, zu einer Gemeinschaft zusammenzufassen, um die gesamte Bevölkerung durch geistige Aufklärungsarbeit für die heutige Verfassung und den Volksstaat zu erwärmen und ein Gegenmittel gegen den Radikalismus von links und rechts zu schaffen.[331]

Daß der Begriff »Volksfront« schon besetzt war und eigentlich den Zusammenschluß politisch linker Kräfte wie Kommunisten und Sozialisten meinte, schien in Billerbeck niemand wissen zu wollen oder aber niemanden zu stören.

Und dennoch gab es auch im Jahr 1932 Risse in der geschlossenen Ablehnungsfront des Katholizismus gegen den Nationalsozialismus. Im folgenden Beispiel sind es aber nicht die taktischen Überlegungen der Kölner oder münsterischen Gesellenvereinsführung, die dies vor Augen führen, sondern es ist ein katholischer Arbeiterverein, dessen Kooperation mit der NSDAP einen Gesellenverein empört. Die Kolpinghäuser hatten in den Jahren der wirtschaftlichen Notlage große Schwierigkeiten, finanziell zu bestehen. Oft waren sie überschuldet und es drohte der Konkurs[332]. In dieser Situation waren die Gesellenvereine als Träger darauf angewiesen, daß auch andere katholische Vereine die Häuser für ihre Arbeit nutzten und sich an den Unterhaltungskosten beteiligten. Gerade dies tat der Katholische Arbeiterverein St. Petrus in Recklinghausen nicht. Stattdessen, und das betrachtete der Gesellenverein als Skandal, hielt er seine Versammlungen im Vereinslokal der Nationalsozialisten, dem sogenannten »Braunen Haus« ab. Der Schutzvorstand des Kolpinghauses protestierte heftig dagegen und attackierte gleichzeitig den Ortsklerus:

> Es ist unverständlich, daß ein katholischer Verein dort tagt und ein kath. Präses sowie ein Dechant es duldet, daß die Nazis soweit unterstützt werden. Die Bischöfe sagen, ein Nationalsozialist kann nicht auch Christ sein. Das Wort: »Katholiken unterstützt euch

[331] Chronik des Katholischen Gesellenvereins Billerbeck 1922–35, S. 91 (Archiv der Kolpingsfamilie Billerbeck).

[332] Vgl. III. Teil, Kap. 2.1 dieser Arbeit.

gegenseitig«, ist scheinbar nicht für den Kath. Gesellenverein, somit auch für das Kolpinghaus gemeint und anzuwenden.[333]

Auf mittlere Sicht hatte dieser Protest Erfolg, denn im Herbst verlegte der Katholische Arbeiterverein sein Vereinslokal ins Kolpinghaus[334].

Allerdings, auch aus dem Diözesanverband der Gesellenvereine gab es Nachrichten, die Zweifel an der steinernen Ablehnungsfront der Katholiken gegen die Radikalen aufkommen lassen. Ausgerechnet aus Billerbeck, wo sich seit Frühjahr 1932 mit viel Elan die »Volksfront« betätigte, wurde vermeldet, daß sich zur gleichen Zeit eine Ortsgruppe des »Stahlhelms« gebildet hatte, dem auch einige Gesellenvereinsmitglieder beitraten. Der Präses des Gesellenvereins lieferte sich daraufhin mit dem Ortsgruppenführer des Stahlhelms in den »Sonntagsbriefen« und im »Billerbecker Anzeiger« eine publizistische Schlacht Zusätzlich wurde das Thema bei Vereinsversammlungen diskutiert. Hier schien die Haltung »von oben« eindeutig zu sein, denn der Präses hatte sich bei der Kölner Zentrale nach adäquater Stellungnahme dem Stahlhelm gegenüber erkundigt, und von dort kam das Signal klarer Ablehnung. Allein, dem wollten nicht mehr alle Mitglieder folgen und blieben dementsprechend bei jener rechtsextremen Gruppe[335].

Was prägte, zusammenfassend, den Katholischen Gesellenverein im Bistum Münster in den Jahren unmittelbar vor der Machtergreifung der Nationalsozialisten? Zweierlei ist hier zu nennen. Das erste ist eine im Vergleich zu den Vorjahren enorme Politisierung der Vereinsarbeit, das zweite die desolate wirtschaftliche Situation, ausgelöst durch die hohe Arbeitslosigkeit, die viele Mitglieder direkt betraf. Ausgerechnet am Ende der 14 Jahre dauernden ›Republik-Phase‹ setzte beim KGV eine Reflexion über Staatsformen und politische Ideologien ein, und es wurde so etwas wie Identifizierung mit der Weimarer Republik spürbar. Da paßte auch ins Bild, daß nach den Wahlen von 1930 mit Reichssekretär August Winkler erstmals ein Vertreter des KGV in den Reichstag einzog[336]. Zu Beginn der Weimarer Republik war nicht nur die Basis des Gesellenvereins von der Entwicklung geradezu überrollt worden. Eine Diskussion über Haltung zum und Stellung im neuen Staatswesen hatte nicht stattgefunden. Die Zeitgänge der frühen 30er Jahre mit ihrem vorläufigen Kulminationspunkt 30.1.1933 hingegen blieben auch im KGV der Diözese Münster nicht ohne Beachtung und Teilnahme.

Der Kurs in der Diözeses Münster war eindeutig: Keine Zusammenarbeit mit politisch extremen Kräften. In den Teilen des Bistums, die im Bereich des Ruhrgebietes lagen, traf das katholische Milieu auf ein oft kommunistisch geprägtes Arbeiter-

[333] Protokollbuch des Katholischen Gesellenvereins Recklinghausen 1931–33, Eintragung vom 18.3.32 (Archiv der Kolpingsfamilie Recklinghausen-Zentral).

[334] Ebd., Eintragung vom 20.9.32.

[335] Chronik des katholischen Gesellenvereins Billerbeck 1922–35, S. 111f. (Archiv der Kolpingsfamilie Billerbeck).

[336] Vgl. Raem, S. 29.

milieu, mit dem es sich auseinandersetzen mußte[337]. Nationalsozialistische Hochburgen gab es nicht, sieht man einmal von der nord-oldenburgischen Diasporaregion ab. In den ländlichen Regionen des Kernmünsterland war oft bis ins Jahr 1933 hinein kein einziger Anhänger der NSDAP in Erscheinung getreten[338]. Überlegungen, die Nationalsozialisten in die Regierungsverantwortung einzubeziehen, um sie so zu ›zähmen‹, wie sie im Sommer 1932 von Kölner Verbandsfunktionären wie Nattermann und Winkler auch über das Kolpingblatt angestellt wurden[339], fanden bei den Gesellen und Präsides im Bistum Münster keinen Widerhall. Politische Taktik und Diplomatie waren hier nicht gefragt, wohl aber eindeutige Positionen.

Die politische Entwicklung der frühen 30er Jahre muß immer im Zusammenhang mit der verheerenden Arbeitslosigkeit jener Zeit betrachtet werden. Auch die Gesellen des KGV in der Diözese Münster waren davon in großem Maße betroffen. Bistumsweit waren 1930 5118 Kolpingssöhne ohne Stelle, das sind 44%[340]. Die Jahresstatistik 1931/32 des münsterischen Gesellenvereins berichtet, daß 31% der Mitglieder arbeitslos seien. Zählte man jene 80 Mitglieder, die aus Arbeitsmangel Münster verlassen haben, mit, so läge die Quote bei über 50%[341]. Zur gleichen Zeit waren in Recklinghausen sämtliche Mitglieder des KGV-Vorstandes, darunter auch der Senior, ohne Arbeit[342]. Lokale Initiativen zur Arbeitsbeschaffung wurden eingerichtet, beispielsweise allein 26 im Jahr 1930 von den Gesellenvereinen im Bistum Münster. Im Juli 1931 erging vom Kölner Generalsekretariat noch einmal der dringende Aufruf an alle Vereine zu prüfen, ob nicht noch weitere solcher Arbeitsbeschaffungsmaßnahmen beantragt werden könnten. Wörtlich hieß es dort:

> Über die pädagogische Bedeutung des Arbeitsdienstes brauchen wir nicht viel zu sagen, da wir immer wieder darauf hingewiesen haben, wie wichtig es ist, unseren arbeitslosen Mitgliedern Möglichkeiten der Betätigung zu geben. Das ist das beste Mittel, sie über die seelische Not hinwegzubringen.[343]

Dieser sogenannte »Freiwillige Arbeitsdienst« konnte vor allem von Vereinen mit eigenem Haus auch dahingehend genutzt werden, daß unter geringer Beanspruchung eigener finanzieller Mittel, für den Arbeitslohn kam schließlich fast vollständig das Arbeitsamt auf, Renovierungen und Erweiterungen durchgeführt werden konnten. Staatlicherseits wurden als Voraussetzung für die Finanzierung nur die

337 Vgl. KERTELGE, Michael: Die Bergarbeitergemeinde St. Josef in Selm-Beifang. Ein lokales katholisches Milieu 1933–1945, Selm 1995.

338 Vgl. NIEHAUS, Frank: Zwischen Kirchenglocken und Werkssirenen (In Vorbereitung).

339 Vgl. Raem, S. 35.

340 »Fürsorge und soziale Einrichtungen für erwerbslose Mitglieder (1930)«, in: Mitteilungen für die Vorsteher der kath. Gesellenvereine 3/1931, S. 10f.

341 Vgl. »Unser Josefsfest«, in: Die Kolpingsfamilie, 5. Jg./Nr. 12 vom 25.4.1932.

342 Vgl. Protokollbuch des Katholischen Gesellenvereins Recklinghausen 1931–1933, Bericht von der 76. Generalversammlung 1932 (Archiv der Kolpingsfamilie Recklinghausen-Zentral).

343 Generalsekretariat des kath. Gesellenvereins, Köln an alle Bezirkspräsides und Bezirkssenioren, 18. Juli 1931 (Archiv der Kolpingsfamilie Münster-Zentral, Mappe 1930–40).

Abb. 12: Diözesanpräses Veen auf dem Katholikentag 1930 in Münster

Abb. 13: Das Kolpingorchester Vechta beim Umzug zum 1. Mai 1933

Nachweise verlangt, daß das Vereinsziel insgesamt ein gemeinnütziges sei und daß die Arbeiten mangels Geld von den Vereinen nicht aus eigener Kraft veranlaßt werden konnten.

Die Kolpinghäuser dienten außerdem oft auch als Arbeitsplatzbörse, Ehrenmitglieder und Meisterschaft wurden aufgerufen, jede frei werdende Stelle sofort dem Gesellenverein zu melden. An der schlechten Gesamtsituation konnte trotz des guten Willens nichts geändert werden, obwohl 1930 auf diese Weise 693 Stellen vermittelt wurden[344]. Die tiefe Verwurzelung der meisten KGV-Mitglieder im Katholizismus und die Bereitschaft, ihren geistlichen Führern, vom Präses bis zu Bischof und Papst, auch in deren politischen Vorgaben zu folgen, ließ sie in dieser Lage nicht der um sich greifenden politischen Radikalisierung anheim fallen. Zudem schien gerade auch der in der Tradition Adolph Kolpings stehende Katholische Gesellenverein seinen Mitgliedern so viel an identitätsstiftender und sinngebender Kraft zu vermitteln, daß für sie Hitler'sche Parolen wenig attraktiv waren.

3.2 »...es geht um alles, es geht um unsere Freiheit«[345] – Zwischen Machtergreifung und Bischofserklärung, Januar–März 1933

Mit geschichtlichem Abstand betrachtet ist der 30. Januar 1933 ein bedeutender Einschnitt, ein Kulminations- oder ein Wendepunkt in der deutschen Geschichte. Für viele Zeitgenossen aus dem katholischen Spektrum war er zunächst nur ein ganz normaler Tag, der noch keine spürbaren Veränderungen ihrer Lebenswelt mit sich brachte. Die sogenannte Machtergreifung wurde von vielen mit skeptischer Zurückhaltung, teilweise gar mit Gelassenheit aufgenommen. Völkische Begeisterung einerseits wie auch Panik andererseits waren nicht zu verzeichnen. In Verkennung der wahren Lage dachten viele auch politisch gut informierte Menschen, die eigentliche Macht läge nicht bei Hitler, sondern bei den Deutschnationalen, vor allem bei Pressezar Hugenberg, und daß die neue Regierung sich aufgrund der desolaten Wirtschaftslage nicht lange würde halten können. Diese Meinung läßt sich sogar bei Heinrich Brüning finden[346]. Eine Ausnahme in seiner pessimistischen Einschätzung der Lage stellte wieder einmal der Präses des KGV Recklinghausen, Stohldreyer, dar. Die Generalversammlung seines Vereins fand zufällig an jenem 30. Januar statt und verlief mit dem Verlesen der Jahresstatistik und des Kassenberichtes und dem Abhalten von Vorstandswahlen nicht anders als in den Vorjahren. In sei-

344 Vgl. »Fürsorge und soziale Einrichtungen für erwerbslose Mitglieder (1930)«, in: Mitteilungen für die Vorsteher der kath. Gesellenvereine 3/1931, S. 10f.

345 Präses Stohldreyer, Recklinghausen, in der Vereinsversammlung vom 20.2.33, Protokollbuch des Katholischen Gesellenvereins Recklinghausen 1931–33 (Archiv der Kolpingsfamilie Recklinghausen-Zentral).

346 Hürten, Deutsche Katholiken 1918–1933, S. 179.

ner Bilanzrede ging der Präses jedoch auch auf das aktuellste Geschehen ein. Die Recklinghäuser Zeitung berichtete vier Tage später so darüber:

> ... und dann feuerte er [Stohldreyer] seine Jungens an, gerade jetzt wie eine eiserne Phalanx zusammenzustehen, gerade jetzt, da man langsam, aber planmäßig und sicher den Katholizismus aus dem öffentlichen Leben ausschalten und die herrlichen Grundsätze unseres Papstes Pius XI. über die christlich-soziale und berufsständische Ordnung mit Füßen treten wolle.[347]

Zu diesem frühen Zeitpunkt mag für viele Katholiken auf dem Lande und in den kleineren Städten die Zurückdrängung des Katholizismus aus dem öffentlichen Leben noch wenig vorstellbar gewesen sein, Stohldreyer hingegen sah sie voraus. Damit bewies er keine hellseherischen Fähigkeiten, er nahm nur die Nationalsozialisten in ihren Aussagen ernst, was er schon in den Vorjahren getan hatte. Er unterschied in diesem Fall, im Gegensatz zu vielen anderen im Bereich der katholischen Kirche, nicht zwischen der Partei und ihrem Führer einerseits und der legal an die Macht gekommenen Regierung mit ihrem Reichskanzler andererseits.

Die bistumsweit spürbarste Auswirkung der Machtergreifung in den ersten Tagen war der Wahlkampf, der sich im Hinblick auf die Reichstagswahlen vom 5. März entwickelte. Hitler wollte mit diesem vorgezogenen Urnengang die Gunst der Stunde nutzen und sich eine parlamentarische Mehrheit verschaffen. Trotz Einschränkungen mobilisierte das Spektrum des Katholizismus – allen voran die Vereine und Verbände, vor allem die der Jugend – noch einmal alle Kräfte für das Zentrum. Nach den Erfahrungen des Vorjahres waren Wahlkämpfe eigentlich zur Routine geworden, doch diesmal waren wegen der besonderen Umstände der Einsatz und das Engagement besonders groß, weil vielen bewußt war, daß eine Schicksalsentscheidung bevorstand,. So kam es im Verlauf des Werbens um die Wählergunst im Bistum Münster zwischen organisierten Katholiken und Nationalsozialisten zu scharfen Auseinandersetzungen, die aufgrund der sich verschiebenden Machtverhältnisse vorher undenkbar und hinterher unmöglich waren. Der in diesem Zusammenhang bedeutsamste Vorfall, in den der Gesellenverein verwickelt war, ereignete sich ausgerechnet im münsterischen Mutterhaus und fand überregionale Beachtung. Am 22. Februar 1933 fand in der Halle Münsterland eine Großkundgebung des Zentrums statt, auf der der ehemalige Reichskanzler Wirth und der am Vortag seines Amtes enthobene Oberpräsident Westfalens, Gronowski, reden sollten. Die ganze Veranstaltung wurde aber von Anfang an von Nationalsozialisten gestört, die durch die Zerstörung der Lautsprecheranlage und das Absingen des Horst-Wessel-Liedes Wirth gar nicht erst zu Wort kommen ließen. Nach dem Ende der Kundgebung lieferten sich Nationalsozialisten und katholische Liga noch diverse Straßenschlägereien. In diesem Zusammenhang rotteten sich in der Aegidiistraße 80–100 Braunhemden zusammen, um das Gesellenhaus zu stürmen. Dies gelang

347 »Stolz in Kolpings Geist! – Generalversammlung des kath. Gesellenvereins Recklinghausen-Zentral«, in: Recklinghäuser Zeitung, 3.2.1933.

auch, bis Polizeikräfte alarmiert wurden und die NSDAP-Anhänger flüchteten. Als Resultat blieben mehrere Verletzte, Sachbeschädigung und vor allem große Empörung unter der katholisch-organisierten Bevölkerung Münsters[348]. Diözesanpräses Veen reagierte mit einem Aufruf unter dem Titel »Wahlrecht ist Wahlpflicht«. Darin hieß es:

> Die Vorkommnisse in und nach der großen Zentrumsverammlung in der Münsterlandhalle haben selbst den arglosesten Träumern und den letzten Zweiflern die Augen geöffnet: von *der* Seite kann uns kein Heil kommen, wo man mit wildem Terror gegen den Geist ankämpft, wo man friedliche Kolpingssöhne grundlos überfällt und zu Boden schlägt, wo man sogar unter Hausfriedensbruch ins Kolpinghaus eindringt bis in die oberen Stockwerke hinauf. Kolpingsöhne, alt und jung, Kolpingsmütter und Kolpingsfrauen, für Euch gibt es an den Wahltagen nur eine Parole: Zentrum! Wer nicht wählt, stärkt die Reihen der Gegner.[349]

In Recklinghausen rief Präses Stohldreyer in noch beschwörenderem Ton zu einer öffentlichen Kundgebung für das Zentrum am 26. Februar 1933 auf. »Farbe bekennen heißt die Parole für alle Katholiken, denn es geht um alles, es geht um unsere Freiheit«, so Stohldreyer, der weiter drohte, alle Mitglieder, die unentschuldigt bei dieser Kundgebung fehlten, aus den Vereinslisten zu streichen, denn, so der Präses wörtlich, »es ist mir lieber 50 Mann zu haben, die mit mir gehen und treu zur Fahne stehen, als 300 Mann, die nur in den Listen verzeichnet stehen.«[350] In der gleichen Sitzung warnte er auch vor Nazi-Spitzeln, die Vereinsversammlungen unterliefen und Vortragsredner hinterher denunzierten. Hier zeigt sich das deutliche Bewußtsein dafür, daß der Wahlkampf zu den Märzwahlen 1933 nur noch teilweise frei war. Seit Anfang Februar galt schließlich eine Notverordnung, die die Meinungs-, Presse- und Versammlungsfreiheit einschränkte. Aufgrund dieser Verordnung wurde der Wahlaufruf der mitgliederstärksten katholischen Verbände, den auch Generalpräses Hürth und Reichssekretär Winkler unterzeichneten, das ranghöchste Pendant zu Stohldreyers und Veens Manifesten sozusagen, nicht wie ursprünglich vorgesehen im Kolpingblatt veröffentlicht. Nachdem der Abdruck etwa 20 Zeitungen temporäres Erscheinungsverbot eingebracht hatte, verzichtete die Kölner Verbandsleitung auf die Veröffentlichung[351].

Trotz dieser Einschüchterungen setzte man den neuen Machthabern im Bereich des Katholizismus allgemein und des Gesellenvereins im besonderen ein entschiedenes »dennoch« entgegen. Schließlich galt immer noch das breit beachtete bischöfli-

348 Vgl. »Überfall auf das katholische Gesellenhaus in Münster«, in: Münsterische Morgenpost, 23.2.1933.

349 »Wahlrecht ist Wahlpflicht«, in: Die Kolpingsfamilie – Monatliche Mitteilungen des Gesellenvereins Münster, 6. Jg./Nr. 10 vom 25.2.1933.

350 Präses Stohldreyer, Recklinghausen, in der Vereinsversammlung vom 20.2.33, Protokollbuch des Katholischen Gesellenvereins Recklinghausen 1931–33 (Archiv der Kolpingsfamilie Recklinghausen-Zentral).

351 Vgl. Raem, S. 38f.

che Verbot der Mitgliedschaft in der NSDAP, und eine absolute Macht der Rechtsextremen konnte in der bevorstehenden Wahl noch verhindert werden. Wenn sich Parteiinstanzen wie die totale Staatsgewalt gebärdeten, wurden sie vor allem in den geschlossen katholischen Gebieten oft in ihre Schranken verwiesen, wie das folgende Beispiel aus Lüdinghausen zeigt. Dort hatte der Gesellenpräses das Ansinnen der NSDAP-Ortsgruppe, den Saal des Gesellenhauses für eine Parteiversammlung zu nutzen, abgelehnt. Der Kreisleiter drohte daraufhin mit dem Entzug der Wirtschaftskonzession für das Haus. Am 25. Februar 1933 antwortete der Präses auf diesen Einschüchterungsversuch unter anderem mit einem offenen Brief, der sogar in der Lüdinghausener Zeitung abgedruckt wurde. Darin hieß es auszugsweise:

> Diese ihre Drohung ist eine ziemliche Dreistigkeit. Herr B., sind Sie oder Ihre Partei vielleicht zuständig für Verleihung und Entziehung von Wirtschaftskonzessionen oder nicht vielmehr die Verwaltungsbehörde? (...) Vorläufig leben wir noch in einem Rechtsstaat und nicht in Afrika, wo der Negerhäuptling über Kopf und Hütte seiner Untertanen verfügen mag. Genauso wie wir es nicht dulden, daß die Marxisten mit ihren roten Binden in unserem Saal erscheinen, werden wir auch den Braunhemden keinen Zutritt gewähren.[352]

Dies entsprach voll und ganz der Haltung aus der Zeit vor der Machtergreifung. Das Wort »vorläufig« in Bezug auf den Rechtsstaat klingt allerdings schon recht bitter, und bestätigte sich bereits in den darauffolgenden Tagen. Am 28. Februar wurde im Anschluß an den Reichstagsbrand die »Verordnung zum Schutz von Volk und Staat« erlassen, die praktisch die politischen Grundrechte der Weimarer Verfassung außer Kraft setzte. Unter diesen Umständen fanden dann am 5. März die Reichstagswahlen statt, an denen die politisch links stehenden Parteien KPD und SPD schon nicht mehr regulär teilnehmen konnten. Diese halblegalen Wahlen brachten der NSDAP dennoch nicht den erhofften oder erpressten überwältigenden Sieg. Bei Betrachtung der Ergebnisse im Bistum Münster kann von einer Mehrheit überhaupt keine Rede sein. So konnte die NSDAP im Regierungsbezirk Münster ihren Anteil gegenüber der letzten Wahl vom November 1932 mit 28,7% zwar fast verdoppeln, sie lag dort aber immer noch gut 10% hinter dem Zentrum und weit unter ihrem Reichsdurchschnitt von 43,9% der Wählerstimmen[353]. Und dennoch konnten Hitler und seine Partei mit Hilfe der DNVP und der schon erlassenen Notverordnungen nun daran gehen, ihre Diktatur vollens auszubauen.

Im März des Jahres 1933 wurden die entscheidenden Weichen für einen Wechsel im Verhältnis Katholizismus/katholische Kirche und Nationalsozialismus gestellt. Nach den Reichstagswahlen am 5. März und den preußischen Landtagswahlen am 12. März galt es, die eigene Position zu überdenken. Hatte man es vorher nur mit

[352] Pfarrbericht Lüdinghausen, Bischöfliches Generalvikariat ›Neues Archiv‹ A 101 (Bistumsarchiv Münster); vgl. auch: LAHRKAMP, Beatrix: »Zur Auseinandersetzung zwischen katholischer Kirche und Nationalsozialismus im Münsterland – Eine Analyse kirchlicher Erlebnisberichte«, in: Westfälische Zeitschrift 136 (1986), 111–177, hier S. 115.

[353] Vgl. Kösters, S. 200; Lahrkamp, S. 116.

einer radikalen Bewegung zu tun, so wurde daraus nun die gewählte Regierung und die somit legale Obrigkeit, auch wenn sich Programm und Methoden der Nationalsozialisten nicht verändert hatten. Ließen sich in dieser Situation das konsequente Mitgliedschaftsverbot und die Frontstellung aufrechterhalten? Ausgerechnet der KGV war im Bereich des Katholizismus der erste, der seine Weichenstellung änderte. Am 15. März erschien im Kolpingsblatt ein Grundsatzartikel des Generalsekretärs Nattermann, der wie eine Bombe einschlug. Schon die Überschrift war Programm: »Mitten in der Bewegung der Zeit«[354]. Mit diesem Titel knüpfte Nattermann an seine Artikel aus den Vorjahren an, in denen er vorsichtig nach einem zu revidierenden Verhältnis zur NSDAP gefragt hatte[355]. Nun fühlte er sich in seinen damaligen Prognosen bestätigt und malte das Gespenst eines erneuten Kulturkampfes an die Wand, in dem sich die deutschen Katholiken wieder einmal ins Abseits würden manövrieren lassen: »Entweder schafft der deutsche Katholizismus begeistert mit, oder er schaltet sich aus, wird wiederum ins Ghetto gedrängt, läuft polternd hinter dem Reichswagen her oder verflüchtigt sich in Geistreichigkeiten und leere Träumereien.«[356] Weiter stellte Nattermann die Bindung des KGV an das Zentrum in Frage. Er kritisierte zwar die neuheidnischen Elemente der NS-Ideologie, doch die den KGV-Prinzipien ›Demokratie und Völkerfrieden‹ zuwiderlaufenden Grundpositionen der Nationalsozialisten fanden keine Erwähnung. Raem bemerkt, daß es sich bei diesem Artikel keineswegs um eine offizielle Deklaration des Gesamtverbandes gehandelt hatte, daß er jedoch für den weiteren Weg des KGV von enormer Bedeutung war[357].

Dies läßt sich für den münsterischen Diözesanverband eindeutig zeigen. Am 19. März 1933, schon vier Tage später also, fand eine Sitzung aller Bezirkssenioren mit dem Diözesanpräses und dem Diözesansenior statt. Dort wurde beschlossen, den Nattermann-Aufsatz als Richtlinie für die zukünftige Vereinsarbeit zu nehmen. Und um jede innerverbandliche Opposition dagegen von vornherein auszuschalten, wurde dieser Entscheidung die Formel beigefügt: »Nur eine straffe einheitliche Kolpingspolitik auf der ganzen Linie kann unserer Arbeit und dem Kolpingswerk Erfolg bringen.«[358] Auch Präses Stohldreyer von Recklinghausen fügte sich der neuen Richtlinie und führte sie auf seine Art aus. Anläßlich der Hissung der neuen Nationalflagge – der Hakenkreuzfahne – auf dem Gesellenhaus betonte er, daß man keineswegs ins andere Lager umgeschwenkt sei, daß man aber nicht abseits stehen, sondern mitbauen wolle am deutschen Vaterland, »solange man nichts Unmögliches von uns Katholiken verlangt«. Deshalb, so fügte er hinzu, »hissen wir neben der

[354] Nattermann, Johannes, »Mitten in der Bewegung der Zeit«, in: Kolpingsblatt vom 15.3.1933, S. 61f.
[355] Vgl. Anm. 22 und 31.
[356] Nattermann, Mitten in der Bewegung der Zeit, S. 61.
[357] Raem, S. 41.
[358] Niederschrift über die Sitzung der Bezirkssenioren der Diözese Münster am 19. März 1933; Pfarrarchiv Freckenhorst, Karton 19P (Depositum Bistumsarchiv Münster). Das Schreiben ist vom Diözesanpräses Veen und vom Diözesansenior Kroes unterzeichnet.

Reichsflagge unser Kolpingsbanner«[359]. In Telgte wurde in der Rezeption des Nattermann-Artikels das Abrücken vom Zentrum in den Vordergrund gerückt. Dort beschloß der Vereinsvorstand als Konsequenz, künftig alle Versammlungen politikfrei zu halten[360].

Es verlangt nach weiteren Überlegungen, daß der Grundsatzartikel des Generalsekretärs innerhalb des KGV auf ein solches Echo stieß, daß beispielsweise die Spitzen des münsterischen Diözesanverbandes sich schon vier Tage nach seinem Erscheinen damit befassten und ihn vorbehaltlos als Grundlage akzeptierten. Es ist keineswegs so, daß der Meinungsumschwung im Gesellenverein Ausdruck der allgemeinen Stimmungslage im deutschen Katholizismus war. Andere Verbände zeigten sich zumindest sehr verwundert über Nattermanns Position, so beispielsweise die KAB, deren Vorstandsmitglied Joseph Joos die »Verworrenheit« im KGV der »klare[n] und verständige[n] Haltung« in seinem Verband gegenüberstellte[361]. Der neue Kurs entsprang vielmehr einer realistischen aber ebenso opportunistischen Einschätzung der Lage in Deutschland. Der Auf- und Ausbau des KGV sowie seine Einflußnahme sowohl auf den Katholizismus wie auch auf die Gesamtgesellschaft war, wie noch ausführlich zu zeigen sein wird, im Jahre 1933 sehr weit vorangeschritten. Nattermann und andere Verbandsfunktionäre - beispielsweise Veen - sahen durch die aktuellen Entwickung die Früchte ihrer jahrelangen erfolgreichen Arbeit gefährdet. Mit einem kühnen Sprung wollten sie den fahrenden Zug des ›neuen Deutschland‹ noch erreichen unter Nutzung ihrer gegenüber dem Gesamtkatholizismus flexibleren Strukturen.

Der neue Kurs der höchsten Verbandsleitung wurde nicht nur auf der Diözesanführungsebene rezipiert, er schien auch sehr schnell die Basis zu erreichen, die, wie gezeigt, bis dahin politisch-taktischen Spielen aus Köln und Münster mit Skepsis bis Ablehnung begegnete. Aus Anlaß der Reichstagseröffnung fand in Billerbeck am Abend des 21. März eine »nationale Kundgebung mit Fackelzug« statt, an der der dortige Gesellenverein geschlossen teilnahm[362]. Patriotismus, lokale Verbundenheit und Zustimmung zum Dritten Reich vermischten sich hier.

Im Zuge jener Reichstagseröffnung hielt Hitler am 23. März seine Regierungserklärung, deren scheinbar ausgestreckte Hand in Richtung der Kirchen katholischerseits am 28. März durch die Kundgebung der deutschen Bischöfe angenommen wurde[363]. Auch wenn sich der Episkopat recht vorsichtig ausdrückte, wurde der

[359] Protokollbuch des Katholischen Gesellenvereins Recklinghausen 1931–33, Eintragung vom 20.3.1933 (Archiv der Kolpingsfamilie Recklinghausen-Zentral).

[360] 42.1 Protokollbuch des Gesellenvereins Telgte 1928–1948, Eintragung vom 31.3.1933; Archiv der Kolpingsfamilie Telgte, Nr. 42.1 (Depositum Heimathaus Telgte).

[361] Vgl. Aretz, S. 80.

[362] Vgl. Chronik 1922–35 des KGV Billerbeck, S. 113 (Archiv der Kolpingsfamilie Billerbeck).

[363] In Hitlers Erklärung hatte es u.a. geheißen: »Die nationale Regierung sieht in den beiden christlichen Konfessionen wichtigste Faktoren der Erhaltung unseres Volkstums.« Außerdem hatte der Reichskanzler versichert, daß die bestehenden Konkordate unangetastet bleiben sollten. Der Kernsatz der Bischofserklärung lautete: »Ohne die in unseren früheren Maßnahmen liegende Verurtei-

Text von breiten Kreisen der Bevölkerung als Aufhebung der Vorbehalte gegen den Nationalsozialismus verstanden. In mehreren Gesellenvereinen wurde die Kundgebung diskutiert, und bei Anfragen von außen nahmen die Vereinsleitungen ausdrücklich Bezug darauf, wenn es um gegenseitige Mitgliedschaften ging. Als prophetischer Warner erwies sich in dieser Situation aber wieder einmal Präses Stohldreyer aus Recklinghausen. Er sah die Gefahr, daß die Bischofserklärung mißverstanden werden könne und machte darüber in einer Mitgliederversammlung »seinem erregten Herzen Luft«[364].

3.3 *»...damit aus dem ›Treu Kolping‹ ein ehrliches ›Heil Hitler‹ entstehe«*[365] – *Versuche der Kooperation, Frühjahr 1933 bis Frühjahr 1934*

Die nun beginnende Phase war die einer gefährlichen Illusion. Ein freundschaftliches Nebeneinander zwischen Katholizismus und Nationalsozialismus – vielleicht sogar Überschneidungen und Berührungspunkte – schien aus katholischer Sicht möglich zu sein, eine mehr als erstaunliche Entwicklung, wenn man die Vorjahre in Betracht zieht. Gerade im Bereich des KGV beeilte man sich zu zeigen, daß ein Kolpingssohn auch Nationalsozialist sein konnte. Dem Vorstand des Freckenhorster Gesellenvereins war es überaus wichtig, dies in einem Brief an den münsterischen Kreisleiter der NSDAP klarzustellen, und zwar unter anderem auch mit der Begründung, daß der Gesellenverein immer schon auch evangelische Handwerker aufgenommen hätte. Der Kreisleiter hatte auf einer NSDAP-Mitgliederversammlung in Freckenhorst berichtet, der dortige KGV-Präses hätte die Doppelmitgliedschaft kategorisch ausgeschlossen. Nun bescheinigte der KGV-Vorstand seinem geistlichen Leiter, sich in Bezug auf die NS-Partei stets sehr vorsichtig ausgedrückt zu haben und außerdem in der Versammlung, in der er angeblich die Äußerungen zur NS-Mitgliedschaft getätigt hätte, »die Person des Reichskanzlers, des Führers der nationalsozialistischen deutschen Arbeiterpartei«, besonders gewürdigt zu haben. »Sie sehen also,« so schließt der Brief, »daß wir vom Vorstand des katho-

lung bestimmter religiös-sittlicher Irrtümer aufzuheben, glaubt daher der Episkopat das Vertrauen hegen zu können, daß die vorbezeichneten allgemeinen Verbote und Warnungen nicht mehr als notwendig betrachtet zu werden brauchen.« Vgl. für beides DENZLER, Georg u. Volker Fabricius: Die Kirchen im Dritten Reich. Band 2: Dokumente (Frankfurt/M., erw.Ausg. 1988), S. 41–44.

364 Protokollbuch des Katholischen Gesellenvereins Recklinghausen 1931–33, Eintragung vom 10.4.1933 (Archiv der Kolpingsfamilie Recklinghausen-Zentral).

365 Vgl. Protokollbuch des Katholischen Gesellenvereins Barßel 1933–75, außerordentliche Monatsversammlung am 15. August 1933 (Archiv der Kolpingsfamilie Barßel/Oldbg.). Ähnliche Formulierungen finden sich bei Nattermann; vgl. »Mit Kolping in die neue Zeit – Rede des Generalsekretärs Dr. Nattermann im Waisenhaus vor den Bezirksvorständen – Mehr Wille zur Macht«, in: Recklinghäuser Volkszeitung vom 5.5.1933.

lischen Gesellenvereins Freckenhorst großen Wert darauf legen, daß sie eine Richtigstellung der Angelegenheit vornehmen.«[366]

Die Spitzen des Verbandes, Diözesanpräses Veen und Generalsekretär Nattermann, warben an der Basis für diesen Kurs. Veen hielt auf dem Josephsschutzfest des münsterischen Gesellenvereins eine Rede, in der er den Willen des KGV betonte, »beim Bau des neuen Deutschlands mit ganzer Kraft und ganzer Liebe mit dabei zu sein«. Daß der neue, von den Nationalsozialisten eingesetzte Vorsitzende der Handwerkskammer dem Verein bei gleicher Gelegenheit seine Anerkennung ausdrückte und weitere Förderung und Unterstützung zusagte, schien die Richtigkeit des eingeschlagenen Weges zu bestätigen[367]. Nattermann erläuterte dem Diözesanverband Münster des KGV seine Sicht der Dinge unter dem Thema »Wir und die neue Zeit« bei einer Bezirksvorständetagung am 30. April 1933 in Recklinghausen. Darin betonte er zunächst einmal, daß es falsch wäre, nun die eigene katholische und speziell die Kolping-Identität aufzugeben und mit fliegenden Fahnen zu den Nationalsozialisten überzulaufen. Es ginge vielmehr darum, sich einzubringen mit den eigenen, traditionell entwickelten Programmen und Projekten auch unter Beibehaltung eigener Symbole und Formen. Doch dann verfiel der Generalsekretär in unselige Vergleiche, mit denen er eine gewisse geistige Nähe zwischen Gesellenverein und Nationalsozialismus zu zeigen versuchte:

> Der Nationalsozialismus ist eine geistige Bewegung, denn so vieles von deren Idealen ist schon lange vorher in unserem Kolping-Programm festgelegt und in die Tat umgesetzt worden.
> (...) Ich möchte nur das eine bemerken, betrachten wir einmal die beiden Führergestalten des Nationalsozialismus und des KGV, so machen wir eine interessante Entdeckung, nämlich die, daß Adolf Kolping und Adolf Hitler ihre Bewegung mit 7 Mann anfingen auszubauen. Das große Ziel Hitlers, den Marxismus auszumerzen, um das deutsche Volk zu einer Einheit zu machen, können wir nur begrüßen, da wir von jeher den Marxismus in unseren Reihen nicht geduldet haben.[368]

Nattermann sah aber auch die Gefahr, daß die Nationalsozialisten in ihrem Alleinvertretungsanspruch alle Verbände, auch den KGV, auflösen könnten. Deshalb gelte es, den NS-Funktionären zu zeigen, wie wichtig der Gesellenverein für die deutsche Gesellschaft sei: »Nur dann, wenn wir aufweisen können, daß wir etwas Positives leisten, (...) ist unser Weiterbestehen gesichert.«[369] Gerade deshalb werde der 1. Deutsche Gesellentag in München, der ›Hauptstadt‹ der nationalsozialisti-

[366] Vorstand des kath.Gesellenvereins Freckenhorst an Herrn Tosse, Kreisleiter der NSDAP Münster, 25.4.1933 (Bistumsarchiv Münster – Depositum Pfarrarchiv Freckenhorst, Karton 19P)

[367] Jahresbericht, gegeben am Josefsfest, den 22. April 1934 (Archiv der Kolpingsfamilie Münster-Zentral, Mappe 1930–40).

[368] Zitiert nach: »Mit Kolping in die neue Zeit – Rede des Generalsekretärs Dr. Nattermann im Waisenhaus vor den Bezirksvorständen – Mehr Wille zur Macht«, in: Recklinghäuser Volkszeitung vom 5.5.1933; vgl. auch: Protokollbuch des Katholischen Gesellenvereins Recklinghausen 1931–33, Eintragung vom 30. April 1933 (Archiv der Kolpingsfamilie Recklinghausen-Zentral).

[369] Ebd.

schen Bewegung, abgehalten. Dieser Zusatz war bloße Rhetorik, lag der Versammlungsort doch schon lange vor der Machtergreifung fest und war unabhängig vom Nationalsozialismus gewählt worden. Nattermann schloß seinen Vortrag mit dem bemerkenswerten Forderung: »Wir müssen jetzt sehen, daß wir Macht entfalten und darum lautet unsere Parole: mehr Wille zur Macht!«[370] Die Ausführungen des Generalsekretärs blieben nicht ohne kritische Nachfragen, bezeichnenderweise durch Teilnehmer aus Recklinghausen, die von ihrem Präses eine distanziertere Stellung gewohnt waren.

Nattermanns Auftritt in Recklinghausen vor den Bezirksvorständen fand am Vorabend des 1. Mai 1933 statt. An diesem Tag konnten seine Vorstellungen von den Basisvereinen in die Tat umgesetzt werden. Von Köln war schon am 18. April die Aufforderung ergangen, sich an den örtlichen Kundgebungen zu beteiligen[371], und sämtliche Gesellenvereine im Bistum Münster kamen dem nach. Dabei ging es weniger darum, Sympathie für die neuen Machthaber zu demonstrieren, als klarzumachen, daß man mit der eigenen Identität ein aktiver Teil des neuen Staates sein wollte, ganz so wie es Nattermann ausgedrückt hatte. Und so sah sich der Gesellenverein auch im Festumzug zum »Tag der nationalen Arbeit«: »In strammer Haltung und mit dem Absingen unserer Kolpinglieder waren wir ein Gegenstand der Aufmerksamkeit.«[372] Bereits einen Tag später wurden die freien Gewerkschaften zerschlagen, was von der Kölner Verbandsspitze mehr oder weniger offen begrüßt wurde[373], obwohl dort wie auch im Bistum Münster die vorsichtig-pessimistischeren Köpfe schon erkannten, daß damit die Offensive zur Durchsetzung der Deutschen Arbeitsfront (DAF) als Einheitsorganisation begann und dies den KGV in seiner Existenz bedrohen würde. Zumindest diskutierten die Vereine nun erstmals über eine mögliche Auflösung und klammerten sich an die Worte des Generalpräses Hürth, der dazu aufrief, ein unerschütterliches Gottvertrauen, eine starke Geschlossenheit und vor allem Ruhe zu bewahren[374]. Das Bild einer geschlossenen, effektiven Formation sollte nach außen vermittelt werden, nicht das eines aufgescheuchten Hühnerstalles. Hürth sollte in der Folgezeit noch häufiger ähnliche Aufrufe verfassen, die jedoch immer weniger kämpferisch, dafür umso beschwörender klangen.

Ein motivierendes Gemeinschaftserlebnis nach innen und ein überzeugendes Bild jener geforderten Geschlossenheit nach außen sollte der 1. Deutsche Gesellentag im Juni 1933 in München werden. Im Vorfeld hatte es langwierige und auch dramatische Verhandlungen zwischen dem Kölner Generalpräsidium und den Machthabern in Berlin und München gegeben, in denen vor allem Nattermann fast

370 Ebd.

371 Vgl. Raem, S. 48.

372 Protokollbuch des Katholischen Gesellenvereins Recklinghausen 1931–33, Eintragung vom 1. Mai 1933 (Archiv der Kolpingsfamilie Recklinghausen-Zentral).

373 Vgl. Raem, S. 49.

374 Vgl. Chronik 1922–35 des Katholischen Gesellenvereins Billerbeck, S. 114 (Archiv der Kolpingsfamilie Billerbeck).

bis zur Selbstverleugnung seine Loyalität gegenüber dem neuen Staat und dessen Reichskanzler ausdrückte, um den Gesellentag überhaupt stattfinden zu lassen[375]. Die Gesellenvereine in der Diözese Münster hatten sich zwar schon seit dem Herbst 1932 auf dieses Ereignis durch Vorträge, Exerzitien und Werbeveranstaltungen vorbereitet, von den Querelen, die sogar in einem kurzfristigen Verbot der Veranstaltung – und in eine noch kurzfristigere Aufhebung desselben – gipfelten, drang bis zu ihnen allerdings nichts vor. Die nachweisbare Ausnahme bildet auch hier wieder einmal der KGV Recklinghausen, der sich in einer Vorstandssitzung mit der Vorgeschichte des Gesellentages auseinandersetzte und das »Vorgehen der ›Nazis‹ [!] als eine Unerhörtheit« bezeichnete[376]. Es ist davon auszugehen, daß die Teilnehmerzahlen aus dem Bistum Münster in die Hunderte gingen. Allein aus der Stadt Münster nahmen über 50 Gesellen an dem Münchener Ereignis teil[377]. Außerdem nutzten viele auf Wanderschaft befindliche Gesellen die Veranstaltung für einen Abstecher in die bayrische Hauptstadt. Doch diejenigen, die von den Schikanen und Verboten der NS-Machthaber vorher nichts gehört hatten, wurden auf der Fahrt nach München, spätestens aber dortselbst damit konfrontiert. So wurden Gesellenvereinsmitglieder schon vor München aus den Zügen herausgeholt und an der Weiterfahrt gehindert[378]. Diejenigen, die München erreichten, wurden Zeugen der Übergriffe von SA und politischer Polizei. Nach dem Ende verschiedener Veranstaltungen lauerten diese den Gesellentagsteilnehmern auf, verprügelten sie und nahmen ihnen Banner und Abzeichen ab. Die reguläre Polizei griff nicht ein, sie hatte, so ihre Aussage, keine Anweisung zum Schutz der Kolpinganhänger. Das Tragen der orangefarbenen Hemden von Kolpings Wandernden Gesellen wurde verboten, angeblich wegen ihrer Ähnlichkeit mit den Braunhemden der SA. Nachdem am Sonntag, dem 11. Juni 1933 an die tausend SA-Leute die Eingänge der Messehallen blockierten und überdies weitere zweitausend SA-Leute auf der Theresienwiese zusammengezogen wurden, blieb dem Generalpräsidium nur die vorzeitige Auflösung der Veranstaltung übrig[379].

Die Fronten waren nach dem Münchener Gesellentag eigentlich klar, auch wenn auf Seiten der Nationalsozialisten die Verantwortung von oben nach unten abgeschoben wurde. Nach jenen Junitagen hätte im Gesamtbereich des KGV, ja sogar des deutschen Katholizismus bekannt sein müssen, wie das Verhältnis zu den NS-Instanzen, die nun immer mehr Staatsinstanzen wurden, in Wirklichkeit war. Zeitlich fiel die Auseinandersetzung im KGV über das Ergebnis des Münchener Gesellentages zusammen mit Ereignissen, die für das Verhältnis deutscher Katholizismus

375 Vgl. Raem, S. 53–60.

376 Protokollbuch des Katholischen Gesellenvereins Recklinghausen 1931–33, Eintragung vom 9. Juni 1933 (Archiv der Kolpingsfamilie Recklinghausen-Zentral).

377 Jahresbericht, gegeben am Josefsfest, den 22. April 1934 (Archiv der Kolpingsfamilie Münster-Zentral, Mappe 1930–40).

378 Auskunft Wilhelm Otto, 1.12.1995.

379 Für den gesamten Vorgang siehe Raem, S. 52–88.

– Drittes Reich für die Dauer desselben weichenstellend waren: Zentrumsauflösung, Vereinsverbote, Reichskonkordat. Doch zunächst ging es in den Vereinen um die Erlebnisse der Gesellentagsteilnehmer. Hierbei zeigte sich, daß der Presse überhaupt keine objektive oder gar Kolping-freundliche Berichterstattung mehr zugetraut wurde. Die Gesellen vor Ort wollten Augenzeugenberichte ihrer Vereinsbrüder hören, sie glaubten den gleichgeschalteten Zeitungen, die von Provokationen der Kolpingbrüder sprachen, nicht. Bezeichnenderweise beginnt ungefähr ab diesem Zeitpunkt die Sprache in den Protokollbüchern und Vereinschroniken vorsichtiger zu werden. Die Angst vor Überwachung, Durchsuchung oder gar Auflösung stieg. So wird vermerkt, daß Augenzeugen ihre »Erlebnisse und Erfahrungen« kundtaten[380], daß der Präses den »wahren Bericht« vom Verlauf des Gesellentages ablieferte[381] und daß das Ganze ein »unvergeßliches« Ereignis war[382]. Dieser letzte positivste Kommentar wurde ausgerechnet von Veen selbst in Münster zu Protokoll gegeben. Selbst der offene und kritische KGV Recklinghausen, in dessen Protokollbuch wieder einmal die harscheste Kritik an den Machthabern zu finden ist, fügt seiner Darstellung folgendes Zitat des Präses an: »Leider (...) werden wir bespitzelt in jeder Weise, so daß ich meine Worte wohl überlegen muß, ehe ich sie euch mitteile.«[383] Die Sorgen waren nicht unberechtigt, wie Prozesse aus anderen Diözesen wegen angeblicher »Greuelpropaganda gegen die nationale Regierung« zeigten[384]. Diese Tatsachen, und das große Echo im deutschen Katholizismus und in der internationalen Presse, das dem Generalpräsidium sehr unangenehm war, passte es doch überhaupt nicht zum ›neuen Kurs‹, veranlasste Nattermann und Hürth, die Gesellenvereine anzuweisen, nur noch das Positive am Gesellentag zu diskutieren. Veen unterstrich dies, indem er in seinen monatlichen Mitteilungen für den münsterischen Verein Nattermanns entsprechenden Aufruf mit folgendem Wortlaut abdruckte: »Haltet euch nicht mit Berichten über bittere Erlebnisse auf! Laßt das! Übergebt vertrauensvoll die Regelung dieser Seite der Münchener Tagung der Leitung des Kolpingwerkes im deutschen Land.«[385]

Die Münchener Ereignisse hatten für Teile des KGV-Diözesanverbandes Münster ganz konkrete Auswirkungen, da der Landrat in Warendorf in Anlehnung an die gleiche Schikane in München für seinen Landkreis das Tragen von SA-Blusen

380 Vgl. Chronik 1922–35 des Katholischen Gesellenvereins Billerbeck, S. 116 (Archiv der Kolpingsfamilie Billerbeck).

381 Vgl. Protokollbuch 1928–33 des Katholischen Gesellenvereins Oldenburg-Stadt, Eintragung vom 13. Juni 1933 (Archiv der Kolpingsfamilie Oldenburg-Stadt).

382 Vgl. Jahresbericht, gegeben am Josefsfest, den 22. April 1934 (Archiv der Kolpingsfamilie Münster-Zentral, Mappe 1930–40).

383 Protokollbuch des Katholischen Gesellenvereins Recklinghausen 1931–33, Eintragung vom 12. Juni 1933 (Archiv der Kolpingsfamilie Recklinghausen-Zentral).

384 Vgl. Raem S. 81f.

385 Die Kolpingsfamilie – Monatliche Mitteilungen des Gesellenvereins Münster, 6. Jg./Nr. 14 vom 15.7.1933.

ähnlichen Hemden verbot, was vor allem die Kluft der KWG-Gruppen betraf[386]. Überhaupt begann nun eine Zeit der An- und Übergriffe von Partei- und Staatsinstanzen gegen den Verbandskatholizismus, auch gegen den Diözesanverband Münster des KGV. In Billerbeck untersagte die örtliche SA dem Gesellenverein das jährliche Schützenfest mit der Begründung, der Verein sei nicht gleichgeschaltet, hätte also nicht mindestens 51% NSDAP-Mitglieder in seinem Vorstand, und dürfe daher keine Waffe, auch nicht zu Sportzwecken, in die Hand nehmen[387]. Die SA war es auch, die in Coesfeld am 4. Juli 1933 das Gesellenhaus besetzte, um nach ›staatsfeindlichen‹ Schriften zu suchen und in Form von Kolpingblättern aus vergangenen Wahlkämpfen auch fündig geworden zu sein schien. Daraufhin wurden der Vizepräses, der Senior und der Schriftführer, nicht aber der Präses, in Haft genommen, angeblich um sie vor der ›aufgebrachten‹ Bevölkerung zu schützen. Nach wenigen Tagen wurden sie wieder freigelassen und das Haus wieder freigegeben[388]. Schon am 1. Juli waren in Münster im Zuge einer reichsweiten Aktion mehrere Geschäftsstellen katholischer Verbände geschlossen und deren Vermögen und Schrifttum beschlagnahmt worden. Davon betroffen waren unter anderem Kreuzschar, Sturmschar und Jungmännerverband, nicht aber der Gesellenverein[389]. Die Aktionen standen im Zusammenhang mit der Selbstauflösung von Zentrum und Bayerischer Volkspartei, die dann auch tatsächlich am 4. und 5. Juli 1933 geschah. Pikanterweise traten zu diesem Zeitpunkt aber auch die Verhandlungen über das Reichskonkordat in ihre entscheidende Phase. Dies nutzte der Vatikan als Druckmittel. Die Reichsregierung mußte alle Maßnahmen zurücknehmen, um das Gesamtwerk Reichskonkordat nicht zu gefährden.

Wie groß die Verwirrung im katholischen Lager über die Situation war, zeigt die Ankündigung des Recklinghäuser Präses vom 3. Juli, daß nach Erlaß des Führers der Deutschen Arbeitsfront (DAF), Ley, zukünftig alle Aktionen gegen die Gesellenvereine zu unterbleiben hätten, da dieser an die DAF angegliedert sei. Alles weitere werde im übrigen von der Kölner Zentrale, »die bisher zu allem geschwiegen hat«, noch bekanntgegeben[390]. Hier irrte Stohldreyer in doppelter Hinsicht, die Dramatik der Lage völlig verkennend. Für den 29. Juni hatte Ley Vertreter sämtlicher konfessioneller Berufsstandsvereine – auch des KGV – nach Berlin bestellt, um

[386] Vgl. Schreiben des Landrates, Warendorf, an den Katholischen Gesellenverein Freckenhorst vom 23. Juni 1933 (Bistumsarchiv Münster – Depositum Pfarrarchiv Freckenhorst, Karton 19P).

[387] Vgl. Chronik 1922–35 des Katholischen Gesellenvereins Billerbeck, S. 118 (Archiv der Kolpingsfamilie Billerbeck).

[388] Vgl. SCHNORBUS, Ursula: »Bericht des Pfarrers Wigger über das kirchliche Leben in Coesfeld während der NS-Zeit«, in: Geschichtsblätter des Kreises Coesfeld 19(1994), S. 139.

[389] Vgl. BALDAUF, Wolfgang: Zwischen Staatstreue und Widerstand – Katholische Jugend in Münster nach 1933 (Münster, 1983), S. 37. Krimmer berichtet, daß in Württemberg von den reichsweiten Aktionen gegen katholische Verbände am 1.7.33 auch der Gesellenverein betroffen war. Vgl. Krimmer, S. 259.

[390] Vgl. Protokollbuch des Katholischen Gesellenvereins Recklinghausen 1931–33, Eintragung vom 3. Juli 1933 (Archiv der Kolpingsfamilie Recklinghausen-Zentral).

ihnen die Verschmelzung mit der DAF zu diktieren. Durch einen taktischen Zug konnte dies in letzter Minute verhindert werden: Kardinal Bertram bescheinigte den katholischen Verbänden, über eine solche Aktion nicht selbst entscheiden zu können, sondern dies dem Episkopat überlassen zu müssen. Daraufhin wurde eine Schonfrist von zwei Wochen gewährt, und die Verbände hofften – erfolgreich – auf das Konkordat als ›Befreiungsschlag‹[391]. In Recklinghausen hatte man also die eigentliche Lage gründlich mißverstanden, und das vermeintliche Schweigen der Verbandsleitung, von den Recklinghäusern vorwurfsvoll angemerkt, war in Wahrheit eine große Hilflosigkeit und Uneinigkeit, verbunden mit hektischen diplomatischen Bemühungen zwischen Köln, dem Episkopat und dem Vatikan. Erstmals gab es um den zukünftigen Kurs fundamentale Meinungsverschiedenheiten zwischen den Spitzen des Verbandes, doch wie das Beispiel Recklinghausen zeigt, bekam die Basis davon nicht viel mit.

Das Reichskonkordat wurde am 20. Juli abgeschlossen und schien mit seinem Artikel 31 den katholischen Verbänden eine Bestandsgarantie zu geben. Dort hieß es unter anderem:

> Diejenigen katholischen Organisationen und Verbände, die ausschließlich religiösen, rein kulturellen und caritativen Zwecken dienen und als solche der kirchlichen Behörde unterstellt sind, werden in ihren Einrichtungen und in ihrer Tätigkeit geschützt.
> Diejenigen katholischen Organisationen, die außer religiösen, kulturellen oder karitativen Zwecken auch anderen, darunter auch sozialen oder berufsständischen Aufgaben dienen, sollen, unbeschadet einer etwaigen Einordnung in staatliche Verbände, den Schutz des Artikels 31 Absatz 1 genießen, sofern sie Gewähr dafür bieten, ihre Tätigkeit außerhalb jeder politischen Partei zu entfalten.[392]

Da eine genauere Spezifizierung der unter diesen Artikel fallenden Verbände späteren Verhandlungen überlassen werden sollte, blieb eine gewisse Unsicherheit. Auch wurde das Problem einer Doppelmitgliedschaft katholischer Verband – nationalsozialistische Organisation in dem Dokument nicht einmal angesprochen. An der Verbandsbasis wurde das Reichskonkordat intensiv diskutiert und den Verantwortlichen, namentlich Nuntius Pacelli, Vizekanzler Papen und dem Papst, für das Zustandekommen gedankt[393]. Es wurde einerseits festgestellt, »daß die Verhandlungen zwischen dem Gesellenverein und der Reichsregierung nun endgültig abgeschlossen sind. Die jetzige Regierung der NSDAP stellt demnach dem Gesellenverein keine Schwierigkeiten in den Weg«[394]. Andererseits hieß es aber auch: »Eine

[391] Für den ganzen Vorgang vgl. Raem, S. 89–107.

[392] Zitiert nach Denzler/Fabricius, S. 69f.

[393] Vgl. Chronik 1922–35 des Katholischen Gesellenvereins Billerbeck, S. 120 (Archiv der Kolpingsfamilie Billerbeck); Die Kolpingsfamilie – Monatliche Mitteilungen des Gesellenvereins Münster, 7. Jg./Nr. 3 vom 25.8.1933; Protokollbuch des Katholischen Gesellenvereins Recklinghausen 1931–33, Eintragungen vom 10. und 24. Juli 1933 (Archiv der Kolpingsfamilie Recklinghausen-Zentral).

[394] Protokollbuch des Katholischen Gesellenvereins Barßel 1933–75, außerordentliche Monatsversammlung am 15. August 1933 (Archiv der Kolpingsfamilie Barßel/Oldbg.).

endgültige Klärung über das Verhältnis des KGV im neuen Reich ist nach dem Abschluß des Konkordats zu erwarten; vorläufig ist aber alles noch beim alten.«[395] An diesem Beispiel zeigt sich wieder einmal, wie unterschiedlich der Wissensstand über die wahren Vorgänge im Verband und im Staat war. Das Gefälle zwischen jenen Vereinen, die seit Jahren in direkter politischer Auseinandersetzung mit Nationalsozialisten, aber auch Kommunisten standen, also vor allem die Ruhrgebietsvereine sowie Münster und Oldenburg-Stadt, und solchen, an denen die Tagespolitik lange vorbeiging, wie in den ländlichen Bereichen des Münsterlandes und in Südoldenburg beispielsweise, war überaus groß. Fehleinschätzungen konnten sicherlich überall auftreten, doch waren die im politischen Kampf erprobten Ortsvereine eher zu realistischen Lagebeurteilungen fähig. Für alle galt aber, daß das Vorgehen der Kölner Verbandsleitung der Basis oft entweder unbekannt oder für sie nicht durchschaubar war. Für sämtliche Vereine des Diözesanverbandes trifft aber auch zu, daß eine stärkere Annäherung an das Dritte Reich nun die Vereinsarbeit bestimmte, Vorträge wie »Unser Kampf mit der Regierung gegen den Liberalismus«, »Entstehen und Kämpfen der NSDAP« und »Der Gesellenverein im neuen Reich« gehalten wurden[396]. Doch das Fühlen und Handeln des deutschen Katholizismus war im Spätsommer/Frühherbst 1933 mehr als ambivalent, es schwankte zwischen Hoffen und Bangen, zwischen Konkordatseuphorie und Reichsbegeisterung auf der einen und Existenzangst auf der anderen Seite.

Die Umwälzungen in Deutschland und die Anforderungen an die Verbände, wie sie im Reichskonkordat genannt wurden, um Bestandsschutz zu garantieren, zwangen zu einem Überdenken von Organisation und Zielsetzung des KGV. Generalsekretär Nattermann hatte dazu einen Plan ausgearbeitet, den er der Deutschen Zentralversammlung in ihrer Sitzung vom 18. und 19. September 1933 unterbreitete[397]. Was nun geschah, war kein demokratischer Meinungsbildungsprozeß mit abschließender Abstimmung. Die anwesenden Diözesanpräsides und -senioren wurden von Hürth und Nattermann zu Befehlsempfängern degradiert, die schließlich den wichtigsten Einschnitt in die bis dahin 85-jährige Geschichte des Verbandes zu beschließen hatten: den Umbau des Katholischen Gesellenvereins zur Deutschen Kolpingsfamilie (DKF). Neben der traditionellen Mitgliederklientel, den unverheirateten Handwerksgesellen unter 35 Jahren, wurden nun eine Gruppe »Altkolping« und ein »Meisterverein« eingerichtet. Für den Gesamtverband wurde das Führerprinzip übernommen und Nattermann zum Zentralpräses für den deutschen Zentralverband ernannt – ein Amt, das bisher Hürth automatisch innehatte. Der Namens-

395 Vgl. Protokollbuch des Katholischen Gesellenvereins Recklinghausen 1931–33, Eintragungen vom 10. und 24. Juli 1933 (Archiv der Kolpingsfamilie Recklinghausen-Zentral).

396 Vgl. Die Kolpingsfamilie – Monatliche Mitteilungen des Gesellenvereins Münster, 7. Jg./Nr. 3 vom 25.8.1933; Protokollbuch des Gesellenvereins Telgte 1928–1948, Eintragung vom 26.7.1933 (Archiv der Kolpingsfamilie Telgte 42.1, Depositum Heimathaus Telgte); Chronik 1922–35 des Katholischen Gesellenvereins Billerbeck, S. 122 (Archiv der Kolpingsfamilie Billerbeck).

397 Für den gesamten Vorgang vgl. Raem, S. 107–127.

wechsel sollte einerseits eine Öffnung für neue Mitgliederschichten bezwecken, andererseits zum Ausdruck bringen, daß man keine ›christliche Gewerkschaft für Handwerker‹ war und somit auch nicht den neuen Machthabern in die Quere kam. Allerdings düpierte die Deutsche Kolpingsfamilie dadurch die ausländischen Zentralverbände. Der Umbau des Verbandes hatte Auswirkungen weit über die Zeit des ›Dritten Reiches‹ hinaus, wie noch zu zeigen sein wird.

Die Beschlüsse des Deutschen Zentralrates wurden in hoher Geschwindigkeit umgesetzt. Schon eine Woche nach dem Kölner Treffen kündigte Veen in der münsterischen Vereinszeitung die konkreten Auswirkungen für den Ortsverein an. Die Vorgaben von ›ganz oben‹ wurden direkt nach ›ganz unten‹ weitergegeben. Auch sprachlich unterschied sich Veen nicht allzu sehr von Nattermann:

> Die gewaltige Umwälzung in Deutschland ist noch nicht zum Abschluß gekommen. Nicht nur politisch, nicht nur wirtschaftlich, auch geistig-kulturell soll Deutschland ein neues Gesicht bekommen. Alles wird in einen großen Schmelztiegel geworfen, daß es in neuer Gestalt wieder daraus hervorgehe. Auch unser Vereinswesen bleibt davon nicht verschont. Das Generalat des Gesellenvereins hat in diesen Tagen große Beschlüsse gefaßt, um den deutschen Zweig der weltumspannenden Kolpingsfamilie möglichst den veränderten Verhältnissen anzupassen. (...)
> Am 1. Oktober sollen in ganz Deutschland sämtliche Vereinsvorstände automatisch ihre Ämter zur Verfügung stellen, damit dann am 2. Oktober, in einer großen Generalversammlung nach dem Führerprinzip von Grund auf eine Neuverteilung der Ämter erfolgen kann. Wir sind überzeugt, daß die ganze Kolpingsfamilie, Mitglieder, Altmitglieder und Meister, an der Umgestaltung lebhaft interessiert sein wird. Wir erwarten aber auch von allen gerade in dieser Stunde straffe Disziplin und unverbrüchliche Kolpingstreue. Möge für uns aus dem Schmelztiegel nicht nur etwas Neues, sondern auch etwas Schönes, Großes, Nützliches hervorgehen zum Besten unserer Jugend, zum Wohl des Handwerks und zum Heile für Volk und Vaterland![398]

In weniger als zwei Wochen also wurde die Struktur des Verbandes komplett verändert. Die Kölner Zentrale richtete ein »Stammbuch« ein, wo zum ersten Male alle Mitglieder zentral verzeichnet wurden. Das verhinderte erfolgreich die ›Schwarzmitgliedschaft‹, womit Ortsvereine Mitgliedsbeiträge nicht mehr ›an Köln vorbei‹ kassieren konnten. Laut Raem wurde so auch die Unabhängigkeit vom Druck örtlicher Parteiinstanzen gewahrt, die Mitgliedschaft wurde beispielsweise auch dann beibehalten, wenn der Ortsverein zeitweise verboten wurde[399]. An der Basis wurde dies aber auch anders gesehen. Dort verstand man die Einführung der »Stammkarte« und des »Stammbuches« durchaus als eine Angleichung an die NSDAP, an zentrale Parteiregister und Führerprinzip[400].

[398] O.V. [= Johannes Veen]: »Die Deutsche Kolpingsfamilie im Dritten Reich«, in: Die Kolpingsfamilie – Monatliche Mitteilungen des Gesellenvereins Münster, 7. Jg./Nr. 4 vom 25.9.1933.
[399] Vgl. Raem, S. 112.
[400] Auskunft Bernhard Kohlstedte, 11.6.1996.

Anfang Oktober fanden in allen Gesellenvereinen des Bistums außerordentliche Versammlungen statt, in denen der Umbau zur Kolpingsfamilie vollzogen und nach Führerprinzip ein neuer Vorstand installiert wurde. Soweit sich das aus den schriftlichen Quellen herauslesen läßt, geschah dies mit unterschiedlicher Zustimmung. Während in Billerbeck von Begeisterung die Rede ist, heißt es in Oldenburg-Stadt lapidar, den Anordnungen sei »Folge geleistet« worden, und in Barßel wird ganz pragmatisch vermerkt: »Somit ist in diesen Sachen mal Ordnung geschaffen.«[401]. Abgerundet wurde dieser Prozeß im Diözesanverband Münster durch die Bezirksvorständetagung vom Oktober 1933, die die Neuordnung des Verbandes zum Thema hatte. Mit Stolz wurde vermerkt, daß man damit der erste Diözesanverband war, der den Umbau auf dieser Ebene behandelte und durchführte, und dies auch noch in Gegenwart des neuen Reichspräses, Generalsekretär Nattermann. Dieser erläuterte noch einmal den Sinn der Neugliederung mit Schlagworten wie ›Führerbildung‹, ›Opferbereitschaft‹ und ›Kolpingsidee in der neuen Zeit‹[402]. Nattermann stellte bei dieser Gelegenheit wieder einmal sein Charisma zumindest als Redner unter Beweis. So berichteten die Teilnehmer aus Telgte zum Beispiel ihren Vereinskameraden »mit leuchtenden Augen« von den Ausführungen des neuen Reichspräses[403]. Wie wichtig der münsterische Diözesanverband für den Deutschen Zentralverband war, drückte sich darin aus, daß Nattermann noch im Oktober mehrfach vor Ort seine Vorstellungen erläuterte und für die neue Deutsche Kolpingsfamilie warb[404]. Der selbstbewußte, wahrscheinlich von Veen geprägte Satz »Unsere Diözese war also mal wieder in Führung«[405] traf durchaus zu.

Von der Verbandsneuordnung hatte sich das Generalat auch einen Stimmungsaufschwung in den Ortsvereinen erhofft. Der blieb nicht aus, doch die Schwierigkeiten mit NS-Instanzen vor Ort hielten an. Dabei zeigten die Kolpingsfamilien durchaus guten Willen zur Einordnung ins ›Dritte Reich‹. Die Versammlungen endeten nun nicht mehr nur mit »Treu Kolping« und dem Kolpinglied, sondern auch mit dem Horst-Wessel-Lied und »Heil Hitler« oder »Sieg Heil«[406]. Als Namens-

401 Vgl. Chronik 1922–35 des Katholischen Gesellenvereins Billerbeck, S. 123 (Archiv der Kolpingsfamilie Billerbeck); Protokollbuch 1928–33 des Katholischen Gesellenvereins Oldenburg-Stadt, Eintragung vom 8.10.1933 (Archiv der Kolpingsfamilie Oldenburg-Stadt); Protokollbuch des Katholischen Gesellenvereins Barßel 1933–75, Monatsversammlung am 1. Oktober 1933 (Archiv der Kolpingsfamilie Barßel/Oldbg.).

402 Vgl. o.V.: »Rückblick«, in: Die Kolpingsfamilie – Monatliche Mitteilungen des Gesellenvereins Münster, 7. Jg./Nr. 5 vom 29.10.1933.

403 Vgl. Protokollbuch des Gesellenvereins Telgte 1928–1948, Eintragung vom 9.10.1933 (Archiv der Kolpingsfamilie Telgte 42.1, Depositum Heimathaus Telgte).

404 So z.B. in Borken und Bocholt, vgl. LEUKER, Franz u. Maria-Theresia: »Gemeindeseelsorge und Vereinsarbeit in der Propsteipfarre St.Remigius während des Nationalsozialismus«, in: Horst Kerst (Hg.): 1200 Jahre St.Remigius Borken (Borken, 1983) S. 153.

405 Vgl. o.V.: »Rückblick«, in: Die Kolpingsfamilie – Monatliche Mitteilungen des Gesellenvereins Münster, 7. Jg./Nr. 5 vom 29.10.1933.

406 Vgl. Protokollbuch des Gesellenvereins Telgte 1928–1948, Eintragungen vom 3.10. und 9.10.1933 (Archiv der Kolpingsfamilie Telgte 42.1, Depositum Heimathaus Telgte); Protokollbuch des Ka-

tagsgeschenk gab es für den Präses manchmal Hitlers Buch »Mein Kampf«[407]. Eine besondere Möglichkeit, sich und seine Übereinstimmung mit dem neuen Staat darzustellen, bot die Reichshandwerkerwoche vom 15.–21. Oktober 1933. Sie wurde überall mit Umzügen und Ausstellungen, aber auch mit Festhochämtern und Festakten begangen, an denen sich die Kolpingsfamilien eifrig beteiligten. Im Zuge dieser Handwerkerwoche wurde sogar noch einmal eine neue Kolpingsfamilie gegründet, und zwar im westmünsterländischen Wessum. Dort auf dem Dorfe, in einem kernkatholischen Milieu, wo es vor 1933 keine Nationalsozialisten gegeben hatte und die Kooperation scheinbar funktionierte, war im Oktober noch möglich, was in anderen Gegenden des Bistums schon undenkbar gewesen wäre. Die KF Wessum sollte allerdings die letzte Neugründung im Bistum bis 1945 bleiben[408].

Probleme, vor allem in Form von Einschüchterungsversuchen, gab es aber die ganze Zeit hindurch, trotz des Willens zur Kooperation von Seiten der DKF, trotz Konkordat und Verbandsumbau. Einige Mitglieder mußten aus der Kolpingsfamilie austreten, wollten sie ihren Arbeitsplatz behalten[409]. Der abgesetzte münsterische Zentrums-Oberbürgermeister verließ das Kuratorium des Gesellenhaus Münster. Seit Bestehen dieses Gremiums hatte der oberste Bürger Münsters diesem angehört – ein Beispiel für das Funktionieren des Katholischen Milieus. Der Nachfolger von der NSDAP trat dem Kuratorium nicht mehr bei[410]. Und auch die scheinbar gelungene Kooperation Katholizismus-Nationalsozialismus auf dem Lande bekam Kratzer beispielsweise dadurch, daß Veranstaltungsplakate der Kolpingsfamilie abgerissen wurden[411].

Zum Paket »Umbau des KGV zur DKF« gehörte auch die Einführung eines Kolpinggedenktages am zweiten Sonntag im Dezember, also mit zeitlicher Nähe zum 8. Dezember, dem Geburtstag Adolph Kolpings. Die Feier dieses Tages war für alle Kolpingsfamilien bezüglich Form und Gestaltung zentral von Köln vorgegeben worden, ganz so, wie sich die Verbandsleitung ihre straff zentralistische Führerschaft in der neuen Deutschen Kolpingsfamilie vorstellte. Neben dem Verteilen der Stammkarten bestand das Gedenken aus einer halbliturgischen, quasi-religiösen Feier, die noch einmal das zum Ausdruck brachte, was sich die Verbandsführung

tholischen Gesellenvereins Barßel 1933–75, Familienabend am 8. Oktober 1933 (Archiv der Kolpingsfamilie Barßel/Oldbg.); Chronik 1922–35 des Katholischen Gesellenvereins Billerbeck, S. 123 (Archiv der Kolpingsfamilie Billerbeck).

407 Vgl. Protokollbuch für Versammlungen 1929–48 des KGV Altlünen, Eintragung vom 8.11.1933 (Archiv der Kolpingsfamilie Altlünen).

408 Vgl. Protokollbuch/Chronik »Versammlungen und Veranstaltungen seit Bestehen der Deutschen Kolpingsfamilie Wessum« (Archiv der Kolpingsfamilie Wessum).

409 Vgl. Protokollbuch des Katholischen Gesellenvereins Barßel 1933–75, Eintragung vom 9.10.1933 (Archiv der Kolpingsfamilie Barßel/Oldbg.).

410 Vgl. Protokollbuch des Kuratorium Gesellenhaus Münster, Eintragung vom 26.10.1933 (Archiv des Kolpingwerk Diözesanverband Münster, Coesfeld).

411 Vgl. Protokollbuch des Katholischen Gesellenvereins Barßel 1933–75, Familienabend am 8. Oktober 1933 (Archiv der Kolpingsfamilie Barßel/Oldbg.).

Abb. 14: Titel des Kolpingsblattes vom 1.12.1933

unter »Kolpingwerk im neuen Staat« vorstellte oder wünschte. Diözesanpräses Veen nahm am Kolpinggedenktag in Billerbeck teil, die Schilderung dieser Feier kann kommentarlos die ungeheure Entwicklung von zwölf Monaten und die unglaubliche Illusion erfahrener Verbandsfunktionäre illustrieren:

> [Der Präses] begrüßte die hochw. Geistlichkeit, den Hauptredner Diözesanpräses Dr.Veen (...) sowie den Ortsgruppenleiter der NSDAP, Otto Schürholz. Dr.Veen hielt die Festrede. Er sprach über Kolpings Leben und den Gesellenverein, die Gesellen im Weltkriege, 20000 deutsche Gesellen seien gefallen, über das Wanderwesen, Kolpings Sterben und den Volkskanzler Adolf Hitler. Stürmischer Beifall! (...) Alle Anwesenden erhoben sich dann und sangen vor der Büste und dem Banner Kolpings mit erhobener Hand das Kolpingslied, das sogleich zu einem Treueschwur wurde. (...) »Treu Kolping! Heil Hitler!« (...) Nach einem »Sieg Heil« auf den Reichskanzler und nach dem Singen des Horst-Wessel-Liedes und des Deutschlandliedes dankte der Präses allen Mitwirkenden.[412]

Die erwähnte Diskrepanz zwischen den Kolpingsfamilien in den ländlicheren Bereichen und denen in den größeren Städten hielt an und zeigte auf, daß die Kooperation mit den Nationalsozialisten keine gleichgewichtige war. Denn während beispielsweise die Kolpingsfamilie Barßel am Neujahrstag 1934 eine »volksdeutsche Weihnachtsfeier« unter Mitwirkung der NSDAP und der »anderen nationalen Verbände Barßels« durchführte[413], verzichtete die Kolpingsfamilie Recklinghausen ein Dreivierteljahr lang bis zum Frühjahr 1934 auf schriftliche Aufzeichnungen, um sich weniger angreifbar zu machen, und aus Angst vor Repressionen wurden in Oldenburg die schon beschriebenen Seiten für das erste halbe Jahr 1934 herausgerissen[414]. In den größeren Städten, aber auch in kleineren Orten mit entsprechend hellsichtigen Präsides begann nun eine stärkere weltanschauliche Auseinandersetzung mit den Nationalsozialisten. Grund dafür war vor allem Alfred Rosenbergs Ernennung zum geistigen und weltanschaulichen Schulungsleiter der NSDAP am 24. Januar 1934, die die katholische Kirche vierzehn Tage später mit der Indizierung seiner Schriften beantwortete. Bei der Weltanschauung endete sogar für die kooperationsbereite Deutsche Kolpingsfamilie die Gemeinsamkeit mit dem Nationalsozialismus. In Vorträgen und Artikeln setzte man sich deutlich ab von altheidnischem Germanentum und vom Neuheidentum. Als Kontrast dazu wurden Gestalten der Kirchengeschichte wie Bonifatius und Karl der Große hervorgehoben[415]. Veen trug zu dieser Diskussion bei, indem er in Münster einen Artikel Carl Sonnenscheins

412 Chronik 1922–35 des Katholischen Gesellenvereins Billerbeck, S. 128 (Archiv der Kolpingsfamilie Billerbeck).

413 Vgl. Protokollbuch des Katholischen Gesellenvereins Barßel 1933–75, Volksdeutsche Weihnachtsfeier am 1. Januar 1934 (Archiv der Kolpingsfamilie Barßel/Oldbg.)

414 Vgl. Protokollbuch des Katholischen Gesellenvereins[!] Oldenburg 1934–1936 (Archiv der Kolpingsfamilie Oldenburg-Stadt).

415 Vgl. u.a. Protokollbuch des Gesellenvereins Telgte 1928–1948, Eintragungen vom 10.4. u. 24.4.1934 (Archiv der Kolpingsfamilie Telgte Nr. 42.1 – Depositum im Heimathaus Telgte);

über den Zweiten Korintherbrief abdrucken ließ, der sich direkt auf Rosenbergs ›Mythus des 20. Jahrhunderts‹ bezog, und in dem es unter anderem hieß:

> Sie sollen wissen, daß vom Christentum zum Heidentum keine Brücken mehr gehen. Diese Brücken sind gesprengt. Natürlich schafft das der Mensch nicht allein. Dazu ist schon religiöse Inbrunst nötig. Aber bei Isaias heißt es doch auch, daß Jehova seinem Knechte helfen und daß er ihn erhören werde. Wenn jemand noch nicht gewußt hat, daß unsere Auffassung von Demut und Bescheidenheit Platz hat für Selbstachtung und Eigenart, so lese er diese Verse.[416]

Mit dem Jahr 1934 kamen für die Deutsche Kolpingsfamilie Schwierigkeiten auf, die letztlich das Ende einer Kooperation mit den nunmehr zusammenfallenden Instanzen von Partei und Staat bedeuteten, denn die Nationalsozialisten wollten nicht Zusammenarbeit, sondern Monopol. Für die DKF war hier das entsprechende Gegenstück mit Alleinvertretungsanspruch die Deutsche Arbeitsfront unter der Leitung Robert Leys, die trotz Konkordatsschutz über ein Doppelmitgliedschaftsverbot den Kolpingsfamilien die Existenzgrundlage entziehen wollte. Das Verbot einer Doppelmitgliedschaft erließen aber auch andere nationalsozialistische Organisationen. Weil diese im Zusammenhang mit dem KGV bzw. der DKF selten genannt werden, sollen sie hier am Anfang stehen: die SS, die Schutzstaffel Heinrich Himmlers, vor allem aber auch die SA, die Sturm-Abteilung unter Ernst Röhm[417]. Die NSDAP hatte im Mai 1933 einen Aufnahmestop verfügt, sie wollte so den Massenanträgen Herr werden und vermeintliche ›Trittbrettfahrer‹ und ›Opportunisten‹ aussortieren. Eine Möglichkeit, über die Hintertür dennoch in die Partei zu gelangen, war die SA, die zwar im Juli auch einen Aufnahmestop verfügte, der aber vor Ort leicht umgangen werden konnte. Von der SA-Führung war der massenhafte Eintritt gewünscht, wollte man doch so das eigene Gewicht in der Partei und im neuen Staat erhöhen. So stieg die Mitgliederzahl dieser Organisation zwischen der Machtergreifung und Mitte 1934 von unter 500000 auf viereinhalb Millionen. SA-Leute kamen aus allen Schichten und Konfessionen, der Anteil an Arbeitslosen war jedoch erheblich. Über die SA versuchten diese Leute, wieder in Arbeitsverhältnisse zu gelangen, außerdem wurden ab Herbst 1933 sogenannte »Technische Lehrstürme« errichtet, die Einrichtungen ähnlich dem Freiwilligen Arbeitsdienst kombiniert mit Fachunterricht waren.

Seit Nattermanns Kooperationsschwenk vom Frühjahr 1933, spätestens aber seit der Zentralversammlung vom 18./19. September desselben Jahres, wurden Gesellenvereinsmitglieder von der Verbandsspitze ermutigt, in die NS-Formationen SS und SA einzutreten. Einen entsprechenden förmlichen Beschluß hatte Nattermann

[416] Carl Sonnenschein: »Fastenzeit«, in: Die Kolpingsfamilie – Monatliche Mitteilungen des Gesellenvereins Münster, 7. Jg./Nr. 9 vom 25.2.1934.

[417] Vgl. für den kommenden Abschnitt: FISCHER, Conan: Stormtroopers. A Social, Economic and Ideological Analysis, 1929–35 (London, 1983); LONGERICH, Peter: Die braunen Bataillone. Geschichte der SA (München, 1989).

in jener Septembersitzung durchgesetzt[418]. Auch im Bistum Münster zeigte das Wirkung. So hieß es im Herbst 1933 im Billerbecker Protokollbuch, »Viele Mitglieder unseres KGVB sind in der SA«[419], und damit wurden die veränderten Zeiten für Vereinsversammlung und Chorprobe begründet, da die Kolpingsfamilie gegenüber der SA zurückstehen mußte. Auch beklagt der Chronist, daß die KF Billerbeck 1933 kaum Nachwuchs hinzubekommen habe und erklärt dies damit, daß die jungen Gesellen in NS-Organisationen Mitglieder geworden wären, daher weder Zeit noch Geld für einen weiteren Verein hätten. Eine ungewöhnliche Argumentation im Bereich des geschlossenen Katholischen Milieus, die freilich das Problem der Doppelmitgliedschafts von vornherein löste - wenn auch zuungunsten der Kolpingsfamilie. Der Bannerträger beim Kolpinggedenktag im Dezember 1933 war in Delmenhorst demonstrativ ein Geselle in SA-Uniform. Der dortige Präses hatte Kolpingsbrüder überredet, in NS-Organisationen einzutreten, um guten Willen zu zeigen und Probleme zu verhindern[420]. Mitgliedschaften von katholischen Gesellen in der SA, teilweise auch in der SS, gab es an vielen Orten, vor allem in den ländlichen Gegenden. Im Frühjahr 1934 aber wollten die SA-Führer auf Ortsebene diese Doppelmitgliedschaften nicht mehr akzeptieren. Reichsweit verboten wurde sie von der SS im April 1934, von der SA erst 1937, doch in vielen Orten wurden Mitglieder schon drei Jahre vorher vor die Entscheidung Kolping oder SA gestellt. Dieses Problem war auch Thema der Diözesanseniorentagung Anfang März 1934 in Münster, die der Ochtruper Rektor Evers leitete, der in den zurückliegenden Jahren viel diözesane Schulungsarbeit geleistet und Exerzitien durchgeführt hatte. Das Echo auf die Tagung war groß und hielt auch noch Wochen später an, wie ein Briefwechsel zwischen Evers und der KF Freckenhorst zeigt. Der Freckenhorster Schriftführer Franz Buller ging noch einmal auf die Anfrage Evers' nach Schwierigkeiten mit NS-Organisationen ein und schrieb:

> (...) Selbstverständlich sind auch unter unseren Mitgliedern einige bei der SS, selbige hatten von ihren Führen den Befehl bekommen, sich sofort aus dem Kath.Gesellenverein streichen zu lassen, andernfalls der Ausschluß aus der SS erfolge. Sollte dies ein Befehl von oberster Stelle sein, so befürchten wir, daß auch seitens der SA in den nächsten Tagender Befehl herauskommen wird, und dann werden bei uns fast die Hälfte der Mitglieder erfasst. Sollte es sich aber nur um örtliche Versuche handeln, so wäre es doch wohl an der Zeit, diesen gewissen Menschen das Handwerk zu legen, was doch von Köln aus sicher am besten gemacht werden könnte. (...)[421]

Evers antwortete umgehend und zeigte sich sehr erstaunt. »Gerade in letzter Zeit hat sich das Verhältnis zu den SA und SS vielerorts recht freundlich gestaltet«,

418 Vgl. Kolpingsblatt vom 1.10.1933, S. 181; Raem, S. 132.

419 Chronik 1922–35 des Katholischen Gesellenvereins Billerbeck, S. 125 (Archiv der Kolpingsfamilie Billerbeck).

420 Vgl. Chronik der Kolpingsfamilie Delmenhorst; Auskunft Herr Krawczyk, 4.10.1995.

421 Katholischer Gesellenverein[!] Freckenhorst an Rektor Evers, Ochtrup, 21.4.1934 (Bistumsarchiv Münster, Depositum Pfarrarchiv Freckenhorst, Karton 19P).

Abb. 15: KGV Delmenhorst 1934, in der Mitte ein SA-Uniformträger

Abb. 16: März 1934, Beisetzung Veens, Trauerzug auf der Aegidiistraße in Münster; rechts im Hintergrund das Kolpinghaus

meinte er und fügte zur Illustration ein Beispiel aus Dortmund an, wo, »unsere Leute sehr gern in der SS gesehen werden und man ihnen dort keinerlei Schwierigkeiten machte«[422]. Sein Erstaunen zeigte allerdings, daß er schlecht informiert war, denn in einem Schreiben des Reichsseniors August Winkler aus Köln an die Freckenhorster vom gleichen Tage hieß es unter anderem:

> Wir haben erfahren, daß an manchen Stellen der Befehl gegeben worden ist, Mitglieder der Deutschen Kolpingsfamilie müßten aus der SA-SS austreten oder umgekehrt. Wir haben uns selbstverständlich sofort an die zuständige Behörde in Berlin gewandt und unser Erstaunen über diesen Befehl ausgedrückt, aber auch darauf hingewiesen, daß für uns ein solcher Befehl untragbar sei. Wir haben unseren Mitgleidern durchaus angeraten in den Wehrformationen der NSDAP mitzukämpfen, und dieser Befehl sei nun der Dank dafür. Wie auch die Antwort aus Berlin lauten möge, ich bitte eines unseren Mitgliedern ganz deutlich zu sagen: wir erwarten von ihnen unbedingt Treue zu Adolf Kolping. Unter keinen Umständen sollen sie aus der Deutschen Kolpingsfamilie austreten. Wir wollen dann einmal ruhig abwarten, ob sie aus der SA bzw. der SS ausgeschlossen werden. (...) Die Deutsche Kolpingsfamilie ist keine staatsfeindliche Organisation, sondern wir können jederzeit beweisen, daß unsere auf religiöser Grundlage aufgebaute Erziehungsarbeit zu Familie-Volk-Beruf und Stand eine wirkungsvolle Erneuerungs- und Aufbauarbeit im Reiche Adolf Hitlers bedeutet. (...) Ich versichere Dir namens der Reichsführung, wir lassen unsere Mitglieder nicht im Stich, wir erwarten aber von unseren Mitgliedern, daß sie die einmal gelobte Treue zu Adolf Kolping auch in diesen Anfechtungen bewahren.[423]

In jenen wirtschaftlich immer noch schwierigen Zeiten fiel im Zweifelsfall die Entscheidung trotz Winklers Appell meist gegen die Kolpingsfamilie und für die NS-Kampfformation, was der Kolpingsfamilie Telgte 1934 beispielsweise dreizehn Austritte von SA-Mitgliedern einbrachte[424].

Verhältnismäßig viel mehr Kolpingsfamilienmitglieder aus allen Teilen des Bistums waren von jenem Doppelmitgliedschaftsverbot betroffen, das der DAF-Leiter Ley am 27. April 1934 ohne Rücksprache mit Regierungsinstanzen erließ. Nicht-Mitglied in der DAF zu sein hieß, den Arbeitsplatz bei einem öffentlichen Arbeitgeber aufs Spiel zu setzen, als selbständiger Handwerker keine öffentlichen Aufträge mehr zu bekommen oder als Meister die Konzession zur Lehrlingsausbildung zu verlieren. Für viele Kolpingsbrüder waren dies existentielle Probleme. Als einer der ersten zog der Senior des münsterischen Vereins seine Konsequenzen. Er war beim damaligen Amt Mauritz angestellt und legte im Frühjahr 1934 nicht nur sein Senio-

422 Evers an KF Freckenhorst, 23.4.1934 (Bistumsarchiv Münster, Depositum Pfarrarchiv Freckenhorst, Karton 19P).

423 Reichssenior August Winkler an Franz Buller, Schriftführer Freckenhorst, 23.4.1934 (Bistumsarchiv Münster, Depositum Pfarrarchiv Freckenhorst, Karton 19P). Beachtenswert ist hier auch die »deutsche« Schreibweise des Vornamens Kolpings, die bei Winkler den Vorzug vor der ursprünglichen »französischen« bekommen hat.

424 Kolpingsfamilie Telgte, Änderungen im Mitgliederbestand vom 3. Dez.1933 – 1. Nov. 1934 (Archiv der Kolpingsfamilie Telgte 11.1 – Depositum Heimathaus Telgte).

renamt nieder, sondern trat auch aus der Kolpingsfamilie aus[425]. Andere Vereinsmitglieder, vor allem Handwerksmeister, ließen es auf Konfrontationen ankommen, wurden aber meist von sogenannten »Ehrengerichten des Deutschen Handwerks« aus der DAF ausgeschlossen[426]. Das Doppelmitgliedschaftsverbot der DAF sorgte keineswegs für einen glatten Einschnitt gleich im Frühjahr 1934. Es wirkte eher schleichend und konnte immer wieder dann verschärft angewendet werden, wenn vom Dritten Reich der Konflikt mit der katholischen Kirche und ihren Institutionen und Verbänden gesucht wurde. Interventionen der Diözesanpräsides von KAB und DKF auf unterer und führender Vertreter des deutschen Episkopates und der römischen Kurie auf oberster Ebene blieben erfolglos[427].

Für den Diözesanverband Münster der DKF ging im Frühjahr 1934 nicht nur wegen des Doppelmitgliedschaftsverbotes der DAF eine Ära zu Ende. Am 13. März starb der Diözesanpräses Dr. Johannes Veen, der nicht nur den münsterischen Verband fünfzehn Jahre lang maßgeblich geprägt und gestaltet hatte, sondern der auch in der Zentralleitung in Köln großes Gewicht hatte. Die Umstände seiner Beisetzung zeigten beispielhaft den Stand der Beziehung zwischen Katholizismus und Drittem Reich im Frühjahr 1934 auf. Der Regierungspräsident schickte dem Generalvikariat einen Erlaß, wie die Jungmännervereine, deren Präses Veen auch gewesen war, und die Kolpingsfamilien sich im Umfeld von Requiem und Beisetzung, die in Veens Heimatort Buer erfolgte, zu verhalten hatten. Die Vorschriften waren streng und großzügig zugleich. Kluften durften überhaupt nicht getragen werden, Banner nur in der Kirche, bei der Überführung der Leiche vom Dom am Kolpinghaus an der Aegidiistraße vorbei zum Wagen auf der Weseler Straße und auf dem Friedhof in Buer entrollt werden. Dort versahen dann sogar SA-Mitglieder in Uniform Ordnerdienste, behelligten die Kolpingmitglieder aber in keiner Weise[428]. Das Vorgehen der nationalsozialistischen Behörden läßt sich in diesem Fall wohl am besten mit der Redensart »Zuckerbrot und Peitsche« beschreiben.

[425] Auskunft Bernhard Kohlstedte, 11.6.1996. Kohlstedte war der direkte Nachfolger als Senior der KF Münster. Er war zu diesem Zeitpunkt schon selbständiger Handwerker mit überwiegend kirchlichen und privaten Aufträgen und insofern vom Doppelmitgliedschaftsverbot nicht betroffen.

[426] So beispielsweise in Ahaus (vgl. Klemens Echelmeyer: Bericht zu den Schwierigkeiten der Kolpingsfamilie mit dem Dritten Reich, Bistumsarchiv Münster GV Neues Archiv A 101–30) und Vreden (vgl. Sammlung NS-Zeit, Archiv des Kolpingwerks Diözesanverband Münster, Coesfeld).

[427] Vgl. Klemens Echelmeyer: Bericht zu den Schwierigkeiten der Kolpingsfamilie mit dem Dritten Reich, Bistumsarchiv Münster GV Neues Archiv A 101–30; Raem, S. 135f.

[428] Vgl. Regierungspräsident an das Bischöfliche Generalvikariat Münster, 14. März 1934 (Archiv der Kolpingsfamilie Münster-Zentral); außerdem Auskunft Bernhard Kohlstedte, 11.6.1996.

3.4 *»... nicht wanken, und treu hinter dem Führer Adolph Kolping stehen«*[429] – *Desillusionierung und Konfrontation, 1934–35*

Schon vor den Doppelmitgliedschaftsverboten im April 1934 deutete sich das Ende der Illusionen bezüglich des Nationalsozialismus auch im Bereich des Kolpingwerks an. Das wird deutlich, wenn man die Lage Mitte März, also zur Zeit des Todes Veens, betrachtet. Sollte man sie charakterisieren, dann gelten sowohl für die Ebenen des Episkopates, der Kölner Verbandsleitung und der münsterischen Verbandsspitze wie auch für die Ebene der Ortsvereine die Begriffe ›verwirrt‹ und ›uneinheitlich‹ – und zwar mit klar negativer Konnotation[430]. Zwischen Februar und April 1934 fanden in Berlin Gespräche zwischen Reichsregierung und Episkopat – zeitweise sogar zwischen Kardinal Schulte von Köln und Hitler selbst – über die Auseinandersetzungen an der Basis statt. Fast gleichzeitig wurden in Rom die Verhandlungen über die Ausführung des Reichskonkordat, vor allem bezüglich der Umsetzung des Paragraphen 31, wieder aufgenommen. In den betroffenen katholischen Verbänden wurde von den Verhandlungsrunden in Berlin wie in Rom kaum etwas bekannt. »So verstärkte sich dort der Eindruck«, so Raem, »vom Episkopat im Stich gelassen zu sein«[431]. Das hatte zweierlei Folgen. Unter den Laien-Funktionären der Kolpingsfamilien im Bistum Münster machte sich Unmut über die vermeintliche Untätigkeit der geistlichen Kirchen- und Verbandsführer breit. So beklagte sich der Altlüner Senior am 7.3.1934 in seinem Bericht über eine Diözesanseniorentagung in Münster darüber, daß dort nicht ein einziger »geistlicher Führer« anwesend gewesen sei, daß dort keine neueren Informationen über die allgemeine Lage ausgegeben worden waren und daß keine besonderen Beschlüsse gefasst worden seien, daß aber andererseits der Diözesansenior alle Anwesenden gemahnt hätte, »wenn auch mal schwere Stunden kommen würden, nicht zu wanken und in Treue und Pflichterfüllung hinter ihrem Führer, Adolf Kolping, zu stehen.«[432] Auf der Diözesanebene Münster also war die Perspektive die, daß weitere und schärfere Auseinandersetzungen bevorstehen würden und nur abwehrende Geschlossenheit den Untergang verhindern könnte.

Die konträr andere Folge des Sich-im-Stich-gelassen-Fühlens des Kolpingverbandes war die Sonderpolitik des Generalsekretärs, die nun einen Höhe- und Endpunkt erreichte. Nattermann suchte die Verbindung der Kolpingsfamilien, vor allem der Fachabteilungen, mit den gleichgeschalteten öffentlich-rechtlichen Institutionen des Deutschen Handwerks. Leys Alleingänge der Einordnung des Handwerks in die DAF und des Verbots der Doppelmitgliedschaft durchkreuzten diese Pläne, noch

[429] Vgl. Protokoll der Führerratssitzung vom 7.3.1934, Protokollbuch über Vorstandssitzungen des KGV Altlünen 1929–1952 (Archiv der Kolpingsfamilie Altlünen).

[430] Vgl., auch für das Folgende: Scholder Bd. 2, S. 141–158; Raem, S. 127–143; Kösters, S. 284–299.

[431] Raem, S. 130.

[432] Protokoll der Führerratssitzung vom 7.3.1934, Protokollbuch über Vorstandssitzungen des KGV Altlünen 1929–1952 (Archiv der Kolpingsfamilie Altlünen).

bevor Nattermanns Verhandlungen zum Abschluß kamen. Nun galt es, die negativen Folgen des Verbots für die Kolpingsbrüder abzuwehren. Was Nattermann daraufhin betrieb, war in der Tat aus dem katholischen Block herausgelöste und abgekapselte Sonderpolitik. Statt mit der KAB, anderen katholischen Berufsverbänden und dem Episkopat eine gemeinsame Strategie zu verfolgen, spielte er über das Auswärtige Amt die Trumpfkarte der Internationalität des Kolpingwerks aus. Mit Hinweis auf das internationale Ansehen und den Einfluß auf das Deutschtum im Ausland wurde die Deutsche Kolpingsfamilie am 8. Mai 1934 explizit von Zwangsmaßnahmen im Zusammenhang mit dem Doppelmitgliedschaftsverbot ausgenommen[433]. Die beiderseitigen Alleingänge waren deshalb möglich, weil auf Seiten des NS-Staates Kompetenzgerangel und Machtspiele zwischen Ministerien, staatlichen Behörden und Parteiinstanzen eine eindeutige Linie unmöglich machten. Das führte, gerade weil die Auslegung des Reichskonkordat noch nicht abschließend festgelegt war, zu einer großen Verletzbarkeit der katholischen Institutionen durch profilierungsbemühte NS-Größen – eine Problemlage, die die Bischöfe scheinbar nicht richtig erkannten. Diesen Nachteil wußte Nattermann zu einem Vorteil zu wenden, indem er durch seine Kontakte die Uneinigkeit der Berliner Behörden auszuspielen verstand, freilich um den Preis der Aufgabe einer geschlossenen katholischen Haltung.

In den zehn Tagen zwischen Verbot und Ausnahmeregelung verschickte die Verbandsführung ein Rundschreiben an alle Präsides, in dem sie zu ruhigem Abwarten aufrief[434]. Auch der Recklinghäuser Senior ermahnte seine Vereinskollegen, »keine Einzelaktionen zu unternehmen, sondern abzuwarten, bis eine genaue Anordnung von Köln kommt«[435]. In größerer Dimension war das die eigentliche Grundhaltung der Katholiken in Deutschland im Frühjahr 1934: Keine Einzelaktionen starten und abwarten, bis aus Rom und von den Bischöfen genaue Anweisungen kommen. Doch just dies hatte Nattermann durchbrochen. Die kircheninteren Beratungen zwischen Vatikan und deutschem Episkopat über den rechten Kurs gegenüber dem NS-Staat mündeten in eine Kommission von drei Bischöfen, die am 25. Juni 1934 mit Staats- und Parteiinstanzen die Verhandlungen über die Konkordatsrealisierung wieder aufnahmen. Am gleichen Tag erschien die »Kolpingsfamilie«, das Mitteilungsblatt des münsterischen Ortsvereins, mit einer grundlegenden Stellungnahme des neuen Orts- und Diözesanpräses Clemens Echelmeyer[436]. Darin hieß es unter anderem:

[433] Vgl. Raem, S. 137.

[434] Vgl. Protokollbuch des KGV Recklinghausen 1.1.1934–10.6.1938, Eintragung vom 4.5.1934 (Archiv der Kolpingsfamilie Recklinghausen-Zentral); Raem, S. 137.

[435] Protokollbuch des KGV Recklinghausen 1.1.1934–10.6.1938, Eintragung vom 7.5.1934 (Archiv der Kolpingsfamilie Recklinghausen-Zentral).

[436] Clemens Echelmeyer (1895–1968), kath. Priester, 1934–1947 Diözesanpräses des Kolpingwerks Diözesanverband Münster, 1941 Domkapitular, 1945 Dompropst.

Immer und überall bist und bleibst du Kolpingssohn, lebst als solcher, stehst als Kolpingssohn in allen Bindungen deines Lebens zu Gott, zur Kirche, zur Familie, zu Beruf, zum Volk, zur gottgesetzten Regierung. Daher kann es für dich keine Frage geben: Willst du aus der Kolpingsfamilie austreten. Kann ein Sohn aufhören, Sohn einer Famie zu sein? Das ist doch in sich unmöglich. An viele von Euch wird in diesen Tagen und Wochen die Frage gestellt. Die Antwort kann nur eine einzige sein: Treu Kolping! Es gibt kein Opfer, keine Schwierigkeit, keine Furcht, nichts was uns wankend machen könnte in unserer Treue. Die Verhandlungen des deutschen Episkopates mit der Reichsregierung in Berlin sind wieder aufgenommen worden. Laßt euch nicht irre machen, wenn von irgendwelchen unteren Stellen versucht wird, euch zur Untreue der Kolpingssache gegenüber zu verleiten. Wir haben die sichere Zuversicht, daß wir auch als Kolpingssöhne in der Front der Deutschen Arbeit weiterhin am Aufbau unseres Volkes mitarbeiten dürfen. Darum für immer – Treu Kolping.[437]

Dieser Artikel macht dreierlei deutlich. Erstens fühlte sich Echelmeyer in seiner Funktion als Diözesanpräses eindeutig als Teil des einheitlichen katholischen Blocks, der unter der alleinigen Führung der Bischöfe stand. Das war für ihn sicher eine Selbstverständlichkeit, trotz der Nattermann'schen Irritationen, und wurde schon bei seiner Einführung am 22. April 1934 durch die gleichzeitige Anwesenheit des Bischofs von Galen[438] und des Generalpräses Hürth unter Beweis gestellt[439]. Zweitens waren die Auseinandersetzungen mit der DAF trotz der vom Generalsekretär erreichten Ausnahmegenehmigung nicht ein für alle Mal beendet. Schließlich läßt der Ausdruck »gottgesetzte Regierung« erkennen, daß die Loyalität gegenüber der Reichsregierung immer noch bestand, eine Haltung, die der des Episkopats entsprach, die zu diesem Zeitpunkt aber schon viele ehemals bedeutende Funktionsträger des Katholischen Milieus nicht mehr mittragen konnten und wollten, so beispielsweise die Münster eng verbundenen Friedrich Muckermann und Heinrich Brüning, die 1934 ins Exil gingen[440].

Mitten in die erneuten Berliner Verhandlungsrunden platzte die Nachricht von den als ›Röhm-Putsch‹ bekannt gewordenen Vorkommnissen, die nicht nur durch die Morde am Katholische-Aktion-Leiter Erich Klausener und am DJK-Führer Christoph Probst den Katholizismus in Deutschland tief trafen. Diese Ereignisse mußten für die führenden Personen der katholischen Kirche das Ende der Illusionen einer geregelten Zusammenarbeit Kirche – NS-Staat bedeuten. Das nun offen gezeigte terroristische Gesicht des Regimes mußte vermuten lassen, daß jedweder Vertrag mit diesem reine Makulatur blieb. Dennoch wurden die Ergebnisse der Nachverhandlungen nach Rom zur Bestätigung gesandt. Kardinalstaatssekretär Pacelli war aber, bezogen auf den Verbandskatholizismus, schnell klar, daß die Kompromißformel ›Eingliederung der Verbände ins Laienapostolat bei gleichzeiti-

437 »Die Kolpingsfamilie« Jg.8/Nr. 2 vom 25.6.1934.
438 Clemens August Graf von Galen (1878–1946), Bischof von Münster 1933–1946, 1946 Kardinal.
439 Vgl. »Die Kolpingsfamilie« Jg.8/Nr. 1 vom 30.5.1934.
440 Vgl. Scholder Bd. 2, S. 127f.

ger Enttypisierung gegen Aufhebung des Doppelmitgliedschaftsverbotes‹ das faktische Ende vor allem von KAB und Kolpingwerk bedeutet hätte. Deshalb versah er den gesamten Vertragsentwurf am 23. Juli 1934 mit seinem Veto und sandte ihn an die Beratungsgremien zurück[441].

An der Basis des münsterischen Diözesanverbandes der Deutschen Kolpingsfamilie wurden solche Einzelheiten nicht bekannt. Dort wußte man nur, daß weiter verhandelt wurde, und daß noch keine Ergebnisse erreicht waren. Welche Auswirkungen die Ereignisse im Zusammenhang mit dem sogenannten Röhm-Putsch auf die Lageeinschätzung der Kolpingsbrüder im Bistum Münster hatten, läßt sich nur mutmaßen. Die Umstände der Morde an führenden katholischen Laien – als Selbstmord oder Erschießung bei Fluchtversuch getarnt – werden nur wenigen Mitgliedern an der Basis bekannt gewesen sein, zumal von Seiten der Bischöfe keinerlei Stellungnahme erfolgte. So findet sich in den Quellen verständlicherweise kein Hinweis auf die mit dem 30. Juni offensichtlich gewordene Frontenstellung. Lediglich in der Chronik der Billerbecker Kolpingsfamilie erscheint die Mitteilung, daß wegen der »Röhm-Revolte« das dortige Stiftungsfest ausfallen mußte[442].

Viel bemerkenswerter und um ein vielfaches erstaunlicher aber ist das Schweigen sämtlicher Quellen auf allen Ebenen des münsterischen Diözesanverbandes bezüglich eines das ganze Kolpingwerk fundamental betreffenden Vorgangs. Am 29. August 1934 wurde der Generalsekretär und Reichspräses Nattermann durch den Kölner Erzbischof wegen angeblicher sittlicher Vergehen zwangsweise beurlaubt und damit entmachtet und abgesetzt. Die genauen Umstände wurden nie geklärt, da Nattermann aber 1935 in einem kirchlichen Verfahren von den Vorwürfen freigesprochen wurde, liegt der Verdacht nahe, daß auf diese Weise dem umstrittenen Annäherungskurs des Generalsekretärs an NS-Instanzen und seinem diesbezüglichen selbstherrlichen Handeln ein Ende gesetzt werden sollte. Nattermann war im Diözesanverband Münster immer sehr präsent gewesen. Gerade zwischen Sommer 1933 und Sommer 1934 hatte er bei vielen Veranstaltungen vor Ort für seinen Kurs und den Umbau des Verbandes geworben[443]. Seine Absetzung und von da ab auch seine Person wurden nun aber offiziell ›totgeschwiegen‹. Daß dies von der Basis so hingenommen wurde, läßt auf einen endgültigen Klimawechsel im Sommer 1934 schließen. Jegliche Ausgleichsbemühungen mit dem Staat erschienen nun illusorisch, seitens der Kolpingsfamilien begann man, sich in der Defensive einzurichten. Auch die offizielleren Verlautbarungen aus Köln und Münster spiegelten diese Hal-

[441] Vgl. Scholder Bd. 2, S. 261f.; Raem, S. 140f.

[442] Vgl. Chronik 1922–35 des KGV Billerbeck, S. 139 (Archiv der Kolpingsfamilie Billerbeck).

[443] So hielt Nattermann im Januar 1934 in Borken, im März in Gerleve und Coesfeld Vorträge über die Neuordnung des Verbandes und dessen Stellung im neuen Staat; vgl. Leuker, S. 152; »Bezirke und Diözesen berichten«, in: Kolpingblatt S. 70/1934; Chronik 1922–35 des KGV Billerbeck, S. 133 (Archiv der Kolpingsfamilie Billerbeck), dort heißt es über den Vortrag am 11.3.34 in Coesfeld: »Präses, Vizepräses, Senior und die anderen Kolpingsbrüder hörten den Reichspräses Dr.Nattermann, der über Adolf Kolping und sein Werk sprach und sich auch zu Adolf Hitler bekannte.« Für die Vorgänge um Nattermanns Absetzung vgl. Raem, S. 141ff.

tung. So setzte der Diözesanpräses Echelmeyer an das Ende des Mitteilungsblattes des münsterischen Ortsvereins ohne Überschrift und ersichtlichen Zusammenhang ein Zitat aus dem Ersten Petrusbrief, Ausdauer in der Prüfung anmahnend, mit dem Wortlaut: »Geliebte, laßt euch durch die Feuerprobe, die ihr durchmacht, nicht befremden.«[444]

Das Jahr 1934 stand für den deutschen Katholizismus im Zeichen großer Wallfahrten, die auch als Glaubensdemonstrationen zu verstehen waren und vom Regime als solche verstanden wurden. Der Diözesanverband Münster der Deutschen Kolpingsfamilie beteiligte sich in hervorragendem Maße an dieser ›Bewegung‹, und, sollte es je zu einem eigenständigen Kurs des Kolpingwerks im Bistum Münster in Folge der Nattermannschen Politik gekommen sein, so demonstrierte es spätestens durch seine Teilnahme an den Großveranstaltungen die Rückkehr in den katholischen Block – wohl eher aber, daß es diesen nie verlassen hatte. Bezeichnend dafür ist das Juni-Heft der Mitteilungen der münsterischen Kolpingsfamilie. Dort wird über die Beteiligung an der Fronleichnamsprozession, am Xantener Norbertjubiläum, an der Wallfahrt nach Telgte und an der Großen Prozession in Münster berichtet, außerdem über eine geplante Wallfahrt zum Kolpinggrab nach Köln und die KAB-Wallfahrt zum Ludgerus-Grab in Werden. Alle diese Veranstaltungen werden in Verbindung gebracht mit dem Bekenntnis der »Treue zu Christus und seiner Kirche«, die KAB-Wallfahrt auch mit dem Protest gegen das Doppelmitgliedschaftsverbot, und unter die Überschrift »Bekenntnismut« gestellt[445]. Das für die Kolpingsfamilie größte Ereignis, was die Teilnehmerzahl angeht, war die Wallfahrt zum Grabe Adolph Kolpings in der Kölner Minoritenkirche, die die Bezirke Borken-Bocholt und Coesfeld des Diözesanverbandes Münster am 3. Juni 1934 veranstalteten und an der ungefähr 1500 Mitglieder teilnahmen[446]. Am 21. März 1934 war der Seligsprechungsprozeß für Kolping nach achtjähriger Vorarbeit offiziell eröffnet worden, seit dem Kolpinggedenktag im Dezember 1933 lag in der Minoritenkirche ein Petitionsbuch für die Seligsprechung aus, in das sich bis zum Jahresende 1934 über 85.000 Menschen eingetragen hatten, darunter auch Bischof Galen[447]. Die Wallfahrt zum Grab des Gründervaters gewann dadurch für den Kolpingssohn verschiedene Dimensionen. Sie war ein starkes Gemeinschaftserlebnis und eine Demonstration des eigenen Glaubens. Sie drückte aber auch den Stolz über die kirchenoffiziel-

444 Vgl. Die Kolpingsfamilie Jg.8/Nr. 3–4 vom Juli/August 1934; Das Zitat: 1Petr 4,12.13; 5,10. Raem unterstellt Echelmeyer, mit Nattermanns Kurs nie einverstanden gewesen zu sein, belegt dies aber nicht. Echelmeyer stünde damit im klaren Gegensatz zu seinem Vorgänger Veen. Auch Kösters ist der Meinung, daß Hürth mit der Ernennung Echelmeyers schon die Weichen für die Isolation Nattermanns gestellt habe. Vgl. Raem, S. 142; Kösters, S. 309.

445 Vgl. »Kolpingsfamilie zeigt Bekenntnismut«, »Kolpingssöhne beim Norbertjubiläum in Xanten«, »Programm für den Monat Juli« in: Die Kolpingsfamilie Jg.8/Nr. 2 vom 25.6.1934; vgl. auch die Auflistung der Großveranstaltungen bei Kösters, S. 319.

446 Vgl. Chronik 1922–35 des KGV Billerbeck, S. 138 (Archiv der Kolpingsfamilie Billerbeck); vgl. auch Archiv der Kolpingsfamilie Bocholt, wo Photos von dieser Wallfahrt vorhanden sind.

447 Vgl. Raem, S. 209–213.

Abb. 17: Kevelaerwallfahrt der Kolpingsfamilie Vreden, 1935

Abb. 18: Generalpräses Hürth spricht zu den Raesfelder Kolpingsöhnen bei ihrer Wallfahrt zum Kolpinggrab 1938

le Anerkennung des eigenen Verbandes durch die Würdigung des geistigen Gründers und die Verbundenheit mit der Tradition der katholischen Kirche und deren traditionalen Frömmigkeitsformen aus.

Der Spätsommer und der Herbst 1934 stellten eine seltsame Gemengelage im Verhältnis katholische Kirche – Drittes Reich dar. Der sogenannte Röhm-Putsch, der Mord an Österreichs katholischem Kanzler und Papstvertrauten Dollfuß durch Nationalsozialisten und die konsequente Ablehnung der Konkordatsnachverhandlungsergebnisse durch Pacelli hätten erwarten lassen, daß von bischöflicher Seite nun wieder ein Konfrontationskurs, so wie er vor März 1933 bestand, aufgenommen wurde. Tatsächlich gingen die Meinungen im Episkopat über die angemessene Linie im Umgang mit dem Staat weit auseinander, und auch auf der Seite der katholischen Verbände bis hin zu örtlichen Kolpingsfamilien schwankten die Positionen zwischen unsicherer und trotziger Defensive. Bischof Galen gehörte zur Fraktion jener, die Pacelli in seiner Ablehnung deutlich zustimmten und einen Konfrontationskurs für unumgänglich hielten, sollte sich an der Haltung der Staatsführung nichts ändern, wobei er noch auf Hitlers persönliches Eintreten für die Kirchen gegen Parteiinstanzen setzte[448]. Diözesanpräses Echelmeyer vertrat eine ähnliche Position. Er trennte klar zwischen ›Führer‹ und nationalsozialistischer Partei. Auf dem 74. Stiftungsfest des Recklinghäuser Gesellenvereins am 9. September 1934 führte er in einem Vortrag mit dem bezeichnenden Titel ›Paßt der Gesellenverein noch in unsere Zeit?‹ unter anderem aus:

> (...) Kolpings Ideen sind immer zeitnah, auch der heutigen Zeit nahe. Die berufsständige Ordnung, die Kolping ersehnt hat, der Reichsstand des deutschen Handwerks, ist im Werden begriffen. (...) Wenn unser Führer Adolf Hitler erklärt hat, er wolle Deutschland auf der Grundlage des positiven Christentums aufbauen, dann hat man den Gesellenverein heute ganz gewiß notwendig. (...)[449]

Aus diesem Zitat spricht immer noch ein Angebot zur Kooperation, wenn auch aus deutlich realistisch-defensiverer Haltung heraus als noch ein Jahr zuvor. Das Gleiche trifft zu für die Aussage des Oldenburger Präses auf der Vereinsversammlung vom 18.9.1934, die da lautete: »Und wir, die wir auf Kolpings Fundament stehen, wollen mithelfen am Wiederaufbau des Deutschen Reiches, aber ohne uns aus unseren Fundamenten drücken zu lassen.«[450] Der nationalsozialistische Staat hielt sich in Bezug auf die katholische Kirche nach den Ereignissen des Sommers nun deutlich zurück, was seine Begründung aus einer taktischen Erwägung hatte. Der Völkerbund hatte für Januar 1935 die Volksabstimmung im Saarland über dessen zukünftigen Status angesetzt. Da die dortige Bevölkerung überwiegend katholisch war, hätte eine öffentliche Konfrontation im Reich die Argumente derer im Saar-

[448] Vgl. Scholder Bd. 2, S. 262f.

[449] Protokollbuch des KGV Recklinghausen vom 1.1.1934–10.6.1938, Eintragung vom 9.9.1934 (Archiv der Kolpingsfamilie Recklinghausen-Zentral).

[450] Protokollbuch des KGV Oldenburg 1934–1936, Eintragung vom 18.9.1934 (Archiv der Kolpingsfamilie Oldenburg-Stadt).

land genährt, die gegen den Wiederanschluß an Deutschland optierten. Die Bischöfe, allen voran der betroffene Trierer Bischof Bornewasser, vermochten es aber nicht, aus dieser Situation für ihre Forderungen Kapital zu schlagen. Ganz im Gegenteil, sie stellten ihre patriotische Gesinnung unter Beweis, indem sie sich zu einer Wiederangliederung des Saargebietes ans Deutsche Reich bekannten[451].

Das Doppelmitgliedschaftsverbot der DAF, das ständig wie ein Damoklesschwert über der Arbeit des Kolpingwerks hing, sorgte auch weiterhin für Konfliktstoff. Im Herbst und Winter lag ein Schwerpunkt der DAF-Kampagne gegen konfessionelle Berufsstandsvereine am linken Niederrhein. Bischof Galen protestierte mehrmals bei Reichsinnenminister Frick dagegen[452]. Diese Eingaben erreichten meist nur eine bloße Zurkenntnisnahme, im günstigsten Falle ein Weiterreichen an die betroffenen unteren Dienststellen. Die Handhabe des Verbots geschah weiterhin willkürlich. Diözesanpräses Echelmeyer forderte daraufhin im November 1934 von der münsterischen Kolpingsfamilie sozusagen als passive Gegenwehr eine stärkere Geschlossenheit, fast schon eine Wagenburgmentalität. Er wies die Mitglieder an, wenn möglich Aufträge und Einkäufe bei Meistern des Vereins zu erledigen, umgekehrt sollten die Meister vordringlich Gesellen einstellen, die der Kolpingsfamilie angehörten[453]. Die Strategie der DAF, wirtschaftlichen Druck auszuüben, sollte so also umgedreht werden, eine Überlegung, die bei der beachtlichen Größe des münsterischen Vereins[454] und der Dichte des katholischen Milieus in der Bischofsstadt nicht abwegig war und noch viel von dem Selbstbewußtsein des katholischen Verbandswesen verrät, wie es zumindest bis zum Ende der Weimarer Republik entwikkelt worden war.

Daß der Druck auf die Kolpingsfamilien zum Jahresende 1934 und dann vor allem in den Jahren 1935 und 1936 immer größer wurde, zeigt die Tatsache, daß die Vereinschroniken und Protokollbücher, zu deren Führung eigentlich jeder Verein verpflichtet war[455], in vielen Kolpingsfamilien in dieser Zeit enden, obwohl aus

451 Vgl. Scholder Bd. 2, S. 358–366.

452 So am 19.10., 26.11. und 6.12.1934; vgl. LÖFFLER, Peter: Bischof Clemens August Graf von Galen. Akten, Briefe und Predigten 1933–1946 Bd. 1 (Mainz, 1988), Nr. 71, S. 234.

453 Wörtlich schrieb Echelmeyer: »In den nächsten Monaten werden die einzelnen Gruppen in der Kolpingsfamilie ihre Mitgliederverzeichnisse veröffentlichen, wie es schon in alter Zeit üblich war. Als erstes erscheint das Verzeichnis der Meistergruppe. Es ist recht, daß wir alle dann bei unseren Bestellungen hineinschauen, und uns an unsere Meister zuerst wenden und in ihren Geschäften kaufen. Die Meister müssen dann wiederum bei Einstellung von Gesellen sich zuerst an unseren Arbeitsnachweis wenden, um dort unsere Gesellen und Altkolpingsmitglieder zuerst in Arbeit und Verdienst zu bringen. (...)«; vgl. Clemens Echelmeyer: »An die Gesamt-Kolpingsfamilie«, in: Die Kolpingsfamilie Jg.8/Nr. 7 vom November 1934.

454 Am 1.1.1934 hatte die Kolpingsfamilie Münsters allein 282 aktive Gesellen-Mitglieder, mit Altkolping und Meistergruppe dürfte die Gesamtzahl bei mindestens 400 gelegen haben; vgl. Vereinsbericht 1934 (Archiv der Kolpingsfamilie Münster-Zentral, Mappe 1930–1940).

455 Vgl. Generalsekretariat des Katholischen Gesellenvereins (Hg.), Handbuch des Katholischen Gesellenvereins (Köln 1929), S. 64.

Nachkriegsberichten hervorgeht, daß das Vereinsleben weitergeführt wurde[456]. Der Steinfelder Kaplan Frilling gab dafür rückblickend 1946 folgende Erklärung:

> Infolge der kirchenfeindlichen Einstellung des Naziregimes drohte ständig die Gefahr der Auflösung der Kolpingsfamilie. Zudem wurden in den Versammlungen manche gegen den Nationalsozialismus gerichtete Dinge verhandelt und besprochen, die dem Protokollbuch nicht anvertraut werden konnten. Es erschien überhaupt ratsam, der Regierung keinerlei schriftliche Handhabe zum Vorgehen gegen die Kolpingsfamilie zu bieten.[457]

Das Jahr 1935 begann für die Kolpingsfamilien im Bistum Münster mit einer Bezirksvorständetagung mit hochkarätiger Besetzung. Neben dem einladenden Veranstalter, Diözesanpräses Echelmeyer, nahmen auch Generalpräses Hürth und Bischof Galen an der Tagung teil. Das stellte sichtbares Zusammenrücken und ausdrückliche Solidarität der Verbands- und Kirchenoberen mit den vielerorts vom Doppelmitgliedschaftsverbot bedrängten Kolpingsbrüdern dar und damit einen großen Unterschied zu einer ähnlichen Veranstaltung im Vorjahr[458]. Galens Hauptrede trug den Titel »Neuer Kulturkampf, ja oder nein?« und mußte auch dem letzten Funktionsträger im Diözesanverband die Augen für den Ernst der Lage öffnen[459]. Generell stellt die erste Jahreshälfte 1935 für den deutschen Katholizismus allgemein wie für die Deutsche Kolpingsfamilie im besonderen die endgültige Entflechtung der erwähnten Gemengelage im Verhältnis zum nationalsozialistischen Staat dar. Der totalitäre Charakter des Regimes wurde überdeutlich. Auf katholischer Seite wurde erkannt, daß Verhandlungen, Absprachen und Zusagen mit einer solchen Gegenseite letztlich völlig nutzlos bleiben mußten. Die Konkordatsausführungsverhandlungen verliefen nun endgültig im Sande, im April 1935 verschärfte DAF-Führer Ley das Doppelmitgliedschaftsverbot noch einmal, diesmal auch unter ausdrücklicher Nennung konfessioneller Gesellenvereine. ›Abgerundet‹ wurde diese Kampagne durch Innenminister Frick, der am 7.7.1935 ausgerechnet in Münster die komplette Entkonfessionalisierung des öffentlichen Lebens forderte und damit ein für allemal seine vermeintliche Vermittlerposition zwischen den Bischöfen und Verbänden auf der einen und der DAF und Ley auf der anderen Seite verlor[460].

456 So beispielsweise KF Recklinghausen-Hillerheide, deren Aufzeichnungen Ende 1935 enden (vgl. FS Kolpingsfamilie Recklinghausen-Hillerheide 1928–1953, S. 13f.); KF Buer-Erle: Ende der Aufzeichnungen Ende 1934 (vgl. FS 50 Jahre Kolping in Buer-Erle, 1957, o.S.); KF Greffen: Ende der Aufzeichnungen 17.10.1934 (vgl. FS 25 Jahre KF Greffen, 1956, S. 9f.); KF Warendorf: Ende der Aufzeichnungen 20.3.1936 (vgl. FS 100 Jahre KF Warendorf, 1953, S. 34ff.); KF Steinfeld: Ende der Aufzeichnungen August 1936 (vgl. Protokollbuch der KF Steinfeld – zusammenfassender Bericht für die Zeit von 1936–1946, von Kaplan Engelbert Frilling; Abschrift in: Sammlung NS-Zeit, Archiv des Kolpingwerks Diözesanverband Münster, Coesfeld).

457 Ebd.

458 Vgl. die Kritik des Altlüner Präses an der Diözesanleitung vom März 1934 im Protokoll über die Führerratssitzung vom 7.3.1934, Protokollbuch über Vorstandssitzungen des KGV Altlünen 1929–1952 (Archiv der Kolpingsfamilie Altlünen).

459 Die Kolpingsfamilie 9. Jg./Nr. 1 vom 25.1.1935

460 Vgl. Raem, S. 150f.

Abb. 19: Beschädigtes Kolpinghausschild (Warendorf?), die Kolpingsfamilie hat darunter ein Plakat befestigt mit der Aufschrift »Was Meisterhand ehrt, Bubenhand zerstört«
Abbildungen 20 (oben rechts) und 20a: Das Bocholter Kolpingdenkmal vor und nach der Zerstörung vom April 1935

Zur gleichen Zeit häuften sich die Übergriffe nationalsozialistischer Instanzen auf Veranstaltungen, Institutionen und Symbole der Kolpingsfamilien. Bezeichnend dafür ist ein Vorfall in Bocholt, wo in der Nacht vom 15. zum 16.4.1935 das Kolpingdenkmal vermutlich von geflüchteten österreichischen Nationalsozialisten zerstört wurde[461]. Daneben standen die Behinderung und das Verbot von Theateraufführungen, die Beschlagnahme von Bannern, das Verbot öffentlicher Auftritte – dazu gehörte auch ein ›Ständchen‹ zum Namenstag des Präses, die Festnahme von Gesellen in KWG-Kluft in Fronleichnamsprozessionen und die Zerstörung von K-Schildern an Gesellenhäusern[462]. Um den durch Doppelmitgliedschaftsverbot und Schikanen verursachten Abwärtstrend der Mitgliederzahlen zu stoppen, begann die Kölner Zentrale im März 1935 mit einer Werbekampagne »von Mann zu Mann«[463]. Dem Schwund konnte trotz großen Aufwands so aber nicht begegnet werden, im münsterischen Diözesanverband finden sich nicht einmal Spuren der Aktion.

Wie sich die Repressalien gegen Kolpingsfamilien zwischen Frühjahr und Herbst 1935 zuspitzten, kann exemplarisch am Beispiel der niederrheinischen Kolpingsfamilie Uedem gezeigt werden, die zu diesem Zeitpunkt noch eine ausführliche und wenig zurückhaltende Vereinschronik führte. Im März 1935 wurden die Leiter der Unterrichtskurse, ein Handels- und ein Volksschullehrer, gezwungen, ihre ehrenamtliche Lehrtätigkeit zu beenden, wollten sie nicht ihren Beamtenstatus verlieren. Nach dem Josefsfest im Mai 1935 wurde die Kolpingsfamilie wegen verbotenem öffentlichen Auftretens angezeigt, der Senior als Verantwortlicher zu einer Geldstrafe verurteilt. Der ›Auftritt‹ bestand darin, daß die Vereinsmitglieder, wie an Josefsfest und Kolpinggedenktag üblich, geschlossen von der Kirche zum Vereinslokal gezogen waren. Darüberhinaus wurden noch sieben Gesellen bestraft, weil sie nachmittags das Banner zur Sakristei getragen hatten. Ebenfalls im Mai wurde das Orchester der Kolpingsfamilie in »Pfarrorchester« umbenannt, um »allen Gefahren und Schwierigkeiten« aus dem Wege zu gehen und das Orchester zu erhalten. Die Fahrradausflüge in der heißen Jahreszeit wurden in die nahen Niederlande, nach Steyl und nach Nimwegen, unternommen, um erneute Anzeigen wegen öffentlichen Auftretens zu vermeiden. Zum Stiftungsfest am 29.9.1935 heißt es im Bericht zur Lage des Vereins: »Die Mitgliedschaft für eine ganze Reihe von Kolpingssöhnen wird immer kritischer.« Sämtliche örtliche Fabrikanten waren bedrängt worden, nur DAF-Mitglieder weiter zu beschäftigen, die dann, gemäß dem bestehenden Doppelmitgliedschaftsverbot, eidesstattlich erklären mußten, keiner konfessionellen Berufsorganisation anzugehören. So verlor die Kolpingsfamilie Uedem einige Mitglieder, die sie aber weiterhin als Gäste zu den Veranstaltungen einlud. Im Oktober

461 Vgl. KF Bocholt-Zentral an Generalsekretariat Köln, 27.4.1961; Abschrift in: Sammlung NS-Zeit (Archiv des Kolpingwerks Diözesanverband Münster, Coesfeld).

462 Vgl. ebd.; Chronik der KF Uedem 1934–1941, Eintragungen vom 13.1. und 10.2.1935 (Abschrift in: Sammlung NS-Zeit); FS »100 Jahre KF in Warendorf 1953« S. 34ff.; FS »50 Jahre KF Kevelaer«, 1955, S. 21f.

463 Vgl. Raem, S. 191.

1935 schließlich wurde es der Kolpingsfamilie untersagt, ihren traditionellen Kirmesball abzuhalten. Als Rechtsgrundlage diente eine Verordnung des Amtes Uedem vom August 1935, die den konfessionellen Verbänden keinerlei weltliche Veranstaltung mehr gestattete. Innerhalb weniger Monate also waren der Kolpingsfamilie sämtliche Vereinsaktivitäten entzogen oder verboten worden, mußte für die Vereinsmitglieder das Bewußtsein entstehen, einer staatsfeindlichen, beinahe kriminellen Organisation anzugehören[464].

Das im Wortsinne fragwürdigste, erschütterndste und auch nach sechzig Jahren in seiner Bewertung umstrittenste Ereignis bezüglich des Aufeinanderprallens von nationalsozialistischem Staat und Kolpingsfamilie im Bistum Münster geschah im Sommer 1935 in Werne. Ende Juli hatte ein Werner Kolpingbruder von einem Bekannten aus Münster ein aus SA-Kreisen stammendes Flugblatt mit Spottliedern gegen Bischof Galen und Ordensschwestern erhalten. In der wöchentlichen Versammlung der Kolpingsfamilie vorgetragen lösten die Texte große Empörung aus. Mehrere Mitglieder der Kolpingsfamilie wünschten Abschriften des Flugblattes, um Angehörigen und Bekannten die kirchenfeindliche Haltung nationalsozialistischer Kreise deutlich vor Augen führen zu können. Eine Gruppe von Kolpingsbrüdern vervielfältigte daraufhin das Flugblatt, verteilte es an die Interessenten und schob in der Nacht vom 31. Juli zum 1. August die überzähligen Exemplare unter die Haustür bekannter Werner Bürger.

Bei dieser Aktion wurde ein Kolpingbruder verhaftet, daran anschließend alle an der Aktion Beteiligten. Einer konnte in die Niederlande fliehen. Der Vorwurf lautete auf falsche Anschuldigung und Aufhetzung der Bevölkerung »gegen Staat und Bewegung«[465]. Die wahren Beweggründe der Kolpingsmitglieder wurden umgedreht und gegen sie und die katholischen Verbände allgemein verwandt. Diese waren es nach offizieller Darstellung nun, die das Verhältnis Staat–Kirche belasteten und Konkordatsbrüche begingen. Die Kölner Verbandszentrale reagierte, ohne sich über die genauen Hintergründe und Fakten zu informieren, umgehend, und schloß am 3.8.1935 nicht nur die betroffenen Mitglieder, sondern die gesamte Kolpingsfamilie Werne aus dem Verband aus[466]. Dieser Schritt konnte aber nicht verhindern, daß die Staatspolizeistelle für den Regierungsbezirk Münster am 8.8.1935 alle Kolpingsfamilien im Kreis Lüdinghausen aufgrund des Ermächtigungsgesetzes vom 28.2.1933

464 Vgl. Chronik der KF Uedem 1934–1941, Eintragungen vom März 1935, 12.5.35, September 35, 29.9.35, 20. u. 22.10.35 (Abschrift in: Sammlung NS-Zeit; Archiv des Kolpingwerks Diözesanverband Münster, Coesfeld).

465 Vgl., auch für das Folgende, KROES, Heinrich: »Aufrechtes Handeln Werner Kolpingssöhne – die Auflösung der Kolpingsfamilie im Jahr 1935 durch die Nationalsozialisten«, in: 100 Jahre Kolpingsfamilie Werne – Unser Auftrag für die Zukunft, Werne 1993, 65–87; außerdem: Sammlung NS-Zeit (Archiv des Kolpingwerks Diözesanverband Münster, Coesfeld).

466 Vgl. Auflösungsurkunde vom 3.8.1935, unterzeichnet von Generalpräses Hürth (Sammlung Zeitgeschichte Nr. 70, Bistumsarchiv Münster).

auflöste[467]. Die verhafteten Kolpingsbrüder wurden zunächst ins Gefängnis nach Recklinghausen, dann ins Konzentrationslager Esterwegen gebracht. Erst am 15.4.1936 wurden sie entlassen.

Die nationalsozialistische Propaganda nutzte das Werner Geschehen deutschlandweit aus. In Plakataktionen und Reden, unter anderem von Joseph Goebbels auf dem Essener Gauparteitag, wurde die Aktion der Werner Kolpingsbrüder als Beispiel für die angebliche ›Greuelpropaganda‹ des (längst zerschlagenen) politischen Katholizismus dargestellt[468]. Wieder einmal in die Nähe des politischen Katholizismus gerückt zu werden aber war für den Gesamtverband eine Frage von Leben und Tod, denn es bedeutete, keinerlei Konkordatsschutz mehr zu genießen. Von daher ist die schnelle Distanzierung der Kölner Zentrale nicht nur von den direkt Betroffenen, sondern von der gesamten Kolpingsfamilie Werne zu verstehen. Raem nennt das Vorgehen der Werner denn auch »unüberlegtes oder politisch unkluges Verhalten«[469]. Das mag zutreffen, aber die Reaktion der Kölner Verbandsspitze und des Werner Ortsklerus kann man auch nur als voreilig und wenig mutig bezeichnen. In einer Kanzelerklärung der Werner Pfarrgeistlichkeit vom 5.8.1935 hieß es, sie verurteile die »Tat auf das schärfste, und das umso mehr, als der Verdacht der Täterschaft auf andere Unschuldige gelenkt worden ist«. Weiter erklärten die Geistlichen, die in Frage kommenden Gesellen seien bereits »aus dem Kolpingswerk ausgestossen[!] worden«. In der ursprünglichen Vorlage hatte es noch »ausgeschlossen« geheißen, das war dort aber schon handschriftlich in »ausgestoßen« umgeändert worden[470].

Über diesen verschärften Wortlaut ärgerte sich der Vater eines Verhafteten, der meinte, es hätte sich doch »für den Ausschluß, wie er nun einmal bekannt gemacht werden mußte, ein besseres Wort als ›ausgestossen[!]‹ gefunden, worüber sich unzählige alt eingesessene kath. Bürgerfamilien sehr erregt haben.« Er, der seinen Sohn für schuldlos hielt, ihn aber von der Kanzel herab »schamlos wie ein[en] Verbrecher« behandelt sah, kündigte daraufhin seine Ehrenmitgliedschaft in der Kolpingsfamilie[471]. Der neue Generalsekretär Büttner hatte ebenfalls am 5.8.1935 in einem Rundschreiben an alle Präsides und Senioren der Deutschen Kolpingsfamilie die kompropromißlose Haltung der Verbandsleitung eindeutig zum Ausdruck gebracht: »(...) Politische Sonderbündelei in irgendwelcher Art ist Ausschlußgrund. Wer sich nicht

467 Vgl. Staatspolizeistelle für den Reg.Bez. Münster an den Vorstand der KF Werne, 8.8.1935 (Sammlung Zeitgeschichte Nr. 70, Bistumsarchiv Münster).

468 Vgl. Sammlung NS-Zeit (Archiv des Kolpingwerks Diözesanverband Münster, Coesfeld). Die Plakataktion der NSDAP-Gaupropagandaleitung Westfalen-Nord mit dem Titel »Deutsches Volk horch auf« wurde in weiten Kreisen des Bistums als Provokation empfunden. Das erschließt sich aus den zahlreichen Gerichtsverfahren, die wegen Abreißens des Plakats erfolgten. Vgl. Lahrkamp, S. 129.

469 Raem, S. 214.

470 Vgl. Kanzelerklärung der Werner Pfarrgeistlichkeit (Sammlung Zeitgeschichte Nr. 70, Bistumsarchiv Münster).

471 Vgl. Franz Schulz an Präses Eligmann, 5.8.1935 (Sammlung Zeitgeschichte Nr. 70, Bistumsarchiv Münster).

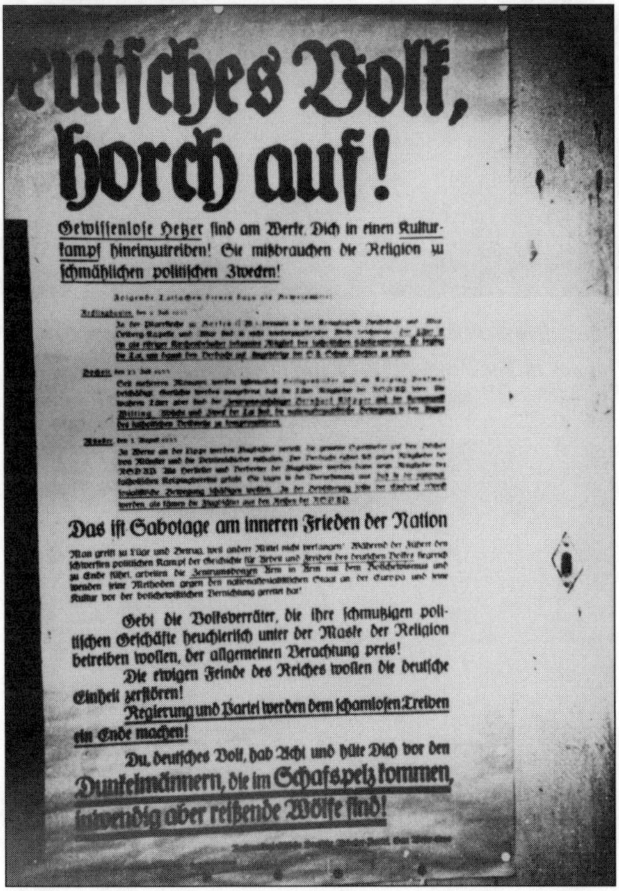

Abb. 21: Prozessionen mit K-Banner durften oft nur in der Kirche oder um die Kirche herum stattfinden; hier die Kolpingsfamilie Raesfeld, 1938

Abb. 22: NS-Propagandaaktion »Deutsches Volk, horch auf!« bezüglich der Werner Ereignisse

Abb. 23: Die Kolpingsfamilie Münster mit dem neuen Diözesanpräses Echelmeyer bei der Großen Prozession 1935; in jenem Jahr waren weder in der Prozession NS-Uniformträger noch am Rande Hakenkreuzfahnen zu sehen

in die volkliche und staatliche Gemeinschaft einordnen will, Einrichtungen und Führer des deutschen Volkes gewissenlos lästert, wird ausgeschlossen. (...)«[472] Der ›Fall Werne‹ war somit nicht nur durch die NS-Propaganda, sondern auch durch die Verbandsleitung in ganz Deutschland bekannt gemacht worden. Hürth erhielt als Reaktion denn auch aus verschiedenen Teilen des Reichs Kritik an seiner Zwangsauflösung der Werner Kolpingsfamilie. Er wurde mehrfach darauf hingewiesen, daß die Schmähgedichte an unterschiedlichen Orten von NS-Organisationen abgedruckt oder gar gesungen worden waren, so beispielsweise in Neuwied und Dortmund[473]. Am deutlichsten wurde ein Briefschreiber aus Köln-Mülheim:

> (...) Gab es wirklich keine andere Form, in der der Gesellenverein die »Sünder« von Werne »bestrafen« konnte? Tatsache ist doch wohl, daß die in Frage stehenden Schmähgedichte ursprünglich nicht von den Gesellen stammen, sondern von ganz anderen Kreisen, die aber anscheinend nicht genannt werden dürfen, herrühren. Die Gesellen haben doch wohl nur diese von kirchenfeindlicher Seite verfaßten Gedichte deshalb vervielfältigt, um den Katholiken zu zeigen, wohin die Reise geht. Also haben die Gesellen zwar leichtsinnig, schließlich aber doch, vom Standpunkt der Kirche aus gesehen, in durchaus bester Absicht gehandelt und nur nach starken Provokationen der Gegenseite. Aber ganz gleich, ob man das Vorgehen der Gesellen entschuldigt oder verurteilt: Diese Form des Fallenlassens führt nur dazu, daß gerade die Katholiken, die heute noch in vorderster Linie stehen und bereit sind, für ihre Überzeugung Opfer zu bringen, sich die Frage vorlegen, ob sie über den Kirchenbesuch und Sakramentenempfang hinaus für die Interessen der Kirche noch eintreten sollen und ihre Mitgliedschaft und Mitarbeit in katholischen Vereinen nicht besser aufgeben. Welche Meinung nach dieser Richtung hin insbesondere bei den jugendlichen Katholiken herrscht, kann ich nur kurz andeuten. Sind wir so vogelfrei, wenn wir als gute Deutsche auch für die berechtigten Interessen unserer Kirche eintreten? Die kirchlichen Vertreter hören wir meistens nur dann, wenn sie wirkliche oder angebliche »Vergehen« von Katholiken öffentlich entschuldigen oder verurteilen, nicht aber, wenn es gilt, offenbare Ungerechtigkeiten zurückzuweisen oder diese in Schutz zu nehmen, die in berechtigter Abwehr kirchenfeindlicher Angriffe als politische Verbrecher gebrandmarkt werden und ins Gefängnis kommen. Was hat der Gesellenverein mit dieser Form der Abschüttlung seiner Werner Mitglieder erreicht? Der Gegenseite etwa zu milderer Beurteilung Veranlassung gegeben? Im Gegenteil! Bei dieser kommt der Appetit beim Essen und die letzten Jahre und Monate haben doch wohl zur Genüge gezeigt, daß der Druck der Gegenseite um so stärker wird, je nachgiebiger, ja kompromißfreudiger, ja verhandlungsbereiter und – ja uneiniger unsere kirchlichen Führer sind! Erreicht ist nur eine ständig größer werdende Unruhe bei den kirchentreuen Katholiken, die mit verhaltenem Ingrimm die Ungerechtigkeiten sehen und sich vielfach von denen verlassen fühlen, die ihnen heute als katholische Führer gesetzt sind.
> Klugheit? – ja! Überklug? – nein! Vorsicht? – ja! Feigheit? – nein! (...)[474]

[472] Büttner an alle Präsides und Senioren der Deutschen KF, 5.8.1935 (Sammlung Zeitgeschichte Nr. 70, Bistumsarchiv Münster).

[473] Vgl. Sammlung NS-Zeit (Archiv des Kolpingwerks Diözesanverband Münster, Coesfeld).

[474] Friedel Pützer, Köln-Mülheim, an Hürth, 10.8.1935 (abgedruckt in: Kroes, S. 82–85; außerdem Abschrift in: Sammlung NS-Zeit – Archiv des Kolpingwerks Diözesanverband Münster, Coesfeld).

Diese Sichtweise und Stellungnahme ist in ihrer klaren Analyse und Offenheit einzigartig. Sie zeigt aber eindeutig auf, daß spätestens Mitte 1935 an der katholischen Basis die Kritik an Verbandsführern und Bischöfen wegen ihrer zögerlichen und uneindeutigen Haltung gegenüber dem nationalsozialistischen Staat wuchs.

Bezeichnenderweise erstellten fast zur gleichen Zeit die Leiter des katholischen Verbandswesens Deutschlands unter der Federführung des Generalpräses des Jungmännerverbandes, Wolker, eine Denkschrift, die sich an den Episkopat richtete und ein entschlosseneres und nach außen sichtbareres Auftreten gegen nationalsozialistische Übergriffe forderte. Die darin enthaltene berühmte Formulierung, »Was uns unmöglich ist, das ist das Martyrium ohne Auftrag«[475] bringt die Meinung des Kölner Briefschreibers noch einmal zugespitzt zum Ausdruck. Erstaunlich ist aber in diesem Zusammenhang, daß Generalpräses Hürth, der die Denkschrift für das Kolpingwerk unterschrieben hatte, auch nicht anders handelte als die Bischöfe, die er zum Überdenken ihrer Vorgehensweise aufforderte. Der schon zitierte Rundbrief des Generalsekretärs Büttner sprach ebenfalls noch eine Sprache, wie sie dessen Vorgänger Nattermann benutzt hatte, und die in ihrer nationalen Loyalität im Sommer 1935, nach über zweijähriger Erfahrung mit der nationalsozialistischen Realität, völlig unangebracht war.

Der münsterische Diözesanpräses Echelmeyer war in seiner Reaktion weitaus zurückhaltender. Natürlich stellte auch er sich hinter die Kölner Ausschluß-Entscheidung, zeigte aber zwischen den Zeilen vorsichtiges Verständnis für das Vorgehen der Werner Gesellen. In seinem Brief an alle Mitglieder der Werner Kolpingsfamilie vom 7.8.1935 hieß es unter anderem:

> (...) Als Kolpingssöhne fügen wir uns, ohne zu kritisieren, den Anordnungen unseres Generalpräses, auch wenn Unschuldige mitbetroffen werden. Bewahre Dir auch in schwerer Prüfung das frohe Gottvertrauen, das einen Vater Kolping so besonders auszeichnete. Bete, daß Gott alles zum Guten lenken möge. Behalte die Liebe zu Vater Kolping und seinen Idealen im Herzen. Deus providebit – Gott wird schon sorgen! (...)[476]

Echelmeyer war aber dennoch so konsequent, den Brief nur mit »In herzlicher Freundschaft« statt mit dem obligatorischen Kolpinggruß »Treu Kolping« zu unterzeichnen. Es ist anzunehmen, daß er die genaueren Umstände der Werner Vorgänge kannte. Wenige Tage vor der Flugblattaktion hatte die DAF in Werne die dortige Kolpingsfamilie aufgefordert, sich selbst aufzulösen. Der Ortspräses Eligmann hatte Echelmeyer darüber informiert, der nannte dies ein »kindisches Ansinnen«[477]. Nur eine Woche später mußte er miterleben, wie sich diese Aufforderung von selbst erledigte. Echelmeyer war es auch, der 1945 die ausgeschlossenen Gesellen und mit

[475] STASIEWSKI, Bernhard (Bearb.), Akten deutscher Bischöfe über die Lage der Kirche 1933–1945, Bd. 2 1934–1935 (Mainz, 1976), S. 247.

[476] Echelmeyer an die Mitglieder der KF Werne, 7.8.1935 (Sammlung Zeitgeschichte Nr. 70 – Bistumsarchiv Münster).

[477] Vgl. Echelmeyer an Eligmann, Werne, 25.7.1935 (Sammlung Zeitgeschichte Nr. 70 – Bistumsarchiv Münster).

ihnen ihre aufgelöste Kolpingsfamilie quasi rehabilitierte. Bei der Wiedergründung der KF Werne am 12. November 1945 sagte er, die sieben Gesellen seien 1935 ausgestoßen worden, um das gesamte Werk Adolph Kolpings in Deutschland zu retten. Generalpräses Hürth hätte dies schlaflose Nächte bereitet, er hätte unter seinem eigenen Entschluß gelitten[478]. Nachprüfen ließen sich diese Äußerungen zu diesem Zeitpunkt nicht mehr – Hürth war im November 1945 schon über ein Jahr tot.

3.5 Vom Katholischen Gesellenverein zur Deutschen Kolpingsfamilie – Die ›Achsenzeit‹ der Untersuchung

Die Jahre 1933–1935 und die dann folgende Zeit bis zum Ende des Zweiten Weltkriegs stellen für den Diözesanverband Münster des Kolpingwerks die schwierigste Epoche in seiner Geschichte dar. Dieser Zeitabschnitt ist aber auch für die Entwicklung des Verbandes als der wichtigste anzusehen. In ihm wurden Weichen gestellt, die die Entwicklung des Kolpingwerks auch im Bistum Münster für die nächsten Jahrzehnte und bis in die heutige Zeit hinein bestimmten. Der Begriff ›Achsenzeit‹ wurde von Karl Jaspers geprägt für jenen antiken Wendepunkt der Menschheitsgeschichte, an dem kritische Reflexion und selbstbewußte kulturelle Aktivität Mythos und starre Traditionsverbundenheit zu verdrängen begannen[479]. Diesen Begriff ausgerechnet für die in vielen Festschriften und Chroniken von Kolpingsfamilien als ›dunkle Zeit‹ bezeichneten Jahre zu verwenden, mag zunächst paradox erscheinen. Und doch ist die Umwandlung der alten Gesellenvereine in Kolpingsfamilien mehr als eine bloße Namensänderung zumal unter dem Druck der politischen Umstände gewesen. Da ist zunächst einmal die altersmäßige Ausweitung des Verbandes zu nennen. Sie hatte ziemlich schnell konkrete Auswirkungen. Nur durch die Einbeziehung der älteren Handwerker, Meister und Ehrenmitglieder konnte im Verband die Kriegs- und Nachkriegszeit ohne größere Brüche und Gesamtausfälle überlebt werden. Das alte Mitgliederprofil gehörte zu einem hohen Prozentsatz zu den Kriegsteilnehmern und dann zu den Kriegsgefangenen. Dieser Vorteil einer kontinuierlichen Arbeit hatte aber auch die negative Seite, daß der Verband älter wurde, daß vor allem die den Verbandskurs bestimmenden Köpfe von nun an überwiegend ältere, verbandserfahrenere Mitglieder wurden, die auf diese Weise die Dynamik der Vereinsarbeit ausbremsen konnten.

Die Änderung in der Altersstruktur brachte natürlich auch eine Verschiebung in der inhaltlichen Ausrichtung mit sich. Hürths großes Anliegen war die Familienpädagogik, die in einem Verband lediger (Jung-)Gesellen wenig Platz hatte, die sich nun aber voll entfalten konnte. Die Kolpingsfamilie wurde somit, und das nicht nur dem Namen nach, zu einem Familienverband, mehr als dreißig Jahre vor der Ein-

[478] Vgl. Kroes, S. 81.
[479] Vgl. JASPERS, Karl: Vom Ursprung und Ziel der Geschichte (München, 1949).

führung weiblicher Mitgliedschaft[480]. Die berufsständische Arbeit des Verbandes wurde, zwar auch auf Druck des Regimes, letztlich aber ein für allemal, umbewertet. Statt der Ausbildungs- und Berufsförderung stand nun die Entwicklung einer religiös-ethischen Arbeits- und Berufsauffassung im Mittelpunkt. Durch eine Satzungsänderung vom 19.8.1935, die das Kolpingwerk in Deutschland für die restlichen zehn Jahre des Dritten Reiches endgültig zur Sakristeiorganisation werden ließ, fielen die Fachabteilungen, Fernkurse, die Arbeitsvermittlung und die Betreuung der beruflichen Wanderschaft weg. Die entsprechenden Einrichtungen wurden zum 1.7.1936 aufgelöst[481]. Diese für die Gesellenvereine Adolph Kolpings einst konstitutionellen Aufgaben wurden auch nach 1945 nicht mehr oder in viel geringerem Umfang wieder aufgenommen, wie an anderer Stelle noch zu zeigen sein wird[482]. Was durch nationalsozialistischen Zwang zustande kam, ermöglichte eine vorgezogene Modernisierung des Verbandes. Nach dem Zweiten Weltkrieg war sehr schnell abzusehen, daß sich die alten berufsständischen Strukturen und die dadurch entstandenen Probleme vollständig veränderten. Die Ausbildung wurde nun stärker staatlicherseits geregelt, die Wanderschaft fiel weg. Der Gesellenverein war eine Errungenschaft des 19. Jahrhunderts gewesen, die sich trotz Reformen und Weiterentwicklung nie grundsätzlich verändert hatte. Durch die Umstrukturierung der Jahre 1933–1935 war es nach dem Krieg möglich, einen sozialkatholischen Familienverband zu entwickeln, der weiterhin eine Existenzberechtigung im Spektrum des deutschen Katholizismus und der bundesdeutschen Gesellschaft hatte und hat. Gerade dadurch, daß die Nachkriegszeit stärker von Restauration als von Innovation geprägt war, sind die ›Achsenzeitjahre‹ so wichtig.

Veränderungen im Vereinsprofil bedeuteten auch eine veränderte Aufgabe für den Präses. Der Geistliche als Vereinsleiter hatte sich im Katholischen Milieu zu einem ›Milieumanager‹ entwickelt. Mit der nun einsetzenden stärkeren religiös-spirituellen Ausrichtung der Kolpingsfamilien wurde er nun hauptsächlich wieder ein dem Wortsinne nach ›geistlicher‹ Leiter. Auch diese Entwicklung bereitete den Boden für die nach dem Zweiten Weltkrieg allmählich sich herausbildende Struktur, daß der Laien-Vorsitzende als eigentlicher Vereinsmanager, der Präses hingegen als geistiger und geistlicher Kopf einer Kolpingsfamilie fungierten. Der in den Jahren 1934–1947 amtierende Diözesanpräses Echelmeyer war nach heutigem Verständnis der erste Hauptamtliche in dieser Funktion[483]. Seine Vorgänger waren offiziell alle in die Domkurie eingebunden gewesen, die Aufgabe als diözesaner Verbandsführer mochte für sie alle zwar den Hauptteil ihrer Tätigkeit ausmachen, sie war aber eigentlich nur eine zusätzliche Beauftragung. Der naheliegende Eindruck,

480 Die Aufnahme weiblicher Mitglieder wurde auf der Zentralversammlung der Deutschen Kolpingsfamilie vom 14.–16.10.1966 in Würzburg beschlossen. Zu Hürths Familienpädagogik siehe auch Raem, S. 203f.

481 Vgl. Raem, S. 162; S. 176.

482 Vgl. Kapitel 4. und 5.dieses Teils der vorliegenden Arbeit.

483 Auskunft Bernhard Kohlstedte.

Echelmeyer sei somit ein klassischer ›Verbandspapst‹ mit weitreichender Eigenständigkeit gewesen, täuscht. Ganz im Gegenteil war er stärker in die Bistumshierarchie eingebunden als seine sämtlichen Vorgänger. Die Neubewertung des Verbandskatholizismus, sein Loslösen von den Zentralen, in unserem Falle Köln, sein gleichzeitiges Ankoppeln an das Pfarrgemeindeprinzip unter Beibehaltung der Zwischenebene Diözesanverband, dazu das Stichwort der Katholischen Aktion, auf das noch einzugehen sein wird - all' dies ist schon in den Dreißiger Jahren geplant und ansatzweise, durch die Zeitumstände auch zwangsläufig, durchgeführt worden[484]. Waren für Diözesanpräses Veen noch der Generalsekretär Nattermann und der Generalpräses Hürth die wichtigsten Ansprechpartner gewesen, so konsultierte und zitierte Echelmeyer vor allem Diözesanbischof Clemens August von Galen[485].

Der Druck der äußeren Umstände hatte den Verband gezwungen, sich aus starrer Traditionsverbundenheit zu lösen, sich auf die Suche zu begeben nach neuen Aufgaben und Zielen. Was aus der Rückschau wie eine zukunftsträchtige Weichenstellung erscheint, war aus der Sicht der damaligen Zeit ein schrittweiser Rückzug, der fast schon Kapitulation bedeutete. Für die verbleibenden Jahre des Dritten Reiches ist dieser Eindruck stimmig. Bis auf den Kreis Lüdinghausen und einzelne Ortsvereine[486] blieben zwar fast alle Kolpingsfamilien im Bistum Münster, zumindest offiziell, bestehen, und waren damit die Ausnahme im Spektrum des Verbands- und Vereinskatholizismus[487]. Es ist aber anzunehmen, daß die Zahl der Mitglieder beständig sank[488]. Ein Treffen der Funktionsträger der Recklinghäuser Kolpingsfamilie mit Generalpräses Hürth am Kolpingsgedenktag im Dezember 1937 stand unter dem Motto »Nach außen klein, aber nach innen stark«[489] und drückt den Wunsch aus, trotz Dezimierung überleben zu können. Echelmeyer schrieb dann auch 1946 rückblickend: »Der große Teil der Mitglieder, besonders die älteren, hielt stand. Katastrophaler wirkte sich aus, daß im Laufe der Jahre des Kampfes die Neu-

484 Vgl. Kösters, S. 422–436. Entscheidend sind in diesem Zusammenhang die Fuldaer Bischofskonferenz vom August 1935 und die münsterische Diözesansynode vom Oktober 1936.

485 Vgl. Zitate und Artikel bis Sommer 1935 in: »Die Kolpingsfamilie – monatliche Mitteilungen der KF Münster«, danach in dem als bescheidenerer Nachfolger verschicktem monatlichen Rundschreiben Echelmeyers an die Mitglieder der KF Münster (Archiv der Kolpingsfamilie Münster-Zentral, Mappe 1930–1940).

486 Verboten wurden die Kolpingsfamilien Lohne, Neuenkirchen, Oberhausen-Sterkrade und Kleve; vgl. Echelmeyer, Bericht zu den Schwierigkeiten der Kolpingsfamilie mit dem Dritten Reich (Bistumsarchiv Münster, GV Neues Archiv A 101–30).

487 Vgl. Kösters, S. 546–551.

488 Der Rückgang läßt sich für den münsterischen Diözesanverband nicht in konkreten Zahlen nachweisen, da keine Mitgliederstatistik für die Jahre des Dritten Reichs existiert. Sie läßt sich aber aus Berichten über schlecht besuchte Einzelveranstaltungen und aus Äußerungen von Präsides schließen.

489 Protokollbuch des KGV Recklinghausen vom 1.1.1934–10.6.1938, Eintragung vom 12.12.1937 (Archiv der Kolpingsfamilie Recklinghausen-Zentral).

aufnahmen sehr zurückgingen.«[490] Der Rückgang der Mitgliederzahlen ging einher mit einer weiterhin schwierigen wirtschaftlichen Lage vor allem für Kolpingsfamilien mit Wirtschaftsbetrieb im Gesellenhaus. Als Hürth im März 1937 zu einer Sonderspende für die ebenfalls finanziell schwer angeschlagene Kölner Zentrale aufrief, antwortete der Bezirk Bottrop-Buer, daß es seinen Vereinen schon schwer falle, die Beiträge ordnungsgemäß zu erheben und nach Köln abzuführen. Eine Sonderspende sei aber gänzlich unmöglich sei. Hürth antwortete, er habe dafür Verständnis, und fügte hinzu: »Betet für unsere Sache und vergeßt bei allem Mangel wenigstens die Minoritenkirche nicht. Im übrigen aber sorgt, daß ihr beisammen bleibt. Das ist das wichtigste vor allem.«[491] Für diesen Zusammenhalt sorgten einige Ortspräsides sogar im Krieg dadurch, daß sie regelmäßigen brieflichen Kontakt zu den im Felde stehenden Vereinsmitgliedern hielten[492]. In einigen Kolpingsfamilien aber wurde die Vereinsarbeit, auch ohne Verbot, eingestellt. Hürth, der sich damit nicht abfinden wollte, schrieb im Februar 1941 in diesem Zusammenhang an Echelmeyer:

> (...) Nachstehend teile ich die Kolpingsfamilien mit, die wir in unserer Geschäftsverwaltung vorläufig als ruhend beiseite gelegt haben: Ahaus, Emsteck, Harsewinkel, Herten-Langenbochum, Waldliesborn. Sie gelten nicht als tot, sondern nur als schlafend. Freilich kein wünschenswerter Zustand. Es mag zum Teil berechtigt sein, daß an diesen Orten gar nichts mehr zu machen ist, in anderen Fällen scheint mir eine gewisse Müdigkeit oder Lauheit vorzuliegen. Namentlich in größeren Städten ist doch zweifellos eine gewisse Anzahl von Altkolpingleuten noch zu Hause. Überall aber mag der tiefste Grund der sein, daß man Kolping und sein Werk nicht als Seelsorgsarbeit und darum gerade in unserer Zeit als durchaus notwendig, sondern mehr als eine Vereinsangelegenheit betrachtet, die genau so fehlen wie da sein kann. (...)[493]

Weiterhin fragte Hürth an, ob er persönlich bei den entsprechenden Pfarrämtern oder ehemaligen Senioren vorstellig werden sollte, um die dortige Kolpingsarbeit wieder zu intensivieren, oder ob Echelmeyer diese Aufgabe sinnvoller übernehmen könnte. In Hürths Brief steckt sehr viel Idealismus, aber auch eine gewisse Realitätsferne. Und seine Klage darüber, daß die Tätigkeit der Kolpingsfamilien nicht als Seelsorge verstanden wurde, zeigt, daß der »Paradigmenwechsel«[494] von der pfarrun-

490 Clemens Echelmeyer, Bericht zu den Schwierigkeiten der Kolpingsfamilie mit dem Dritten Reich (Bistumsarchiv Münster, GV Neues Archiv A 101–30).

491 Vgl. Bezirkssenior A. Hübel, Oberhausen-Osterfeld, an Hürth, ohne Datum (um den 20.4.1937); Hürth an Hübel, 30.4.1937 (Archiv des Generalsekretariats des Kolpingwerks, Köln, Unterlagen Generalpräses Hürth, Akte: Deutsche Diözesanangelegenheiten bis 1944).

492 So z.B. der Präses der Kolpingsfamilie Gescher, vgl. u.a. Rundbriefe vom Dezember 1939, April 1940, August 1940 (Pfarrarchiv Gescher, St. Pankratius, Karton 32 – Depositum im Bistumsarchiv Münster); Präses der Kolpingsfamilie Bocholt, vgl. u.a. Rundbriefe vom 22.9.1944, Januar 1945(!) (Archiv der Kolpingsfamilie Bocholt-Zentral).

493 Hürth an Echelmeyer, 18.2.1941 (Archiv des Generalsekretariats des Kolpingwerks, Köln, Unterlagen Generalpräses Hürth, Akte: Deutsche Diözesanangelegenheiten bis 1944).

494 Vgl. Kösters, S. 431.

abhängigen Vereinsarbeit zur »Kernschararbeit« in der Pfarrfamilie[495] weder von sämtlichen Mitgliedern noch vom gesamten Klerus nachvollzogen wurde. Daraus ergab sich ein Konflikt, der, trotz aller Weichenstellung der Achsenzeitjahre, nach dem Krieg ausgetragen wurde, wie nachfolgend zu zeigen sein wird.

Wieviele Kolpingsfamilien im Bistum Münster zum Kriegsende hin noch aktiv waren, läßt sich nicht beantworten. Statistische Angaben aus Köln[496] sind ebenso fragwürdig wie Berechnungen nach dem Schematismus, die von der Zahl der Präsides ausgehen[497], denn durch Versetzungen, Einberufungen und Todesfälle mußten spätestens seit Beginn des Krieges mehr und mehr Kolpingsfamilien ohne geistlichen Leiter auskommen[498]. Nicht berücksichtigt sind bei solchen Zahlen auch jene Kolpingsfamilien, die trotz Verbotes weiterarbeiteten[499]. Ab dem Sommer 1941 schließlich war der Diözesanverband, ab dem Herbst 1944 auch der Gesamtverband ›kopflos‹. Nachdem der Minister für kirchliche Angelegenheiten die Ernennung Echelmeyers zum Domkapitular als unfreundlichen Akt angesehen hatte, wurde der Diözesanpräses am 12.6.1941 durch die Gestapo aus der Rheinprovinz und aus Westfalen ausgewiesen und in die Lüneburger Heide verbannt[500]. Hürth kam bei einem Luftangriff auf Köln im Oktober 1944 ums Leben. Der Mythos von der sich ständig ausbreitenden Idee des Gesellenvaters Kolping war zu diesem Zeitpunkt genauso längst zerstört wie eine starre Traditionsverbundenheit auf Druck einem gewissen Pragmatismus gewichen war.

Tabelle 9: Gründungen von Gesellenvereinen bzw. Kolpingsfamilien 1933[501]

Gründungsjahr	*Verein*	*Region*
1933	Barßel	Oldenburg
1933	Polsum	Vest R'hausen
1933	Wessum	Münsterland

495 Vgl. Kösters, S. 549.

496 Im Herbst 1944 sollen in Köln noch 160 Kolpingsfamilien gemeldet gewesen sein – eine Zahl, die schon unrealistisch wird, wenn man allein die verbotenen Ortsvereine berücksichtigt. Vgl. Kolpingwerk Diözesanverband Münster, 125 Jahre Diözesanverband Münster, S. 17.

497 Kösters kommt mit dieser Methode für 1940 auf eine Zahl von 114 bestehenden Kolpingsfamilien. Vgl. Kösters, S. 548.

498 Vgl. Rundschreiben Hürths an alle Kolpingsfamilien vom 27.2.1944, in dem er für solche Fälle einen Laien als Vertretung vorsieht (Pfarrarchiv Epe, Kart.46 – Depositum im Bistumsarchiv Münster).

499 Z.B. Kolpingsfamilie Altlünen. Auskunft Theo Grünewald und Wilhelm Otto.

500 Vgl. Sammlung NS-Zeit (Archiv des Kolpingwerks Diözesanverband Münster).

501 Alle Zahlen und Daten nach: Kolpingwerk Diözesanverband Münster (Hg.): 125 Jahre Diözesanverband Münster 1859–1984 (Münster, 1984), korrigiert vom Verfasser durch zeitgenössische Angaben aus den Schematismen für das Bistum Münster und den Mitteilungen für die Vorsteher der katholischen Gesellenvereine.

4. Vom Kriegsende zur frühen Bundesrepublik (1945–1960)

4.1 *»Erwachen laßt den alten Geist, erwachen laßt das alte Leben«*[502] *– Neuanfang ohne Neukonzeption, 1945*

Mit dem offiziellen Kriegsende im Mai 1945 begann auch für das Kolpingwerk im Bistum Münster eine erneute Umbruchszeit, und zwar, dieses Faktum ist überaus beachtenswert, die dritte innerhalb einer Generation. »Freilich«, so Damberg über Kirche und Katholiken in Deutschland allgemein, »verstand man diesen Neubeginn nicht als Bruch, der das eigene Selbstverständnis betroffen hätte. Im Gegenteil: die deutsche Katastrophe wurde als Bestätigung der eigenen Weltsicht interpretiert«[503]. Die Erwartung, daß aus Einsicht in die Ursachen der Katastrophe nun die breiten Massen zu einem neuen, gewandelten Verhältnis zum Christentum und speziell zur katholischen Kirche finden würden, war groß. Die Linie der Westalliierten, in der katholischen Kirche einen wichtigen Ansprechspartner und Faktor für den Aufbau eines neuen Deutschlands zu sehen, schien dies zu bestätigen. Als Inbegriff und Garant von Stabilität und Kontinuität inmitten von Orientierungslosigkeit erschien die Kirche vielen Gläubigen und sah sie sich selbst. Damberg:

> Das Selbstbewußtsein der Katholiken erfuhr auf diese Weise in paradoxem Gegensatz zur äußeren Trümmerlandschaft eine schon lange nicht mehr gekannte Steigerung. Gerade im Bistum Münster verband es sich mit dem Bewußtsein, dem nationalsozialistischen Herrschaftsanspruch ungebeugt standgehalten zu haben.[504]

Das gilt in besonderer Weise auch für das Kolpingwerk im Bistum Münster. »Wir wollten von nichts mehr etwas wissen – aber Kolping wollten wir doch wieder aufbauen«, so die Aussage eines Zeitzeugen, die genau dieses Gefühl beschreibt[505]. Entsprechend wurde die Arbeit in vielen Kolpingsfamilien schon relativ schnell nach Kriegsende wieder aufgenommen. In der Stadt Münster überlegten die verbliebenen Vereinsfunktionäre schon unmittelbar nach dem Einmarsch der Amerikaner, wie sie die Kolpingarbeit wieder aufleben lassen konnten. Der stellvertretende Präses Kamp und der Altsenior Kohlstedte – die einzigen in der Stadt verbliebenen Funktionsträger der Kolpingsfamilie – kamen überein, in sämtlichen erhaltenen Kirchen Münsters eine Kanzelverkündigung bezüglich eines ersten Treffens verlesen zu lassen. Dieses fand dann mit 28 Teilnehmern am 6.6.1945, also schon vier Wochen nach der deutschen Kapitulation, in der Küche des Gesellenhauses statt, weil dies der einzige halbwegs erhaltene Raum des Gebäudes war[506]. Die Kol-

502 Chronik der Kolpingsfamilie Oldenburg-Stadt, Bd. III (1937–1946), Eintragung von 1945 (Archiv der Kolpingsfamilie Oldenburg-Stadt).
503 Damberg, Abschied vom Milieu, S. 107; vgl. auch für das Folgende.
504 Ebd., S. 108.
505 Mdl. Auskunft Theo Grünewald, Altlünen, 1.12.1995.
506 Mdl. Auskunft Bernhard Kohlstedte, 11.6.1996.

pingsfamilie Recklinghausen verschickte Postkarten »an alle Kolpingssöhne und ihre Angehörigen« als Einladung zu einer Andacht am 22.7.1945 »zwecks Wiedereröffnung unserer Kolpingsarbeit«[507]. Auch der Verein von Altlünen wurde mit dem Datum vom 12.9.1945 schon sehr früh wieder reaktiviert. Das war dort umso erstaunlicher, als die Kolpingsfamilie, im alten Kreis Lüdinghausen gelegen, vom Verbot des Jahres 1935 betroffen war, also zehn Jahre lang offiziell nicht existierte[508].

In vielen Kolpingsfamilien des Bistums wurde der Kolpinggedenktag um den 1. Dezember herum zum Anlaß genommen, die Vereinsarbeit wieder aufzunehmen, so beispielsweise in Telgte am 28.11.1945 durch Präses Böggering, den späteren Weihbischof[509]. Im Gegensatz zu den meisten anderen Kolpingsfamilien begann die KF Oldenburg-Stadt ihre Nachkriegsarbeit am 9.12.1945 mit einer Reflexion über die NS-Zeit. An dieser ersten Zusammenkunft nahmen 110 Leute teil, eine enorme Zahl für einen Verein, der wegen weniger Mitglieder oft um sein Überleben kämpfen mußte. Auf dieser Feier kam ein selbstgetextetes Gedicht zum Vortrag, das viel von dem schon beschriebenen Selbstverständnis ausdrückt:

Wir, die nur auf grader Bahn
Das Leben stets zu meistern suchten,
Uns traf vernichtend finstrer Wahn.
Viel tausend warens, die unser fluchten.
(...)
Oft er auf Todeswegen ging,
Weil man ihn aus der Welt verbannte
Weil der Gesell am Glauben hing
Und frei zum Kreuze sich bekannte.
(...)
Vorbei ist jene Welt voll Schmerz
Wie einst gestalten wir das Leben
Mit Frohsinn und mit reinem Scherz
(...)
Erwachen laßt den alten Geist,
Den wir in unseren Reihen gehegt
Daß wieder Kolpings Werk man greift
In dem man Ehre und Achtung gepflegt!
Erwachen laßt das alte Leben.[510]

507 Vgl. Postkarte vom 16.7.1945 (Archiv der Kolpingsfamilie Recklinghausen-Zentral).

508 Vgl. Protokollbuch über Vorstandssitzungen des kath. Gesellenvereins Alt-Lünen 1929–1952, Eintragung vom 12.9.1945 (Archiv der Kolpingsfamilie Altlünen).

509 Vgl. Protokollbuch des Gesellenvereins Telgte 1928–1948, Eintragung vom 15.3.1946 (Archiv der Kolpingsfamilie Telgte Nr. 41.1 – Depositum im Heimathaus Telgte).

510 Chronik der Kolpingsfamilie Oldenburg-Stadt, Bd. III (1937–1946), Eintragung von 1945 (Archiv der Kolpingsfamilie Oldenburg-Stadt).

Im nachträglichen Kommentar zu dieser Veranstaltung hieß es im Protokollbuch:

> Die Partei lag zerschmettert am Boden, sie, die uns alles, was christlicher Glauben heißt, nehmen wollte (...). Wir aber, der katholische Glaube und das Kolpingwerk, leben Dank der Gnade Gottes noch. Wo sind sie geblieben, die einst 1935 etc. sprachen: »In zwei Jahren ist der Katholizismus in Oldenburg ausgelöscht«? (...) Kolping lebt und wir leben weiter.[511]

An diesem Oldenburger Neubeginn lassen sich zwei Dinge sehr gut zeigen. Da ist zu einem das Hochgefühl, mit der eigenen Weltsicht den feindlichen Nationalsozialismus überlebt zu haben. Mehr noch, die Erfahrung von Krieg, Vernichtung und Massenmord als Konsequenz einer dem Christentum entfremdeten Gesellschaft zeigte auf, daß die eigene Weltdeutung historisch erwiesen die letztgültige sein mußte[512]. Daraus ergibt sich, zum anderen, fast zwangsläufig die Einstellung, daß man ohne größeres Innehalten zu den Vorkriegskonzepten, möglichst gar zu den Konzepten vor den Diktaturjahren ab 1933, zurückkehren sollte. Offensichtlich war dies in Oldenburg mit der Aufforderung »Erwachen laßt den alten Geist – erwachen laßt das alte Leben« gemeint gewesen.

Augenfällig wird diese Sehnsucht nach der Rückkehr zu Vor-1933-Verhältnissen auch in der Benutzung der Bezeichnungen ›Gesellenverein‹ und ›Kolpingsfamilie‹. Obwohl schon im Herbst 1933 eingeführt, konnte sich der Begriff ›Kolpingsfamilie‹ an vielen Orten scheinbar nicht durchsetzen, ganz im Gegenteil schienen einige Ortsvereine des Diözesanverbandes Münster nach dem Krieg bewußt wieder auf den alten ›Katholischen Gesellenverein‹ zurückzugreifen. So begannen die Linderner Kolpingsbrüder ihre Vereinsarbeit im Januar 1946 wieder und betitelten ihr neu angelegtes Protokollbuch selbstverständlich mit »Katholischer Gesellenverein Lindern«[513]. Ansonsten drängte sich vielerorts der Eindruck auf, daß trotz teilweise jahrelanger Unterbrechung der Vereinsarbeit ein übergangsloses Anknüpfen an die alten Aktivitäten erfolgte. Der Ahlener Präses Holländer beispielsweise lud die dortige Kolpingsfamilie zu einem ersten Treffen am Kolpingsgedenktag im Dezember 1945 mit den Worten ein: »Wir waren länger nicht zusammen. Darum sind alle besonders eingeladen.«[514]

Dieser Versuch, mitten in einer Zusammenbruchsgesellschaft durch das scheinbar unbeeinflußte Wiederaufleben von traditioneller katholischer Vereinsarbeit ein Stück Normalität, vielleicht sogar ›heiler Welt‹ herzustellen, konnte nicht allen Kolpingsfamilien gleich gut gelingen, weil die entsprechende Infrastruktur, also ein

511 Ebd.

512 Vgl. Damberg, Abschied vom Milieu, S. 37.

513 KGV Lindern/ Oldbg., Protokollbuch 1946–1953 (Im Privatbesitz). Ähnliches findet sich auch in Altlünen, dort finden sich im Herbst 1945 Protokolle über »Vorstandssitzungen des KGV Lünen«, vgl. Protokollbuch über Vorstandssitzungen des kath.Gesellenvereins Alt-Lünen 1929–1952, Eintragung vom 12.9.1945 (Archiv der Kolpingsfamilie Altlünen).

514 Festschrift 125 Jahre Kolpingsfamilie Ahlen 1981, S. 57.

Vereinshaus, wenigstens aber irgendein ein Saal, wegen der Kriegszerstörungen nicht mehr vorhanden war. Von Münster wurde schon berichtet, daß dort zunächst nur die Küche des Kolpinghauses zu benutzen war. Das Gebiet des Bistums Münster war von den Kriegshandlungen sehr unterschiedlich betroffen gewesen. Entsprechend waren nun die Beeinträchtigungen für eine mögliche Wiederaufnahme des Vereinslebens. Von Bombenangriffen während des Krieges wurden vor allem die großen Städte und die Industrieregion in starke Mitleidenschaft gezogen. Der Niederrhein war nach der militärisch sinnlosen, aber äußerst verlustreichen Abwehrschlacht im Frühjahr 1945 in weiten Teilen verwüstet, die Stadt Wesel beispielsweise gehörte zu den meistzerstörten Städten Deutschlands. Noch 1949 lag ein Drittel aller Kirchen in den Dekanaten Emmerich und Kleve in Trümmern. Teile des Münsterlandes und der überwiegende Teil des oldenburgischen Bistumsgebiet hingegen waren von Zerstörungen überhaupt nicht betroffen[515]. Von den circa 40 Kolpinghäusern mit Bettenkapazität für wandernde Gesellen waren 1945 nur acht unbeschädigt und unbeschlagnahmt geblieben. Die Häuser der Vereine von Bocholt, Coesfeld, Datteln, Dorsten, Dülmen, Duisburg, Emmerich, Wesel und Xanten waren total zerstört, die von Borken, Elten, Goch, Hamborn, Kleve, Münster und Rheinberg schwer beschädigt. Die unversehrten Häuser befanden sich in Altlünen, Lohne, Metelen, Recklinghausen, Rheine, Telgte, Warendorf und Werne[516]. In den betroffenen Kolpingsfamilien bestand die Vereinsaktivität der ersten Nachkriegszeit, falls sie überhaupt wieder anlief, in einem gemeinschaftlichen Herrichten eines notdürftigen Versammlungsorts[517].

In den Kolpingsfamilien vor Ort wurde also der rasche Neuanfang gesucht, der ein Zurück zu den vermeintlich ungestörten Verhältnissen von vor 1933 bedeutete. Die Sehnsucht nach dem Heilen und Funktionierenden war der eine Grund dafür, der andere lag in der Notwendigkeit, erst einmal Grundlagen wie Räumlichkeiten, Heizmaterial und Verpflegung herbeiführen zu müssen, ehe man sich Gedanken über neue Konzepte und Inhalte machen konnte[518]. Ein weiterer Aspekt dafür, daß die Basisgruppen so weiter machten, wie sie es gewohnt waren und für richtig hielten, ergab sich durch die ›Kopflosigkeit‹ des Gesamtverbandes. Im Gegensatz zum deutschen Episkopat fehlte dem Kolpingwerk die Führungsspitze. Generalpräses Hürth war im Herbst 1944 bei einem Bombenangriff auf Köln genauso ums Leben gekommen wie der Kölner Diözesanpräses. Im Oktober 1945 wurde Johannes Dahl nach einer improvisierten Wahl zwar zum neuen Generalpräses ernannt. Dieser

515 Vgl. Damberg, Abschied vom Milieu, S. 174 Anm.6.

516 Vgl. Liste »Gesellenhäuser nach Angabe des Wanderbuches von 1930« o.J. (vermutlich 1946), (Archiv des Kolpingwerks Diözesanverband Münster, Coesfeld, Karton 548).

517 In Delmenhorst war dies beispielsweise eine Baracke (vgl. Archiv der Kolpingfamilie Delmenhorst).

518 So lautete einer der ersten Beschlüsse der oldenburgischen Kolpingsfamilie Barßel bei ihrem Wiederbeginn im Winter 1945/46, daß jedes Mitglied zu den Versammlungen ein oder zwei Torfe mitzubringen hatte; vgl. Protokollbuch der Kolpingsfamilie Barßel 1933–1975 (Archiv der Kolpingsfamilie Barßel/Oldbg.).

Akt löste jedoch andauernde Querelen vor allem mit den nichtdeutschen Zentralverbänden aus, so daß Dahl schon im September 1947 wieder von seinem Amt zurücktrat. Erst im Oktober 1948 wurde sein Nachfolger Ridder gewählt[519]. Der münsterische Diözesanpräses Echelmeyer war seit 1941 aus dem Bistum verbannt gewesen, er kehrte im August 1945 wieder[520]. Mit einem Rundschreiben vom 29.9.1945 an alle Pfarrer versuchte er, Kontakt mit noch oder wieder arbeitenden Kolpingsfamilien aufzunehmen. Aber erst um die Jahreswende 1946/47 wurde mit der Einrichtung eines Diözesanbüros die professionelle Leitungsarbeit auf Bistumsebene wieder ermöglicht[521]. Vor Ort wurden in dieser Zeit im Zusammenspiel von Präsides und Altfunktionären Tatsachen geschaffen, die sich einer zentralen Steuerungsvorgabe, weil diese nicht vorhanden war, entzogen.

Dies geschah im Gegensatz zu den Überlegungen, die der deutsche Episkopat zur gleichen Zeit anstrengte. Auch er votierte für Kontinuität, aber nicht für eine Kontinuität der Verhältnisse von vor 1933, sondern in dem Sinne, daß die unter der Diktatur begonnenen Konzentrationsprozesse weiterverfolgt werden sollten. Das zielte vor allem auf den Verbandskatholizismus. Die Bischöfe wollten die alte Macht der Verbandszentralen nicht wieder hergestellt sehen, außerdem sollte so dem Konzept der Katholischen Aktion in Deutschland zum Durchbruch verholfen werden. Gerade das hier so ausgeprägte und weitverzweigte Verbandswesen hatte dem schließlich in der Vergangenheit entgegengestanden. Schon unmittelbar nach der Kapitulation hatte Bischof Galen am 10.5.1945 eine diesbezügliche Seelsorgsanweisung erlassen, in der es unter anderem hieß:

> Mir ist mehrfach die Frage gestellt worden, ob wir danach streben sollen, das katholische Vereinsleben genau in derselben Art wiederzuerwecken, wie es vor 1933 gewesen ist. Auf diese Frage antworte ich vorläufig: Mir scheint, es ist heute möglich und notwendig, die von Papst Pius XI. verlangte und geförderte ›Katholische Aktion‹ ins Werk zu setzen mehr, als das bisher geschehen konnte und geschehen ist. Also: die Bildung und Erziehung aller Katholiken durch Wort und Schrift zu konsequent katholischem Handeln aus Kenntnis der göttlichen Offenbarung und ihrer Forderungen im ganzen Leben, dem privaten und dem öffentlichen, dem sozialen und dem wirtschaftlichen, in Familie, Beruf, Geschäft, Gemeinde, Staat usw. (...). Dazu muß an erster Stelle dienen die Sammlung und entsprechende Belehrung und Schulung der Gemeindemitglieder nach den vier Lebensständen: Männer, Frauen, Jungmänner, Jungfrauen. Daraus folgt vorläufig nicht einfaches Wiederaufleben der früheren, in großen überdiözesanen Verbänden zusammengeschlossenen katholischen Organisationen, sondern Sammlung nach den vier Lebensständen in den einzelnen Gemeinden. (...) Dabei ist aber zu bemerken: Es ist durchaus richtig und wird vielleicht an manchen Stellen sogleich möglich und nötig sein, innerhalb der Lebensstände berufliche Gruppen zu bilden, z.B. bei den Männern für die Arbeiter, Handwerker, Kaufleute, Beamten, Akademiker (...). Dabei könnte an die Tradition der

519 Vgl. Deutsche Kolpingsfamilie (Hg.): Handbuch der Deutschen Kolpingsfamilie (Köln, 1960), S. 26f.

520 Mdl. Auskunft Bernhard Kohlstedte, 11.6.1996.

521 Vgl. Kolpingwerk Diözesanverband Münster, 125 Jahre Diözesanverband Münster, S. 18.

Abb. 24: Feier zur Enthüllung der Gedenktafel für die im Zweiten Weltkrieg gefallenen Mitglieder, Kolpingsfamilie Schermbeck, um 1950

Abb. 25: Zentralversammlung 1946 mit Ludwig Wolker und Kardinal Frings

katholischen Vereine angeknüpft werden unter besonderer Berücksichtigung der früher bewährten Mitglieder.[522]

Die alte Verbandsstruktur war also nicht mehr gewollt, allenfalls ein Anknüpfen an alte Traditionen und Funktionäre. An der Basis war dies nicht bekannt, und die verbandsinterne Diskussion sollte erst in noch folgenden Jahren geführt werden, wie zu zeigen sein wird.

4.2 Auseinandersetzungen um die Jugendarbeit, 1945–47

Was allerdings schon sehr bald in den Gemeinden und Kolpingsfamilien ankam, waren die Auseinandersetzungen um den künftigen Kurs katholischer Jugendarbeit. Im September 1945 fand in Salmünster bei Fulda eine erste allgemeine Tagung der Diözesanjugendseelsorger nach dem Kriege statt[523]. Aus dem Bistum Münster nahm wegen ungünstiger Umstände kein Vertreter teil. In einer Weiterentwicklung der Überlegungen aus der Zeit der Diktatur wurde in dem dort erstellten Text zu »Aufbau und Ordnung der katholischen Jugendseelsorge und -Organisation« die Ablehnung des Wiederaufbaus der Reichsverbände sowie einer beruflichen Gliederung der Jugendarbeit formuliert. Diese Kampfansage unter anderem an die Nachwuchssicherung des Kolpingwerks fand bei einer Tagung der Bischöfe in der britischen Besatzungszone Ende September 1945 Widerspruch, weiterer Diskussionsbedarf wurde angemahnt. Im Bistum Münster entstanden nun Turbulenzen, weil Diözesanjugendseelsorger Heinrich Roth fast zeitgleich zum Bischofstreffen auf Konferenzen von Dekanatsjugendseelsorgern in Münster, Ruhrort und Kevelaer in einem Referat weitestgehend jene Linie von Salmünster vertrat. Unter anderem führte er aus, daß das Kolpingwerk keine konkurrierende Jugendorganisation aufbauen dürfe und sich strikt auf ›wirkliche Handwerksgesellen‹ konzentrieren müsse. Das Referat und die Ergebnisse der sich daran anschließenden Diskussionen flossen in einen Entwurf Roths für eine bischöfliche Seelsorgsanweisung ein, die Bischof Galen am 5.11.1945 fast unverändert im Kirchlichen Amtsblatt publizierte. Nun erreichten Kolping-Diözesanpräses Echelmeyer erste Reaktionen und Anfragen seiner Basis. Der Bocholter Senior beispielsweise schrieb am 15.11.1945 nach Münster: »Stimmt es, daß das Kolpingswerk auf den Nachwuchs von 14–17 Jahren verzichten soll? Dies wurde hier von einem Jugendpräses behauptet.«[524]

Unterdessen hatte die Bischofskonferenz abgemildertere ›Richtlinien für die kirchliche Jugendseelsorge und Jugendorganisationen‹ verabschiedet. Die münsterische Bistumsleitung mußte nun ihre Anweisungen zurücknehmen. In einem Rund-

522 Clemens August v. Galen: Seelsorgsanweisung vom 10.5.1945, in: LÖFFLER, Peter: Bischof Clemens August Graf von Galen. Akten, Briefe und Predigten 1933–1946 Bd. 2 (Mainz, 1988), S. 1128f.; vgl. auch Damberg, Ende des Milieus, S. 111f.

523 Vgl. auch für das Folgende Damberg, Abschied vom Milieu, S. 308–315.

524 Josef Kemper, Bocholt, an Echelmeyer, 15.11.1945 (Archiv der Kolpingsfamilie Bocholt-Zentral).

brief an die Jugendseelsorger vom 22.1.1946 ging Roth denn auch schon ganz selbstverständlich vom Nebeneinander von allgemeinen Pfarrjugendgruppen und Kolping, Neudeutschland und anderen Verbänden aus. Zwei Tage später, am 24.1.1946, sprach Galen das von den Verbänden ersehnte Wort der Klarstellung. In seiner Stellungnahme nahm er Bezug auf die Verwirrung, die auch in seinem Klerus über die weitere Behandlung der Standesvereine herrschte. Unter Berufung auf den Papst sprach sich Galen für eine weitere Förderung dieser Vereine aus und betonte besonders, die Pfarrgeistlichkeit dürfe »die besondere Seelsorge in berufsständischen Gruppen bei den Männern als vordringliche Aufgabe nicht außer acht lassen«[525]. Diese Äußerungen Galens stellen für das Kolpingwerk im Bistum Münster die entscheidende Weichenstellung in der Nachkriegszeit dar. Noch bevor dies in der ›Heimat‹ des Kolpingwerks, dem Erzbistum Köln, geschah, war »für die Rekonstruktion des traditionsreichen Verbandskatholizismus im Bistum Münster endgültig grünes Licht gegeben worden«[526]. Die große Bedeutung der Stellungnahme vom 24.1.1946 ergibt sich vor allem dadurch, daß Galen wenige Wochen später, kurz nach seiner Kardinalsernennung, starb, und sein Nachfolger Michael Keller erst am 28.10.1947 eingesetzt wurde[527]. Die Worte des hochverehrten verstorbenen Kardinals konnten bei Auseinandersetzungen vor Ort in den Pfarrgemeinden als unantastbare Argumente verwendet werden.

Die Diskussionen um die Jugendarbeit der Kolpingsfamilien ging unterdessen weiter. Auch wenn klargestellt war, daß Jugendliche zumindest ab 17 Jahren aufgenommen werden durften, so blieb doch die Frage, woher diese ›rekrutiert‹ werden sollten, offen. In vielen Gemeinden war es vor 1933 üblich gewesen, die Jugendlichen von den Jugendvereinen an die Berufsstandsvereine ›weiterzureichen‹. Durch den im Zuge der Katholischen Aktion angestrebten Ausbau allgemeiner Pfarrjugendgruppen einerseits und das Zielen vieler Kolpingsfamilien nach der schon 1933 erfolgten Öffnung des Verbandes auf Mitglieder im Lehrlingsalter, übrigens eine Überlegung der Verbandsspitze schon aus den 60er Jahren des 19. Jahrhunderts, andererseits, entstanden nun Überschneidungen und dadurch zwangsläufig Interessenskonflikte. Im März 1946 gerieten beispielsweise der Führer des Jungmännervereins in Altlünen und die dortige Kolpingsfamilie aneinander[528], ein Jahr später wird Ähnliches aus Emmerich und Rees berichtet. In Emmerich wurde dabei erneut die Frage aufgeworfen, ob die Zielgruppe der Kolpingsfamilie nur die Handwerker seien, oder ob sie allen Männern offenstünde[529]. In Barßel führte dieser Punkt im Juni 1946 zu Streitereien innerhalb der Kolpingsfamilie, die der Präses durch eine Ab-

525 Zitiert nach Damberg, Abschied vom Milieu, S. 116.

526 Ebd.

527 Michael Keller (1896–1961), Bischof von Münster 1947–1961.

528 Vgl. Protokollbuch über Vorstandssitzungen des kath. Gesellenvereins Alt-Lünen 1929–1952, Eintragung vom 13.3.1946 (Archiv der Kolpingsfamilie Altlünen).

529 Vgl. Bericht über die Bezirksvorständetagung des Bezirks Rees am 12.4.1947 in Wesel (Archiv des Kolpingwerks Diözesanverband Münster, Coesfeld, Kart.189).

stimmung beendete. Sie ergab, »daß der größte Teil der Mitglieder der Meinung ist, auch nichthandwerkliche Berufe können Mitglieder der Deutschen Kolpingsfamilie sein, zumal ja auch von Köln wiederholt darauf hingewiesen wurde«[530]. Der Senior von Rees versuchte angesichts der Reibereien in seiner Gemeinde, ganz im Sinne von Roths Befürwortung eines friedlichen und konstruktiven Nebeneinanders der Jugendgruppen eine mäßigende Kompromißformel zu prägen. Er betonte im April 1947, daß die Kolpingsbrüder sich nicht in ihren Verein einkapseln sollten, »auch der Weg der Pfarrjugend führe ja zu Christus und man müßte dafür sorgen, daß die Pfarrjugend in die Kolpingsfamilie hereinwachsen müsse«[531].

Praktikable Kompromisse bezüglich der Jugendarbeit, die einerseits die Option für das Pfarrgemeindeprinzip der Katholischen Aktion und andererseits das Fortbestehen der Berufsstandsverbände wie Kolping berücksichtigten, wurden ab dem Frühjahr 1946 verstärkt auch auf den höheren Ebenen gesucht. Am 2.5.1946 in Salmünster und dann bei der Zentralratstagung am 10. und 11.5.1946 verhandelte die Kolpingspitze mit Ludwig Wolker, dem Leiter der bischöflichen Hauptstelle für katholische Jugendseelsorge und Jugendorganisation in Altenberg. Man einigte sich dahingehend, daß die Kolpingjugend als Teil des Kolpingwerks zwar bestehen bliebe, sich aber auch einordne in die organische Einheit katholischer Jugend in Deutschland. Faktisch hieß dies, die Kolpingjugend sollte Teil einer die ganze katholische Jugend umfassenden Überorganisation, dem sich dann 1947 bildenden BDKJ, werden[532]. Auf der Zentralratssitzung hielt Wolker einen entsprechenden Vortrag, den ein Mitglied der münsterischen Delegation, wahrscheinlich Echelmeyer selbst, folgendermaßen mitschrieb:

> Katholische Jugend, Einheit der Körperschaft mit der Aufgabe: Jugend der Kirche und durch sie deutsche Jugend – Kirche und Deutschland zu retten – Muß nach außen und innen Kirche sein – Nur die Kirche kann uns retten, nicht so sehr als Hierarchie, sondern als Lebens- und Liebesgemeinschaft – Wir müssen erst wieder Kirche werden, daher Einheit der Jugend der Kirche – Es kommt darauf an, diese Einheit zu schaffen, daher notwendig die Einheit der Leitung der Jugend bis in die Gemeinde, theoretisch keine Schwierigkeit, praktisch besonders wichtig das persönliche Ethos der Führer – Das Wir muß das Erste sein – Gemeinschaftsbewußtsein. Das Wir muß erzogen werden – Alle müssen als Brüder sich fühlen – Führend der, der die größere Liebe hat; jedes seine Eigenart, aber positiv die Einheit betonen, negativ sie nicht stören.[533]

In diesen Stichworten kommt die generelle Stimmung im deutschen Nachkriegskatholizismus hervorragend zum Ausdruck. Die Rettung Deutschlands durch

530 Protokollbuch der Kolpingsfamilie Barßel/Oldbg. 1933–1975, Eintragung vom 12.6.1946 (Archiv der Kolpingsfamilie Barßel).

531 Bericht über die Bezirksvorständetagung des Bezirks Rees am 12.4.1947 in Wesel (Archiv des Kolpingwerks Diözesanverband Münster, Coesfeld, Kart.189).

532 Vgl. Deutsche Kolpingsfamilie, Handbuch (Köln, 1960), S. 26.

533 Mitschrift Zentralratstagung der Deutschen Kolpingsfamilie vom 10. u. 11.5.1946 in Fulda (Archiv des Kolpingwerks Diözesanverband Münster, Coesfeld, Kart.199).

die gemeinschaftsstiftende Wirkung der Kirche beispielsweise ist ein typischer Topos. Außerdem klingt vor allem im Schlußsatz Wolkers Kritik am Kolpingwerk an, dem er zwar zugesteht, seine Eigenart zu behalten, das er aber vor Konkurrenzgebaren gegenüber anderen Jugendorganisationen warnt.

In den Führungsgremien des Kolpingwerks herrschte nun die Meinung vor, die Auseinandersetzungen mit den Jugendvereinen seien mit den Vereinbarungen von Salmünster/Fulda ein für alle Mal geregelt. Echelmeyer informierte ›seine‹ Basis, die Kolpingsfamilie Münster, deren Ortspräses er schließlich immer noch war, schon eine Woche später, zum Josefsfest am 19.5.1946, »über die in Fulda erfolgte Einigung mit der katholischen Jugend«[534]. Doch die bevorstehende Eingliederung der jungen Kolpingsbrüder in den BDKJ wurde nicht in allen Kolpingsfamilien des Bistums verstanden, geschweige denn gutgeheißen. Das belegen nicht nur die fortgesetzten Auseinandersetzungen vor Ort, wie die schon erwähnten im Frühjahr 1947 am unteren Niederrhein. Am 25.8.1946 fand in Cloppenburg zum ersten Mal nach zehn Jahren wieder ein Bundesfest der Oldenburger Kolpingsfamilien statt. Im Anschluß daran tagten die Senioren der anwesenden Kolpingsfamilien. Ein Mitarbeiter der Kölner Zentrale referierte über das Verhältnis von katholischer Jugendbewegung und Kolping und stellte das Altenberger Programm zur Errichtung des BDKJ vor. Die Laienfunktionäre zeigten sich ablehnend:

> Alle Vorstandsmitglieder standen auf dem Standpunkt, daß das Altenburger [gemeint ist das Altenberger] Programm für die Gesellenvereine ein Mißgriff sei. Man behauptete seitens der Vorstände, daß in absehbarer Zeit das Grabeslied für die Kolpingsfamilie (Gesellenvereine) gesungen werde. Wenn Altkolping ausgestorben sei, meint man, daß alles vorbei ist, da durch die Jugendbewegung, wie das Altenburger Programm es vorsieht, kein Nachwuchs mehr zu den Gesellenvereinen kommt.[535]

Die Beschlüsse waren bei der Bischofskonferenz und im Generalrat des Kolpingwerks gefallen, an der Basis herrschte aber weiterhin Skepsis vor. Zu künstlich erschien dort das neue Gebilde einer organischen katholischen Jugend. In der Tat entsprach die BDKJ-Zielgruppe nicht direkt einer Gruppe innerhalb der Kolpingsfamilien, wie sie grobstrukturell seit 1933 bestanden. Das Mitgliedsprofil, vor allem die Altersstruktur, war nicht deckungsgleich, sondern überschnitt sich. Mitglieder der ›Gruppe Kolping‹ gehörten bis zu ihrem 25. Geburtstag dem BDKJ an, dann verließen sie diesen, blieben aber in ihrer Kolping-Untergruppe, bis sie 35 waren, heirateten oder Meister wurden, um dann in die ›Gruppe Altkolping‹ überzuwechseln. Außerdem sollten dem BDKJ von Kolpingsseite die an manchen Orten vorhandenen Lehrlingsgruppen, Jungkolping genannt, angehören[536]. Für viele Kolpingsbrüder entstand so der Eindruck, die eigentliche Mitgliedschaft solle zukünftig

534 Protokollbuch der Kolpingsfamilie Münster 1945–1947, Eintragung vom 19.5.1946 (Archiv der Kolpingsfamilie Münster-Zentral).

535 Chronik der Kolpingsfamilie Oldenburg-Stadt Bd. III 1937–1946, Eintragung vom 26.8.1946 (Archiv der Kolpingsfamilie Oldenburg-Stadt).

536 Vgl. Deutsche Kolpingsfamilie, Handbuch (Köln, 1960), S. 587.

erst ab 25, also jenseits des BDKJ-Alters, anfangen, ein Umstand, der eine erfolgreiche Nachwuchsarbeit fast unmöglich gemacht hätte. Wolker hatte dies schon im Herbst 1945 dementiert, das Gerücht hielt sich an der Basis, wie gezeigt, aber noch 1946/47 hartnäckig. Auch nach der offiziellen Gründung des BDKJ 1947/48 blieb das Verhältnis des Kolpingwerks zu diesem unausgelotet und konfliktreich. Noch 1960, also am Ende des Untersuchungszeitraums der vorliegenden Arbeit, hieß es von der Kölner Verbandsleitung: »Im Augenblick (...) sind die Gespräche über das Verhältnis der Kolpingsfamilie (...) zum Bund noch nicht in allen Fragen vollständig geklärt.«[537]

4.3 »Wir müssen uns eingliedern in den organischen Aufbau der Kirche« – Katholische Aktion statt Verbandskatholizismus? 1947–48

Mit Galens Grundsatzüberlegungen vom Januar 1946 war den Berufsstandsvereinen, und damit auch den Kolpingsfamilien, zwar eine Bestandsgarantie gegeben worden, wie die Position und der Stellenwert des Kolpingwerks im Gefüge von Katholizismus und Kirche in Deutschland und ganz konkret vor Ort in den Pfarreien aber zukünftig aussehen sollten, darüber herrschte weiterhin Unklarheit. Auf der Zentralratstagung im Mai 1946 hatte es geheißen : »Neuer Ruf Gottes an uns – Wir müssen ja sagen zu diesem Ruf Gottes, uns einzugliedern in den organischen Aufbau der Kirche.«[538] Dem wurde hinzugefügt, daß Adolph Kolping schon 1858 auf die Notwendigkeit hingewiesen hätte, sich der Kirche anzuschließen. Daß es dabei aber um das Präsidesprinzip und die Bildung von Diözesanverbänden ging, und daß das Gemeindeprinzip der Katholischen Aktion von ganz anderer Qualität und ganz anderem Einfluß auf die Verbandsarbeit war, kam nicht zur Sprache. An der Basis hingegen wurde, wie die Oldenburger Senioren zeigen, gemutmaßt, daß, allen positiven Bekundungen zum Trotz, der Gesellenvereinsarbeit auf kaltem Wege ein Ende bereitet werden sollte. Die Überlegung, daß die Zustimmung zum bischöflichen Konzept einer Neuorganisierung der Jugendarbeit der Preis für das eigene Fortbestehen sein, dieses dadurch aber letztlich höchst gefährdet werden könnte, lag für viele Aktive auf der Hand.

Lage und Stimmung der Kolpingsbasis kommen im Bericht der Kolpingsfamilie Münster über die stadtmünsterische Prozession nach Telgte am 30. Juni 1946 hervorragend zum Ausdruck. Die Ausführungen des Protokollführers von Münster zeichnen ein geradezu prototypisches Bild der Situation des Kolpingwerks im Gesamtgefüge des deutschen Katholizismus der frühen Nachkriegszeit:

> Die Beteiligung war gut, wenn auch nicht alle Mitglieder, wie vorgesehen war, geschlossen mit der Prozession gingen, da ein Banner mit der katholischen Jugend, die geschlos-

[537] Ebd.

[538] Mitschrift Zentralratstagung der Deutschen Kolpingsfamilie vom 10. u. 11.5.1946 in Fulda (Archiv des Kolpingwerks Diözesanverband Münster, Coesfeld, Kart.199).

sen ging, zog, und manche am Wege sich dadurch irreführen ließen, weil sie meinten, wir wären schon vorbeigezogen, und sich dann bei irgendeiner Pfarre anschlossen. Dieser Irrtum konnte umso mehr aufkommen, da wir nicht die Spitze der Männer hielten, sondern am Landeshaus durch einige Pfarren abgedrängt wurden. Unser Platz in der Prozession müßte wieder festgelegt werden, da nicht, wie früher, die Frauen im ersten Teil wallfahrteten und die Männer von uns und dem KKV den zweiten Teil ausmachten, sondern Männer und Frauen der einzelnen Pfarren zusammen gingen.[539]

In dieser für die Kolpingsfamilien unsicheren Situation fielen im Jahr 1947 zwei wichtige Personalentscheidungen. Am 29.8.1947 wurde Franz Hölscher, Kaplan in Epe, vom Kapitularvikar Vorwerk zum neuen Diözesanpräses für die Kolpingsfamilien ernannt[540]. Zwei Monate später wurde Michael Keller zum neuen Bischof von Münster geweiht. Die Ernennung Hölschers so kurz vor Kellers Amtsantritt ist sehr ungewöhnlich, ging ihr doch keinesfalls eine längere Vakanz des Präsespostens oder gar der plötzliche Tod Echelmeyers voraus. Es ist zu vermuten, daß sich der alte Diözesanpräses mit seiner Doppelaufgabe als Dompropst (seit 1945) und Verbandsleiter überfordert fühlte und außerdem der Meinung war, daß das Kolpingwerk in der beschriebenen unsicheren Umbruchsphase einen neuen, jüngeren und der Bistumsleitung ferneren Präses brauchte. Im Gegensatz zu Echelmeyers eigener überraschender Ernennung von 1934 war die Neubesetzung mit Hölscher eine kolpinginterne Angelegenheit. Echelmeyer suchte zusammen mit Vorwerk den ehemaligen Präses einer sehr aktiven Kolpingsfamilie, nämlich der von Epe, aus. Vorwerk selbst war in seiner Kaplanszeit lange Jahre Präses des Oldenburger Gesellenvereins gewesen und stand mit diesem immer noch in Verbindung[541]. Außerdem hatte er mit Echelmeyer das Amt des Domkapitulars gemeinsam, und beide waren 1941 verbannt worden.

Die obersten Laien im Diözesanverband waren an dieser Entscheidung, ebenso wie bei der Vorgängerernennung in jener schwierigen Phase zu Beginn des Dritten Reichs, nicht beteiligt. Noch drei Wochen vor Hölschers Ernennung schrieb der Diözesanaltsenior Kroes an Echelmeyer: »Zwar höre ich seit kurzem von verschiedenen Seiten über ›Veränderungen in der Diözesanleitung‹ u.s.w., aber da ich von Ihnen noch keine Nachricht habe, darf ich wohl annehmen, daß es nicht so ist.«[542] Die Entscheidungsprozesse auf Diözesanverbandsebene standen damit im klaren Kontrast zu denen auf Zentralverbandsebene, denn Kroes' Brief galt eigentlich der Vorbereitung der Zentralversammlung, die vom 8.–11.9.1946 in Stuttgart stattfin-

539 Protokollbuch der Kolpingsfamilie Münster 1945–1947, Eintragung vom 30.6.1946 (Archiv der Kolpingsfamilie Münster-Zentral).

540 Vgl. Vorwerk an Hölscher, 29.8.1947 (Pfarrarchiv Epe, Karton 49 – Depositum im Bistumsarchiv Münster). Franz Hölscher (1906–1980), Diözesanpräses des Kolpingwerks Diözesanverband Münster 1947–1956, Pfarrer an St.Jacobi Coesfeld 1956–1976.

541 Vgl. Chronik der Kolpingsfamilie Oldenburg-Stadt Bd. IV 1947–50, Eintragung von 1948 (Archiv der Kolpingsfamilie Oldenburg-Stadt).

542 Kroes an Echelmeyer, 9.8.1947 (Archiv des Kolpingwerks Diözesanverband Münster, Coesfeld, Kart.18).

den sollte, und wo die Laiendelegierten volles Stimmrecht hatten. Dort ging es um die beiden wichtigsten Posten des Gesamtverbandes, nämlich um den Generalpräses und den Generalsekretär. Kroes bat im zitierten Brief Echelmeyer dringendst, zusammen mit ihm an der Zentralversammlung teilzunehmen, um bei der Aufbauarbeit des Verbandes mitzuhelfen. In Stuttgart trat Generalpräses Dahl zurück, blieb aber kommissarisch im Amt, außerdem wurde Franz Josef Wothe zum Generalsekretär gewählt. Die Situation an der Spitze blieb noch ein Jahr lang ungeklärt. Aus diesem Grund wiederholte der Diözesanaltsenior die Bitte an Echelmeyer, seine Autorität für das Kolpingwerk einzusetzen, einen Monat später, also schon nach dessen Rücktritt, noch einmal: »Bitte, machen Sie Ihr Herz weit auf und helfen Sie dem Kolpingwerk in notvoller Zeit; Ihr Wort gilt viel, nein, alles.«[543]

Dem neuen Diözesanpräses Hölscher, den Kroes anscheinend für wenig erfahren hielt, schickte der Altsenior einen detaillierten Entwurf für eine bevorstehende Diözesantagung. Später bemängelte er dessen erstes Weihnachtsschreiben, weil es sich nur an die Kolpingpräsides richtete, und schlug stattdessen vor, Diözesansenior, Diözesanaltsenior und Diözesanpräses sollten gemeinsam einen Weihnachtsgruß an alle Funktionsträger verschicken[544]. All' dies waren bemerkenswerte Vorgänge. Zunächst ist es doch sehr erstaunlich, daß Echelmeyer ohne Not nicht nur so kurz vor einem Bischofswechsel, sondern vor allem unmittelbar vor einer der wichtigsten Versammlungen des Gesamtkolpingwerks in seiner Amtszeit, zurücktrat. Im Gegensatz zu Kroes' Erwartung schien dem Altpräses das Wohl der Kolpingssache doch nicht mehr so sehr am Herzen zu liegen. Weiterhin verlieh der Amtswechsel Echelmeyer-Hölscher dem Laien-Selbstvertrauen zumindest des Diözesanaltseniors enormen Schub, auch wenn dieser bezüglich der Neuernennung selbst vor vollendete Tatsachen gestellt worden war.

In seinem Entwurf für eine Diözesantagung hatte Kroes als Zukunftsaufgabe für die Kolpingsfamilien formuliert, »wirklich und ernstlich mitzuarbeiten in ›Kolpings Geist‹ an der wahren ›Lebenserneuerung der menschlichen Gesellschaft‹ im Sinne der Katholischen Aktion«[545]. Das Thema, wie Katholische Aktion und Kolpingsarbeit zu vereinbaren sein konnten, blieb also auf der Tagesordnung. Der neue Bischof Keller galt im deutschen Katholizismus als ausgewiesener Fachmann für das Thema Katholische Aktion. Ein von ihm verfasstes gleichnamiges Buch hatte ihn 1933, als er Domvikar und Subregens des Priesterseminars in Osnabrück war, über die Grenzen seines Heimatbistums hinaus bekannt gemacht[546]. Dort war Bischof Berning schon zu Beginn der 30er Jahre bemüht gewesen, die Umsetzung des päpstlichen Konzeptes der actio catholica für die Seelsorge seines Bistums zu realisieren,

543 Kroes an Echelmeyer, 29.9.1947 (Archiv des Kolpingwerks Diözesanverband Münster, Coesfeld, Kart.18).

544 Vgl. Kroes an Hölscher, 12.9.1947 u. 16.12.1947 (Archiv des Kolpingwerks Diözesanverband Münster, Coesfeld, Kart.18).

545 Vgl. ebd.

546 Vgl. auch für das Folgende, Damberg, Abschied vom Milieu, S. 83–93.

im Gegensatz übrigens zu Bischof Poggenburg im Nachbarbistum Münster. In Kellers Buch wurden die päpstlichen Verlautbarungen zum Thema zusammengetragen und das Wesen der Katholischen Aktion erklärt. Für das Laienengagement wurde beispielsweise deutlich gemacht, daß eine »unmittelbare und vollständige Abhängigkeit von der Hierarchie« bestehen müsse[547]. Die Katholische Aktion solle diesem Engagement eine einheitliche Richtung geben durch entsprechende Direktionsorgane, die auf allen Ebenen die Kräfte koordinieren und auf das eine große Gesamtziel hinlenken. So werde die KA, und hier fiel der Schlüsselbegriff, zu einer »acies bene ordinata, zu einem wohlgeordneten Kampfheer, dessen Kampf allerdings ausschließlich ein Kampf für den Frieden ist, für den Frieden Christi im Reiche Christi«[548]. Das Problem, wie die auch überpfarrlich organisierten Standes- und Berufsstandsvereine in dieses Konzept hineinpassten, sah Keller schon 1933. Seiner Meinung nach sollten diese Organisationen nicht aufgehoben, ihre Aktivitäten aber zusammengeordnet und koordiniert werden[549]. Abgesehen von diesen »beruhigenden Erklärungen« war Keller aber schon in den 30er Jahren von der Notwendigkeit einer Um- und Neugestaltung des Vereinswesens unter den Stichworten Zusammenfassung, Vereinfachung und Verinnerlichung überzeugt[550].

Daß diese Konzeption in der Zeit der Diktatur, da die katholischen Vereine stärkstem staatlichen Druck ausgesetzt waren, ihre Vorteile hatte, in ihrer Gesamtsicht und Zielvorgabe der Katholiken als mächtiger Kraft zur Verchristlichung der Gesellschaft mit dem Nationalsozialismus aber unvereinbar war, lag auf der Hand. Entsprechend richtig schien die Katholische Aktion also nach dem Kriege, unter staatlich freien Bedingungen und nach den Erfahrungen der deutschen Katastrophe, zu sein. Die Wahl Kellers zum Bischof von Münster war ein deutliches Signal in diese Richtung. Von den obersten Funktionären des Kolpingwerks wurde dies auch so verstanden. Das Beispiel Kroes' zeigt, daß von ihnen der Versuch gemacht wurde, zumindest den Begriff der Katholischen Aktion, wenn auch mit diffusem Inhalt gefüllt, an der Basis des Verbandes zu verankern. Der neue Diözesanpräses Hölscher wußte darüber hinaus, daß mit dem neuen Bischof ein neues pastorales Konzept zu erwarten war, das die Kolpingarbeit grundlegend beeinflussen konnte. In einer Mitteilung an alle Kolpingsfamilien des Bistums begrüßte er Keller:

> Wohl noch nie haben Klerus und Volk so stark einen neuen Bischof herbeigesehnt, wie es heuer geschah. Und nun ist er da! (...) Unter den vielen Gratulanten aus kirchlichen und weltlichen Kreisen, Behörden, Organisationen, die im Collegium Borromäum dem neuen Oberhirten ihre Freude und Ergebenheit zum Ausdruck brachten, befanden sich der Diözesan-Präses, -senior und -altsenior. (...) Den herzlichen Gruß Sr. Exzellenz an die ganze Kolpingsfamilie der Diözese gebe ich Euch hiermit weiter. Vertrauensvoll warten

547 KELLER, Michael: Katholische Aktion. Eine systematische Darstellung ihrer Idee (Paderborn, 1933), S. 30.

548 Ebd., S. 36.

549 Ebd., S. 77ff.

550 Vgl. Damberg, Ende des Milieus, S. 88.

wir auf die Weisung unseres Episcopus, der gewiß auch uns den Standort innerhalb seines Planes anweisen wird. Mag er fordern! Wir stehen in Bereitschaft.[551]

An Bischofswechseln in Münster hatten die Gesellenvereine und Kolpingsfamilien im Laufe ihrer bis dahin fast hundertjährigen Geschichte zwar immer lebhaften Anteil genommen, Änderungen an der Grundkonzeption ihrer Arbeit waren damit aber nie verbunden gewesen. Diese waren bis zu diesem Zeitpunkt, wenn überhaupt, nach Vorgabe der Kölner Zentrale erfolgt. Und nun wartete ein Diözesanverband darauf, seinen Standort zugewiesen zu bekommen. Zu diesen bemerkenswerten Veränderungen passt auch, daß sämtliche Diözesanpräsides katholischer Vereine schon im letzten vor Kellers Ernennung erstellten Schematismus nicht mehr unter der am Ende angefügten Rubrik ›Zentralstellen verschiedener Vereine‹, sondern als Gesamtgruppe unter dem Titel ›Bischöfliche Behörden‹ neben dem Generalvikariat gleich am Anfang aufgeführt wurden[552]. Schon vor Kellers Amtsantritt war also ein Klima im Bistum Münster vorhanden, in dem die alte Macht der Verbandszentralen, ganz im Sinne der Katholischen Aktion, deutlich abgeschmolzen war. Eine schwache Kölner Zentrale und ein amtsmüder Diözesanpräses Echelmeyer kamen dieser Entwicklung helfend entgegen.

Nach seinem Amtsantritt suchte Keller zunächst, seinen Klerus und die Diözesanen aufzurütteln aus scheinbarer (Selbst-)Sicherheit, ihnen gegen die Triumphgefühle von 1945 die wahre, in seinen Augen höchst gefährliche, Lage vor Augen zu halten. Keller sah deutlich die Veränderungen des Milieus und die damit verbundenen enormen Einschnitte für die katholische Kirche im Bistum Münster. Das Stichwort der Katholischen Aktion benutzte er überraschend selten, mit der Einführung neuer Gremien und Entscheidungsträger schlug er aber ohne Zweifel diesen Weg auch für Münster ein. Erstaunlich ist die konsequente Neubesetzung sämtlicher Diözesanpräsesämter. Dabei verjüngte er die Gruppe der Verbandsführer enorm[553]. Nur das Kolpingwerk behielt seinen Präses, war der doch ebenso jung und gerade erst ernannt.

Diözesanpräses Hölscher seinerseits wählte einen ähnlichen Kurs neuer Wege und der Warnung vor falschen Hochgefühlen angesichts ständig wachsender Mitgliederzahlen. Zwei Monate nach Amtsantritt schrieb er in einem ersten Resümee:

> Ein Blick auf die Kartei zeigt, daß wir in diesen zwei Jahren [1945–47] mächtig in die Breite gewachsen sind. Und immer neue Äcker werden unserem Feld angereiht. Vor allem sind es neuerdings Seelsorger, die in ihrer Pfarrei allein stehen und die voll Sorge auf die Masse des 20–25jährigen Freiwilds blicken, von dem wir befürchten müssen, daß es »Rot-Wild« wird, wenn wir es nicht einfangen.
> So sehr die Aussicht, daß die Kolpingsfamilie wächst und so sehr die Tatsache, daß wir in Münster zu den stärksten Diözesanverbänden in Deutschland gehören, uns mit Freude

551 »Bischof Michael«, in: Kolpingsfamilie – Mitteilungen für die Diözese Münster Nr. 2/Nov. 1947 (Archiv der Kolpingsfamilie Delmenhorst).

552 Vgl. Schematismus für die Diözese Münster 1947, S. 6.

553 Vgl. Damberg, Abschied vom Milieu, S. 133f.

und Stolz erfüllen kann, ebenso sehr mag da wohl eine Furcht in uns wach werden ob der Verantwortung, die auf uns ruht. Pflügen wir tief genug? Hat das innere Reifen mit dem äußeren Erstarken gleichen Schritt gehalten? Das ist die Frage, die wir stellen und beantworten müssen: Geben wir dabei ruhig unvoreingenommen acht auf das, was ernst zu nehmende Außenstehende von uns halten. Vor allem dann, wenn ein glänzend verlaufendes Stiftungsfest oder eine schwungvolle Kundgebung oder zahlenmäßiges Anwachsen uns den Blick trüben wollen.[554]

Hölscher setzte neue Akzente vor allem in der Schulung der Ortspräsides und der Laienelite, um ›tief genug zu pflügen‹. Der Eindruck von Diözesanaltsenior Kroes, Hölscher sei unerfahren und ungeschickt, konnte nicht aufrecht erhalten werden. Die Kritik jedoch, die anläßlich des Weihnachtsschreibens zum Ausdruck kam, daß er nämlich zu sehr auf seine Mitbrüder im Präsesamt fixiert sei, läßt sich nicht ganz von der Hand weisen.

Der Diözesanpräses ging seinen eigenen Weg und wurde dabei vom Kölner Generalsekretär Wothe unterstützt. Auf einer von den beiden geleiteten Tagung der Kolpingpräsides im März 1948 auf der Burg Gemen ging es beispielsweise um die religiös-sozialen Aufgaben der Kolpingsfamilien, mit der Folgerung: »Erfassung der 18–30jährigen Männer in großen Massen. Berufsethos pflegen, gesunde Familien bauen, den Sinn für tätige Liebe wecken. Dabei ist das Religiöse zwar nicht immer Ausgangspunkt sondern Ziel.«[555] Das klingt zwar noch ganz nach den alten Parolen, beinhaltet aber schon eine deutliche Akzentverschiebung. Es geht nun um die Ausbildung von Haltungen, nicht mehr um praktische Unterweisung. Und es geht deutlich um die Wiedereingliederung der Heimkehrergeneration, ein Gedankengang, der aus der Zeit von 1918/19 bekannt gewesen sein sollte, der aber vor Hölscher anscheinend keine Rolle im Diözesanverband gespielt hatte. Schließlich: Das ›Religiöse‹ als Ziel aller Kolpingarbeit war die konsequente Fortsetzung des im Dritten Reich zwangsweise verordneten Kurses, ein den Präsides bewußtes, den Laienfunktionären so jedoch nicht bekanntes Faktum.

Ein weiterer Präseskurs – auch hier war die Laienelite wieder nicht angesprochen – des Gespanns Hölscher-Wothe fand im Oktober 1948 mit dem Thema »Grundlagen und Methoden der Seelsorge am jungen Mann unserer Zeit« statt. In der Einladung dazu schrieb Hölscher:

[Es ist klar, daß] jeder, der mit jungen Männern sich abplagen muß, für diese Hilfe auf einem Gebiet, das uns allen Kopfschmerzen genug macht, dankbar sein wird. Es ist doch so, daß wir uns alle an der Heimkehrer-Generation die Zähne ausbeissen. (...) Vor der

554 »Unsere Verantwortung«, in: Kolpingsfamilie – Mitteilungen für die Diözese Münster, Nr. 2/November 1947 (Archiv der Kolpingsfamilie Delmenhorst).

555 Konferenzbezirk Coesfeld – Bericht über die zweite Pastoralkonferenz am 17.3.1948 (Pfarrarchiv Gescher – Depositum im Bistumsarchiv Münster).

Verantwortung dem 24Jährigen gegenüber kneifen die meisten einfach. Man sieht die Not wohl und bedauert sie.[556]

Nach einer unreflektierten Zeit des Neuanfangs, in der statt auf neue Konzepte auf Statistiksteigerung wert gelegt wurde, forderte Hölscher nun zu einer ungeschönten Bestandsaufnahme auf, die vor allem auf den inneren Geist, die langfristige Wirkung und auf das Hinschauen setzte gegen oberflächliche Erfolge und das bloße Abzählen. Und da zeigte sich, daß schon wenige Jahre nach Kriegsende vielerorts erhebliche Schwierigkeiten auftraten. Aus den Bezirken wurden an das Diözesanpräsidium Meldungen geschickt wie »Die Liesborner haben es schwer. Die unverdorbenen Generationen fehlen dort fast völlig« und »Manche Widerstände waren in Ahlen zu beseitigen«[557]. Der Moerser Bezirkssenior schrieb in einem Bericht über seine Vereine an Hölscher:

> Von Homberg bin ich natürlich auch weit entfernt zufrieden zu sein. Die Brüder meinen, wenn kein Theater gespielt wird usw. dann ist nichts los. Eine große Tafel für die Gefallenen wollen sie aufhängen, aber in die wöchentliche Messe für diese geht von denen keiner hinein.[558]

Die Kolpingsfamilie in Altlünen beschloß im Sommer 1947, die indifferente Haltung vieler Kolpingsbrüder zu Verein und Vereinsleben durch verschärfte Mitgliedschaftsregeln zu verbessern. Mindestens eine Vereinsversammlung im Monat mußte nun besucht werden, wollte man auch zukünftig der Kolpingsfamilie Altlünen angehören. Das waren viel strengere Bedingungen als noch in den 1920er Jahren[559]. Folglich wurden dann auch fünf Mitglieder ausgeschlossen. Ein Jahr später, im Juni 1948, stellte der Vorstand fest, daß trotz aller Strenge und Drohungen mit Konsequenzen der Vereinsbesuch weiterhin rückläufig war, und verschärfte die Mitgliedschaftsbedingungen erneut[560]. Ähnliches wurde aus dem oldenburgischen Barßel berichtet. Dort klagte der Präses im Oktober 1948, das Vereinsleben sei »nahe am Erliegen«, wofür unter anderem der wenig aktive Vorstand verantwortlich sei[561].

Der neue, von Keller und Hölscher bevorzugte und an die Katholische Aktion angelehnte Kurs stärkerer Bindung an die Pfarrgemeinde und religiöserer Ausrich-

556 Einladung Hölschers (ohne Datum) zu einem Präsides-Kursus am 6./7.10.1948 (Pfarrarchiv Epe, Karton 49 – Depositum im Bistumsarchiv Münster).

557 Jahresbericht des Bezirks Beckum 1947, 16.2.1948 (Archiv des Kolpingwerks Diözesanverband Münster, Coesfeld, Karton 148).

558 Bezirkssenior Volk an Hölscher, 25.4.1948 (Archiv des Kolpingwerks Diözesanverband Münster, Coesfeld, Karton 185).

559 1923 beschloß der Vorstand des KGV Altlünen als Verschärfung der bis dahin geltenden Vereinsvorschriften, von jedem Mitglied wenigstens einmal im Vierteljahr einen Versammlungsbesuch und eine Teilnahme an der Generalkommunion zu fordern; vgl. Protokollbuch für Vorstandssitzungen des KGV Lünen von 1923, Eintragung vom 24.9.1923 (Archiv der Kolpingsfamilie Altlünen).

560 Vgl. Protokollbuch über Vorstandssitzungen des kath. Gesellenvereins Alt-Lünen 1929–1952, Eintragungen vom 15.7.1947 u. 8.6.1948 (Archiv der Kolpingsfamilie Altlünen).

561 Vgl. Protokollbuch der Kolpingsfamilie Barßel/Oldbg. 1933–1975, Eintragung vom 13.10.1948 (Archiv der Kolpingsfamilie Barßel).

Abb. 26: Bischof Keller bei der Kolpingwallfahrt zum Annaberg am 1.8.1948

Abb. 27: Lehrgang auf der Burg Gemen mit Diözesansekretär Walther, 1947

Abb. 28: Soziales Seminar im Kolpinghaus Münster mit Präses Hölscher und Eugen Gerdemann, 1949

Abb. 29: Die münsterische Abordnung bei der Hundertjahrfeier in Köln, 1949

tung, grob gesagt Kolping als Träger der Jungmännerpastoral in einer Gemeinde, oder, wo auch andere große Vereinigungen existierten, mit diesen zusammen untergeordnet unter die pfarrliche Jungmännerpastoral, schuf nicht überall neue Dynamik, sondern logischerweise mancherorts auch erheblichen vereinsinternen Streit. Der Beckumer Bezirkssenior informierte Hölscher Ende des Jahres 1948 über die Situation im östlichen Münsterland:

> In den einzelnen K.F. werden harte Kämpfe ausgefochten, in denen es meistens um die »neue Linie« geht. Ein großer Teil sträubt sich einfach und fühlt sich und die Kolpingsideen bedroht, wenn man von anderen Dingen spricht, als sie bisher von den sogenannten Vereinen befolgt wurden.[562]

Ein Bezirkssenior, regionaler oberster Laie des Kolpingwerks also, spricht Ende 1948 von den Kolpingsfamilien als ›sogenannten Vereinen‹ und setzt damit hinter das seit den Anfängen gepflegte Vereinsprinzip ein großes Fragezeichen. Die Umorientierung von pfarrangelehnten, ansonsten unabhängigen Berufsstandsvereinen, die sich in starken Verbänden mit entsprechenden Zentralen organisierten, zu in die diözesane und pfarrliche Pastoralstrategie fest eingebundenen Männergruppierungen war demnach bereits nach einem Jahr Hölscher und Keller in vollem Gange, allerdings mit erheblichem Widerstand an der Basis. Dort wollten vor allem die alten Mitglieder zurück zum Gesellenverein, wie er vor 1933 bestanden hatte.

Ein konkretes Beispiel für Änderungen vor Ort, in diesem Fall sogar durch fast unmittelbare Einwirkung von Bischof Keller, bietet die Kolpingsfamilie Oldenburg-Stadt. Im Frühsommer 1948 besuchte Keller die Stadt Oldenburg, bei dieser Gelegenheit führte er unter anderem mit dem Kolpingvorstand ein Gespräch über die dortige Umsetzung der Katholischen Aktion und die Art der Jugendarbeit. Direkte Folge war, daß Dechant Grafenhorst eine wöchentliche Männermesse am Mittwochabend »im Sinne der actio catholica« einführte. Damit belegte er den klassischen Vereinsabend der Kolpingsfamilie. Dieser blieb nichts anderes übrig, als auf einer außerordentlichen Versammlung die Abschaffung des traditionellen Kolpingmittwochs und die Teilnahme an der Männergemeinschaftsmesse zu beschließen, und zwar mit dem Kommentar: »Wir wollen ihm [dem Dechanten] die Mithilfe nie versagen.«[563] Dazu paßt das Motto, das Diözesanpräses Hölscher auf dem Bundesfest der Oldenburger Kolpingsfamilien 1948 in Bakum zum Thema Kolping und Katholische Aktion ausgab: »Keineswegs das Eigenleben, die Tradition, den Familiensinn aufgeben, aber helfend in der Pfarrfamilie wirken.«[564] Dies war dann auch die tragfähige Kompromißformel, mit der die Arbeit des Kolpingwerks bis zum Ende des Untersuchungszeitraums fortgesetzt wurde.

562 Bezirkssenior Schäfermeyer an Hölscher, 23.12.1948 (Archiv des Kolpingwerks Diözesanverband Münster, Coesfeld, Karton 148).

563 Vgl. Chronik der Kolpingsfamilie Oldenburg-Stadt, Bd. IV 1947–1950, Eintragungen von 1948 (Archiv der Kolpingsfamilie Oldenburg-Stadt).

564 Ebd.

Von Eigenleben und Traditionen mußten vielerorts zumindest Abstriche gemacht werden, der Rahmen, und dazu gehörte auch das ›Familiensinn‹ genannte überpfarrliche Verbandsdenken, blieb aber bestehen. Die Frage nach dem Verhältnis von Katholischer Aktion und Verbandskatholizismus sollte kein Entweder-oder, sondern ein Sowohl-als-auch sein. Der im Oktober 1948 neugewählte Diözesanaltsenior Beyer, der jener Gruppe im Kolpingwerk vorstand, die die alten Gesellenvereinszeiten noch kannte und zum Teil schmerzlich vermißte, drückte diese Haltung in seinem Wahlannahmeschreiben an Hölscher so aus: »Meine Arbeit sehe ich nicht so sehr darin der Tradition zu leben, sondern die Gruppe Altkolping hinzuführen in die Arbeit unserer Tage.«[565] Für viele höhere Laienfunktionsträger im Verband, die im Gegensatz zur Basis über die Hintergründe der Entwicklungen informiert waren, bedeutete die bischöfliche Platzanweisung für das Kolpingwerk von 1947/48 eine große Erleichterung. Trotz der Bestandsgarantien Galens vom Januar 1946 war in diesen Kreisen noch lange befürchtet worden, daß die Kolpingarbeit ›von oben‹ aufgelöst würde. Ein Zeitzeuge erinnert sich:

> Gegenüber der Amtskirche haben wir sehr kämpfen müssen. Es wurden ja nur noch vier Standesorganisationen gewünscht (...). Wir waren nachher heilfroh, als es hieß, wir konnten wieder selbständig arbeiten. Wir hatten ja trotz alledem weiter gearbeitet sozusagen ohne Genehmigung der Bischöfe. Wenn wir den Bischöfen gehorcht hätten, hätten wir das nicht weiter machen dürfen. Das ist zwar nicht so groß an die Öffentlichkeit geraten, aber wir Funktionäre wußten das.[566]

Diese Sicht mag zwar mehr auf den Gesamtverband als auf den Diözesanverband Münster zutreffen, sie macht aber auch deutlich, daß es vor Ort Taktik war, ehe von der Bistumsleitung endgültige Entscheidungen getroffen wurden, schon einmal Tatsachen zu schaffen. Man bediente sich damit von Kolpingsseite ganz klar der normativen Kraft des Faktischen. Dieser Kurs wurde von der Diözesanleitung des Kolpingwerks in Abstimmung mit der Kölner Zentrale flankiert. Auf der ersten Nachkriegs-Zentralratstagung im Mai 1946 in Fulda war die Anstellung von Diözesansekretären angeregt worden, der Diözesanverband Münster realisierte dies schon Ende 1946 und richtete ein Diözesanbüro ein. Damit waren die ersten Schritte für eine professionelle Verbandszentrale auch auf diözesaner Ebene getan. Bis dahin waren Person und Wohnung des Diözesanpräses bzw. das Kolpinghaus des münsterischen ›Muttervereins‹ die Zentrale des Kolpingwerks im Bistum Münster gewesen. Die Anfänge waren sehr bescheiden, wie Hölscher im November 1947 betonte:

> Diözesan-Präsidium – Ein ominöses Wort! Das riecht nach 8-Zylinder, Mitarbeiterstab, großem Büro. Ein Besuch hier im Kolpinghaus wird Euch überzeugen, daß unser Sekretariat aus einem kleinen Zimmer besteht mit Tisch und vier Stühlen. Paul Walther hat

565 Diözesanaltsenior Beyer an Hölscher, 16.10.1948 (Archiv des Kolpingwerks Diözesanverband Münster, Coesfeld, Karton 18).

566 Mdl. Auskunft Bernhard Kohlstedte, Münster, 11.6.1996.

dort sein Reich, - wenn er nicht unterwegs ist. Es wird nun unsere Aufgabe sein, zwischen den Erwartungen der Vereine und unseren Möglichkeiten die rechte, mittlere Diagonale zu finden. Dazu erbitte ich von Euch Äußerungen.[567]

Selbst wenn diese Professionalisierung eine Stärkung und Stütze für die Kolpingarbeit bedeutete und auch damit versucht wurde, den Verband zu reetablieren, fügt sich die Einrichtung einer Diözesangeschäftsstelle paradoxerweise aber letztlich in das Vorhaben des Episkopats, die Verbandszentralen zu entmachten. Wie das Beispiel des Schematismus zeigt, war eine engere Bindung an diözesane Strukturen und damit an die kirchliche Hierarchie ein Mittel von Seiten der Bischöfe, das Sowohl-als-auch von Katholischer Aktion und Verbandskatholizismus umzusetzen.

4.4 »Wir bauen an einer besseren Zukunft unseres Volkes« – Das Kolpingwerk als gestaltende Kraft in Staat und Kirche, 1948–51

Das Ziel der Katholischen Aktion war die Verchristlichung der Gesellschaft, oder, für die Nachkriegszeit besser ausgedrückt, ihre Rechristianisierung. Erreicht werden sollte sie durch ›acies bene ordinata – wohlgeordnete Schlachtreihen‹ in möglichst kleinen Einheiten, also Pfarrgemeinden mit entsprechenden Untergruppen, unter der Führung des Klerus[568]. Der einzelne ›Krieger‹, also jeder katholische Christ, sollte mündig gemacht werden, gleichsam missionarisch in Beruf, Gesellschaft und Staat für diese Rechristianisierung zu kämpfen. Diese Mündigkeit der Laien sollte aber nicht als Selbständigkeit gegenüber der Hierarchie mißverstanden werden, ganz im Gegenteil sollten die Katholiken in enger Abstimmung mit und Führung durch die Priester vorgehen[569].

Hierin konnte für das im Nachkriegskatholizismus um Orientierung bemühte Kolpingwerk eine neue Aufgabe liegen. Als eigentlich berufsständischer Verein war das Projekt, den christlichen Geist im Handwerk zu erhalten, ureigenstes Anliegen der Kolpingsfamilien. Doch darüberhinaus sah sich der Verband, der längst nicht mehr nur in Handwerkerkategorien dachte, berufen, zur Verchristlichung der Gesamtgesellschaft beizutragen und sich entsprechend in politische Entscheidungsprozesse einzumischen bzw. sich aktiv politisch zu betätigen. In seinem schon erwähnten Wahlannahmeschreiben nannte Diözesanaltsenior Beyer als zukünftige Aufgaben der Kolpingsfamilien im Herbst 1948:

Verantwortung in Familie, Beruf, Kirche und Gemeinde, Kreis und Staat. Wir können uns nicht zurückziehen, wo um uns alles brennt und in Trümmern liegt. Wir wollen mitarbeiten solange man uns Verantwortung gibt. Wir haben Kolpingsbanner in schwer-

567 »Diözesan-Präsidium«, in: Kolpingsfamilie – Mitteilungen für die Diözese Münster Nr. 2/ November 1947 (Archiv der Kolpingsfamilie Delmenhorst).

568 Vgl. Damberg, Abschied vom Milieu, S. 146.

569 Vgl. ebd., S. 130.

ster Zeit gehalten, wir wollen es nun dorthin tragen, wo es seinen Platz haben muß. Mitten ins Volk. Wir bauen an einer besseren Zukunft unseres Volkes.[570]

Hier mischen sich die unsicher-demütige Haltung, einen Platz angewiesen zu bekommen, der Stolz, das Dritte Reich als Organisation überlebt zu haben und die Einsicht in Kellers Konzeption, die Diözesanen aufzurütteln und zur Einmischung anzuleiten. Diese Wende zum Politischen um 1948 geschah zu einer Zeit, da sich in den deutschen Westzonen neue demokratisch-politische Strukturen etablierten und im katholischen Lager die Frage nach der Option für die alte Zentrumspartei oder die neue interkonfessionelle Christlich-Demokratische Union (CDU) aktuell war.

In einer Art Grundsatzrede referierte Diözesanpräses Hölscher Ende November 1948 vor den Vorständen der Kolpingsfamilien im Bezirk Münster zum Thema »Arbeit und Aufgabe der Kolpingsfamilie in der heutigen Zeit«. Zunächst ging er auf die Seelsorge an den Heimkehrern und jungen männlichen Flüchtlingen ein und schilderte deren Probleme, sich in ein christlich-bürgerliches Ehe- und Familienleben einzugliedern, als große Gefahr der Zeit. Dann kam er auf den Bereich der religiösen Bildung zu sprechen und zeigte die unbedingte Notwendigkeit auf, in den Kolpingsfamilien religiöse Schulungen abzuhalten. Dieser Gedanke mündete in das Hauptthema der Rede, die Verchristlichung der Gesellschaft. »Eines aber steht fest«, so Hölscher, »der einzige Ausweg vor der Vernichtung der Atombombe oder der drohenden roten Flut ist die Verchristlichung unseres Vaterlandes, ja, jeden einzelnen Dorfes und jeder Stadt«. Und weiter:

> Die Kolpingsfamilie muß sein eine freie, familienhafte Lebens- und Erziehungsgemeinschaft junger Werktätiger zur Formung christlicher Persönlichkeit und zur Verchristlichung der Umwelt! (...) Denken wir ständig an unsere heimatlosen Brüder, auf daß sie bei uns wahre Familie finden, die sie sehnlichst suchen und bei uns zu finden glauben, leider aber sehr oft bitter enttäuscht werden. Niemals darf uns die Mitgliederzahl täuschen, wir brauchen keine treuen oder weniger treuen Gäste, sondern ganze, aktive Kerle. Tragender Teil muß sein und bleiben der Handwerker, wir werden aber niemals den reinen Geistesarbeitern unsere Türen verschließen. Jeder kann zu uns stoßen, wenn er echter, handfester Christ ist, wenn er bereit ist, sich mit ganzer Kraft einzusetzen für die Ideale und Ziele unseres Vaters Adolf Kolping und damit für die Verchristlichung unseres Volkes, ja der ganzen Welt.[571]

Aus der Zielgruppe der ›christlichen Handwerker‹ war also die der ›handfesten Christen‹ geworden. Bei der sich anschließenden Diskussion kam die Frage auf, ob Kolpingsbrüder Mitglied bei den neuen Einheitsgewerkschaften werden könnten. Hölscher beantwortete sie ganz im Sinne der Katholischen Aktion: »Haltet Euch nicht fern von dieser öffentlichen Körperschaft, sondern stoßt aus christlicher Verantwortung zu ihr und helft mit, daß auch in der Gewerkschaft christlich gedacht

570 Diözesanaltsenior Beyer an Hölscher, 16.10.1948 (Archiv des Kolpingwerks Diözesanverband Münster, Coesfeld, Karton 18).

571 Bericht über die Bezirksvorständetagung am 28.11.1948 im Kolpinghaus Münster (Archiv des Kolpingwerks Diözesanverband Münster, Coesfeld, Karton 182).

und gehandelt wird!«[572] Der Protokollführer des Bezirksvorständetreffen fügte dem noch den eigenhändigen Kommentar hinzu: »Wir müssen unsere Stimmen geltend machen, unsere Gegner werden niemals unser Schweigen mit Gegenschweigen vergelten.«[573]

Hier war ein für die Geschichte der Katholischen Gesellenvereine und Kolpingsfamilien fundamentaler Wechsel geschehen. Erinnern wir uns: Ganz am Anfang stand das für die Gründungsphase und den Kulturkampf überlebenswichtige und von Kolping selbst verfügte Verbot politischer Betätigung im Verein. Das führte unter anderem rein praktisch zu einer Unterrepräsentation von Handwerkern in der westfälischen Zentrumspartei[574]. In die Diskussion um die Handwerksnovelle von 1898 hatte man sich zaghaft eingemischt, waren die dort erfolgten Gesetzesänderungen doch seit der Gründungszeit Vereinsgegenstand gewesen[575]. Auch an dem ›kircheninnenpolitischen‹ Streit um die Christlichen Gewerkschaften hatte man sich eher passiv beteiligt[576]. Die Aufforderung der Kölner Zentrale von 1918/19, sich nun aktiv politisch zu betätigen, was in diesem Falle hieß, Wahlkampf für das Zentrum zu betreiben, wurde an der Basis mit Erstaunen zur Kenntnis genommen[577]. Während der gesamten Weimarer Republik aber saß nur ein Kolpingfunktionär, der Kölner Verbandssekretär Winkler, für das Zentrum im Reichstag, und auch dies nur in der Endphase der Republik. Entsprechend einfach war es für Generalsekretär Nattermann 1933/34, sich vom politischen Katholizismus zu distanzieren[578]. Und nun sollten sich die Kolpingbrüder umfassend politisch organisieren, und zwar nicht nur für Handwerksbelange, sondern in sämtlichen Instanzen.

Dies geschah sehr rasch und auf den unterschiedlichsten Ebenen des Diözesanverbandes. Kolpingsfamilien hielten ihr Winterprogramm unter dem Motto »Kirche, Familie und Staat« ab oder führten neben religiösen und beruflichen Bildungsabenden Vorträge zur Staatsbürgerkunde ein[579]. Vor Ort in den Gemeinden waren Kolpingbrüder vielfach an der Gründung der CDU oder auch von deren Jugendorganisation Junge Union (JU) beteiligt. Beispiele dafür finden sich in vielen Teilen des Bistums, so in Altlünen, dort gehörten zu den sieben Gründern der Orts-CDU mehrere Kolpingbrüder und war der Gründungsvorsitzende der JU ein aktives Kolpingmitglied[580]. Oder auch in Datteln, wo 1949 der Bezirkssenior ein führendes JU-

572 Ebd.
573 Ebd.
574 Vgl. Kap. I.4.
575 Vgl. Kap. I.5.3.
576 Vgl. Kap. I.5.2.
577 Vgl. Kap. II.2.1.
578 Vgl. Kap. II.3.3.
579 So z.B. die Kolpingsfamilien von Ahlen und Oelde; vgl. Jahresbericht des Bezirks Beckum 1947 (Archiv des Kolpingwerks Diözesanverband Münster, Coesfeld, Karton 148).
580 Mdl. Auskunft Theo Grünewald u. Wilhelm Otto, Lünen, 1.12.1995; vgl. Versammlungsprotokolle der Kolpingsfamilie Altlünen 1948–1950, Protokoll vom 29.12.1948 (Archiv der Kolpingsfamilie Altlünen).

Mitglied war und der dortige CDU-Vorsitzende zusammen mit dem Vikar und drei Handwerksmeistern den Schutzvorstand des Kolpinghaus leitete[581]. Damit begann die Zeit der personellen Verquickung von Kolping und CDU, die bis zum Ende des Untersuchungszeitraums, und noch darüberhinaus, so typisch war, vor allem in den Ortsvereinen und in der Kommunalpolitik. Verursacht durch das lang andauernde und lang nachwirkende Politikverbot in den Gesellenvereinen hatte es Ähnliches mit dem Zentrum nicht gegeben. Vielleicht liegt gerade auch darin die Option der Kolpingsfamilien im Bistum Münster für die CDU und nicht für das Zentrum begründet. Es gab zwar keine offiziellen Anordnungen von Seiten der Diözesan- oder Zentralleitungen, dennoch war der Kurs vor Ort eindeutig. Die einzige Stellungnahme zum Konflikt Zentrum-CDU war zunächst jene scheinbar neutrale, die christlichen Parteien mögen sich, um schlagkräftiger zu sein, weitgehend einigen oder zusammenschließen[582]. De facto bedeutete dies allerdings eine Forderung nach Auflösung der Zentrumspartei.

Auf den höheren Ebenen waren weniger die Personalunionen charakteristisch als der Versuch, durch Eingaben, Forderungen und Drohungen, kurz, durch konsequente Lobbyarbeit, den eigenen Einfluß geltend zu machen. Dem Vorsitzenden des Parlamentarischen Rates, der verfassungsgebenden Versammlung für die Westzonen also, Konrad Adenauer, schickte Hölscher im Namen der Senioren und Altsenioren des Bistums im Dezember 1948 einen Protestbrief. Darin kommt die Ablehnung einer Einschränkung des Elternrechts im zu erarbeitenden Grundgesetz ebenso wie die der Aufhebung des Reichskonkordats zum Ausdruck. Hölscher droht dem CDU-Vorsitzenden der Westzonen geradezu, auf die Macht von 30000 Kolpingbrüdern in seinem Diözesanverband und die Internationalität des Kolpingwerks verweisend, und scheut sich nicht vor Vergleichen mit der NS-Zeit:

> Die Nachrichten über die Verhandlungen des Parlamentarischen Rates in Bonn haben in den zum Diözesanverband Münster gehörenden Kolpingsfamilien (Gesellenvereinen) des Münsterlandes, des Industriegebietes, des Niederrheins und des Oldenburger Landes große Erregung hervorgerufen. 30000 Meister und Gesellen protestieren gegen die Mißachtung der naturrechtlich begründeten Eltern-Forderungen. Wir haben kein Verständnis dafür, wenn Parteien, die die Erkämpfung der Menschenrechte in ihr Programm aufgenommen haben, die unveräußerlichen Rechte der Väter und Mütter über ihre Kinder mißachten. Zu einer Demokratie, die als eine ihrer ersten Maßnahmen die Beschneidung ursprünglicher Rechte ankündigt, würden wir wenig Vertrauen hegen, und wir würden alle Konsequenzen ziehen, um das Recht auf Freiheit und Selbstbestimmung zu erreichen.
>
> Bezüglich der Auseinandersetzungen über das Reichskonkordat erheben wir ebenfalls unsere warnende Stimme. Die Kolpingsfamilie ist heute noch über ganz Mitteleuropa

581 Vgl. Liste »Mitglieder des Schutzvorstandes 1949« (Pfarrarchiv Datteln, Karton 86 – Depositum im Bistumsarchiv Münster); der Bezirkssenior gehörte dem Schutzvorstand des Kolpinghauses als weiteres Mitglied an.

582 Vgl. Bericht von der Bezirksvorständetagung, 23./24.7.1949, Borken (Archiv des Kolpingwerks Diözesanverband Münster, Coesfeld, Karton 153).

Abb. 30: Wahlkampfkundgebung der Kolpingsfamilie Münster zur nordrhein-westfälischen Landtagswahl 1950; rechts hinten ein Wahlplakat der CDU

Abb. 31: Konrad Adenauer bei der Kolpingsfamilie Münster-Zentral im Bundestagswahlkampf 1953

Abb. 32: Diözesanpräses Schmithausen, Altpräses Echelmeyer, Bundeskanzler Adenauer und Diözesanaltsenior Epping beim Diözesantag der Kolpingsfamilie am 28.7.1957

Abb. 33: Auf dem Weg zur Überalterung oder zum Familienverband? Stiftungsfest der Kolpingsfamilie Vechta, 1955

verbreitet, und sie greift bis nach Übersee hinüber. Wir wissen von dorther, wie man über die im Dritten Reich üblich gewordene Zerreissung eingegangener Verträge seitens der damaligen deutschen Regierung starken Unwillen geäussert hat. Unsere Verbandsbrüder, vor allem in Nordamerika und in der Schweiz, haben trotz der Diffamerung sofort ein großes Hilfswerk organisiert. Die Leitung der Gesellenvereine in den U.S.A. teilt uns mit, daß sie im Augenblick kräftige Anstrengungen macht, durch Wort und Schrift Verständnisbereitschaft für uns Deutsche bei unseren einstigen Gegnern anzubahnen. In einer Nicht-Anerkennung des Konkordats von deutscher Seite her würden die uns nahestehenden Kreise des Auslandes eine unverständliche Fortsetzung einer– wie man glaubte – endgültig begrabenen Politik vergangener Jahre erblicken.[583]

Zur ersten Bundestagswahl am 14.8.1949 erging an die Mitglieder der Kolpingsfamilien nicht nur der auch schon in der Weimarer Republik übliche Aufruf der Verbandsleitung zur Wahl katholisch-christlicher Parteien und Politiker. In verschiedenen Veranstaltungen im Vorfeld wurden die Kolpingbrüder auf die Wahl eingeschworen, wurden sie aufgefordert, sich aktiver als bisher politisch zu betätigen. »Die Zurückhaltung der christlichen Bevölkerung von öffentlichen Ämtern bedeute[t] eine große Gefahr für uns«, hieß es beispielsweise auf der Borkener Bezirksvorständetagung vom Juli 1949, und weiter, »Handwerk und Volk war[en] christlich und nur mit dem Christentum kann Deutschland gesunden«[584]. Christentum, Kolpingwerk und die CDU wurden hier ineinsgesetzt. Ähnlich waren die Ausführungen eines Kapuzinerpaters auf dem Bundesfest der Oldenburger Kolpingsfamilien im Sommer 1949 in Löningen. Pater Genesius Mühlenbrock beendete seine Rede zum Thema ›Verchristlichung der Gesellschaft‹ mit dem Satz: »Die Stunde des christlichen Gewissens hat zu schlagen begonnen, und jeder Christ muß wissen, daß er am 14. August eine entscheidende Aufgabe zu erfüllen hat.«[585]

Noch stärker war die Mobilisierung der Kolpingmitglieder im nordrhein-westfälischen Bistumsteil für die dortige Landtagswahl im Jahr 1950. Zum ersten Mal kam der Wahlaufruf nicht von den geistlichen Verbandsleitern, sondern symbolischerweise von den obersten Laien des Diözesanverbandes. Sie thematisierten unter anderem die »unglückselige Parteienspaltung« von Zentrum und CDU, die »weite katholische Kreise« in ihrer politischen Aktivität lähme. Die Landtagswahl sei deshalb so wichtig, weil in Nordrhein-Westfalen, »dem bevölkerungsreichsten Staate der Bundesrepublik mit überwiegend katholischen Einwohnern«, immer noch keine endgültige Länderverfassung zustande gekommen sei, und weil die Kulturpolitik, hier vor allem die Frage nach der Bekenntnisschule, Ländersache sei. Wörtlich fuhren Diözesansenior Korte und Bezirkssenior Endress fort:

[583] Hölscher an Adenauer, Vorsitzender des Parlamentarischen Rates, 21.12.1948 (Archiv des Kolpingwerks Diözesanverband Münster, Coesfeld, Karton 37).

[584] Bericht von der Bezirksvorständetagung, 23./24.7.1949, Borken (Archiv des Kolpingwerks Diözesanverband Münster, Coesfeld, Karton 153).

[585] Protokollbuch der Kolpingsfamilie Barßel/Oldbg. 1933–1975, Eintragung vom Juni/Juli 1949 (Archiv der Kolpingsfamilie Barßel).

Deshalb wünschen wir, dass alle Kolpingsöhne aus ihrer Verantwortung dem staatlichen Leben gegenüber nicht zuletzt in Erfüllung des Kolpingprogrammes alle ihre Kräfte einsetzen, den christlichen Parteien bei der Landtagswahl zum Siege zu verhelfen. Wir erwarten, dass die christlichen Parteien, wo immer es angebracht ist, sich weitgehend einigen, zumindest in gegenseitiger Achtung den Wahlkampf führen. Wir fordern alle Kolpingsöhne auf, der Wahlpflicht unbedingt zu genügen, Familienangehörige, Freunde und Bekannte zu veranlassen, ebenfalls ihrer Wahlpflicht nachzukommen. Auf Grund der Erklärung der Zentralversammlung der Deutschen Kolpingsfamilie zur Parteipolitik vom Juni 1949 in Köln erwarten wir, dass alle Kolpingsöhne zur politischen Mitarbeit bereit sind und auch zur Übernahme politischer Ämter in den Parteien, die den christlichen Grundsätzen verantwortungsvoller Staats- und Kulturpolitik entsprechen.[586]

Allein christlich-katholisch zu wählen reichte also nicht aus. Kolpingbrüder sollten auch bereit sein, Mandate in sämtlichen öffentlichen Gremien zu übernehmen oder ganz generell sich am Prozeß der politischen Willensbildung aus christlicher Verantwortung und in christlicher Gesinnung zu beteiligen. Das geschah auch und nahm aus heutiger Sicht manchmal skurrile Formen an. So protestierten die Kolpingsfamilien des Bezirks Warendorf im Herbst 1950 bei der Bundestagsabgeordneten Helene Weber und bei der Bundesbahndirektion Münster gegen die Aufstellung von Kondomautomaten in Bahnhofstoiletten[587].

Das Jahr 1950 stellte einen ersten Höhepunkt politischer Mobilisierung des münsterischen Diözesanverbandes des Kolpingwerks dar. Dazu paßte, daß die Diözesanleitung für das Vereinsjahr 1950/51 einen politischen Slogan als Jahreslosung ausgeben wollte. Die von den obersten Laien und Präsides des Bistums vorgeschlagenen Schlagwörter lauteten: »Unser politischer Wille«, »Demokratie ist eine Aufgabe«, »Bekenntnis des Kolpingssohnes zu Volk und Staat«, »Wir sind der Staat« und »Wir bauen mit an Volk und Staat«. Die endgültige Formulierung lautete dann: »Die Bewährung des Kolpingsohnes in Volk und Staat«[588]. Die Identifikation mit der neuen Bundesrepublik war auf allen Ebenen des Kolpingwerks sehr groß und stand in keinem Verhältnis zum früheren zunächst widerwilligen, dann eifrigen Patriotismus gegenüber Preußen und dem Kaiserreich, zur skeptischen bis gutwilligen Haltung gegenüber der Weimarer Republik oder zu anfänglicher Kooperationsbereitschaft, dann Rückzug im Dritten Reich. Der Unterschied zu den vorhergehenden Systemen bestand vor allem in der Partizipation an politischen Prozessen und Instanzen, die das Kolpingwerk nun propagierte und pflegte. Ein ›Bekenntnis zum Staat‹ als Jahreslosung – das wäre in den einhundert Jahren vorher undenkbar gewesen. Die Katholische Aktion in Kellerscher Ausprägung und die Demokratisierungsbemühungen der Westalliierten zeigten hier erstaunliche Früchte.

586 Offener Brief der Diözesanleitung und der Bezirkssenioren zur Landtagswahl am 18.6.1950 (Archiv des Kolpingwerks Diözesanverband Münster, Coesfeld, Karton 37).

587 Die Kolpingsfamilien des Bezirks Warendorf an MdB Dr.Helene Weber und Bundesbahndirektion Münster, 8.10.1950 (Archiv des Kolpingwerks Diözesanverband Münster, Coesfeld, Karton 197).

588 Protokoll der Diözesanvorstandssitzung vom 11.2.1950 (Archiv des Kolpingwerks Diözesanverband Münster, Coesfeld, Karton 37).

Immer wieder wurde den Kolpingmitgliedern ihre Verantwortung für Staat und Gesellschaft vor Augen geführt. Die Zeit des nun begonnenen Kalten Krieges prägte dabei oft die Wortwahl. Generalpräses Ridder beispielsweise gab sich auf dem Bundesfest der Oldenburger Kolpingsfamilien 1950 in Barßel martialisch:

> Noch hält der Eiserne Vorhang, aber keiner weiß, wie lange, und wann der Bolschewismus kommt. Die Gefahren sind heute größer denn je. Kolpingsöhne in der ganzen Welt stehen mit dem Kreuz in der Hand auf der Wache. Ihr Kolpingsöhne des Oldenburger Landes, kämpft auch ihr mit dem Kreuz in der Hand für Christus, für unser Volk und unser Vaterland.[589]

Domkapitular Vorwerk fügte dem pathetisch hinzu:

> Der Geist Kolpings ist der einzige Geist, der unser Volk wieder aufrichten kann. Ihr Oldenburger Kolpingssöhne wollt ihr, daß die Kirche Christi in unserem Volke wieder lebendig wird? Dann gelobt, daß ihr mithelfen wollt, im Geiste Christi und Kolpings zu leben und zu arbeiten, damit das deutsche Volk im Geiste Kolpings auferstehe.[590]

Der Bundestagsabgeordnete Schmücker aus Löningen, bezeichnenderweise ein Kolpingbruder, erklärte bei der gleichen Gelegenheit: »Wer es wagt, einen Keil zwischen Staat und Kirche zu treiben, ist unser ärgster Feind.«[591]

Nur wenige Jahre, nachdem ein Fortbestehen des Kolpingwerks durchaus fraglich war, wurde ihm nun von staatlicher und kirchlicher Seite Lob zuteil und seine Vorbildfunktion herausgestellt. Dies und die Tatsache, durch Einflußnahme auf sämtliche politische Instanzen gesellschaftlich vollständig etabliert zu sein, schuf Selbstbewußtsein auch wieder gegenüber der Kirche. Als sich Ende 1949 neben Vertretern von Landesministerien auch solche der kirchlichen Behörden in Münster kritisch über die weitere Unterstützung von Kolpinghäusern äußerten, schrieb Hölscher an Diözesaltsenior Beyer: »Wir müssen es also allen Instanzen einmal kräftig an den Bast sagen.«[592] Man hatte viel an Einfluß gewonnen und war zu einer wichtigen Institution geworden, nicht nur staatlichgesellschaftlich, sondern auch kirchlich als hervorragender Streiter für die Verchristlichung der Gesellschaft im Sinne der Katholischen Aktion. Dementsprechend schlug Hölscher Beyer für 1951 vor, der Diözesanverband möge sich dem Thema der Verchristlichung der Kultur widmen. »Grad in diesen Tagen tun sich wichtige Dinge«, kommentierte Hölscher, und zählte auf: »Jugendschutzgesetz in Bonn usw.; Kampf gegen Schmutz und Schund; Kontrolle von Rundfunk und Film, Presse. Da gäbe es für eine Kolpings-

589 Protokollbuch der Kolpingsfamilie Barßel 1933–1975, Bericht über das 46. Oldenburger Gesellen-Bundesfest, 17.–19.6.1950 (Archiv der Kolpingsfamilie Barßel/Oldbg.).

590 Ebd.

591 Ebd.

592 Hölscher an Beyer, 20.12.1949 (Archiv des Kolpingwerks Diözesanverband Münster, Coesfeld, Karton 18).

familie manche Einwirkungsmöglichkeiten.«[593] Die Diözesanvorständetagung im Juli 1951 fand denn auch unter dem Motto »Kolpingsgeist wird Volksgeist; unser Kulturauftrag« statt[594].

Zu Stolz und Selbstbewußtsein hatte der münsterische Diözesanverband des Kolpingwerks auch allen Grund, wenn er sich seine Mitgliederstatistik vergegenwärtigte. In den Jahren 1945–51 hatte der Verband eine nie gekannte Aufschwungphase erlebt. Die Zahl der Mitglieder und aktiven Kolpingsfamilien erreichte bereits 1948 den ungefähren Stand von 1933, um ihn dann weit zu überflügeln. Das lag zwar auch an der alters- und berufsmäßigen Öffnung der Mitgliedschaft, doch die Zahl der Neugründungen von Kolpingsfamilien sprach deutlich für die Popularität des Verbandes:

Tabelle 10: Mitgliederbewegungen in Kolpingsfamilien der Diözese Münster, 1945–1951[595]

Jahr	*Zahl der Kolpingsfam.*	*Mitglieder Gr. Kolping*	*Mitglieder Gr. Altkolping*	*Mitglieder insgesamt*
1945	116	2581	4577	7078
1946	150	6396	6418	12814
1947	169	8309	7060	15369
1948	197	12038	9000	21038
1949	208	14750	10634	25384
1950	223	17094	12066	29160
1951	231	17918	12311	30229

4.5 Auf der Höhe der Zeit und des Einflusses? – Das Kolpingwerk in den 50er Jahren

Die ›Boomjahre‹ hielten, was die Statistiken angeht, auch weiterhin an, wobei das Jahr 1951 mit seinen 22 Neugründungen in der gesamten Geschichte des Diözesanverbandes Münster eine Rekordstellung einnimmt[596]. Grund speziell für diese

593 Hölscher an Beyer, 9.2.1951 (Archiv des Kolpingwerks Diözesanverband Münster, Coesfeld, Karton 18).

594 Vgl. Diözesanvorständetagungen des Diözesanverbandes Münster der Deutschen Kolpingsfamilien 1946–1958 (Archiv des Kolpingwerks Diözesanverband Münster, Coesfeld, Karton 37).

595 Mitgliederbewegungen in der Diözese Münster 1945–1951 (Archiv des Kolpingwerks Diözesanverband Münster, Coesfeld, Karton 37); Gruppe Kolping: unter 35, ledig, Nicht-Meister; Altkolping: über 35 oder verheiratet oder Meister; alle Angaben am 31.12. des angegebenen Jahres außer 1951: 1.7. des Jahres.

596 Vgl. Kolpingwerk Diözesanverband Münster, 125 Jahre Diözesanverband Münster, S. 29f.

Entwicklung war unter anderem die Dezentralisierung von Kolpingsfamilien. In größeren Städten mit mehreren Pfarreien entstanden Tochtergründungen, beispielsweise in Münster, Rheine und Recklinghausen, auch dies ein Zeichen für die stärkere Anlehnung des Verbandes an das Pfarrgemeindeprinzip. Diözesanpräses Hölscher blieb den hohen Zahlen gegenüber skeptisch, auch wenn er sich ihrer nach außen hin, quasi als Lobby-Argument, durchaus bediente, wie schon gezeigt. Im Jahr 1951 konstatierte er in einem Ausblick, daß auch in seinem Verband »vieles noch krankt«[597]. Als ›Therapie‹, und damit sozusagen als Schwerpunkt für die 50er Jahre, empfahl er die Reaktivierung einer traditionsreichen Säule der Gesellenvereinsarbeit: die Bildung.

Die Kölner Zentrale hatte bereits im August 1950 die alte ›Arbeitsgemeinschaft der Fachabteilungen‹ (AFAG) in ein ›Berufsbildungswerk der Deutschen Kolpingsfamilie‹ umgewandelt[598]. Die sich mit dem Wiederaufbau und dem einsetzenden Wirtschaftswunder rasch beschleunigende Spezialisierung und Technisierung der Handwerksberufe ließ die Fachabteilungen der einzelnen Kolpingsfamilien ins Leere laufen. Teure Maschinen und kostspieliges Material waren für die Ortsvereine ein zu großer Aufwand, zumal Berufsorganisationen und Berufsschule nun vielfach die alten Aufgaben der Fachabteilungen übernahmen[599]. Hölscher ging es deshalb vor allem um die allgemeine und die staatsbürgerliche Bildung der Kolpingmitglieder. Er wollte für diesen Zweck Referenten aus dem gesamten öffentlichen Leben gewinnen:

> Es bedarf der Mithilfe derer, die im kulturellen, politischen und wirtschaftlichen Raum bereits eine Aufgabe erfüllen, denen doch das Herz aufgehen müsste, wenn sich ihnen regelmäßig fünfzig, hundert u. noch mehr junge Menschen stellen, um Belehrung und Anregung zu empfangen.[600]

Das Konzept war also, aktive Funktionsträger zukünftige Funktionsträger ausbilden zu lassen, sozusagen aus der Praxis für die Praxis. Ein effektives Schneeballsystem zur öffentlichen Einflußgewinnung sollte so entstehen. Entsprechend veranstaltete der Diözesanverband zum Beispiel Schulungen für Kommunalpolitiker im Zusammenhang mit dem münsterischen Franz-Hitze-Haus, der katholisch-sozialen Akademie des Bistums[601].

Die jahrelange Mobilisierung der Kolpingmitglieder für die Übernahme von Verantwortung in Gremien und Institutionen, verbunden mit entsprechender Schulung in den 50er Jahren, zeigte mit den Jahren große Erfolge. Eine Statistik aus den

597 Franz Hölscher: Ausblick (masch. Manuskript, 1951) (Archiv des Kolpingwerks Diözesanverband Münster, Coesfeld, Karton 37).

598 Vgl. Deutsche Kolpingsfamilie, Handbuch (Köln, 1960), S. 27.

599 Vgl. Kap. III.4.1.

600 Franz Hölscher: Ausblick (masch. Manuskript, 1951) (Archiv des Kolpingwerks Diözesanverband Münster, Coesfeld, Karton 37).

601 Mdl. Auskunft Johannes Schmithausen, 13.6.1996; vgl. auch: DIÖZESANSTELLE MÜNSTER DER DEUTSCHEN KOLPINGSFAMILIE (Hg.): Kolping-Bericht 1957–1963, S. 41.

frühen 60er Jahren listet sämtliche für diese Zeit aktuelle Funktionsträger aus Reihen der Kolpingsfamilien im Bistum Münster auf:

Tabelle 11: Mitglieder von Kolpingsfamilien im Bistum Münster mit öffentlicher Funktion, 1963[602]

2	Bundestagsmitglieder
3	Mitglieder des nordrhein-westfälischen Landtags
1	Mitglied des niedersächsischen Landtags
1	Landrat
57	Bürgermeister oder stellvertretende Bürgermeister
547	Abgeordnete in Kreistagen, Stadt- oder Gemeinderäten
3	Vizepräsidenten von Handwerkskammern
15	Gesellenvertreter in den Vollversammlungen der Handwerkskammer Münster, Oldenburg, Düsseldorf
22	Meistervertreter in den Vollversammlungen der Handwerkskammern Münster, Oldenburg, Düsseldorf
13	Kreishandwerksmeister
7	Geschäftsführer von Kreishandwerkerschaften
185	Obermeister von Handwerksinnungen
1	Landessozialrichter
1	Landesarbeitsrichter
8	Arbeitsrichter
4	Sozialrichter
1	Mitglied der Vertreterversammlung der Landesversicherungsanstalt Westfalen
31	Vertreter in Organen der Ortskrankenkassen
34	Vertreter in Organen der Innungskrankenkassen

In Anbetracht dieser beeindruckenden Fakten und der Tatsache, daß die Zahl der Mitglieder und Kolpingsfamilien in den 50er Jahren immer noch weiter anstieg, könnte die Auffassung naheliegen, das Kolpingwerk sei völlig auf der Höhe der Zeit und auf dem absoluten Gipfel seiner Einflußkraft gewesen. Aber Gesamtstatistiken, Eliteschulungen und Konzepte der Diözesanleitung geben über die Rezeption an der Basis und das allgemeine Ansehen der Kolpingbewegung keine erschöpfende Auskunft. Um sich dem zu nähern, soll zunächst die Lageeinschätzung des Bischofs Keller für das Bistum Münster vom Frühjahr 1951 im Mittelpunkt stehen[603]. Sie

602 Ebd., S. 21.

603 Vgl.: Michael Keller: Einleitungsreferst vor der Dechantenkonferenz des Jahres 1951 (Bistumsarchiv Münster, Bischöfliches Sekretariat O-783a); vgl. auch: Damberg, Abschied vom Milieu, S. 139–144.

widersprach nämlich in vielen Dingen der Perspektive der Leitung des Kolpingwerks.

Vor den versammelten Dechanten seines Bistums gab Keller zunächst eine ›Situationsschilderung‹ ab. Darin sah er als positiv die gewachsene laienapostolische Verantwortung und Glaubensvertiefung an, außerdem die Teilnehmerzahlen von Kommunionen, Triduen, Missionen und Exerzitien. Hierin stimmte er ganz mit dem Diözesanvorstand des Kolpingwerks überein, hatte dieser doch auf einer Sitzung im Februar 1950 der von ihm auf den Weg gebrachten ›Exerzitienbewegung‹ »einen guten Erfolg« bescheinigt[604]. Doch dann fuhr Keller fort:

> Negativ: Bedenklich geschwundener Einfluß katholischer Haltung im gesamten öffentlichen Leben: Gewerkschaft, Wirtschafts- und Berufsverbände usw., Betriebsräte, Betriebsführung, Stadtparlament, Handel und Gewerbe. Auch bei unsern christlichen Vertretern weiterhin liberales Denken. Starke Kompromißbereitschaft, *wachsender Interkonfessionalismus* und zwar weitgehend von einflußreichen Katholiken bejaht. Faktisch ist das Milieu auf den Amtsstuben, in den Fabriken, Geschäften, Werkstätten, auf Sportplätzen, im geselligen Leben nicht mehr vom christlichen Geist bestimmt, oft heidnisch... [605]

Diese Einschätzung stand in völligem Widerspruch zur vorher erläuterten wachsenden Einflußnahme der Mitglieder von Kolpingsfamilien auf genau jene Bereiche, die Keller geschildert hatte. Die Entwicklung schien in der Kolpingbewegung also genau in entgegengesetzter Richtung zum Gesamtkatholizismus zu verlaufen. das galt auch für einen weiteren von Keller angesprochenen Bereich, die Zunahme von Mischehen, vom Bischof bezeichnenderweise unter das Schlagwort »Dekadenz der Familie« gestellt. Die einzige dafür vorhandene Statistik des Kolpingwerks im Bistum Münster vom Ende der 50er Jahre zeigt erstaunlich niedrige Werte:

Tabelle 12: Eheschließungen von Mitgliedern der Kolpingsfamilien im Bistum Münster 1957–1960[606]

Jahr	*Eheschließungen*	*davon Mischehen*	*Mischehen v.H.*
1957	1186	14	1,18
1958	1152	9	0,78
1959	1221	3	0,24
1960	1243	18	1,44

604 Vgl. Protokoll der Diözesanvorstandssitzung vom 11.2.1950 (Archiv des Kolpingwerks Diözesanverband Münster, Coesfeld, Karton 37).

605 Michael Keller: Einleitungsreferst vor der Dechantenkonferenz des Jahres 1951 (Bistumsarchiv Münster, Bischöfliches Sekretariat O-783a). Hervorhebungen im Original.

606 Kolping-Bericht 1957–1963, S. 33.

Bedenkt man, daß die bistumsweite Mischehenquote 1950 schon bei über 20 v.H. lag, dann sind diese Daten umso bemerkenswerter[607].

Kellers Fazit war ein ambivalentes. Einerseits konstatierte er, daß die religiöse Bindung der ›Stammbevölkerung‹ seines Bistums, zumindest was die äußere Praxis anginge, durchaus intensiv sei, andererseits sah er einen Verlust gesellschaftlicher Dominanz, ja geradezu eine Entchristlichung des öffentlichen Lebens im Gange. Wie passten hier nun die örtlichen Kolpingsfamilien mit ihren dem durchaus widersprechenden Daten hinein? Gehörten sie zur ›Stammbevölkerung‹, zu einer katholischen Insel also, die einsam aber trotzig im Ozean der gesamt-gesellschaftlichen Entwicklung lag? Oder waren sie jenen von Keller kritisierten katholischen Kräften zuzurechnen, die sich durch liberales Denken und Kompromißbereitschaft auszeichneten?

Zunächst einmal: die überwiegende Mehrzahl der Mitglieder von Kolpingsfamilien in den 1950er Jahren rekrutierte sich aus den katholischen Stammgebieten des Bistums. Das Wachstum in diesem Jahrzehnt rührte einerseits von der bereits beschriebenen Dezentralisierung großer Vereine her, andererseits von der nun fast vollständigen Ausdehnung auch im ländlichen Raum, ein Abschluß der in den 1920er Jahren begonnenen und durch den Nationalsozialismus unterbrochenen Entwicklung[608]. In den industrielleren und vor allem konfessionell gemischteren Gebieten war die Entwicklung eher von Stagnation und Rückgang geprägt[609]. Das deckte sich mit Kellers Einschätzung der Problemzonen in seinem Bistum[610]. Und: Liberales Denken und Kompromißbereitschaft konnte man weiten Kreisen im Kolpingwerk wahrlich nicht unterstellen, die Grundhaltung dort war katholisch-konservativ. Auseinandersetzungen mit weltanschaulich-politisch andersdenkenden Gruppen in den öffentlichen Gremien und mit innerkirchlichen Konkurrenten vor allem in der Jugendarbeit wurden durchaus gesucht und ausgefochten[611]. Dennoch verfiel ein solcher Verband, der erfolgreich, selbstbewußt, konservativ und von der ›Stammbevölkerung‹ geprägt war, bischöflicher Kritik. Keller vermißte religiöse Verinnerlichungstendenzen, »ihm war das Ganze nicht ernst genug«[612]. Der Bischof hatte andere Vorstellungen von einer katholischen Kerngruppe, mit der er, wohlgeordnet, den Kampf für die Wiederverchristlichung anstreben wollte.

Das Kolpingwerk wurde auf diese Weise von kirchlich-klerikaler Seite empfindlich geschwächt. Den Ansprüchen an die religiöse Arbeit konnte der Verband nicht gerecht werden, einerseits, weil er sonst seine Mitglieder überfordert hätte, andererseits, weil diese Ansprüche gegenüber früheren Phasen der Verbandsgeschichte enorm gewachsen waren. Die Divergenz zwischen kirchlichen und gesamtgesell-

607 Vgl. Damberg, Abschied vom Milieu, S. 143.
608 Vgl. Tabelle 14.
609 Vgl. Kolpingwerk Diözesanverband Münster, 125 Jahre Diözesanverband Münster, S. 30.
610 Vgl. Damberg, Abschied vom Milieu, S. 141f.
611 Mdl. Auskunft Johannes Schmithausen, 13.6.1996.
612 Ebd.

schaftlichen Interessen wurde immer größer, der Spagat der Kolpingsfamilien dazwischen gelang immer seltener. Die religiöse Ausrichtung wurde von dem einen Pol, der Kirche, als nicht ausreichend angesehen. Es gelang dem Kolpingwerk aber ebensowenig, sich nun als Ausgleich stärker dem anderen Pol, der öffentlichen Seite ihrer Arbeit, zuzuwenden. Denn auch auf diesem Gebiet wurden die Betätigungsfelder mehr und mehr ausgehöhlt. Klassische Aufgaben, wie die Betreuung wandernder Gesellen und die fachliche Weiterbildung von Handwerkern, verloren ihre Bedeutung[613]. Selbst die Fernunterrichtskurse, die sich nach dem Krieg sehr schnell wieder großer Beliebtheit erfreuten, nahmen in den 50er Jahren rapide ab. Ihre Gesamtzahl sank zwischen 1950 und 1960 von über 560 auf 196, ganze Fächer wie Bau, Bäckerei und Konditorei fielen weg[614]. Neue Bereiche, wie eine konsequente Jugendarbeit und Veranstaltungen für Frauen, wurden innerkatholisch als Konkurrenz für andere Verbände scharf abgelehnt und konnten sich deshalb nicht entsprechend entwickeln.

So drohte der Aspekt der Geselligkeit zum einzigen Kontinuum der Vereinsarbeit zu werden. Das böse Wort »Kolping stirbt an der Theke« verbreitete sich rasch im deutschen Katholizismus. Keller, der bezüglich des Männerapostolates in seinem Konzept der Katholischen Aktion sehr auf die Kolpingsfamilien gesetzt hatte, wandte sich nun stärker der Katholischen Arbeitnehmerbewegung (KAB) und vor allem der Christlichen Arbeiterjugend (CAJ) zu. Bezeichnend dafür, was er von der Entwicklung des Kolpingwerks hielt, ist der Wechsel im Amt des Diözesanpräses im Jahr 1956. Abberufung und Neubesetzung geschahen fast vollständig ohne das Zutun des bisherigen Amtsinhabers Hölscher[615]. Sein Rat und seine Personenvorschläge, geschweige die der Laienelite, waren nicht gewünscht. Sein vom Bischof ausgesuchter Nachfolger Johannes Schmithausen aber hatte mit dem Kolpingwerk bis dahin kaum Kontakt gehabt[616]. Die Kontinuität der Arbeit des bisherigen Diözesanpräses schien für Keller nicht die oberste Priorität bei der Neubesetzung gewesen zu sein, um es vorsichtig auszudrücken. Hölschers Leistungen für den Wiederaufbau des Verbandes nach dem Krieg waren unbestritten, doch diese Phase war nun vorbei. Die Zeit des Wirtschaftswunders mit seiner sozial nivellierenden Wirkung brachte gerade für einen Berufsstandsverein, der seine Rekrutierungsbasis zu diesem Zeitpunkt noch nicht radikal verändert und damit vergrößert hatte, neue Notwendigkeiten mit sich.

Die altersmäßige Ausweitung des Jahres 1933 hatte den Kolpingsfamilien 1945 die Kontinuität der Arbeit gesichert. Während in den Jugendvereinen personelle Löcher entstanden, konnten die von Kriegsdienst, Internierung und Gefangenschaft nicht betroffenen Altkolpingmitglieder das Vereinsleben sehr rasch wieder aufneh-

613 Vgl. III. Teil dieser Arbeit, vor allem Abschnitt 4.5 .

614 Mdl. Auskunft Franz Lüttgen, 7.3.1995.

615 Mdl. Auskunft Johannes Schmithausen, 13.6.1996.

616 Johannes Schmithausen, geb. 1919, Diözesanpräses des Kolpingwerks Diözesanverband Münster 1956–1966, Pfarrer von St.Josef Münster 1966–1996.

men, wie gezeigt. Doch bereits 1947 übertraf die Zahl der ›traditionellen‹ Mitglieder der Gruppe Kolping die von Altkolping, war der traditionelle Gesellenverein wieder etabliert[617]. Diese positive Entwicklung konnte der Kölner Diözesanverband im übrigen nie erreichen. In der Erzdiözese gab es nach dem Zweiten Weltkrieg in den Kolpingsfamilien immer mehr Altmitglieder als junge Gesellen[618]. In der zweiten Hälfte der 50er Jahre aber stagnierte der Zuwachs der Gruppe Kolping auch im Bistum Münster, nach ihrem Höchststand 1958 nahm sie kontinuierlich ab. Der Ausbau des Verbandes über die ledigen Jung-Gesellen hinaus wendete sich nun ins Gegenteil, von einem Startvorteil zur Falle nämlich. Der Verband drohte zu überaltern. Was kurz nach dem Krieg von Kolpingsseite für den Fall von den Bischöfen erzwungener Aufgabe der Jugendarbeit befürchtet wurde, trat jetzt ohnehin ein.

Tabelle 13: Mitgliedszahlen des Kolpingwerks Diözesanverband Münster 1957–1963[619]

Jahr	*Gruppe Kolping*	*Altkolping*	*Gesamt*
1957	17443	14988	32431
1958	18152	16017	34169
1959	17952	16996	34948
1960	17471	19046	36517
1961	16733	18871	35604
1962	15800	19751	35551
1963	14782	20268	35050

Das Jahr 1960 stellt hier in doppelter Hinsicht einen Wendepunkt dar. Die Gruppe Kolping hatte erstmalig Mitgliederrückgänge zu verzeichnen, wenn auch im Vergleich zu den Folgejahren in nur leichter Form. Und: Altkolping im Bistum Münster war erstmalig seit 1947 wieder größer als die Gruppe Kolping.

Die Diözesanleitung des Kolpingwerks reagierte auf diese Entwicklung noch im Jahr 1960 mit dem Versuch, Jungkolping auszubauen, um dem Trend, daß ›von unten‹ keine Mitglieder mehr nachkamen, entgegenzuwirken. Ein erster diözesaner Jungkolpingkursus wurde durchgeführt, darüberhinaus beschloß das Diözesanpräsidium eine vorläufige Ordnung für diese dritte Altersgruppe im Kolpingwerk[620]. Allen innerkatholischen Widerständen zum Trotz sollten auch die Unter-17-Jährigen für die Kolpingsarbeit gewonnen werden, damit der freie Fall der Mitglie-

617 Vgl. Kap. II.4.4.

618 Vgl. RUFF, Mark E.: »Katholische Jugendverbände und die Erosion des Katholischen Milieus im Erzbistum Köln, 1945–1962« (Leipzig, masch. Manuskript 1996), S. 10.

619 Vgl. Kolping-Bericht 1957–1963, S. 15; bereinigte Zahlen: die im Dezember 1958 in den neugegründeten Diözesanverband Essen übergetretenen Kolpingsfamilien (26 KF, 4382 Mitglieder) sind bereits abgezogen; alle Angaben zum Stichtag 1. Januar.

620 Vgl. Kolpingwerk Diözesanverband Münster, 125 Jahre Diözesanverband Münster, S. 21.

derzahlen und die Überalterung verhindert werden konnten. Die Erfolge dieser Maßnahmen hielten sich in Grenzen. Das allgemeine soziale Milieu und auch die sozialökonomischen Bedürfnisse der Jugendlichen hatten sich zu sehr verändert. Gegen die Gesamtentwicklung der Erosion des Katholischen Milieus konnte mit kleinen konzeptionellen Veränderungen nicht angegangen werden. Für Jugendliche des Jahres 1960 verloren die Kolpingsfamilien, auch im weithin noch ländlich strukturierten und konfessionell geschlossenen Bistum Münster, mehr und mehr an Attraktivität.

Tabelle 14: Gründungen von Kolpingsfamilien im Bistum Münster 1945–1960[621]

Gründungsjahr	*Kolpingsfamilie*	*Bemerkung*
1945	Bunnen	
1946	Meckinghoven	
1946	Heiden	
1046	Henrichenburg	
1946	Horneburg	
1946	Drewer	
1946	Nordkirchen	
1946	Oeding	
1946	Rodde Sassenberg	
1947	Benteler	
1947	Füchtorf	
1947	Heek	
1947	Hiltrup	
1947	Jever	
1947	Molbergen	
1947	Nordenham	
1947	Röllinghausen	
1947	Straelen	Auflösung bereits 1968
1947	Strücklingen	
1947	Weeze	
1948	Aldekerk	
1948	Bottrop St.Michael	1958 zu Essen
1948	Darup	
1948	Dolberg	
1948	Erle/Dorsten	
1948	Holdorf	

621 Alle Zahlen und Daten nach: Kolpingwerk Diözesanverband Münster, 125 Jahre Diözesanverband Münster.

Gründungsjahr	*Kolpingsfamilie*	*Bemerkung*
1948	Lippborg	
1948	Mühlen	
1948	Ostenfelde	
1948	Seppenrade	
1949	Bevergern	
1949	Garrel	
1949	Halverde	
1949	Scherlebeck	
1949	Lembeck	
1949	Milte	
1949	MS Hl.Geist/St.Gottfried	
1949	OB Klosterhard	1958 zu Essen
1949	Oythe	
1949	Schöppingen	
1949	Wüllen	
1950	Alpen	Auflösung bereits 1951
1950	Asbeck	
1950	Zwischenahn	Auflösung bereits 1951
1950	Elsten	Auflösung bereits 1969
1950	Enniger	
1950	Esch	Auflösung bereits 1951
1950	Herverst	
1950	Leer	
1950	Lutten	
1950	Marienfeld	
1950	MS-Kinderhaus	
1950	MS-Nord	
1950	Reckenfeld	
1950	Sprakel	Auflösung bereits 1951
1950	Wulfen	
1951	Albachten	
1951	Fuhlenbrock	1958 zu Essen
1951	Deuten	Auflösung bereits 1970
1951	Diestedde	
1951	Dreierwalde	
1951	Ellewick	Auflösung bereits 1966
1951	Everswinkel	
1951	Butendorf	1958 zu Essen
1951	Hauenhorst	Auflösung bereits 1966
1951	Welbergen	

Gründungsjahr	*Kolpingsfamilie*	*Bemerkung*
1951	MS-Ost	
1951	Nienberge	
1951	Püsselbüren	
1951	Hochlar	
1951	Rhade	
1951	Rheine-Emstor	
1951	Rorup	
1951	Rüschendorf	
1951	Schwichteler	
1951	Wolbeck	
1951	Westkirchen	
1952	Ahlhorn	
1952	Bösel	
1952	Brake	
1952	Bühren	
1952	Holsterhausen	
1952	Disteln	
1952	Issum	
1952	Lünten	
1952	MS St.Erpho	Auflösung bereits 1969
1952	MS St.Konrad/Mauritz	Auflösung bereits 1970
1952	Osterfeine	
1952	Ramsloh	
1952	Rechterfeld	
1952	Scharrel	
1952	Steinbock	
1952	Vellern	
1952	Vorhelm	Auflösung bereits 1967
1953	Dingden	
1953	DU-Kasslerfeld	1958 zu Essen
1953	DU-Neudorf	1958 zu Essen
1953	Hiddingsel	
1953	Nienborg	
1953	Ottmarsbocholt	
1953	Sonsbeck	
1954	Appeldorn	
1954	Appelhülsen	
1954	Bocholt Hl.Kreuz	
1954	Bottrop-Eigen	1958 zu Essen
1954	Herten St.Josef	

Gründungsjahr	*Kolpingsfamilie*	*Bemerkung*
1954	Kellen	Auflösung bereits 1955
1954	Lette/Oelde	
1954	MS-Mecklenbeck	Auflösung bereits 1964
1954	Reken St.Elisabeth	
1954	Westerkappeln	
1955	Albersloh	
1955	Altenoythe	
1955	Bevern	
1955	Bocholt St. Ewaldi	
1955	DU-Wanheimerort	1958 zu Essen
1955	Lengerich	
1955	Varel	
1956	Dörenthe	
1956	MS-Gremmendorf	
1956	OL-Bümmerstede	
1956	Rheinhausen St.Marien	
1956	Stockum	
1956	Wachtendonk	
1957	Davensberg	
1957	Elte	
1957	Harkebrügge	
1957	Klein-Reken	
1957	Markhausen	
1957	Brassert	
1957	Walbeck	
1958	Barlo	
1958	Bösensell	
1958	COE- St.Laurentius	Auflösung schon 1962
1958	Hamm/Marl	
1958	Nottuln Don Bosco	
1958	Rinkerode	
1958	Schlickelde	
1959	Capelle	
1959	Graes	
1960	MS- St.Josef	Auflösung schon 1970
1960	Südkirchen	Auflösung schon 1967

5. Zwischenbilanz: Konstruktive Resignation versus blinde Euphorie? – Versuch eines Vergleichs der Nach-Weltkriegszeiten

Die Wiederaufbau- und Neuorientierungszeiten im Kolpingwerk der Diözese Münster nach dem Ersten Weltkrieg mit jenen nach dem Zweiten Weltkrieg in direkten Vergleich zu stellen, ist zunächst einmal ein mehr als fragwürdiges Unterfangen. Zu unterschiedlich waren die Ausgangsbedingungen, als daß über diese einfache Tatsache hinaus historisch-wissenschaftlich abgesichert konkrete Vergleichsaussagen getroffen werden könnten. Während des Ersten Weltkriegs haben keinerlei Kriegshandlungen auf deutschem Boden stattgefunden. Die Zivilbevölkerung war zwar durch Versorgungskrisen, darüber hinaus aber nicht direkt vom Geschehen betroffen. Das Kolpingwerk in seinen Verbandszentralen wie in den Gesellenvereinen vor Ort blieb entsprechend in den Grundstrukturen erhalten. Andererseits gehörten Gesellenvereinsmitglieder in ganz hohem Maße zu den Kriegsteilnehmern. Die Vorkriegssituation war die eines ersten Höhepunktes bezüglich Ausbau, Präsenz und Einfluß des münsterischen Diözesanverbandes gewesen. Daran galt es im Jahr 1919 anzuknüpfen.

Nach dem Zweiten Weltkrieg stellte sich die Situation ganz anders dar. Der Krieg hatte auch auf deutschem Boden stattgefunden, zudem hatte der Bombenkrieg die Zivilbevölkerung schon sehr früh in Mitleidenschaft gezogen. Der Tod des Generalpräses während eines Luftangriffs auf Köln zeigt das exemplarisch für das Kolpingwerk. Die Kolpingsfamilien waren von ihrer Mitgliederstruktur her nicht mehr die alten Gesellenvereine. Dem Krieg waren außerdem Jahre der nationalsozialistischen Diktatur vorangegangen, verbunden mit einem beständigen, von den Bischöfen durchaus unterstützten Machtverlust der katholischen Verbände und ihrer Zentralen. Im Jahr 1945 bot sich denjenigen, die die Kolpingsarbeit wiederaufnehmen wollten, eine Zusammenbruchsgesellschaft, während sie zum Jahreswechsel 1918/19 höchstenfalls eine Übergangsgesellschaft vorfanden, wenn überhaupt eine direkt spürbare, konkrete Veränderung festzustellen war. Das Problem der Integration der Kriegsheimkehrer und der einbrechenden Moderne breitete sich eher schleichend aus.

Die Ausgangslagen zu Beginn der Nachkriegszeiten waren also gänzlich verschieden. Dennoch soll an dieser Stelle der Versuch unternommen werden, sie in Beziehung miteinander zu setzen, und zwar unter Berücksichtigung der ersten Jahre der nationalsozialistischen Dikatur als einer Art ›Achse‹. Die übergreifende Leitfrage soll dabei sein: Wie ging der deutsche Katholizismus mit Krisenzeiten um, welche Mechanismen und Verhaltensmuster, dargestellt am ›Segment Kolpingwerk‹, zeigte er in Umbruchszeiten?

Die erste Reaktion der Gesellenvereinsleitungen nach dem Ersten Weltkrieg war der Versuch, Kontinuität mit den Vorkriegsverhältnissen herzustellen. Als sie jedoch augenscheinlich wiedererrichtet war, zeigte sich, daß das alte Vereinsgefüge seine selbstverständliche Plausibilität zwar nicht gänzlich verloren hatte, diese aber immer öfter in Frage gestellt wurde. Die Gesellen verliehen ihrer Unzufriedenheit mit den alten Konzepten dadurch Ausdruck, daß sie wenig Engagement in der Vereinsarbeit zeigten. Ihre Reaktion auf Krieg und Moderne war der kräftige Zuspruch zu den geselligen Vereinsaktivitäten. Die traditionellen religiösen und berufsbildenden Angebote hingegen wurden vernachlässigt. Die Reaktion der geistlichen Verbandsleiter war zunächst eine Mischung aus Resignation und Strenge. Ein entscheidender Aufbruch, sozusagen ein neuer Verbandsfrühling, gelang aber erst, als nach eingehender Lageanalyse, und einem Sich-Einlassen auf die neue Situation statt sie zu beklagen und verdammen, Stuktur- und Programmveränderungen zunächst breit diskutiert und dann vorgenommen wurden. Die Phase zu Beginn der 1920er Jahre, da sich im Verband Ratlosigkeit und Suche nach tragfähig Neuem breitmachten, kann durchaus als ›konstruktive Resignation‹ bezeichnet werden. Der Fehler, trotz aller Warnungen und Vorbereitungen allzu schnell wieder zu Vorkriegsverhältnissen zurückkehren zu wollen, mußte korrigiert werden und wurde korrigiert. Von da ab gehörte der Verband der Katholischen Gesellenvereine im Spektrum des deutschen Katholizismus – trotz durchaus konservativer Klientel, was ganz besonders auch für die ländlichen Gebiete des Bistums Münster zutrifft – für die Zeit der Weimarer Republik zu den innovativen und fortschrittlichen Kräften.

Der Umbau des Verbandes in der Anfangszeit des Dritten Reichs untermauert diese Einschätzung noch. Unternehmen wir nämlich den, historisch zugegebenermaßen fragwürdigen, Versuch, die Veränderungen vom Herbst 1933 ohne den Außendruck des Regimes, die Sympathiebekundungen der Zentrale für dasselbe und die Bemühungen zur Einordnung ins Reichskonkordat zu sehen, und streichen wir die Zugeständnisse an die NS-Ideologie, wie beispielsweise das Führerprinzip, weg, dann bleibt eine Modernisierung des Verbandes übrig, wie sie andere katholische Vereinigungen erst auf Druck der Milieuerosion in den 1960er Jahren unternommen haben. Der Umbau der Gesellenvereine zu Kolpingsfamilien bedeutete, die Mitgliedschaft auf breitere Basis zu stellen und das Programm langsam von dem für einen reinen Berufsstandsverein zu dem eines Familienverbandes zu modifizieren. Damit wurde einerseits den ökonomisch-strukturellen Veränderungen der deutschen Gesellschaft und andererseits der innerkirchlichen Diskussion um die Zukunft des Verbandskatholizismus Rechnung getragen. Bei aller Kritik an der Kooperationsbereitschaft mit den Nationalsozialisten muß man der Verbandsleitung, und zwar nicht nur dem Vordenker Nattermann, sondern auch Hürth und Veen, attestieren, ähnlich wie in der Weimarer Republik klare Lageanalysen vorgenommen und große Flexibilität gezeigt zu haben. Daß sie damit die Basis bisweilen überforderten und diese manchmal als Korrektiv dagegenhielt, konnte für das Bistum Münster gezeigt werden. Und dennoch, die programmatischen Weichenstellungen des Kolpingwerks in den frühen Jahren des Dritten Reichs korrespondieren mit der in der Geschichtswissenschaft umstrittenen These von dem Modernisierungseffekt des Nationalsozialismus für die deutsche Gesamtgesellschaft[622].

[622] Vgl. BROSZAT, Martin: Der Staat Hitlers. Grundlegung und Entwicklung seiner inneren Verfassung (München, 1979).

Nach dem Zweiten Weltkrieg war die Devise für das Kolpingwerk, ähnlich wie im Jahr 1918, die möglichst rasche Wiederherstellung des Verbandes. Doch ging dies 1945 vor allem von der Basis aus, da Verbandszentralen, auch personell, erst wiedererrichtet werden mußten und der deutsche Episkopat sich zögerlich bis ablehnend gegenüber der Restitution des Vereins- und Verbandswesens zeigte. Hier erwies sich die 1933 begonnene altersmäßige Ausweitung der Mitgliedschaft als großer Gewinn für die Kolpingsarbeit. Im Gegensatz zur Folgezeit des Ersten Weltkriegs gab es diesmal keine verzögerte Krise, die eine Neukonzeptionierung herausforderte. Ganz im Gegenteil bestanden die meisten Mitglieder auf einer Anknüpfung an die Vorkriegsarbeit, durchaus auch an die alte Gesellenvereinszeit vor 1933, und Widerstand regte sich vor allem gegen Überlegungen der Kirchenleitung zur Neugliederung der Jugendarbeit und zur Ausweitung der Katholischen Aktion. Die Statistik der Vereinsgründungen und der Mitgliederzahlen im Bistum Münster gab auch keinerlei Anlaß dazu, innezuhalten und über Kurswechsel nachzudenken. Die Folge war, daß weder innovative und der wiederum dramatisch veränderten gesellschaftlichen Lage angepaßte neue Konzepte für die Kolpingsarbeit entstanden, noch viele im Dritten Reich begonnene zukunftsweisende Akzentveränderungen, beispielsweise einer stärkeren Familienpädagogik, weiterverfolgt wurden. Ein Grund für die letztere Tatsache mag in der Art der Vergangenheitsbewältigung des Kolpingwerks liegen. Im von Köln versandten Material für den Kolpingsgedenktag 1946 hieß es dazu:

> Der katholische Gesellenverein zählt zu den wenigen Einrichtungen der Kirche Deutschlands, die dem braunen Nihilismus nicht erlegen sind. Der Krieg hat zwar seine Reihen gelichtet, seine berufenen Führer sind nicht mehr. (...) Aber das Werk hat sich behauptet, es steht da innerlich gesund und jung, wegweisend in die dunkle, harte Zukunft.[623]

Diese Aussage ist ebenso unpräzise wie undifferenziert. Aus der Perspektive anderer katholischer Verbände und Institutionen und mit Blick auf die Zeit zwischen Frühsommer 1933 und Frühsommer 1934 ist sie geradezu unverschämt. Bezeichnenderweise ist vom Gesellenverein, nicht von der Kolpingsfamilie die Rede. Die Zeit zwischen 1933 und 1945 scheint ausgeblendet zu sein. Doch damit wurden nicht nur die dunklen Seiten der eigenen Geschichte übergangen, die positiven und wahrhaft zukunftswegweisenden Ansätze jener Jahre verschwanden ebenso, wurden genauso wenig rezipiert. Die Renaissance des Katholizismus in Deutschland um 1950 brachte dem münsterischen Diözesanverband des Kolpingwerks stetig steigende Mitgliederzahlen und damit nicht die Einsicht in die Notwendigkeit, am eigenen Kurs und der eigenen Konzeption etwas ändern zu müssen. Gegen die blinde Euphorie hätte es prophetischer Mahner bedurft, doch selbst der so vorsichtige Diözesanpräses Hölscher sah sich aufgrund der scheinbaren Erfolgsgeschichte seines Verbandes nicht zum Umdenken veranlaßt. Bischof Keller war in dieser Situation weit-

[623] HÜNERMANN, Wilhelm: Material zu einer kirchlichen und einer weltlichen Feierstunde zum Kolpingsgedenktag 1946 (Köln, 1946) o.S.

aus kritischer und nach heutiger Erkenntnis auch weitsichtiger. Im Gegensatz zur Weimarer Republik wurden nun gesellschaftliche Gesamtentwicklungen gar nicht oder nicht richtig analysiert. Außerdem fehlten die Kraft, der Willen und die Kreativität auf das Wegbrechen alter Kompetenzen und Aufgabenbereiche mit Neuem zu reagieren. Der gewachsene politische Einfluß verstellte den Blick dafür noch zusätzlich. In Anbetracht dieser eingehenden Analysen der Entwicklung des Kolpingwerks in den großen Umbrüchen der deutschen Geschichte des 20. Jahrhunderts auf generelle ›Verhaltensmuster‹ des deutschen Katholizismus in Krisenzeiten zu schließen, ist gewagt. Dennoch sind Tendenzen unverkennbar. In seiner hundertjährigen Geschichte hat das katholische Milieu Blütezeiten hervorgebracht, auf die in nachfolgenden Krisenjahren immer wieder zurückgegriffen wurde. So blickte man nach dem Ersten Weltkrieg zunächst auf die Jahrhundertwende zurück, als das Milieu zwar einerseits geschlossen und strukturell ausgeprägt, andererseits aber auch mit dem preußisch-protestantischen Staat in Kooperation lebte. Die gänzlich neuen Chancen, Risiken und Aufgaben wurden erst nach und nach und meist unter dem Druck unbeeinflußter Entwicklungen und Ereignisse verstanden und ergriffen.

Nach dem Zweiten Weltkrieg war der Katholizismus der Weimarer Republik die Folie, auf deren Hintergrund Zukunftskonzepte entworfen wurden. Dabei war die Auseinandersetzung mit jener Blütezeit des Verbandskatholizismus vor allem seitens der Eliten durchaus kritisch und nicht einfach nur restitutiv. Die zwölfjährige Epoche des Dritten Reichs aber blieb nahezu unreflektiert. Gerade im Kolpingwerk wurde 1945 und in den nachfolgenden Jahren die so entscheidende Zeit 1933–1934 überhaupt nicht diskutiert. Wichtige Themen wie die Kommunikationsstrukturen innerhalb des Verbandes und das Verhältnis zu Staat, kirchlicher Hierarchie und anderen katholischen Vereinigungen wurden, wenn überhaupt, ohne die dafür eigentlich konstitutiven Erfahrungen vom Beginn der nationalsozialistischen Diktatur angegangen. Das Dritte Reich fand nur als Trauma Berücksichtigung.

Auf dieser Ebene lassen sich Parallelen zum Kulturkampf ziehen. Auch er hatte im deutschen Katholizismus als traumatische Erfahrung zwar eine große und langanhaltende Wirkung. Bischof Galen referierte nicht von ungefähr Anfang 1935 vor den Bezirksvorständen des münsterischen Diözesankolpingwerks unter der Überschrift »Neuer Kulturkampf – ja oder nein?«[624]. Konsequenzen aus seinem Entstehen, seinem Verlauf und seinen Ergebnissen wurden in breiten Kreisen der katholischen Kirche während der Milieuzeit aber ebensowenig gezogen, auch im Kolpingwerk gab es keine entsprechenden distanzierten und differenzierten Analysen.

[624] Vgl. Die Kolpingsfamilie 9. Jg./Nr. 1 vom 25.1.1935

III. Teil

Kontinuität und Wandel von Vereinskultur und Vereinsalltag von den Anfängen bis zur frühen Bundesrepublik

1. Zur Einführung: Fragen, Hypothesen, Forschungs- und Quellenlage

Der chronologischen Darstellung der Verbandsentwicklung zwischen 1852 und 1960 soll in diesem Kapitel eine systematische Schilderung des Innenlebens der Katholischen Gesellenvereine und Kolpingsfamilien im Bereich des Bistums Münster folgen. Die Notwendigkeit einer eigenen Darstellung des Vereinsalltags und der Vereinskultur über die Gesamtspanne der Untersuchung hinweg ergibt sich aus folgender Überlegung. In Entwicklung und Tradition des münsterischen Kolpingwerks gibt es Linien, die längerfristig sind und waren, und die nicht automatisch angelehnt sind an die großen gesellschaftlichen und politischen Ereignisse der Zeit. Deshalb lassen sie sich auch nicht erschöpfend in den der Chronologie und den gesellschaftspolitischen Umbrüchen verpflichteten Kapiteln abhandeln. Gerade in den kulturellen Aktivitäten der Gesellenvereine und Kolpingsfamilien zeigen sich oft überraschende Kontinuitäten über große Umwälzungen hinweg, andererseits geschahen hier manche Veränderungen aus einer inneren Dynamik heraus, beispielsweise der Spannung der unterschiedlichen Ämter und innerkirchlichen Machtstrukturen.

Gesellenvereine und Kolpingsfamilien sollen nachfolgend so geschildert werden, wie der ›einfache Kolpingbruder‹ sie im Untersuchungszeitraum an der Basis erfahren hat. Dem schon erwähnten Anspruch einer Katholizismusforschung ›von unten und innen‹ soll auch dieses Kapitel gerecht werden. Dabei steht zunächst die Frage im Mittelpunkt, wie die Mitglieder die Strukturen von Verein und Verband erlebten und an ihnen partizipierten. Weiter ist in einer Arbeit, die schon im Titel von dem »Vorteil« spricht, den die Gesellen im Verein erfahren sollen, nach den konkreten sozialen Hilfsangeboten und ihrer Wirkung zu fragen. Einen breiten Raum nehmen die kulturellen Aktivitäten in Gesellenvereinen und Kolpingsfamilien ein. Wie sind sie zu bewerten? Wurde hier einem volkstümlichen Traditionalismus Vorschub geleistet oder wurden, und von dieser Hypothese wird hauptsächlich ausgegangen, für die Zeit und die infrastrukturellen Verhältnisse erstaunliche kulturelle Leistungen erbracht?

Der Begriff der ›Kultur‹ ist dabei relativ weit gefasst. Zu Beginn des Untersuchungszeitraums Mitte des 19. Jahrhunderts bis hin zum Ende des Kaiserreichs ist darunter die ›Klassische Kultur‹, das heißt Spitzenleistungen von Kunst und Wissenschaft in klassischem Sinne, verstanden worden. Erst danach erweiterte sich das Spektrum des Begriffes, beispielsweise um die Volkskultur, die Massenkultur und ein neuartiges Verständnis für religiöse Kulturen[625]. Der Blick auf ›die Kultur‹ in den Katholischen Gesellenvereinen und Kolpingsfamilien wird von den Anfängen an

625 Vgl. DITT, Karl: »Kultur in Westfalen 1870–1970: Kategorien und Thesen«, in: Westfälische Forschungen 47/1997 1–29, hier: S. 2ff.

alle diese Bereiche miteinbeziehen und sich sowohl auf Bildung wie auf Sport und umstrittene Feierrituale richten.

Innenansichten des Katholischen Milieus sind im Zuge der Katholizismusforschung der letzten fünfzehn Jahre verstärkt entstanden[626]. Erst seit kurzer Zeit liegt ein Schwerpunkt der sozialhistorischen Arbeiten insgesamt auf dem Gesamtbereich der Kultur[627]. Am Schnittpunkt dieser beiden Thematiken ist das vorliegende Kapitel anzusiedeln. Die Quellenlage für dieses Unterfangen ist, im Vergleich zu den anderen Kapiteln dieser Arbeit und unter Berücksichtigung des Anspruchs, den gesamten Bogen von 1882 bis 1960 abdecken zu wollen, sehr gut. In jenen Kolpingsfamilien, in denen überhaupt Aufzeichnungen ihrer Arbeit der letzten 150 Jahre erhalten sind, findet sich in erster Linie Material bezüglich des Vereinsalltags und der sich in Spezialabteilungen und Festivitäten ausdrückenden besonderen Vereinskultur. Aussagekräftige und statistikentaugliche Daten fehlen allerdings auch hier fast vollständig.

[626] Vgl., auch mit entsprechendem Literatur- und Forschungsüberblick, AKKZG.
[627] Vgl. hierfür den zu diesem Thema konzeptionierten Band 47/1997 der Westfälischen Forschungen.

2. Vereinsstrukturen und -grundlagen

2.1 Das Gesellenhaus – Funktionale und irrationale Bedeutung eines Gebäudes

Am Beginn dieser Untersuchung von Alltag und Kultur Katholischer Gesellenvereine und Kolpingsfamilien steht keine Person und keine Organisationsstruktur, sondern ein Gebäude. Das Gesellenhaus, das auch Kolpinghaus, Gesellenhospiz oder Kolpingheim genannt wurde, bezeichnet viel mehr als die bloße Versammlungsstätte der Vereinsmitglieder oder das Wohnheim für auswärtige Gesellen. Das Gesellenhaus hat vom Anfang, also von der Mitte des vorigen Jahrhunderts an für die Kolpingsvereine eine Bedeutung gehabt, die weit über das Funktionale hinausgeht. Es war das Zentrum der Vereinsaktivitäten, war Heimstatt, Anlaufstelle und, zusammen mit der Figur des ›Gesellenvaters‹ Adolph Kolping, das identitätsstiftende und identitätsbewahrende Objekt des Vereins schlechthin. Das bedeutet nicht, daß es nicht auch immer Gesellenvereine und Kolpingsfamilien gegeben hat, die kein eigenes Haus besaßen. Dies hatte strukturelle wie historische Gründe, wie noch zu zeigen sein wird. Und dennoch identifizierten sich auch solche Vereine mit den Gesellenhäusern, vor allem mit den ›Mutterhäusern‹ in Köln und Münster. Gingen die Gesellenvereinsmitglieder auf Wanderschaft oder reisten in diese Städte, dann besuchten sie diese beiden Häuser, das Kölner vor allem auch deshalb, weil es neben der Minoritenkirche mit dem Grabe Adolph Kolpings lag. Konkreter Ausdruck jener Identifikation der Gesellen, auch aus dem Bistum Münster, mit den Häusern in Köln und Münster sind die Geld- und Sachspenden, die sie nach dem Zweiten Weltkrieg für deren Wiederaufbau zusammentrugen[628].

Im Jahre 1852 wurde durch direkte Initiative Kolpings der erste Katholische Gesellenverein des Bistums Münster in der Bischofsstadt gegründet, im gleichen Jahr startete er in Köln eine Spendenkampagne für den dortigen Bau eines Gesellenhauses. In seinen Werbeschriften erklärte er, die Handwerker müßten wieder »einen Mittelpunkt haben, um den sie sich sammeln, müssen hier vor allem Ordnung, Zucht und Sitte wieder einführen«. Dieser Mittelpunkt, so Kolping weiter, »kann und soll für die arbeitende Jugend die gemeinsame ordentliche Herberge sein, das eigentliche Familienhaus fürs Handwerk«[629]. Für die auch im Bistum Münster entstehenden Gesellenvereine war also von Anfang an die Vorgabe klar, zur Vereinsgründung möglichst auch einen Vereinsmittelpunkt in Form eines entsprechenden Hauses zu schaffen. In Münster begnügte man sich zunächst mit einer Scheune im

[628] Vgl. Chronik der Kolpingsfamilie Oldenburg Band IV, Eintragung von 1948 (Archiv der Kolpingsfamilie Oldenburg-Stadt).

[629] ADOLPH KOLPING: »Für ein Gesellenhospitium«, in: Feierstunde, 2. Jg./Nr. 42 vom 17.10.1852, S. 177–179. Hier zitiert nach: COPELOVICI, Rosa et al. (Hg.): Soziale Frage und Gesellenverein, Teil II: 1852–1858 (= Adolph-Kolping-Schriften, Kölner Ausgabe Band 4), (Köln, 1986) S. 24–27, Zitat S. 25.

Abbildungen 34, 35, 36:
Die ›Mutterhäuser‹ Münster (im Bau, 1928, und inmitten von Zerstörungen, 1945) und Köln (bei der Hundertjahrfeier, 1949)

Garten des Collegium Borromäum, konnte aber schon drei Jahre nach Gründung ein größeres Haus mit Übernachtungsmöglichkeiten am Domplatz übernehmen. Das stellte den Idealfall dar und war der Spendenfreudigkeit münsterischer Bürger und der Bauern des Umlandes zu verdanken. Andere Vereine überbrückten die Zeit zwischen Gründung und Bezug des eigenen Hauses dadurch, daß sie Räumlichkeiten in Gastwirtschaften anmieteten, wie beispielsweise der KGV Recklinghausen. Das brachte auch Schwierigkeiten mit sich, denn das Wirtshaus als Versammlungsort setzte scheinbar falsche Signale, was den Zweck des Vereins anging. So berichtet der Chronist des Recklinghäuser Verein rückblickend: »Manchem der eingetretenen Gesellen ging die wahre Einsicht in die Wichtigkeit des Vereins ab. Denn die Hoffnung, darin Vergnügungen zu finden, zog sie vorzugsweise mehr an, als die Absicht, durch denselben zu einem tüchtigen Gesellen und später zu einem brauchbaren Meister herangebildet zu werden.«[630]

Bis zum Beginn des Ersten Weltkrieges stieg die Zahl der Gesellenhäuser ebenso kontinuierlich wie die Zahl der Gesellenvereine. So lag im Bistum Münster die Quote der Vereine mit eigenem Haus bis 1914 immer bei ungefähr 50 v.H.. In absoluten Zahlen heißt das, daß 1895 zunächst 30, 1910 dann 38 und 1914 bereis 42 Kolpinghäuser existierten, von denen im Jahr 1914 dreißig ausgebaute Hospize, also voll bewirtschaftete Gesellenwohnheime, waren[631]. Nach dem Krieg gab es zwar eine beachtliche Zahl von Vereinsneugründungen, die Zahl der Gesellenhäuser stieg aber nicht mehr im gleichen Maße. Die Gründe dafür liegen unter anderem an dem veränderten Profil der neuen Vereine. Bis 1914 hatte es Gesellenvereine vor allem in den größeren Städten und in den Industriegebieten der Diözese gegeben – dort also, wo eine größere Handwerksgesellenschaft existierte, sei es als Industriehandwerker oder als klassische Wandergesellen. An diesen Orten war der Bedarf an einer Vereinigung von Gesellen, vielleicht sogar an einem Hospiz für sie, ungleich größer als auf dem Lande. Nach dem Ersten Weltkrieg zogen nun die kleinen ländlichen Gemeinden nach. In der Weimarer Republik erreichte der klassische Verbandskatholizismus seinen höchsten Organisationsgrad, auch auf dem Lande sollte es möglich sein, in den entsprechenden Naturstandsverein (Männer-, Frauen-, Jungfrauen-, Jungmännerverein) oder/und in den zuständigen Berufsstandsverein (Gesellen-, Arbeiterverein etc.) einzutreten. Die Kolpingsvereine dort waren aber meist zu klein, um ein eigenes Haus zu rechtfertigen oder finanzieren zu können, oder es wurde ihnen vor dem Hintergrund der Währungs- und Wirtschaftskrisen der 20er Jahre unmöglich gemacht. Dementsprechend stieg die Zahl der Gesellenhäuser nur langsam auf 43 im Jahre 1925 und 46 in 1932 an, wobei seit 1914 nur ein Hospiz

[630] »Zur Geschichte unseres Gesellenvereins«, in: Jahrbuch des Katholischen Gesellenvereins zu Recklinghausen 1855–1886 (Archiv der Kolpingsfamilie Recklinghausen-Zentral).

[631] Alle Zahlen nach: »Verzeichnis der Vereine der Diöcese Münster«, in: Mitteilungen für die Vorsteher der Katholischen Gesellenvereine 1/1896, S. 20f.; Summarische Übersicht über den Stand der Kath. Gesellenvereine in der Diözese Münster Ende 1910 (Archiv der Kolpingsfamilie Telgte Nr. 13.3 – Depositum im Heimathaus Telgte); Schematismus der Diözese Münster für das Jahr 1914.

hinzugekommen war, und das, obwohl sich die Zahl der Vereine im selben Zeitraum von 86 auf 168 fast verdoppelt hatte. Im Dritten Reich wurden 17 Gesellenhäuser beschlagnahmt oder zwangsveräußert. Von den verbliebenen waren 1945 nur acht unbeschädigt geblieben. Anfang der 50er Jahre waren dann wieder 28 Häuser in Benutzung[632]. Die enorme Bedeutung und geschichtliche Entwicklung der Häuser in dieser Zeit läßt sich hinter diesen Zahlen nur erahnen.

An dieser Stelle ist es wichtig, einmal die Bandbreite des Begriffs ›Gesellenhaus‹ darzustellen. Ein solches Haus fing bei einem Saal oder bei einer ausgebauten Scheune an und reichte bis zu einem hotelähnlichen Hospiz mit Restaurant[633]. Ein einfacher Raum für Versammlungen lag am unteren Ende der Vereinsbedürfnisse, am oberen lag ein voll bewirtschaftetes Wohnheim. Das Recht wandernder Vereinsmitglieder auf eine kostenlose Übernachtung mit Frühstück wurde in Vereinen ohne entsprechende Ausstattung im Haushalt von Ehrenmitgliedern oder befreundeten Meistern eingelöst. Einige Vereine hatten je nach Beanspruchung ein oder mehrere Betten für diesen Zweck in ihren Häusern bereitgestellt. Für die voll bewirtschafteten Hospize war dies kein Problem. Sie hielten für die Kolpingssöhne auf Wanderschaft immer einige Zimmer frei.

Zumindest für die Zeit bis zum Ersten Weltkrieg ist bedeutsam, wer der juristische Eigentümer der Gesellenhäuser war. Meist wurde ein Träger- oder Schutzverein gegründet, über den im nächsten Kapitel noch zu berichten sein wird. In Bekkum aber zum Beispiel war im Jahr 1895 das dortige Elisabethhospital Besitzer des Gesellenhauses und in Wesel war es das Katholische Waisenhaus. In Rheinberg stellte der Fabrikant Underberg ein Gebäude zur Verfügung, mit der Konsequenz, daß er bei allen Aktivitäten, die nicht eigentliche Gesellenvereinsarbeit waren, nach seinem Einverständnis gefragt werden mußte. So beispielsweise, als der KGV dem Kirchenchor das Haus für Proben zur Verfügung stellte[634]. So unterschiedlich die Eigentumsverhältnisse waren, so verschieden war auch die Schuldenlage der Häuser. Im Jahr 1895 reichte sie beispielsweise von Schuldenfreiheit in Ahlen bis zu 97000 Mark Verschuldung in Duisburg[635]. Bis zum Ersten Weltkrieg war auch im Bistum Münster die von Kolping ursprünglich gewünschte Funktion des Gesellenhauses als Ersatz für Elternhaus und Meisterhaushalt noch sehr wichtig. Das gilt vor allem für die größeren Städte und die Industriegebiete, wo die meisten Vereinsmitglieder eben nicht bei den Eltern oder dem Meister wohnten, sondern in mehr oder weniger geeigneten Schlafstellen ihre Unterkunft fanden. Die Statistik von 1913 erklärt, daß

632 Alle Zahlen nach: Schematismen der Diözese Münster für die Jahre 1925 und 1932; »Kolpinghäuser Diözese Münster«, Aufstellung des Kolpingwerks Diözesanverband Münster 1951 (Archiv des Kolpingwerks Diözesanverband Münster, Coesfeld, Karton 548).

633 Genau diese Entwicklung nahm das Gesellenhaus in Münster zwischen 1852 und 1929.

634 Vgl. »Bericht über die kath. Gesellen-Vereine der Diöcese Münster«, in: Mitteilungen für die Vorsteher der Katholischen Gesellenvereine 34/1895 S. 1037; Katholischer Gesellenverein Rheinberg (Pfarrarchiv St. Petrus Rheinberg, Karton 40 – Depositum Bistumsarchiv Münster).

635 Vgl. »Bericht über die kath. Gesellen-Vereine der Diöcese Münster«, in: Mitteilungen für die Vorsteher der Katholischen Gesellenvereine 34/1895 S. 1037.

in jenem Jahr ungefähr 40 v.H. der Mitglieder im Bistum Münster beim Meister wohnten, die Quoten vor Ort aber recht unterschiedlich waren. In den kleineren Orten wie Borghorst, Borken, Greven, Ochtrup und Xanten logierten fast alle im Meisterhaushalt, in Recklinghausen und Münster ein Drittel, in Duisburg, Kleve, Wilhelmshaven, Hamborn und Gladbeck aber waren es nicht einmal 10%. An diesen Orten war das Gesellenhaus, auch als Verpflegungsstätte, von ungleich größerer Bedeutung[636]. Die Preise der Zimmer in den Gesellenhospizen lagen gewöhnlich etwas unter dem Niveau der Schlafstellenpreise in den betreffenden Städten. Im Jahr 1912 kostete ein Einzelzimmer, falls es vorhanden war, wöchentlich durchschnittlich 2–3 Mark, ein Bett in einem Dreierzimmer dagegen 1,20 – 2 Mark[637]. Je größere Ausmaße der Wirtschaftsbetrieb Gesellenhospiz annahm, desto stärker stellte sich die Frage, wer solch ein Haus betreuen und bewirtschaften sollte. In Recklinghausen kündigte im Mai 1910 die Haushälterin »infolge einer Zurechtweisung von Seiten des Präses«. Der Verein erkundigte sich nun beim Generalpräsidium in Köln, wie die Hausverwaltung am besten zu besetzen sei, und bekam zur Antwort, daß sich Ordensbrüder nicht eigneten, und Ordensschwestern zu bekommen »mit großen Schwierigkeiten« verbunden sei. Also wurde beschlossen, einen verheirateten Hausmeister einzustellen[638].

Der Ersatz für Elternhaus und Meisterhaushalt war aber nur eine Funktion des Gesellenhauses. Es stellte für auswärtige Gesellen auf Wanderschaft meist die erste Anlaufstelle in einer fremden Stadt dar. Außerdem bot es den passenden Raum für die klassische Vereinsarbeit, für Schulungskurse, Theatervorstellungen, gesellige Abende und Versammlungen. Zusammenfassend läßt sich sagen, daß das Gesellenhaus die Handwerksgesellen von der Straße und aus den Wirtshäusern holte, in jeglicher Hinsicht. Daß letztlich neben die sozialpflegerische auch eine sozialdisziplinierende Wirkung trat, war schon von Kolping so beabsichtigt. Für einen katholischen Verein zwischen der Mitte des 19. und der Mitte des 20. Jahrhunderts hieß das immer auch, die religiöse Praxis der Mitglieder zu fördern und einzufordern. So zählt der Chronist des münsterischen Vereins 1914 als Funktion des Hospizes, neben den schon genannten, auch ausdrücklich die Tatsache auf, daß 90% der Hausbewohner regelmäßig an der Kommunionbank erschienen[639]. Daß die Einrichtung eines Gesellenhauses zur Zeit des Kaiserreiches nicht zuletzt aus diesen Gründen sowohl im Interesse der Kirche wie auch der Kommune lag, zeigt die letzte Zeile eines Festgedichtes zur Einweihung des Rheinberger Gesellenhauses im September

636 Vgl. »Summarische Übersicht über den Stand der kath. Gesellenvereine Ende 1913« (Archiv der Kolpingsfamilie Telgte, Nr. 13.4 – Depositum im Heimathaus Telgte); Vgl. auch Übersicht für 1907 (Nr. 13.1), aus der hervorgeht, daß die Zahl der täglich im Gesellenhaus verpflegten Mitglieder die der dort wohnenden weit übertraf.

637 Vgl. Veen, Jugendheime, S. 64.

638 Vgl. Protokollbuch für die Vorstandssitzungen des Gesellenvereins 1902–1914/1919, Eintragung vom 20. Mai 1910 (Archiv der Kolpingsfamilie Recklinghausen-Zentral).

639 Vgl. Jahresbericht 1913–14 des KGV Münster (Archiv der Kolpingsfamilie Münster-Zentral, Mappe 1900–1910).

1888, in der für das neue Haus gewünscht wird, »Daß der Stadt es stets zur Freude und dem Herrn zur Ehre sei«[640].

Ohne daß sich an den Grundlagen etwas änderte, setzte nach dem Ersten Weltkrieg eine Akzentverschiebung ein, was Aufgaben und wirtschaftliche Rahmenbedingungen der Gesellenhäuser betraf. Es wurden nun vermehrt Häuser gebaut, die keine reinen Kolpinghäuser und schon gar keine Hospize mehr waren, sondern katholische Vereinshäuser, die Heimat für das große Spektrum des katholischen Verbands- und Vereinswesen vor Ort bieten sollten. Dennoch erhielten auch diese Häuser oft den Namen Kolpinghaus oder Gesellenhaus, einerseits, weil oft die Organisationsstruktur, beispielsweise mit Trägerverein, Schutzvorstand und Anschluß an den Verband der Gesellenhäuser, übernommen wurde, andererseits, weil der Gesellenverein als etablierte Größe vor Ort Kosten und Betreuung des Hauses übernahm. So endeten die Überlegungen der katholischen Vereine Altlünens im Sommer 1919 zum Bau eines gemeinsamen Hauses mit der Gründung eines Gesellenhaus e.V., und das 1927 eingeweihte Pfarrjugendheim in Wadersloh wurde im Volksmund oft ›Kolpingheim‹ genannt, weil es über Jahrzehnte vom Gesellenverein betreut, instandgesetzt und somit geprägt wurde[641]. An Orten, wo schon Gesellenhäuser existierten, öffneten sich diese ab den 20er Jahren verstärkt den anderen katholischen Vereinen und Organisationen. Das geschah nicht allein aus Großzügigkeit oder katholischer Solidarität. Aus dem Kassenbuch des Telgter Gesellenvereins geht beispielsweise hervor, daß in den Jahren der Weimarer Republik regelmäßig Miete für die Benutzung des Saales vom katholischen Arbeiterverein, dem Volksverein für das katholische Deutschland, den christlichen Gewerkschaften und der Zentrumspartei eingenommen wurde[642]. Gern stellten die Gesellenvereine auch dem Jungmännerverein Räumlichkeiten zur Verfügung, um so Nachwuchs zu werben. Johannes Veen, Diözesanpräses von 1922–1934, hatte dies schon vor dem Ersten Weltkrieg, noch aus seiner Funktion als Sekretär der Jugendvereine heraus, empfohlen[643].

In der Weimarer Republik hatten die Gesellenhäuser, vor allem die Hospize, stark unter den wirtschaftlichen Wechselfällen zu leiden. Nach Kriegsende strömten die Gesellen zunächst einmal in die größeren Städte von Münsterland und Ruhrgebiet. In Münster war sogar von einem »Zurückfluten« infolge der eiligen Demobil-

[640] »Festgedicht, verfaßt von Moritz Schmitz, vorgetragen bei der Einweihung des Gesellenhauses in Rheinberg am 23. September 1888«, in: Mitteilungen für die Vorsteher der katholischen Gesellenvereine 13/1889 o.S.

[641] Vgl. Protokollbuch der Vorstandssitzungen des Kath. Gesellenvereins Lünen 1910–1919, Eintragung vom 11.8.1919 (Archiv der Kolpingsfamilie Altlünen); KELLNER, Hans-Josef: »Zentrum der Jugend- und Bildungsarbeit. Vom Jugendheim zur Ländlichen Bildungsstätte St.Michael«, in: Heimatkalender des Kreises Warendorf 1990, 77–81, hier S. 77 und S. 80.

[642] Vgl. Kassenbuch vom April 1914 – Oktober 1928 (Archiv der Kolpingsfamilie Telgte, Nr. 43.2 – Depositum im Heimathaus Telgte).

[643] Vgl. Veen, Jugendheime, S. 77.

machung Ende 1918 die Rede[644]. Die Häuser waren überbelegt. Überlegungen zu Erweiterungen und Neubauten entstanden. Der Diözesanpräses Veen fuhr dafür eigens in die Vereinigten Staaten, um sich dort über den Bau und die Ausstattung von Ledigenheimen zu informieren[645]. Doch Währungskrise und Arbeitslosigkeit Mitte der 20er Jahre vereitelten diese Pläne zunächst. Aus der Über- wurde eine Unterbelegung. Im Jahr 1926 war das Gesellenhaus zu Münster zeitweise nur zu einem Drittel belegt[646]. Der relative wirtschaftliche Aufschwung der Jahre 1927–29 brachte dann den Bau, Neubau oder die Erweiterung von Kolpinghäusern und Gesellenhospizen in vielen Vereinen des Bistums Münster mit sich, beispielsweise in Münster und Datteln (übrigens auch im Kölner ›Mutterverein‹). Die dann einsetzende Weltwirtschaftskrise traf die neuen Häuser mit voller Härte, auch deshalb, weil die Objekte, wie in Datteln, oft zu groß geplant waren und »wesentlich über die Aufgaben einer Kolpingsfamilie« hinausgingen[647]. Konsequenz: Anfang der 30er Jahre waren viele Gesellenhäuser überschuldet, gegen einige mußte ein Konkursverfahren eröffnet werden[648]. Das neue Haus in Münster wurde zeitweise zum Studentenwohnheim umfunktioniert, um es weiterhin finanzieren zu können[649]. Wo jetzt noch neue Häuser entstanden, wie beispielsweise 1932 in Billerbeck, geschah dies fast ausschließlich in Eigenleistung und manchmal mit Hilfe des ›Freiwilligen Arbeitsdienstes‹, also staatlich geförderter Arbeitsbeschaffungsmaßnahmen[650]. In dieser schwierigen Situation appellierte Präses Veen an den Verein und die Öffentlichkeit, die ›Idee Gesellenhaus‹ trotz aller wirtschaftlicher Probleme nicht aufzugeben und weiter zu unterstützen. In seiner Festrede zum Josefsfest 1931 begründete er dies so:

> Die weit mehr als 400 eigenen Häuser bilden das Rückrat des Gesellenvereins, sind die Brennpunkte seiner segensreichen religiösen, sozialen und kulturellen Erziehungsarbeit, sind die Stützpunkte seiner einzigartigen, viel bewunderten Wanderfürsorge. Allein im münsterischen Gesellenhaus haben im verflossenen Jahre gegen 4000 wandernde, ortsfremde Kolpingssöhne freie Übernachtung, unentgeltliches Abendbrot und Frühstück

644 Vgl. Protokollbuch des Kuratoriums Gesellenhaus Münster, Eintragung vom 28.11.1918 (Archiv des Kolpingwerk Diözesanverband Münster, Coesfeld).

645 Auskunft Bernhard Kohlstedte, 11. Juni 1996.

646 Vgl. o.V.: »Der Gesellenverein und das Gesellenhaus zu Münster im Jahre 1926«, in: Die Kolpingsfamilie – Monatliche Mitteilungen des Gesellenvereins Münster 1/1927 vom 1. Mai 1927.

647 Vgl. Kolpinghaus e.V. Datteln an Kaplan Grauthoff, 24. Februar 1949 (Pfarrarchiv St.Amandus Datteln, Kart. 86; V,6b – Depositum im Bistumsarchiv Münster).

648 So standen in Gescher 1933 einem geschätzten Wert von Haus und Inventar von 45000M. Schulden von 79000M. gegenüber; vgl. Vermögensaufstellung des Gesellenvereins Gescher am 31.12.1933 (Pfarrarchiv St. Pankratius Gescher, Bündel 1 – Depositum im Bistumsarchiv Münster); in Datteln wurde im April 1933 ein Konkursverfahren eröffnet; vgl. Notiz über Eröffnung des Konkursverfahrens gegen Katholisches Gesellenhaus GmbH vom 7.4.1933 (Pfarrarchiv St.Amandus Datteln, Kart. 86; V,6b – Depositum im Bistumsarchiv Münster).

649 Auskunft Bernhard Kohlstedte, 11. Juni 1996.

650 Vgl. Chronik des Katholischen Gesellenvereins Billerbeck 1922–35, S. 98 u. 106 (Archiv der Kolpingsfamilie Billerbeck).

und dazu noch ein erquickendes Bad erhalten. Für den Gesamtverein kommt die hundertfache Zahl heraus. Das ist eine Großtat ersten Ranges.[651]

Stärker noch als die Wirtschaftskrise Anfang der 30er Jahre stellte die Machtübernahme durch die Nationalsozialisten den Gesellenverein und damit vor allem auch die Gesellenhäuser vor existentielle Bedrohung. Das Reichskonkordat bot dem Gesellenverein keinen wirklichen Schutz, und was für die Häuser erschwerend hinzu kam, war die Tatsache, daß örtliche Staats- und Parteiinstanzen die Auffassung vertraten, Kolpinghäuser seien kein kircheneigener Raum und somit für sie antastbar. Das führte im Zuge von lokalen Vereinsverboten, aber auch ohne sie, zu Beschlagnahmungen von Häusern. Einige Gesellenvereine, die nun ab Herbst 1933 offiziell ›Kolpingsfamilien‹ hießen, versuchten, dem durch den Verkauf der Häuser an die Kirchengemeinde oder Privatpersonen zuvorzukommen. Einige Gemeinden wollten dies durch die Eintragung von Veräußerungsverboten im Grundbuch verhindern, so zum Beispiel Emsdetten, Ibbenbüren und Oelde. Dagegen setzte sich die Kolpingsfamilie, meist mit Erfolg, juristisch zur Wehr[652]. In Freckenhorst übereignete die Kolpingsfamilie 1935 ihr gesamtes Hausinventar der Kirchengemeinde als Mietsentschädigung für die jahrelange Benutzung eines kircheneigenen Gebäudes. »Die ... Gegenstände verbleiben bis auf Widerruf zum vorläufigen Gebrauch der Kolpingsfamilie im genannten Heim« hieß es im Vertrag, und so war durch diesen Kniff das Eigentum der KF vor Beschlagnahmung geschützt[653]. Ähnlich erging es der KF Oldenburg-Stadt, die ihr Haus schon 1921 auf das dortige Piushospital überschrieben hatte. Dies geschah seinerzeit auf Druck der Geistlichkeit und erregte großen Unmut unter den Gesellenvereinsmitgliedern, die nun aber rückblickend diese Zwangsmaßnahme positiv beurteilten[654]. In Billerbeck verkaufte der Präses das Kolpinghaus 1937 ziemlich eigenmächtig und am Verein vorbei an eine Privatperson[655]. Die Gunst der Stunde nutzend denunzierte ein katholischer Wirt in Datteln 1935 das dortige Gesellenhaus in einem Brief an den NS-Bürgermeister als »Brutstätte staatsfeindlicher Umtriebe«, um dadurch mißliebige Konkurrenz auszuschalten[656]. Dieses Beispiel zeigt, daß einige Kolpinghäuser schon so sehr als Gastronomiebe-

651 »Das St.Josefsfest im münsterischen Gesellenverein 1931« (Archiv der Kolpingsfamilie Münster-Zentral, Mappe 1930–1940).

652 Vgl. Clemens Echelmeyer, Bericht zu den Schwierigkeiten der Kolpingsfamilie mit dem Dritten Reich vom 17.9.1946 (Bistumsarchiv Münster, GV Neues Archiv A 101–30).

653 Vgl. Übereignungsvertrag Deutsche Kolpingsfamilie – Kath. Kirchengemeinde Freckenhorst vom 5. Juli 1935 (Pfarrarchiv Freckenhorst, A600 – Depositum im Bistumsarchiv Münster).

654 Vgl. Chronik des katholischen Gesellenvereins Oldenburg-Stadt Band II (1914–1922), Eintragung vom Januar 1921 und Band III (1937–1946), Eintragung von 1946 (Archiv der Kolpingsfamilie Oldenburg-Stadt).

655 Vgl. Chronik des Katholische Gesellenvereins Billerbeck 1922-1935, nachträgliche Eintragung vom April 1958 (Archiv der Kolpingsfamilie Billerbeck).

656 Vgl. Kolpinghaus e.V. Datteln an Kaplan Grauthoff, 24. Februar 1949 (Pfarrarchiv St.Amandus Datteln, Kart. 86; V,6b – Depositum im Bistumsarchiv Münster).

triebe etabliert waren, daß ortsansässige Gastwirte sie als Konkurrenten betrachteten.

Der Eingriff der Nationalsozialisten war nicht das erste und nicht das letzte Mal, daß sich die ›große Politik‹ oder die ›Weltgeschichte‹ auf die Gesellenvereine und ihre Häuser niederschlugen, wenn es auch die existentiell bedrohlichste Situation war. Schon im Ersten Weltkrieg wurden Gesellenhäuser als Kasernen und Lazarette genutzt, beispielsweise der große Saal des münsterischen Hauses, in dem eine Verwundeten-Kompanie untergebracht war[657]. Nach dem Krieg waren einige Häuser von der Ruhrbesetzung belgischer und französischer Truppen betroffen. So konnten die Gesellenvereine von Altlünen und Recklinghausen ihre Häuser wegen Beschlagnahmung während des ganzen Jahres 1923 gar nicht oder nur teilweise benutzen[658]. Ein ähnliches Schicksal drohte dem Oldenburger Verein 1947 durch die Briten, die aber im letzten Moment auf die Nutzung des Hauses verzichteten[659]. Während des Zweiten Weltkriegs war im Telgter Gesellenhaus zunächst ein Luftwaffenbataillon untergebracht, später diente es auch als Ausweichstelle für das Amtsgericht Münster[660]. Weil das Ahlener Kolpinghaus so gut wie unbeschädigt den Zweiten Weltkrieg überstanden hatte, wurde es nach dem Krieg als Arbeitsamt genutzt[661]. In Gesellenhäusern wurden Ende der 40er Jahre auch kurzfristig Flüchtlinge und Vertriebene untergebracht.

Nach dem Zweiten Weltkrieg galt es zunächst einmal, die vorhandenen Häuser, falls nötig, unter widrigsten Umständen, wieder benutzbar zu machen, oder, wo dies nicht mehr möglich war, Ersatzraum zu beschaffen, und außerdem die im Dritten Reich zwangsverkauften und beschlagnahmten Gesellenhäuser wieder zurückzufordern. Im letzteren Fall halfen Rückgabe- und Entschädigungsgesetze, aber auch Stiftungen und Sammlungen für den Rückerwerb. Doch ausgerechnet dort, wo die Kirchengemeinde das Haus übernommen hatte, blieben Rückgabeverhandlungen meist erfolglos[662]. Die Zustände erinnerten vielerorts an die Anfangszeiten der Kolpinghäuser ein Jahrhundert vorher. Manchmal mußten Baracken als Unterkunft

657 Vgl. »Jahresbericht zum Josephsfest 1916« (Archiv der Kolpingsfamilie Münster-Zentral, Mappe 1910–1920).

658 Vgl. Chronik des Gesellenvereins Recklinghausen 1920–1927, sämtliche Eintragungen des Jahres 1923 (Archiv der Kolpingsfamilie Recklinghausen-Zentral); Protokollbuch für Vorstandssitzungen des Katholischen Gesellenvereins Lünen von 1923, Jahresberichte 1923 und 1924 (Archiv der Kolpingsfamilie Altlünen).

659 Vgl. Chronik der Kolpingsfamilie Oldenburg-Stadt Band IV (1947–50), Eintragung vom Januar 1947 (Archiv der Kolpingsfamilie Oldenburg-Stadt).

660 Vgl. Kath. Gesellenhaus e.V. Telgte an das Luftw. Bau-Bataillon II–IV Handorf, 25.5.1941; Mietvertrag zw. Gesellenverein Telgte und Justizverwaltung Münster, 25.1.1945 [!] (Archiv der Kolpingsfamilie Telgte, Nr. 24.6 und Nr. 24.11 – Depositum im Heimathaus Telgte).

661 Vgl. Jahresbericht des Bezirks Beckum 1947 (Archiv des Kolpingwerks Diözesanverband Münster, Coesfeld, Karton 148).

662 Vgl. Reichsverband der Deutschen Kolpinghäuser, Köln, an Diözesanpräses Hölscher, 8.3.1949 (Archiv des Kolpingwerks Diözesanverband Münster, Coesfeld, Karton 148); Jahresbericht des Bezirkes Beckum 1947 (Ebd., Karton 18).

Abbildungen 37 und 38: Das Innere des Gesellenhauses Duisburg-Ruhrort nach Wiederaufbau und Neugestaltung in den 1950er Jahren

herhalten, und selbst diese mußten mit Flüchtlingen und Vertriebenen geteilt werden[663]. Um im Winter Versammlungen überhaupt abhalten zu können, wurden die Mitglieder mancherorts gebeten, Brennmaterial mitzubringen. Aber auch das half oft nicht und auf größere Veranstaltungen und Versammlungen im Winterhalbjahr mußte verzichtet werden[664]. Als dann der Wiederaufbau Ende der 40er Jahre in großem Maße einsetzte, stellten einige Kolpingsfamilien vor Ort und auch die Diözesanleitung des Verbandes fest, daß den Gesellenhäusern von den staatlichen und kirchlichen Behörden nicht nur Wohlwollen entgegenschlug. Bei seinen Bemühungen, öffentliche und kirchliche Mittel für den Wiederaufbau von Kolpinghäusern zu erhalten, sah sich Diözesanpräses Hölscher mit Mißtrauen und Ablehnung konfrontiert. Ende 1949 schrieb er an den Diözesan-Altsenior Beyer:

> Bei den Verhandlungen bei den Düsseldorfer Ministerien und bei der Stadtverwaltung Münster wurde mir ganz klar, wie wenig Vertrauen man zur Kolpingsfamilie hat, und wie kritisch die Kolpinghäuser angesehen werden. Heimstätten der Jugend erfreuen sich äußersten Wohlwollens; Kolpinghäuser sind dagegen in den Augen der fremden Beobachter mehr oder weniger gute Restaurants. Kirchliche Stellen sind ein wenig verschnupft, weil gerade in letzter Zeit wieder einige Beschwerden eingelaufen waren.[665]

Beschwerden kamen von der vermeintlichen Konkurrenz der Wirte. Ausgerechnet in Datteln, wo im Dritten Reich durch Denunzierung von Wirtsseite das Kolpinghaus geschlossen werden sollte, ist ein solcher Fall belegt[666]. Den Gesellenhäusern wurde Ausschweifung und überwiegend kommerzielles Interesse vorgeworfen, genau jene Mißstände, gegen die Kolping einhundert Jahre vorher sein Konzept von Gesellenherbergen eingebracht hatte. Hölscher und der Diözesanverband verteidigten ihre Häuser gegen die Angriffe und warfen gleichzeitig der Kölner Zentrale vor, sich nicht energisch genug für ein besseres Verständnis der Kolpinghäuser in der Öffentlichkeit eingesetzt zu haben und auch bei der Vergabe staatlicher Mittel nicht besonders wirkungsvoll aufgetreten zu sein[667]. Die Kölner Verbandsleitung ihrerseits ermutigte die Kolpingsfamilien und die Trägervereine, für ihre Häuser den Status der Gemeinnützigkeit zu beantragen[668]. Auf diese Weise konnte nicht nur eine Steuerersparnis, sondern auch eine Ansehenssteigerung erreicht werden. Daß die Kol-

663 Vgl. KF Delmenhorst an Pfarrer Niermann, 10.3.1948 und 26.1.1949 (Archiv der Kolpingsfamilie Delmenhorst).

664 Vgl. Protokollbuch der Kolpingsfamilie Barßel 1933–75, Eintragung vom Januar 1946 (Archiv der Kolpingsfamilie Barßel); Protokollbuch 1945–47 der Kolpingsfamilie Münster, Eintragung vom 9.12.1945 und 6.1.1946 (Archiv der Kolpingsfamilie Münster-Zentral).

665 Hölscher an Beyer, 20.12.1949 (Archiv des Kolpingwerks Diözesanverband Münster, Coesfeld, Karton 18).

666 Vgl. Anm.28.

667 Vgl. Hölscher an Neimecke, 28.4.1950 (Archiv des Kolpingwerks Diözesanverband Münster, Coesfeld, Karton 148).

668 Vgl. GEMEINNÜTZIGKEIT und Steuerrecht – Richtlinien für Anträge der Kolpingshäuser auf Anerkennung der Häuser als gemeinnützige Einrichtungen, Sonderdruck aus »Mitteilungen für die Präsides« 2/1950.

pinghäuser auch in der jungen Bundesrepublik noch eine wichtige soziale und ideelle Funktion hatten, daß sie nicht bloße Restaurants und bessere Jugendherbergen waren, stellte auch der vom Wirteverband angegriffene Dattelner Trägerverein heraus. Er verteidigte seine Entscheidung, das Haus wieder aufgebaut zu haben und wie vor dem Krieg zu nutzen:

> Die Erhaltung des Objektes war aber notwendig und wird für die Zukunft noch notwendiger sein. Die moderne christliche Erfassung des Menschen, der Jugend besonders, wird in dem Maße von so einem Hause ausgehen, wie der moderne Mensch die Kirche meidet: Das sind die entscheidenden Gründe, warum wir wieder aufgebaut haben.[669]

In einer Zeit, in der die katholische Kirche in Deutschland zusammen mit ihren Institutionen und Verbänden aus dem Gefühl des moralischen Sieges heraus noch fest an ihr Konzept einer Rechristianisierung der Gesellschaft glaubte, ist diese Überlegung der Dattelner geradezu prophetisch gewesen. Und in dieser ihrer Auffassung, christliche Lebensweise und katholische Soziallehre nicht theoretisch dem skeptischen modernen Menschen von der Kanzel zu verkünden, sondern praktisch und für alle sichtbar in einem Gesellenhaus vorzuleben, verbanden sie Grundüberlegungen Adolph Kolpings mit der gesellschaftlichen Realität der Mitte des 20. Jahrhunderts.

Die erste Hälfte der 50er Jahre sah noch einmal eine große Offensive des Diözesanverbandes Münster des Kolpingwerkes, was Kolpinghäuser anging. Wenn auch die Vorkriegszahl der Häuser nicht gesteigert werden sollte, so wurden doch der Wiederaufbau, der Ausbau und die Bettenkapazität voran getrieben[670]. Doch begannen zu der Zeit auch schon die Probleme. Die Wirtschaftlichkeit der Häuser bereitete zunehmend Schwierigkeiten, auch fiel es immer schwerer, geeignete Pächter zu finden. Dort, wo Ordensschwestern die Gesellenhäuser betreuten, wurden diese nun nach und nach von ihren Ordensleitungen wegen Nachwuchsmangel abgezogen. Die oft in der Hochzeit des Verbandskatholizismus erbauten Häuser erwiesen sich als zu groß, anderweitige Nutzungsmöglichkeiten mußten gefunden werden. Der Stolz und die Keimzelle der Kolpingsfamilien vor Ort wurde vielfach zur Belastung. Diese Entwicklung jedoch begann verstärkt erst in den 60er Jahren, zum Ende des Untersuchungszeitraums war sie lediglich schon grundgelegt.

Zur Grundidee der Gesellenvereine gehörten, wie am Anfang gezeigt, auch die Gesellenhäuser. Dort ließ sich das Konzept Kolpings von der ganzheitlichen Bildung und Betreuung der Jugend im allgemeinen und der Handwerksgesellen im besonderen verwirklichen. Von den Häusern gingen vielfältige berufsbildende, aber auch kulturelle Aktivitäten aus. Daß der Begriff ›Haus‹ in diesem Zusammenhang, und auch mit Blick auf die über hundertjährige Zeitspanne, weit gefaßt ist, wurde

669 Kolpinghaus e.V. Datteln an Kaplan Grauthoff, 24. Februar 1949 (Pfarrarchiv St.Amandus Datteln, Kart. 86; V,6b – Depositum im Bistumsarchiv Münster).

670 vgl. Statistik der Kolpinghäuser in der Diözese Münster (ohne Jahr, vermutlich 1952), (Archiv des Kolpingwerks Diözesanverband Münster, Coesfeld, Karton 20).

schon erläutert. Der eigene Raum war eine Grundvoraussetzung für den Vereinsalltag und die Vereinskultur. Er sorgte häufig für eine starke Identifizierung mit dem Kolpingwerk und ist heute an vielen Orten noch das einzige, was mit ihm verbunden wird.

2.2 Präses, Senior, Vorstand und Schutzvorstand – Zwischen Autorität und Autonomie

Wenn auch nicht jeder Gesellenverein sein eigenes Haus hatte, so war doch die Existenzgrundlage für jeden Ortsverein eine satzungsgemäße Vereinsführung. Der Gesamtverband war von Anfang an nicht als kirchliche Kongregation oder Bruderschaft, sondern als Verein konzipiert worden. Dementsprechend war ihre Organisation die eines ordentlichen deutschen Vereins, wie er Mitte des 19. Jahrhunderts als Zeichen bürgerlicher Emanzipation, in unserem Zusammenhang auch als Ausdruck katholischer Emanzipation, in vielfältiger Form in Deutschland entstand. Kennzeichnend für einen katholischen Verein während des gesamten Untersuchungszeitraums war die Vereinsführung durch einen Geistlichen, den Präses. Das galt für den Gesellenverein auf allen Ebenen, angefangen beim Generalpräses in Köln über den Diözesan- und Bezirkspräses bis hin zum Ortspräses. Daß der Vereinsleiter ein Geistlicher war, hatte mehrere Gründe. Zunächst einmal entsprach es über weite Strecken des Untersuchungszeitraums dem hierarchisch-klerikalen Denken breiter katholischer Bevölkerungsschichten. Dann war der Präses, neben seinen Amtsbrüdern, vor Ort oft die einzige akademisch gebildete Person, der man aus diesem Grunde die inhaltliche und administrative Führung des Vereins anvertrauen konnte. Von Seiten der Kirchenleitung her gesehen konnte ein geistlicher Vereinsleiter sicherstellen, daß Rechtgläubigkeit und Loyalität zur katholischen Kirche im Verein erhalten blieben. Für den Gesellenverein kommt als Besonderheit noch hinzu, daß sein geistiger Vater Adolph Kolping ein solcher Präses war. Seine Gestalt prägte den Verband so sehr, daß er seit 1933 sogar seinen Namen trägt. Das Kolpingwerk schien damit unauflöslich mit dem Präsidesprinzip verbunden, eine Auffassung, die heute durchaus Probleme mit sich bringt.

Das Generalstatut des Gesellenvereins von 1925 billigte dem Präses als der Spitze des Ortsvereins »väterliche Gewalt« zu. Im Handbuch der Deutschen Kolpingsfamilie von 1960 ist unter Beibehaltung des übrigen Wortlauts »Gewalt« gegen »Autorität« ausgetauscht[671]. Weiter sieht das Generalstatut vor, daß der Präses vom Gesamtvorstand, sich zusammensetzend aus Vorstand und Schutzvorstand, gewählt und vom Ortsbischof bestätigt wird. Diese Regelung entspricht den Statuten des Kölner Muttervereines von 1850. Schon der Elberfelder Urverein wählte seinen Präses selbst, was zur Folge hatte, daß Kolping erst nach Versetzung seines Vorgängers zum zweiten geistlichen Vorsitzenden gewählt wurde, und auch dies nur mit knap-

[671] Vgl. Generalsekretariat des Katholischen Gesellenvereins, Handbuch 1929, S. 25; Deutsche Kolpingsfamilie, Handbuch 1960, S. 258.

per Stimmenmehrheit[672]. Der Diözesanverband Münster hob sich hier deutlich vom Gesamtverein ab. Er übernahm seine Gepflogenheiten der Satzung seines münsterischen Muttervereins, in der es hieß: »Der Präses ist ein vom hochwürdigsten Herrn Bischofe ernannter Geistlicher«[673]. Selbst als die Generalversammlung in ihrem Generalstatut 1925 die Wahl des Präses durch den Vorstand festlegte, hielt Münster an der eigenen Regelung fest, was Diözesanpräses Veen mit »dem hier geltenden Recht«[674] begründete. Die Wahl eines Geistlichen zum Vereinsleiter war gleichwohl allenfalls symbolisch als Akt von Demokratie und Laienmündigkeit zu sehen. Die Auswahl an Kandidaten vor Ort war meistens nicht groß, wenn überhaupt vorhanden. In vielen Gemeinden waren die Aufgaben zwischen den Geistlichen von vornherein festgelegt. Bei Versetzung übernahm der Nachfolger die Aufgaben automatisch. Wie auch immer die Praxis aussah, die Wahl des Präses brachte doch nach außen ein Stück Autonomie der Vereinsmitglieder gegenüber der Kirchenleitung zum Ausdruck, und gerade darauf schien man in Münster verzichten zu wollen. In diesem Zusammenhang ist erstaunlich, daß Veen die münsterische Regelung für die ganze Diözese angewandt wissen wollte, während sein Vorgänger Theodor Kochmeyer darin viel großzügiger war. Kochmeyer mußte nämlich 1896 in Sterkrade einen Streit zwischen dem Pastor und einem Kaplan einerseits und dem Schutzvorstand und einem geistlichen Rektor andererseits schlichten. Der Schutzvorstand hatte, dem örtlichen Statut gemäß und im Gegensatz zu Münster, den Rektor zum Präses gewählt. Der Ortspfarrer aber hatte dafür einen seiner Kapläne ausersehen. Auf Wunsch des Diözesanpräses verzichtete der Rektor zugunsten des Kaplans auf sein Amt, doch damit gab sich der Schutzvorstand nicht zufrieden, der sich in seinen Rechten übergangen fühlte. So hielt in Sterkrade eine Zeit lang ein präsesloses Provisorium an, damit beide Seiten ihr Gesicht wahrten, was von Kochmeyer taktisch klug akzeptiert wurde[675].

Als Veen 1934 starb, suchten der Generalpräses Hürth und der Diözesanbischof Galen den Nachfolger aus, so wie es dem Generalstatut entsprach[676]. Und doch regte sich bei den obersten Laienvertretern des Diözesanverbandes, dem Diözesansenior Brankamp und dem Diözesanaltsenior Kroes, Widerstand. Sie beklagten sich, daß ihr Rat bei der Neubesetzung nicht gefragt war, daß auf diese Weise eine mindere Einschätzung der Laien in der Vereinsführung zum Ausdruck komme, und daß in

672 Vgl. SCHMOLKE, Michael: »Adolph Kolping (1813–1865)«, in: Jürgen Aretz/ Rudolf Morsey/ Anton Rauscher (Hg.): Zeitgeschichte in Lebensbildern Bd. 3 (Mainz, 1979) 36–49, hier S. 41; »Statuten des Gesellenvereins zu Köln«, hier zitiert nach Copelovici, Soziale Frage und Gesellenverein Teil I, 82–96, hier S. 83.

673 Vgl. u.a. »Satzungen des katholischen Gesellenvereins zu Münster i. Westf., 1908« (Archiv des Kolpingwerks Diözesanverband Münster, Coesfeld, Karton 548).

674 Veen an Kaplan Niehaus in Freckenhorst, 10.9.1928 (Pfarrarchiv Freckenhorst, Karton 19P – Depositum im Bistumsarchiv Münster).

675 Vgl. Tagebuch der Diözesanpräsides Hollmann und Kochmeyer, Eintragung vom Dezember 1896 (Archiv des Kolpingwerks Diözesanverband Münster, Coesfeld).

676 Vgl. Generalsekretariat des Katholischen Gesellenvereins, Handbuch 1929, S. 25.

der schweren Zeit des Dritten Reiches zwar Opfer von ihnen verlangt würden, ihnen aber keinerlei Mitverantwortung zukomme. Beide stellten unabhängig voneinander ihre Ämter zur Verfügung, worauf Hürth mit Überraschung und Unverständnis reagierte[677].

Das Amt des Seniors war das des obersten Laien im Verein, und zwar wie beim Präses auf allen Ebenen. Die Bezeichnung ›Senior‹ ergab sich aus Kolpings Kölner Statuten, nach denen tatsächlich die Vereinsältesten dieses Amt unter sich ausmachten. Später war dieses Amt nicht mehr an das Alter gebunden. Je nach örtlicher Bestimmung wurde der Senior direkt von der Generalversammlung des Ortsvereins gewählt, oder aber innerhalb des dort gewählten Vorstandes. Nach Übernahme des Führerprinzips 1933 ernannte der Präses, meist allerdings auf Vorschlag der Generalversammlung, den Senior ohne demokratische Wahl. Die Aufgaben des Seniors beschrieb das Handbuch von 1929, im Handbuch von 1960 fast wörtlich übernommen, mit:

> Er soll mit den übrigen Vorstandsmitgliedern die technischen Arbeiten des Vereins übernehmen, darüber hinaus die Führung des Vereins, vor allem anderen Jugendorganisationen, politischen und öffentlichen Körperschaften gegenüber in seiner Hand haben. Er soll ein Freund und Führer der Mitglieder sein, der Mittler zwischen ihnen und dem Präses, soll aber auch stets die Autorität sowohl des Gesamtvereins, als auch der örtlichen Vereinsfamilie ihnen gegenüber vertreten.[678]

Die starke Gegenüberstellung von Präses und Mitgliedern selbst noch im Jahr 1960 überrascht.

Präses und Senior gehörten dem Vorstand des örtlichen Gesellenvereins an. Außerdem waren dort die von der Generalversammlung gewählten Kassierer, Schriftführer und Beisitzer ohne feste Aufgabe, die sogenannten Ordner, vertreten. Ein weiteres Vorstandsmitglied war der vom Präses ernannte Vizepräses. Er sollte, laut Handbuch von 1929, ein Laie sein. In vielen kleineren Gemeinden war dies meist der Fall, während im großen Mutterverein in Münster fast immer das Gegenteil zutraf. Der Vorzug eines Nicht-Klerikers für dieses Amt wurde mit der größeren Lebenserfahrung eines erwachsenen Laien und der Kontinuität im wahrscheinlichen Falle häufigeren Präseswechsels begründet[679]. Rein praktisch sprach die Überlastung der Ortsgeistlichen für einen Laien als Vizepräses, wie auch der Präses von Altlünen 1919 in seinem Antrag, nicht wieder einen Kaplan zu seinem Stellvertreter machen zu wollen, betonte, da seine Amtsbrüder »bereits mit Vereinsarbeiten so in Anspruch genommen sind, daß es ihnen nicht möglich sei, den Posten voll und ganz

677 Vgl. Hürth an Brankamp, 5.4.1934; Kroes an Hürth, 5.4.1934; Hürth an Kroes, 9.4.1934 (Archiv der Deutschen Kolpingsfamilie, Akte Deutsche Diözesanangelegenheiten bis 1944).

678 Vgl. Generalsekretariat des Katholischen Gesellenvereins, Handbuch 1929, S. 63f.; vgl. auch Deutsche Kolpingsfamilie, Handbuch 1960, S. 321.

679 Vgl. Generalsekretariat des Katholischen Gesellenvereins, Handbuch 1929, S. 63.

auszufüllen«[680]. Doch auch noch vier Jahre später war ein Geistlicher Vizepräses des Gesellenvereins Altlünen. Erst im Laufe der 20er Jahre setzte es sich fast überall im Bistum Münster durch, dieses Amt mit einem Laien zu besetzen[681].

Neben dem Vorstand existierte an den meisten Orten auch ein Schutzvorstand, der schon im Zusammenhang mit den Kolpinghäusern Erwähnung fand. Er konnte verschiedene Aufgaben und Ausprägungen haben, als Förderverein, als ›Aufsichtsrat‹ oder als Kuratorium für das Kolpinghaus. Ursprünglich bestand der Schutzvorstand aus den Honoratioren vor Ort, die den Verein materiell und in seinem Ansehen stärken sollten. Später kamen ehemalige aktive Gesellenvereinsmitglieder, nun zumeist selbständige Handwerksmeister, hinzu. Mit steigenden Ehrenmitgliederzahlen entwickelte sich beinahe ein zusätzlicher Verein neben dem eigentlichen Verein, der im Schutzvorstand seine Vertretung hatte. In seinem Aufruf zur Ehrenmitgliedschaft erläuterte der Warendorfer Kaplan Winninghoff 1884, daß es wünschenswert sei, daß »die höheren Standesvertreter und selbständigen Bürger und Herren als Ehrenmitglieder an dem Verein sich beteiligen«. Die Aufgaben der Ehrenmitglieder beschrieb der Warendorfer Präses so: »Die Ehrenmitglieder suchen die Sache des Vereins in ihren Kreisen durch Wort und Tat zu vertreten. Wo sich ihnen Gelegenheit bietet, ermuntern sie die jungen Leute zum Eintritt in den Verein und zum eifrigen Besuch des Unterrichts und der sonstigen Vorträge.«[682] Dem Aufruf folgten Geistliche, Professoren, Direktoren, Lehrer und auch Lehrerinnen, die als Ehrenmitglieder so schon 80 Jahre vor den ersten weiblichen Vollmitgliedern erwünscht waren. Auch an anderen Orten gehörten dem Schutzvorstand des Gesellenvereins die örtlichen Spitzen der Gesellschaft an. In Bocholt waren es die Fabrikanten, in Münster während des Kaiserreichs und der Weimarer Republik der jeweilige Oberbürgermeister, der Syndikus der Handwerkskammer und der Besitzer des Aschendorff-Verlages[683]. Diese prominente Besetzung der Schutzvorstände bedeutete für die Gesellenvereine einen erheblichen Prestigezuwachs, was vor allem zu Zeiten des Kaiserreiches ungeheuer wichtig war, weil ihnen noch vielerorts, dem schlechten Ansehen von Handwerksburschen und Wandergesellen entsprechend, mit Mißtrauen begegnet wurde. Mit zunehmender Etablierung des Gesamtverbandes im Bereich des Katholizismus und der Gesamtgesellschaft, aber auch mit steigendem Alter der Ortsvereine, veränderte sich die Zusammensetzung der Schutzvorstände. Nun wa-

680 Protokollbuch für Vorstandssitzungen des Katholischen Gesellenvereins Lünen 1910–1919, Eintragung vom 8.5.1919 (Archiv der Kolpingsfamilie Altlünen).

681 Vgl. z.B. Protokollbuch des Gesellenvereins Telgte 1928–1948, Eintragung vom 29.10.1928 (Archiv der Kolpingsfamilie Telgte, Nr. 42.1 – Depositum im Heimathaus Telgte); dort ist von der Lösung der »Vizepräsesfrage« die Rede.

682 Aufruf des Präses Winninghoff zur Ehrenmitgliedschaft im Katholischen Gesellenverein, 26.5.1884 (Pfarrarchiv Warendorf, A 750.1 – Depositum im Bistumsarchiv Münster).

683 Vgl. Interview zwischen Kaplan Heinz Böcker und Wilhelm Thiemann, Bocholt, 10.6.1968 (Archiv der Kolpingsfamilie Bocholt-Zentral); Jahresbericht 1907 des Katholischen Gesellenvereins zu Münster (Archiv der Kolpingsfamilie Münster-Zentral, Mappe 1900–1910); Protokollbuch des Kuratoriums Gesellenhaus Münster (Archiv des Kolpingwerks Diözesanverband Münster, Coesfeld).

ren es mehr und mehr ehemalige Vereinsfunktionäre, nach der Neuordnung des Verbandes 1933 sogar ältere Aktive, die diese Gremien besetzten.

Der Schutzvorstand übernahm gegenüber den Vereinsmitgliedern durchaus disziplinarische Aufgaben und unterstützte darin den Präses. In Lünen wurde beispielsweise 1927 eine Theateraufführung des Gesellenvereins während der Fastenzeit vom Schutzvorstand, nicht vom Präses untersagt[684]. Andererseits stellte er sich aber auch manchmal bei Streitigkeiten zwischen Präses und Gesellen auf deren Seite, so zum Beispiel 1933 in Billerbeck, als der Schutzvorstand ebenso wie die Gesellen für eine Verlängerung des Zapfenstreiches beim Schützenball plädierte[685]. Und wenn der Präses oder der Ortspfarrer die satzungsgemäßen Rechte der Schutzvorständler verletzte, wie 1896 im schon erwähnten Streit in Sterkrade[686], dann scheuten diese den Konflikt mit den Geistlichen nicht.

An der Führungsstruktur des Katholischen Gesellenvereins und der Deutschen Kolpingsfamilie hat sich zwischen dem Zweiten Deutschen Kaiserreich und der jungen Bundesrepublik so gut wie nichts verändert. Das Gefüge zwischen Präses, Senior, Vorstand und Schutzvorstand blieb gleich. Und dennoch: vor allem in der Autoritäts- und Kompetenzenverteilung ergaben sich im Laufe der Zeit Veränderungen, die sich oft in Konflikten zwischen den Funktionsträgern im Verein zeigten. Interessant ist in diesem Zusammenhang vor allem, wie sich die Rolle des Präses entwickelte. Dies ist parallel mit der Veränderung des Priesterbildes im Untersuchungszeitraum generell zu betrachten[687]. Adolph Kolping hatte 1852 in einer Rede vor dem Münchener Gesellenverein ein klares Bild gezeichnet:

> Der ... Präses ist und muß der Vater sein, muß Vaterpflichten üben, daher aber auch Vaterrechte besitzen. (...) Er ... regiert offen und freundlich, nicht herrisch. Er erhält die Ordnung, die überall in der ganzen Welt, wo etwas gedeihen soll, herrschen muß, aber sie muß aus einem Kopfe, aus einem Herzen kommen.[688]

Dieser zugeschriebenen Position des Vaters des Vereins versuchten die Präsides der Gesellenvereine über weite Strecken des Untersuchungszeitraums gerecht zu werden, wie es auch von den meisten Mitgliedern erwartet wurde. Streit und Kompetenzrangeleien aber hat es von Anfang an gegeben. Beispielhaft ist der Präses von Oldenburg-Stadt, der 1904 ohne jegliche Rücksprache mit dem Vorstand oder dem Schutzvorstand Verhandlungen über eine Renovierung des Gesellenhauses führte. Als der Vorstand daraufhin seinerseits für die anstehende Weihnachtsfeier seine

684 Vgl. Protokollbuch für Vorstandssitzungen des Katholischen Gesellenvereins Lünen von 1923, Jahresbericht über das 28. Vereinsjahr 1927 (Archiv der Kolpingsfamilie Altlünen).

685 Vgl. Chronik des Katholischen Gesellenvereins Billerbeck 1922–35, Eintragung vom 19.6.1933 (Archiv der Kolpingsfamilie Billerbeck).

686 Vgl. Tagebuch der Diözesanpräsides Hollmann und Kochmeyer, Eintragung vom Dezember 1896 (Archiv des Kolpingwerks Diözesanverband Münster, Coesfeld).

687 Hierfür vgl. Schulte-Umberg.

688 Kolping: »Rede vor dem Gesellenverein München am 30.4.1852«, hier zitiert nach: Copelovici et al., Soziale Frage und Gesellenverein Bd. I, S. 314.

Mitarbeit verweigerte, ließ der Präses seine ganze Autorität spielen, der sich schließlich der komplette Vorstand beugen mußte. Der Vater des Vereins hatte sozusagen ein Machtwort gesprochen. Nur der Senior zeigte sich konsequent und trat von seinem Posten zurück. Nebenbei sei erwähnt, daß er fast 50 Jahre später, im Jahr 1953, von der Kolpingsfamilie Oldenburg-Stadt zum Ehrensenior ernannt wurde[689]. Das Bild vom Vereinsvater trug sich durch die Anfangsjahre, die Zeit des Kaiserreichs und auch durch die der Weimarer Republik. So hieß es von dem neuernannten Präses in Oldenburg 1920, er sei ein »sehr tüchtiger, strenger und doch vereinsliebender Präses, ein Vater der Kolpingssöhne«. Als er drei Jahre später versetzt wurde, würdigten ihn die Vereinsmitglieder als »Organisator in allem, streng als Vater und doch voll Liebe zu seinen Söhnen, aber nie ein Philister«[690]. In Epe entstand 1927 ein folgenschwerer Streit zwischen den Vereinsmitgliedern und dem Präses sowie dem Ortspfarrer[691]. Dieser beklagte die Haltung der Kolpingssöhne zu ihrem Vereinsvater, die er mit »unerträgliche Zustände« charakterisierte und folgendermaßen beschrieb: »Der geistliche Präses ist Beauftragter des Vereins, der Vorstand faßt die Beschlüsse mit oder gegen den Präses, eine Bestätigungsvollmacht oder ein Vetorecht hat der Präses nicht; die Kasse gehört den Mitgliedern – ohne Aufsichtsrecht des Präses.«[692] Die endgültige Klärung des Streits mußte unter Mithilfe des Diözesanpräses Veen geschehen, auf dessen Initiative ein Einigungspapier entstand, in dem es unter Punkt 1 heißt: »Der verantwortliche Leiter des Gesellenvereins ist der vom Bischof bestellte Präses. Er hat unbedingtes Vetorecht, und wenn er einen Beschluß des Vorstandes beanstandet, darf er nicht ausgeführt werden, bevor die höhere Vereinsinstanz entschieden hat.«[693] In einem später verfassten Bericht über die eineinhalbjährigen Streitigkeiten in der Vereinschronik wird resümiert, »Man wollte zeigen, daß es ohne Präses gehe«[694], doch das war sowohl für den Ortspfarrer wie für die diözesane Verbandsleitung undenkbar. Auch den Gesellenvereinsmitgliedern war langfristig daran gelegen, wieder einen Präses zu bekommen, denn auch aus ihrer Sicht gehörte er selbstverständlich zu einem katholischen Verein. Dennoch wollten die Eper ein Stück Autonomie gegenüber der präsidialen Autorität, was in diesem speziellen Fall wohl vor allem auch Autonomie gegenüber der Allmacht des Ortspfarrers war, demonstrieren. Daß die Position des Präses in der Zeit der Weimarer Republik zwar unangetastet, aber dennoch in Veränderung be-

689 Vgl. Chronik des Katholischen Gesellenvereins zu Oldenburg Band I (1885–1913), Eintragung von 1904 (Archiv der Kolpingsfamilie Oldenburg-Stadt).

690 Chronik des Katholischen Gesellenvereins Oldenburg-Stadt Band II (1914–1922), Eintragungen von 1920 und 1922 (Archiv der Kolpingsfamilie Oldenburg-Stadt).

691 Vgl. III. Teil, Kap. 2.3.

692 Pfarrer Essfeld, Epe, an das Bischöfliche Generalvikariat Münster, 25.5.1928 (Pfarrarchiv Epe, Karton 46 – Depositum im Bistumsarchiv Münster).

693 Protokoll der Sitzung vom 13.9.1928 in Epe (Pfarrarchiv Epe, Karton 49 – Depositum im Bistumsarchiv Münster).

694 Chronik des Katholischen Gesellenvereins Epe, begonnen am 28.9.1928, S. 2 (Archiv der Kolpingsfamilie Epe).

griffen war, zeigt auch ein Beispiel aus Recklinghausen. Dort mußte im Mai 1927 die Vereinsversammlung noch ausfallen, weil ohne den Präses nicht getagt werden sollte. Im Februar 1931 hingegen faßte sogar schon der Vorstand Beschlüsse ohne den Präses, der wegen Krankheit verhindert war[695].

Im Dritten Reich bekam die Rolle des Präses neue Akzente. Durch den Verbandsumbau des Herbstes 1933 mit Einführung des Führerprinzips war der geistliche Leiter in einer Machtposition wie nie vorher. Er ernannte den Senior und andere Amtsträger, während die Mitglieder höchstens ein Vorschlagrecht hatten. In der Praxis hielt sich der Vereinspräses oft an die Vorschlagsliste der Generalversammlung, die dort demokratisch erstellt wurde, er war aber nicht dazu verpflichtet. Die Umstände der späteren Jahre der Diktatur, als der Verband und seine Vereine immer heftigeren Repressionen ausgesetzt waren, verstärkten die Bindung der Mitglieder an den Präses in einer für den Untersuchungszeitraum einzigartigen Weise. Der Protokollant des Recklinghäuser Vereins beispielsweise fühlte sich im Frühjahr 1936 zu folgender Ausführung als Nachtrag eines Berichts über den im Kreise der Kolpingsmitglieder begangenen Namenstag des Präses bemüßigt:

> Wenn von denen, laß es Kolpingsbrüder oder sonst wer sein, die uns nah stehen oder solche, die uns gern verschwinden sehen wollen, gemeint wird, wir gäben nicht viel für einen Präses, eben weil ich immer nur von »Unserem Präses« schreibe, so gebe ich hiermit kund, daß ich und alle meine Kolpingbrüder mehr in ihm sehen als nur einen Vereinsvorsitzenden, sondern unseren geistigen Vater, der als echter deutscher Mann uns mit seiner geistigen, väterlichen Liebe treu zur Seite steht (...).[696]

Und auch in Oldenburg-Stadt wurde 1946 rückblickend über den Präses gesagt: »Er war unserem Verein gerade in der kritischen Nazizeit ein Vater, wie wir ihn brauchten, er half uns über manche Klippen der Leibes- und Seelennot hinweg.«[697]

Das unbedingte Zusammenhalten von Präses und Vereinsmitgliedern änderte sich unter den neuen Bedingungen der Nachkriegszeit. Nun wurde, die Entwicklung einer vorsichtigen Emanzipation der Mitglieder in der Weimarer Republik wieder aufnehmend, durchaus auch einmal Kritik an Arbeit und Verhalten des Vereinsvaters geübt[698]. Das setzte sich auch auf höherer Ebene fort. Im Dezember 1947 kritisierte der Diözesan-Altsenior Kroes an den beiden ihm zur Begutachtung vorgelegten Weihnachtsschreiben des Diözesanpräses Hölscher, daß es ausschließlich an

695 Vgl. Chronik des Gesellenvereins 1920–1927, Eintragung vom 23.5.1927 und Protokollbuch des Katholischen Gesellenvereins Recklinghausen 1931–1933, Eintragung vom 6.2.1931 (Archiv der Kolpingsfamilie Recklinghausen-Zentral).

696 Protokollbuch des Katholischen Gesellenvereins Recklinghausen vom 1. Januar 1934 bis 10. Juni 1938, Eintragung vom 30.3.1936 (Archiv der Kolpingsfamilie Recklinghausen-Zentral).

697 Chronik der Kolpingsfamilie Oldenburg-Stadt, Band III (1937–1946), Eintragung von 1946 (Archiv der Kolpingsfamilie Oldenburg-Stadt).

698 So beispielsweise 1948 in Altlünen; vgl. Protokollbuch über Vorstandssitzungen des Katholischen Gesellenvereins Alt-Lünen 1929–1952, Eintragung vom 8.6.1948 (Archiv der Kolpingsfamilie Altlünen).

Abb. 39: Präsideskonferenz in den 1950er Jahren

Abb. 40: Generalversammlung der Kolpingsfamilie Münster-Zentral, 1949

die Präsides gerichtet sei. Er plädierte dafür, nur ein Schreiben an alle Vereinsvorstände zu verschicken, das von den beiden diözesanen Laienvorsitzenden und dem Diözesanpräses gemeinsam unterschrieben werden sollte. Außerdem brachte er deutlich zum Ausdruck, daß er Form und Inhalt von Hölschers Entwürfen für nicht gelungen erachtete[699]. Ein im Vergleich zu den Vorjahren ungeheurer Vorgang, der sich aber auch daraus erklären läßt, daß seit Gründung der Gruppe Altkolping 1933 die Ehemaligen im Verein blieben. Den meist jungen Präsides waren sie an Alter und Verbandserfahrung weit überlegen, und so entstand ein neues Autoritätsgefüge im Verein.

2.3 *Generalversammlung – Ein Beitrag zum Thema »katholische Kirche und Demokratie«*

Im offiziellen Sprachgebrauch des Gesamtvereins war die Generalversammlung das höchste beschlußfassende Organ des Verbandes, das sich alle paar Jahre zusammenfand und bis Mitte der 20er Jahre nur aus Präsides konstituierte. ›Generalversammlung‹ wurde aber auch die örtliche Jahreshauptversammlung genannt, an der alle Vereinsmitglieder teilnehmen konnten und sollten, und wo sie auch ein gewisses Stimmrecht hatten. Sie gehörte zum festen Bestandteil des Vereinsjahres und fiel nur in Kriegsjahren und in Jahren der Besatzung aus, in manchen Ortsvereinen auch nie[700]. Diese alljährliche Veranstaltung war für den einfachen Kolpingbruder ohne Funktion im Verein die Möglichkeit zur Partizipation an Entwicklung und Programmabsicht der örtlichen Kolpingsfamilie. Die Einflußnahme war aber eine gegenseitige, einerseits von den Mitgliedern auf den Präses und den Vorstand, andererseits von diesen wiederum auf die Mitglieder. Verhaltenskodices wurden dort erlassen und unter anderem durch das Mittel von öffentlichen Prämierungen für vorbildliche Beteiligung eine Disziplinierung der Gesellen angestrebt. Der Verein von Altlünen führte beispielsweise Anfang dieses Jahrhunderts ein Treue-Diplom ein, für dessen Erlangung alle Gemeinschaftskommunionen und eine vorgegebene Anzahl an Vereinsveranstaltungen besucht werden mußte. Die Ehrung fand immer auf der jährlichen Generalversammlung statt, denn sie sollte den Nicht-Geehrten als

699 Vgl. Kroes an Hölscher, 16.12.1947 (Archiv des Kolpingwerks Diözesanverband Münster, Coesfeld, Kart. 18).

700 So fielen die Generalversammlungen in Recklinghausen im I. Weltkrieg aus, während sie in Lünen, wenn auch 1917 nur mit 15 Mitgliedern, stattfanden. Ähnliches gilt für den II. Weltkrieg. Ebenfalls in Recklinghausen fand die Generalversammlung 1923 im Vereinssaal statt, der zur Hälfte von französischen Soldaten besetzt war, »die aufmerksam zuhörten«. Vgl. Protokollbuch für die Vorstandssitzungen des Gesellenvereins Recklinghausen 1902–1914 / 1919, Eintragung vom 2.2.1919; Chronik des Gesellenvereins Recklinghausen 1920–1927, Eintragung vom 15.1.1923 (Archiv der Kolpingsfamilie Recklinghausen-Zentral); Protokollbuch für Vorstandssitzungen des Katholischen Gesellenvereins Lünen 1910–1919, Eintragungen vom 24.1.1915, 9.1.1916, 28.1.1917; 13.1.1918 (Archiv der Kolpingsfamilie Altlünen).

nachahmenswertes Beispiel dienen. Allerdings mußten die Kriterien im Falle Altlünens bis zum Ersten Weltkrieg mehr und mehr abgeschwächt werden, damit überhaupt noch Treue-Diplome vergeben werden konnten. Als nach dem Kriege im gleichen Verein von Vorstand und Präses die Frage an die Mitglieder gestellt wurde, ob die Teilnahme an Versammlungen weiterhin kontrolliert werden sollte, wurde dies von der Mehrheit der Generalversammlung 1923 in einem Akt der Selbstdisziplinierung so gewünscht[701].

Daß die Wahl des Vereinsseniors örtlich unterschiedlich entweder durch die Generalversammlung oder durch den von dieser gewählten Vorstand geschah, wurde schon erwähnt. Die Wahlmodi waren allerdings sehr unterschiedlich, und wenn man die direkte Seniorenwahl als das größere Maß an vereinsinterner Demokratie betrachtet, so läßt sich für den Untersuchungszeitraum nicht feststellen, daß es eine kontinuierliche Entwicklung in diese Richtung gegeben hat. So wurde in Altlünen bis 1924 der Senior durch die Generalversammlung direkt, und damit, wie im Protokollbuch immer wieder ausdrücklich vermerkt, gegen die Statuten aber aus Tradition, gewählt. Ab 1924 bis zur Einführung des Führerprinzips 1933 wählte dann der Vorstand den Senior satzungsgemäß aus seinen Reihen[702]. Im Telgter Verein läßt sich für die Zeit der Weimarer Republik durchaus ein Trend zu mehr Demokratie im Verein feststellen. So lief die Vorstandswahl 1928 noch so ab, daß der Vorstand der Generalversammlung eine Liste mit Kandidaten vorlegte, aus der diese den neuen Vorstand bestimmen konnte. Die Ämter, auch das des Seniors, wurden dann wiederum vom Vorstand bestimmt und auf unbestimmte Zeit vergeben. Ein fast geschlossener Kreislauf also mit geringer Mitbestimmungsmöglichkeit für das einfache Vereinsmitglied. Dies änderte sich aber schon drei Jahre später. Nun konnte die vom Vorstand vorgelegte Kandidatenliste von der Generalversammlung, die jetzt auch den Senior wählte, ergänzt werden[703]. In Recklinghausen hingegen gab es schon zu Beginn des Jahrhunderts eine feste Vorgabe für die Wahl der Vorstandsämter durch die Generalversammlung. Das Plenum wählte den Senior für drei Jahre, seine Beisitzer für ein Jahr. Das hinderte den Präses nicht daran, einzugreifen und eine Wiederwahl des alten Seniors per Akklamation durchzusetzen[704].

701 Vgl. Protokollbuch für die Vorstandssitzungen des kath. Gesellen-Vereins Lünen 1903–1908, Eintragung vom 6.1.1908; Protokollbuch für Vorstandsvorsitzungen 1910–1919, Eintragung vom 8.1.1911; Protokollbuch für die Vorstandssitzungen von 1923, Eintragung vom 23.1.1923 (Archiv der Kolpingsfamilie Altlünen).

702 Vgl. Protokollbuch für die Vorstandssitzungen des kath. Gesellen-Vereins Lünen 1903–1908, Eintragung vom 15.1.1905; Protokollbuch für Vorstandssitzungen 1910–1919, Eintragungen vom 9.1.1916 u. 2.2.1919; Protokollbuch für die Vorstandssitzungen von 1923, Eintragung vom 27.1.1924 (Archiv der Kolpingsfamilie Altlünen).

703 Vgl. Protokollbuch des Gesellenvereins Telgte 1928–1948, Eintragungen vom 29.10.1928, 14.11.1929 und von 1931 (Archiv der Kolpingsfamilie Telgte Nr. 42.1 – Depositum im Heimathaus Telgte).

704 Vgl. Protokollbuch für die Vorstandssitzungen des Gesellenvereins Recklinghausen 1902–1914/1919, Eintragungen vom 2.9.1902 u. 16.10.1906 (Archiv der Kolpingsfamilie Recklinghausen-Zentral).

Überhaupt ist der Einfluß des Präses auf den Meinungsbildungsprozeß und das Abstimmungsverhalten einer Generalversammlung nicht zu unterschätzen. Die Generalversammlung des Katholischen Gesellenvereins in der Stadt Oldenburg stimmte 1921 mit 2/3 Mehrheit dafür, das vereinseigene Haus dem katholischen Pius-Hospital zu übereignen. Das hohe Zustimmungsergebnis täuscht darüber hinweg, daß diese Entscheidung umstritten war und über Jahrzehnte auch blieb. Die Abtretung hatte der Vize-Präses des Vereins, Kaplan Vorwerk, der auch gleichzeitig Verwalter des Pius-Hospitals war, veranlaßt. Seine priesterliche Autorität überwog die Vorbehalte gegen das ziemlich durchsichtige Manöver zugunsten des Krankenhauses[705]. Als im Herbst 1933 im Verband das Führerprinzip eingeführt wurde, verlagerte sich das Gewicht zwischen Generalversammlung und Präses zugunsten des letzteren. Kurz nach der Ernennung des münsterischen Lokal- und Diözesanpräses Echelmeyer im Frühjahr 1934 wurde auf einer außerordentlichen Generalversammlung auch ein neuer Ortssenior gewählt. Echelmeyer machte gleich von seinen erweiterten Befugnissen Gebrauch und erklärte, der neue Laien-Vorsitzende sei nur kommissarisch gewählt, er müsse sich erst ein Bild von dessen Fähigkeiten machen, und dann könne dieser endgültig gewählt werden oder auch nicht[706]. Doch nicht immer setzte der Präses auf einer Generalversammlung seine Vorstellungen durch. Ein im münsterischen Verband breit kolportiertes Beispiel dafür war der Antrag des Diözesanpräses Veen auf einer Generalversammlung auf Bistumsebene Ende der 20er Jahre, seinen neuen Dienstwagen mittels Umlageverfahren von allen Gesellenvereinen des Bistums finanzieren zu lassen. Der Antrag wurde abgelehnt, Veen zahlte den Wagen selbst[707]. Und dennoch, die Macht der Generalversammlung endete da, wo der geistliche Leiter oder der Ortspfarrer ihr insgesamt die Anerkennung versagte. Im Eper Streit zwischen der Ortsgeistlichkeit und dem Gesellenverein ging es vor allem auch um das Vetorecht des Präses gegenüber Beschlüssen des Vorstandes und der Generalversammlung. So war es nur konsequent, daß die Eper Geistlichen einen Gesellenausschuß, der von einer außerordentliche Generalversammlung zur Lösung des Konfliktes gewählt worden war, bewußt ignorierten und sein Mandat nicht anerkannten. Die Mitglieder hatten konsequent demokratisch gehandelt, der Ortspfarrer und der spätere Präses aber brachten zusammen mit Diözesanpräses Veen ihre über alle Generalversammlungen stehende Macht zum Ausdruck und konnten sich schließlich damit durchsetzen[708].

Gerade das letzte Beispiel aus Epe zeigt deutlich, wo die Grenzen des demokratischen Mitbestimmungsrechtes einer Generalversammlung lagen. Meist waren es aber nicht die Präsides allein, die der Generalversammlung die Kompetenz nahmen.

705 Vgl. Chronik des katholischen Gesellenvereins Oldenburg-Stadt Band II (1914–1922), Eintragung vom Januar 1921 (Archiv der Kolpingsfamilie Oldenburg-Stadt).

706 Auskunft Bernhard Kohlstedte, 11.6.1996 (Kohlstedte war der betroffene Senior und wurde nach einem Jahr endgültig gewählt).

707 Auskunft Bernhard Kohlstedte, 11.6.1996.

708 Vgl. Chronik des katholischen Gesellenvereins Epe, S. 3 (Archiv der Kolpingsfamilie Epe).

Der aus der Generalversammlung hervorgegangene Vorstand faßte zusammen mit dem geistlichen Leiter die meisten Beschlüsse, die auch das einfache Vereinsmitglied betrafen, wie beispielsweise die Zahl der Gemeinschaftskommunionen und Pflichtversammlungen. Auch der Ausschluß von Mitgliedern wurde fast immer vom Vorstand entschieden. Trotz alledem war die jährliche Generalversammlung ein Stück Einübung in demokratisches Verhalten, das die Gesellen auch mehr oder weniger zu nutzen wußten. Davon zeugen Kandidatendebatten und Minderheitsvoten. Diese Art von Laienemanzipation wurde zu den unterschiedlichen Zeiten in unterschiedlicher Weise von der Kirchen- und der Verbandsleitung gewollt und gefördert und ist nicht unabhängig zu sehen vom politischen und gesamtgesellschaftlichen Klima.

3. Soziale Aufgaben von Gesellenverein und Kolpingsfamilie

3.1 Wanderfürsorge – Klassische Aufgaben des Gesellenvereins

»Das ist eine Großtat ersten Ranges«, sagte Diözesanpräses Veen 1931 über die Wanderfürsorge des Katholischen Gesellenvereins, die er außerdem ›einzigartig‹ und ›viel bewundert‹ nannte[709]. Die Sorge um die Gesellen, die sich auf beruflicher Wanderschaft befanden, war bis ins ›Dritte Reich hinein eine der klassischen Aufgaben des Katholischen Gesellenvereins. Sie bestand im Grunde aus zwei Aspekten. Einerseits aus der Bereitstellung eines Gesellenhospizes oder auch nur eines Kolpinghauses und der Vereinsangebote und Vereinsaktivitäten, um für die Gesellen in fremder Umgebung eine Art vertraute Heimstatt zu schaffen. Andererseits gehörte zur Wanderfürsorge das Recht jedes Gesellenvereinsmitglieds mit gültigem Wanderbuch, während der Wanderschaft auf der Durchreise in jedem Gesellenverein für eine Nacht kostenlos Verpflegung und Nachtquartier zu erhalten. In Zeiten, als die berufliche Wanderschaft noch weit verbreitet und von vielen Arbeitgebern erwünscht war[710], machte dieses Anrecht den Gesellenverein für viele Handwerker attraktiv. Die Vereinsleitung wußte darum, hieß es doch im münsterischen Jahresbericht von 1926: »Vor allem ist [den Neu-Gesellen] der Gesellenverein dann unentbehrlich, wenn sie mal später in die Fremde ziehen wollen.«[711] Um dem nicht gewollten Effekt, daß Handwerker nur deshalb Mitglieder wurden und sich ansonsten nicht am Vereinsleben beteiligten, vorzubeugen, waren verschiedene Bedingungen zu erfüllen, ehe man ein Wanderbuch erhielt. Dieses mußte in den Gastvereinen vorgelegt werden, die bloße Mitgliedschaft genügte nicht. Ein Bocholter Kolpingbruder erinnerte sich, daß in der Zeit um den Ersten Weltkrieg jedes Gesellenvereinsmitglied, das ein solches Wanderbuch erhalten wollte, jede sonntägliche Versammlung besuchen mußte. Er bekam dort ins Buch einen Stempel gesetzt, der die lückenlose Beteiligung am Vereinsleben nachwies und nach einiger Zeit zum Erhalt des Wanderbuches mit positiver Bescheinigung des Präses berechtigte[712].

Das Wandern der Handwerksgesellen veränderte sich in seiner Bedeutung während des Untersuchungszeitraums. Seine berufliche Notwendigkeit nahm sicherlich mehr und mehr ab. Durch die ohnehin erhöhte Mobilität der Menschen und ein seit der Zeit nach dem Ersten Weltkrieg entstehendes berufsbildendes System wurden unterschiedliche Techniken und Fertigkeiten auch ohne Gesellenwandern wei-

709 »Das St. Josefsfest im Münsterischen Gesellenverein 1931« (Archiv der Kolpingsfamilie Münster-Zentral, Mappe 1930–40).

710 Die Wanderpflicht war in der ersten Hälfte des 19. Jahrhunderts mit der Beseitigung des Zunftzwanges und der Einführung der Gewerbefreiheit aufgehoben worden.

711 »Der Gesellenverein und das Gesellenhaus zu Münster im Jahre 1926«, in: Die Kolpingsfamilie, Monatliche Mitteilungen des Gesellenvereins Münster 1. Jahrgang Nr. 1, vom 1.5.1927.

712 Vgl. Interview zwischen Kaplan Heinz Böcker und Wilhelm Thiemann, Bocholt, 10.6.1968 (Archiv der Kolpingsfamilie Bocholt-Zentral).

tergegeben. Das heißt nicht, daß die Zahl wandernder Kolpingsbrüder kontinuierlich abnahm. In Zeiten hoher Arbeitslosigkeit in der Weimarer Republik beispielsweise erreichte die Zahl der kostenlos verpflegten wandernden Mitglieder im Diözesanverband Münster Rekordquoten. Der Gesellenverein Recklinghausen gab 1913 110 Kolpingsbrüdern freie Kost und Logis, im Jahr 1926, einem ersten Höhepunkt von Arbeitslosigkeit in Deutschland, waren es 226 und im Krisenjahr 1932 die Rekordzahl von 406[713]. In der Stadt Münster war die Lage noch extremer. Dort hieß es 1926, daß »von den etwa 1900 Zugereisten nur wenige in Münster Arbeit finden« konnten. »Alle anderen mußten wieder von dannen ziehen, nachdem sie im Gesellenhaus gebadet, übernachtet und für einen Tag freie Verpflegung erhalten hatten.«[714] In Zeiten schlechter wirtschaftlicher Lage mit hoher Arbeitslosigkeit diente das berufliche Wandern also nicht der Fortbildung, sondern war der Versuch, durch eigene Flexibilität und Mobilität sich Arbeit zu beschaffen.

Außerhalb und neben diesen ökonomischen Krisenzeiten aber verlagerte sich langfristig die Bedeutung des Handwerkswanderns für die Gesellenvereinsmitglieder. Der wirtschaftliche Aspekt und der Berufsbildungsgedanke traten zurück hinter der Idee der ganzheitlichen Bildung und der Horizonterweiterung nicht nur in beruflicher Hinsicht. Die Wandervogelbewegung, die mit Verzögerung nach dem Ersten Weltkrieg auch die katholische Jugend erreichte, zeigte hier deutlich ihren Einfluß. Um 1930 entstanden auch im Bistum Münster innerhalb des Gesellenvereins Gruppen mit dem Namen »Kolpings Wandernde Gesellen«, kurz KWG. »Die Gruppe verwirklicht den rechten Sinn des Wanderns und soll sein Schulung und Vorbereitung für die berufliche Wanderschaft«, so wurde die Funktion der im Herbst 1932 neugegründeten KWG-Gruppe in Münster im Vereinsbericht von 1933 erklärt[715]. Das Handwerkswandern bekam nun manchmal fast den Charakter eines Bildungsurlaubs, durchaus verbunden mit einer Wallfahrt zum Grab Adolph Kolpings in der Kölner Minoritenkirche. Die Gesellen sparten dafür ihren gesamten Jahresurlaub, wenn es möglich war sogar den Urlaub mehrerer Jahre. Voraussetzung war die Zustimmung des Arbeitgebers, die in Zeiten hoher Arbeitslosigkeit nicht leicht zu erhalten war[716].

Daß das berufliche Wandern in den 30er Jahren unseres Jahrhunderts solche Züge annahm, hatte auch politische Gründe. Im Dritten Reich wurde die Wanderschaft wegen fehlender Kontrollmöglichkeiten zunächst beargwöhnt, später fand

713 Vgl. Protokollbuch für die Vorstandssitzungen des Gesellenvereins Recklinghausen 1902–1914/1919, Statistik für 1913; Chronik des Gesellenvereins 1920–1927, Geschäftsbericht für das Jahr 1926; Protokollbuch des Katholischen Gesellenvereins Recklinghausen 1931–1933, Bericht von der 78. Generalversammlung am 30.1.1933 (Archiv der Kolpingsfamilie Recklinghausen-Zentral).

714 »Der Gesellenverein und das Gesellenhaus zu Münster im Jahre 1926«, in: Die Kolpingsfamilie – monatliche Mitteilungen des Gesellenvereins Münster, 1. Jg/Nr. 1 vom 1.5.1927.

715 »Vereinsbericht zum Josefsfest 1933« (Archiv der Kolpingsfamilie Münster-Zentral, Mappe 1930–1940).

716 Auskunft von Theo Grünewald, Lünen, vom 1.12.1995, der auf diese Weise 1933 und auch noch 1937 auf Wanderschaft gegangen ist.

man eine Möglichkeit ihr die Grundlage zu entziehen. Klemens Echelmeyer, Diözesanpräses der Kolpingsfamilie 1934–1947, schrieb dazu rückblickend nach dem Krieg: »Das berufsmäßige Wandern kam jetzt zum Erliegen, dadurch daß ein Wechsel des Arbeitsplatzes ohne Genehmigung des Arbeitsamtes nicht möglich war. Damit hörte ein wichtiger Zweig des Kolpingwerkes auf, nämlich die Betreuung der Gesellen auf der beruflichen Wanderschaft.«[717] Nach dem Zweiten Weltkrieg hat dieser Bereich des Kolpingwerkes nie mehr eine Bedeutung erlangt. Es gelang nicht einmal, die jugendbewegten KWG-Gruppen neu zu aktivieren[718].

Aus Sicht der Vereine war die Wanderfürsorge eine zwiespältige Sache. Solche Orte, die an Verkehrsknotenpunkten lagen oder wirtschaftlich oder landschaftlich attraktiv waren, hatten jährliche Zahlen unentgeltlicher Übernachtungen, die ihre Mitgliederzahlen deutlich überstiegen, während ländliche Vereine mit durchaus hohen Mitgliederzahlen oft nur wenige wandernde Gesellen unterbringen mußten. So gewährte der Gesellenverein in Freckenhorst 1931 nur ein, 1932 zwanzig und 1933 zehn kostenlose Nachtquartiere, während es in Recklinghausen und Münster 1932 406 bzw. 6500 Übernachtungen und Mahlzeiten nach dem Wanderrecht des Gesamtvereins waren[719]. Eine im Verhältnis zur niedrigen Zahl von 46 Mitgliedern hohe Übernachtungszahl von 156 hatte 1925 auch der Gesellenverein von Oldenburg-Stadt. Er steht exemplarisch für die Vereine im norddeutschen Diasporagebiet, die, breiter gestreut, häufiger Anlaufstelle für katholische Handwerksgesellen waren[720]. Der Kölner Verbandszentrale war das Problem der ungleichen Lastenverteilung bezüglich der wandernden Gesellen spätestens seit dem Hochschnellen der Gesamtübernachtungszahlen kurz nach der Jahrhundertwende bekannt[721]. Sie veröffentlichte regelmäßig Listen von Vereinen, die in den abgelaufenen Jahren »in der Wanderunterstützung verhältnismäßig am stärksten beansprucht wurden«. Im Jahr 1924 waren dies im Bistum Münster beispielsweise Hamborn-Marxloh und wieder einmal Münster. Die dortige Zahl kostenlos gewährter Nachtquartiere lag mit 6552, die Zahl der verteilten Mahlzeiten mit 6953 bei weitem über allen anderen Werten reichsweit, sieht man einmal vom Kölner Mutterverein ab. Zum Vergleich, die

717 Deutsche Kolpingsfamilie Diözesanverband Münster: Bericht zu den Schwierigkeiten der Kolpingsfamilie mit dem Dritten Reich, verfaßt von K. Echelmeyer am 17.9.1946 (Bisumsarchiv Münster, GV Neues Archiv A 101-30).

718 Vgl. Protokoll der Diözesanvorstandssitzung vom 11.2.1950 (Archiv des Kolpingwerks Diözesanverband Münster, Coesfeld, Karton 37: Diözesanvorstand 1950–58).

719 Vgl. Vereinsberichte 1931, 1932, 1933 des KGV Freckenhorst (Pfarrarchiv Freckenhorst, Karton 19P - Depositum im Bistumsarchiv Münster); Protokollbuch des Katholischen Gesellenvereins Recklinghausen 1931–33, Jahresbericht 1932 (Archiv der Kolpingsfamilie Recklinghausen-Zentral).

720 Vgl. Chronik des Katholischen Gesellenvereins Oldenburg-Stadt, Bd. III (1922–1929), Eintragung von 1925 (Archiv der Kolpingsfamilie Oldenburg-Stadt).

721 Im Jahr 1902 überschritt die Zahl der vom Gesamtverein gewährten kostenlosen Nachtquartiere erstmals die Zahl 100000. Vgl. Generalsekretariat des Katholischen Gesellenvereins, Handbuch 1929, S. 192.

Abb. 41: Das Kolpingdenkmal in Köln, Treffpunkt wandernder Gesellen, 1931

Abb. 42: Auszug aus dem Wanderbuch des Kolpingbruders Wilhelm Hüßler, Alstätte (Eintragungen vom Sommer 1933)

nächsthöchste Übernachtungszahl hatte Stuttgart mit 3564[722]. Nachdem die Gesamtübernachtungszahlen Ende der 20er Jahre die 200000-Marke überschritten hatten, beschloß die Kölner Generalversammlung 1930 ein Umlageverfahren für die Unkosten der Wanderpflege zu schaffen. Diözesanpräses Veen teilte ein Jahr später seinen Präsides mit, daß er in diesem Kontext zusammen mit den Vereinssenioren für die Diözese Münster beschlossen habe, »daß jeder Verein pro Mitglied und Jahr RM 0,80 aufzubringen habe. Von der aufzubringenden Summe darf für jedes gewährte Nachtquartier RM 0,80 abgezogen werden, desgleichen für jedes arbeitslose Mitglied...«[723]. Die gezeigte Diskrepanz zwischen Ortsvereinsmitgliederzahl und Zahl der unentgeltlichen Nachtquartiere sollte so einigermaßen ausgeglichen werden. Die Einführung des Verfahrens Anfang der 30er Jahre kam allerdings historisch gesehen so spät, daß sie kaum noch Relevanz gewann und die Ungerechtigkeiten der vorangegangenen Jahrzehnte nicht auffangen konnte.

3.2 *Krankenkasse, Sparkasse und Arbeitsnachweis – Vorstaatliche Wohlfahrtseinrichtungen*

Die sogenannte ›Soziale Frage‹ wurde in der zweiten Hälfte des 19. Jahrhunderts zum meistdiskutierten Problem der deutschen Gesellschaft. Sie bezog sich dabei in erster Linie auf die Arbeiterschicht, denn die Lage der Handwerksgesellen, um deren defizitäre soziale Stellung sich die Gründerväter des Katholischen Gesellenvereins noch sorgten, besserte sich seit der Jahrhundertmitte unter anderem deshalb, weil es nun eine schärfere Unterscheidung zwischen klassischen Handwerkern einerseits und Industriehandwerkern und gar Arbeitern andererseits gab. Und dennoch gab es auch im Gesellenverein Bestrebungen, die soziale Lage der Mitglieder zu verbessern, vor allem aber die Risiken eines Sozialabsturzes durch Krankheit, Arbeitslosigkeit oder Überschuldung zu mindern. Bis zur bismarckschen Sozialgesetzgebung der 1880er Jahre hatten sich überwiegend kirchliche, sozialdemokratische oder private Initiativen mit diesen Problemen auseinandergesetzt und entsprechende Einrichtungen geschaffen, wobei ihnen der Staat gesetzgeberisch entgegenkam. Im Zuge dieser vorstaatlichen Sozialeinrichtungen entstanden im Bereich des Katholischen Gesellenvereins, auch im Bistum Münster, Krankenkassen, Sparkassen und der sogenannte ›Arbeitsnachweis‹, eine nichtkommerzielle Arbeitsvermittlung. Diese den Vereinen angegliederten Institutionen waren nicht flächendeckend zu finden und hatten ihre Blütezeit im Kaiserreich, was Spar- und Krankenkassen betrifft, und bezüglich des Arbeitsnachweises in der Weimarer Republik.

[722] Vgl.: »Vereine, die im Jahre 1924 in der Wanderunterstützung verhältnismäßig am stärksten beansprucht wurden«, in: Der Führer, Heft 8–9/1925, S. 84f.

[723] Diözesanpräses Veen an die Präsides des KGV im Bistum Münster, 15.3.1931 (Pfarrarchiv Freckenhorst, Karton 19P – Depositum im Bistumsarchiv Münster).

Die Krankenkasse des münsterischen Gesellenvereins nannte sich anfangs ›St. Joseph-Krankenkasse‹, nach dem Ersten Weltkrieg ›St. Josefs-Krankengeldzuschußkasse‹. Sie wurde im Dezember 1884 gegründet und folgte damit den Empfehlungen der X. Generalversammlung des Gesamtvereins vom August des gleichen Jahres in Köln[724]. Die münsterische Krankenkasse hatte um die Jahrhundertwende Zweigstellen in den Gesellenvereinen von Bocholt, Borghorst, Dülmen, Drensteinfurt, Recklinghausen und Telgte. Dort lohnte in den meisten Fällen die Errichtung einer eigenen Kasse nicht. Die Blütezeit dieser Kasse lag in den 90er Jahren des letzten Jahrhunderts. Im Jahr 1895 waren 800 Mitglieder dort organisiert, dann sank die Zahl bis zum Ersten Weltkrieg auf ein Drittel. In der Hochzeit Ende des letzten Jahrhunderts existierten Krankenkassen in 28 Gesellenvereinen des Bistums[725]. Vom Gesamtverband wurde 1909 eine ›St. Josephs-Krankenunterstützungskasse‹ gegründet, die vielerorts individuelle Kassen ersetzte. Die meisten Kolpingbrüder gehörten aber schon vor dem Ersten Weltkrieg einer Innungskrankenkasse oder einer Ortskrankenkasse an. Die Innungskassen waren an manchen Orten, wie beispielsweise Bocholt, aus den Gesellenvereinskassen hervorgegangen[726]. In den Ortskrankenkassen sah man sich bei der Wahl der Aufsichtsgremien sozialdemokratischer Konkurrenz gegenüber, was Diözesanpräses Kochmeyer 1895 zu der Werbebotschaft verleitete: »In unseren Vereinskrankenkassen sind die Mitglieder geschützt.«[727]

Die Entwicklung weg von den winzigen Hilfskassen hin zu den Innungskrankenkassen, Ortskrankenkassen und der Kölner Zentralkasse entspricht dem Trend der Gesamtgesellschaft und den staatlichen Vorgaben. Zwischen 1885 und dem Ersten Weltkrieg breitete sich die Kassenpflicht auf immer breitere Bevölkerungsschichten aus. Die Hilfskassen, auch die der Gesellenvereine, waren zwar zunächst attraktiver, denn ihre Mitglieder galten als handverlesen und waren überdurchschnittlich jung. Außerdem zahlten diese Kassen ein höheres Krankengeld. Darüberhinaus entsprach es dem katholischen Denken der Zeit, gegenüber staatlichen oder öffentlich-rechtlichen Institutionen mißtrauisch zu sein. Durch den schrittweisen Abbau der Vorteile gegenüber den Zwangskassen noch während des Kaiserreiches und der wachsenden Einsicht, daß Kleinstkassen ineffektiv und finanziell überhaupt nicht abgesichert waren, setzten sich die großen Kassen nach und nach durch. Vor Augen sollte man sich in diesem Zusammenhang aber auch immer halten, daß 1885 nur 9,2% der Gesamtbevölkerung, 1917 dann 23% überhaupt Mitglied in einer Krankenversicherung waren[728].

[724] Vgl. Deutsche Kolpingsfamilie, Handbuch 1960, S. 17.

[725] Vgl.: »Verzeichnis der Vereine der Diözese Münster«, in: Mitteilungen für die Vorsteher der Katholischen Gesellenvereine, III. Serie 1/1896; Jahresbericht des Gesellenvereins Münster zum Josephsfest 1916 (Archiv der Kolpingsfamilie Münster – Mappe 1910–1920).

[726] Vgl. Interview zwischen Kaplan Heinz Böcker und Wilhelm Thiemann, Bocholt, 10.6.1968 (Archiv der Kolpingsfamilie Bocholt-Zentral).

[727] Vgl.: »Verzeichnis der Vereine der Diözese Münster«, in: Mitteilungen für die Vorsteher der Katholischen Gesellenvereine, III. Serie 1/1896.

[728] Vgl. Nipperdey, Deutsche Geschichte 1866–1918 Bd. 1, S. 347.

Aus dieser Entwicklung heraus läßt sich auch der Wechsel der münsterischen Gesellenvereins-Institution von einer (Voll-)Krankenkasse zu einer Krankengeldzuschußkasse ebenso erklären wie das Aufgehen von KGV-Kassen in größere Innungskrankenkassen. Weiterhin wird so auch klar, warum die Blütezeit der Gesellenvereinskrankenkassen bereits um die Jahrhundertwende beendet war und die Höchstquote von 40% Vereinen mit Krankenkasse bistumsweit um 1900 mit der Expansion des Diözesanverbandes in den darauffolgenden Jahrzehnten bei gleichzeitigem Aufgehen der Kassen in größere Vereinigungen auf fast Null absank. Die Krankenkasse des münsterischen Gesellenvereins, mit ihren Filialen die größte des Diözesanverbandes, blieb bestehen und fiel erst dem reichsweit verordneten Ende der Kassen des Kolpingwerks zum Opfer. Im Jahre 1937 nämlich lösten die staatlichen Machthaber durch Verbot der Kölner Überinstitution St. Josefs-Krankenunterstützungskasse alle Reste von Kolping-Krankenkassen auf[729].

Das gleiche Schicksal ereilte zum gleichen Zeitpunkt die Sparkassen der Gesellenvereine. Auch damit kam eine Wohlfahrtseinrichtung des Katholischen Gesellenvereins zum Erliegen, die örtlich teilweise eine lange Tradition hatte[730], in den 30er Jahren dieses Jahrhunderts allerdings nicht mehr von allzu großer Bedeutung war. Es ist durchaus gerechtfertigt, auch im Falle der Vereinssparkassen von einer Wohlfahrtseinrichtung zu sprechen. Eine vereinsinterne Broschüre von 1911 nannte sie gar die »ältesten und in mancher Beziehung auch die notwendigsten« Wohlfahrtseinrichtungen des Gesellenvereins und bezog sich auf Kolping selbst, der die Sparsamkeit als wichtige christliche Tugend gepriesen hatte[731].

Auch bei den Sparkassen der Gesellenvereine lag die Blütezeit in der zweiten Hälfte des Kaiserreichs. So besaßen 1895 fast 50% aller Gesellenvereine des Bistums Münster eine eigene Vereinssparkasse[732]. Je nach Größe war die Sparkasse tatsächlich unabhängig, wie in Münster, oder eine Art Sparverein, der örtlichen Stadt- oder Kreissparkasse angeschlossen, wie beispielsweise in Recklinghausen[733]. Durch die Vereinssparkassen sollte die Sparsamkeit unter den Gesellen gefördert werden. Die Vorsorge für die Zukunft, beispielsweise für einen vielleicht eigenen Handwerksbetrieb und für die Gründung einer Familie, gehörte zu den Grundzielen des Gesellenvereins. Da galt es frühzeitig, den mitunter recht kärglichen Gesellenlohn anzusparen. Neben den Gesellenhäusern, die oft preiswertes Wohnen, vor allem aber kostenlose Freizeitaktivitäten und disziplinierenden Schutz vor Ausschweifung

729 Vgl. Deutsche Kolpingsfamilie, Handbuch 1960, S. 25.

730 Die Sparkasse des Katholischen Gesellenvereins Münster bestand beispielsweise seit dessen Gründung 1852.

731 Vgl. O.V.: Der Katholische Gesellenverein in seiner sozialen Bedeutung (Köln, 2. Aufl. 1911), S. 27.

732 Vgl.: «Verzeichnis der Vereine der Diözese Münster», in: Mitteilungen für die Vorsteher der Katholischen Gesellenvereine, II. Serie 34/1895.

733 Vgl. Bericht des KGV Münster über seine Vereinstätigkeit im Jahre 1909 (Archiv der Kolpingsfamilie Münster-Zentral, Mappe 1900–1910); Protokollbuch für die Vorstandssitzungen des Gesellenvereins Recklinghausen 1902–1914/1919, Eintragung vom 20.10.1907 (Archiv der Kolpingsfamilie Recklinghausen-Zentral).

boten, hielten die Vereine an einigen Orten mit den Sparkassen auch die entsprechenden Institutionen für die konkrete Umsetzung von Sparsamkeit in Zukunftsplanung bereit. Unterstützt wurde dieser Spargedanke noch durch öffentliches Belobigen der erfolgreichsten Sparer auf den Jahrehauptversammlungen oder den Josephsfesten. Dort wurden in einigen Vereinen Diplome für diejenigen verliehen, die während des Jahres die höchsten Einlagen auf ihr Sparkonto getätigt hatten – zum öffentlichen Vorbild für die Vereinsbrüder[734].

Bevor sie 1937 zwangsweise aufgelöst wurden, waren die Vereinssparkassen der Gesellenvereine den Wechselfällen der deutschen Geschichte in starkem Maße ausgesetzt. Im Ersten Weltkrieg wurden vielerorts Kriegsanleihen aus den Spargeldern der Mitglieder gezeichnet – Geld, das unwiederbringlich verloren war[735]. Anfang der 20er Jahre dann sorgte die Inflation fast überall für den Zusammenbruch der Vereinssparkassen, die zwar ab 1924 wieder neu entstanden, bis zu ihrer endgültigen Auflösung 13 Jahre später aber nie mehr die alte große Bedeutung für die einzelnen Vereine erlangen konnten.

Eine weitere Sozialeinrichtung der Gesellenvereine war der sogenannte Arbeitsnachweis. Beim Gesellenverein in der Stadt Münster wurde er bereits mit dessen Gründung 1852 eröffnet. Er war damit die älteste überlieferte Institution zur Stellenvermittlung in Münster überhaupt[736]. Im Kaiserreich hatte der Arbeitsnachweis je nach Konjunkturlage auch die umgekehrte Funktion, nämlich Meistern, die händeringend Mitarbeiter suchten, die entsprechenden Gesellen zuzuführen, wie der münsterische Vereinsbericht von 1901 zeigt. Dort heißt es: »Vom 1. Januar 1900 bis 1. Januar 1901 suchten in 363 Fällen Meister aus Münster und Umgegend Gesellen und wurden sie zur Hälfte in Münster befriedigt.«[737] Von solchen Verhältnissen konnte in der Weimarer Republik nur geträumt werden. In dieser Zeit herrschte fast ständig eine hohe Arbeitslosigkeit, von der auch die Handwerksgesellen in starkem Maße betroffen waren. Neben den Reichsarbeitsämtern waren die Arbeitsnachweise der Vereine vor Ort nun wichtige Institutionen für die arbeitslosen Vereinsmitglieder. Gleichzeitig gab es aber immer wieder politische Bestrebungen, die Arbeitsvermittlung zum staatlichen Monopol zu machen, eine Forderung, die die Nationalsozialisten ab 1936 schließlich durchsetzten. Während der Weimarer Republik wehrte sich der Gesamtverein dagegen und übte entsprechenden Druck auf

[734] Eine entsprechende Praxis existierte beispielsweise im münsterischen Verein; vgl. Statistik des KGV Münster, herausgegeben am Josephsfest 1900 (Archiv der Kolpingsfamilie Münster-Zentral, Mappe 1900–1910).

[735] So gab der Gesellenverein Münster für die zweite, dritte und vierte Kriegsanleihe insgesamt 7500 Mark aus Spargeldern der Mitglieder aus; vgl. KGV Münster, Jahresbericht zum Josephsfest 1916 (Archiv der Kolpingsfamilie Münster-Zentral, Mappe 1910–1920).

[736] Vgl. BROCKFELD, Susanne: »Vom ›Arbeitsnachweis-Bureau‹ zum ›Arbeitsnachweisamt‹. Die Arbeitsvermittlung in Münster vom Ende des 19. Jahrhunderts bis zum Ersten Weltkrieg«, in: Franz-Josef Jakobi (Hg.): Stadtgesellschaft im Wandel. Untersuchungen zur Sozialgeschichte Münsters im 19. und 20. Jahrhundert (Münster, 1995) 61–102; hier S. 76.

[737] Statistik des KGV Münster 1901 (Archiv der Kolpingsfamilie Münster-Zentral, Mappe 1900–1910).

die Zentrumspartei aus[738]. Gleichzeitig sah die Kölner Zentrale sich veranlaßt, klarzustellen:

»Unsere Arbeitsnachweise sind nichtgewerbsmäßige Einrichtungen und unterstehen der Kontrolle durch die Reichsanstalt für Arbeitsvermittlung und Arbeitslosenversicherung. Die Zahl der vermittelten Stellen ist dem Generalsekretariat des Kath. Gesellenvereins monatlich mitzuteilen.[739]

Diese Zahl, und damit der Erfolg des Arbeitsnachweises des Gesellenvereins, entsprach natürlich der Lage am Arbeitsmarkt und konnte an dieser grundsätzlich, bei aller Bemühung, nichts ändern. So berichten die Statistiken für das Jahr 1907 noch von stolzen Vermittlungszahlen wie 184 in Duisburg, 110 in Münster, 50 in Ruhrort, 32 in Oldenburg, 30 in Warendorf und 26 in Wesel. Um 1930 findet sich in den Vereinsberichten aber häufig die Eintragung «durch den Vereins-Arbeitsnachweis konnten keine Stellen vermittelt werden»[740].

Ein Beispiel dafür, daß die Sozialeinrichtungen des Gesellenvereins durchaus auch dazu genutzt wurden, um sich im weitverzweigten System katholischer Vereine und Verbände Wettbewerbsvorteile zu verschaffen, ist die ›Militärunterstützungskasse‹ des KGV Altlünen. Diese wurde 1906 unter anderem mit dem Argument gegründet, um »den anderen Vereinen, die in Lünen existieren, zuvorzukommen«. Das Unternehmen, das Gesellenvereinsmitglieder während ihrer Rekrutenzeit finanziell unterstützen sollte, wurde aber bereits 1912 wieder aufgegeben[741].

Alle in diesem Abschnitt vorgestellten vorstaatlichen Sozialeinrichtungen der Gesellenvereine entstanden während des Kaiserreichs, wurden während des Dritten Reichs aufgelöst und nach dem Zweiten Weltkrieg nicht mehr neu belebt. Der Staat, beziehungsweise halbstaatliche oder öffentlich-rechtliche Einrichtungen übernahmen sukzessive diese Wohlfahrtsaufgaben. Der nationalsozialistische Staat führte zu einem radikalen Ende, was sich tendenziell schon abzeichnete. So war die Entscheidung der Verbandsleitung, nach dem Zweiten Weltkrieg Kranken- und Sparkassen sowie eine Arbeitsvermittlung nicht neu entstehen zu lassen oder auch gar nicht um die Erlaubnis dafür zu kämpfen, nur konsequent.

738 Vgl. »Für die Freiheit unserer Arbeit«, in: Generalsekretariat des Katholischen Gesellenvereins, Handbuch 1929, S. 41.

739 Ebd. S. 101.

740 Vgl. »Summarische Uebersicht über den Stand der kath. Gesellenvereine in der Diözese Münster Ende 1907« (Archiv der Kolpingsfamilie Telgte Nr. 13.1 – Depositum im Heimathaus Telgte); Vereinsbericht des KGV Freckenhorst 1931 (Pfarrarchiv Freckenhorst Karton 19P – Depositum im Bistumsarchiv Münster).

741 Vgl. Protokollbuch für die Vorstandssitzungen des Kath. Gesellenvereins Lünen 1903–1908, Eintragung vom 2.11.1905; Protokollbuch für die Vorstandssitzungen des Kath. Gesellenvereins Lünen 1910–1919, Eintragung vom 4.2.1912 (Archiv der Kolpingsfamilie Altlünen).

4. Kulturelle Aufgaben von Gesellenverein und Kolpingsfamilie

4.1 Vereinsvortrag, Fachabteilung, Meisterkurs und Bibliothek – Bildung als ein Hauptziel der Vereinstätigkeit

Der Gesellenverein, so der Eper Präses gegenüber seinen aufmüpfigen Kolpingbrüdern in einer Art Grundsatzerklärung im Herbst 1928, »ist kein wirtschaftlicher Verein, kein Verein, der ein Sonderinteresse vertritt. Er ist ein Erziehungsverein mit einem Programm, mit einem Ideal, das wir wieder klar herausarbeiten müssen.«[742] Die Bildung und Erziehung seiner Mitglieder sowohl in allgemeiner wie in beruflich-fachlicher Hinsicht war dem Gesellenverein von seiner Gründung an ein Hauptanliegen. Er reagierte damit auf das mindestens bis zur Jahrhundertwende bestehende Defizit in der Ausbildung junger Handwerker. Mangelnde Schulbildung sowie das Fehlen eines Berufsschulsystem und einer geregelten Meisterprüfung sollten, dem Selbstverständnis der Gründerväter vom Gesellenverein als sozialpädagogischer Selbsthilfeorganisation entsprechend, auf diese Weise aufgefangen werden. »Volksakademie im Volkston« nannte Kolping sein Bildungskonzept[743], das um 1900 mit Vereinsvorträgen, Fachabteilungen, allgemeinem und speziellem Unterricht zur Vorbereitung auf die Meisterprüfung und in einigen Vereinen mit Bibliotheken voll entfaltet war.

Das Kontinuum schlechthin in der Arbeit des Gesellenvereins von den Anfängen bis in die Gegenwart des Kolpingwerkes war und ist der Vereinsvortrag, sozusagen die Bildungsmaßnahme, der sich kein Vereinsmitglied entziehen konnte. Der Ort für diesen Vortrag war die wöchentliche Vereinsversammlung, die an vielen Orten am Sonntagsabend stattfand und deren Besuch meist für alle Mitglieder verpflichtend war. Von ihr hieß es 1911: »Sie führt Präses und Mitglieder zu geselligem Verkehr zusammen, bietet nach des Tages Arbeit Erholung und Unterhaltung, zugleich aber im ›Vortrag‹, der stets ihren Kern bildet, eine Fülle von Anregungen und Belehrung aus allen Gebieten des Wissens.«[744] Gehalten wurden diese Vorträge meistens von den Präsides, aber auch von ortsansässigen Ärzten und Lehrern. Beliebt war es auch, auswärtige Redner in den Verein zu holen[745]. Der Vereinsvortrag wurde auch dazu genutzt, die Gesellen in Auftreten und Rhetorik zu schulen, indem man sie über ein freies oder vorgegebenes Thema reden ließ und dies hinterher be-

[742] Chronik des Katholischen Gesellenvereins Epe, S. 6f. (Archiv der Kolpingsfamilie Epe).

[743] Vgl. Kolping, Für ein Gesellenhospitium, S. 178. Wie Kolping dies in seinem Kölner ›Mutterverein‹ durchsetzte, siehe: KRACHT, Hans Joachim, »Erwachsenenbildung und Sozialarbeit im Kölner Gesellenverein (1849–1865)«, in: Annalen des Historischen Vereins für den Niederrhein 177(1975), 194–216 (= FS Eduard Hegel).

[744] O.V., Der katholische Gesellenverein in seiner sozialen Bedeutung, S. 31.

[745] So hieß es beispielsweise 1930 in Epe: »Es ist auffallend: Wenn kein fremder Redner kommt, ist das Interesse auch schlecht.« Chronik des KGV Epe, begonnen am 28.9.1928, S. 67 (Archiv der Kolpingsfamilie Epe).

sprach. Schon früh wurden zur visuellen Unterstützung des Vorgetragenen Lichtbilder- und Filmapparate eingesetzt. Was diese Medien angeht, war der Gesellenverein schon vor dem Ersten Weltkrieg vielerorts am Puls der Zeit. In den 1920er Jahren kamen dann noch Radiogeräte hinzu.

Der Inhalt der Vorträge reflektiert das Zeitgeschehen und die innerkatholischen und innerverbandlichen Strömungen des Untersuchungszeitraums. Bis zum Ende des Kaiserreichs sprachen die Referenten vorwiegend über kulturelle und religiöse Themen. Zeitgeschichte, Gesellschaftskritik oder gar Tagespolitik waren verpönt. Dies änderte sich radikal zu Beginn der Weimarer Republik. Im Mai 1919 beispielsweise beschloß der Vorstand des Altlüner Vereins, »in den Vereinsversammlungen auch politische Vorträge zu halten«, und könnte damit exemplarisch für den ganzen Diözesanverband stehen[746]. Von nun an trugen die Vorträge Titel wie »Kann ein Katholik Sozialdemokrat sein?«, »Die Kapp-Revolution«, »Der Versailler Friedensvertrag«, »Treu zur Fahne«, »Jugend und Centrum« und »Die Reichsverfasung«. Weiterhin wurde aber auch über Themen wie »Ist die Auferstehung Christi geschichtliche Tatsache?«, »Turnen und Wandern«, »Geschlechtskrankheiten« oder »Umgang mit Frauen« gesprochen[747]. Zum Ende der Weimarer Republik wurden die politischen Vorträge immer offensiver gegen Kommunisten und Nationalsozialisten gehalten, und selbst noch in den ersten Jahren des Dritten Reiches waren an einigen Orten als religiös getarnte Reden gegen die nationalsozialistische Ideologie möglich, wie »Radikales Christentum gegen Dämonentum«, »Die Vererbungslehre im Lichte der Religion« und »Der Papst im Mythos des 20. Jahrhunderts«[748].

Nach dem Zweiten Weltkrieg begann die Verbandsarbeit an vielen Orten des Bistums Münster scheinbar übergangslos wieder mit Vereinsvorträgen. Der im Oktober 1945 in Altlünen gehaltene Lichtbildervortrag »Die Schönheiten unserer Heimat« mutet dabei aus heutiger Sicht makaber an, zeigt aber deutlich die Sehnsucht nach einer wieder heilen Welt[749]. Ansonsten beinhalteten die Vortragsthemen in der Nachkriegszeit vor allem die Themen ›Ehe und Familie‹, ›Ökumene‹ und ›christlichen Sozialismus‹ sowie die ›Verchristlichung der Gesellschaft‹, was, verbunden mit den Stichworten ›Katholische Aktion‹ und ›Laienapostolat‹ die programmatische Leitlinie des deutschen Nachkriegskatholizismus schlechthin war[750].

746 Protokollbuch für Vorstandssitzungen des Kath. Gesellenvereins Lünen 1910–1919, Eintragung vom 8.5.1919 (Archiv der Kolpingsfamilie Altlünen).

747 Vgl. Chronik des KGV Recklinghausen 1920–1927, Vortragsthemen aus den Jahren 1920–1922 (Archiv der Kolpingsfamilie Recklinghausen-Zentral).

748 Vgl. Protokollbuch des KGV Recklinghausen vom 1.1.1934–10.6.1938 (Archiv der Kolpingsfamilie Recklinghausen-Zentral). Die Vorträge wurden gehalten zwischen dem 7.10. und 23.12.1934.

749 Vgl. Protokollbuch über Vorstandssitzungen des KGV Altlünen 1929–1952, Eintragung vom 24.10.1945 (Archiv der Kolpingsfamilie Altlünen).

750 Vgl. u.a. Chronik des KGV Epe, begonnen am 28.9.1928, S. 67 (Archiv der Kolpingsfamilie Epe); Protokollbuch über Vorstandssitzungen des KGV Altlünen 1929–1952 (Archiv der Kolpingsfamilie Altlünen); Protokollbuch der Kolpingsfamilie Recklinghausen-Zentral 1948–50 (Archiv der Kolpingsfamilie Recklinghausen-Zentral).

In den 1950er Jahren erschien immer häufiger das Thema des Berufsethos der christlichen Handwerker in den Vereinsvorträgen. Das hing deutlich zusammen mit der beginnenden Krise eines anderen ›Standbeins‹ der Bildungsarbeit des Kolpingwerk, der Fachabteilungen. Sie waren rein fachspezifische Weiterbildungsgruppen einzelner Berufe innerhalb der Ortsvereine. Die Anfänge dieser Fachabteilungen lagen in den 90er Jahren des 19. Jahrhunderts und damit nicht zufällig in einer Zeit, da innerhalb der katholischen Kirche in Deutschland und darüber hinaus heftig um die rechte Organisationsform für Arbeiter und Handwerker, als Gegengewicht zu den Berufsverbänden der sozialdemokratischen ›freien Gewerkschaften‹, gestritten wurde. Der in diesen Jahren entstandene sogenannte Gewerkschaftsstreit dauerte bis zum Beginn des Ersten Weltkriegs, erschütterte den deutschen Katholizismus schwer und hatte stark polarisierende Wirkung sogar innerhalb des Episkopats. Kurz gesagt ging es innerhalb des Streits um die Frage, ob sich katholische Arbeiter gewerkschaftlich organisieren dürften, und wenn ja, ob sie sich zu diesem Zwecke mit evangelischen Christen zusammenschließen könnten. Der Streit innerhalb der Gesellenvereine um die Einführung der Fachabteilungen war kürzer, weniger dramatisch und wurde auch nur verbandsintern geführt. Hier stand die Frage im Raum, ob nach dem Vorbild des Kölner Diözesanverbandes im Gesamtverband Fachabteilungen eingeführt werden sollten, die neben der fachlichen Weiterbildung auch gewerkschaftliche Aufgaben erfüllen sollten. Die XII. Generalversammlung beschloß dies 1895 in Würzburg so. Dennoch beschränkten sich die Abteilungen im münsterischen Diözesanverband auch deshalb nur auf die Fortbildungsfunktion, weil sich in Westdeutschland die christlichen Gewerkschaften durchsetzten konnten. Die erste Fachabteilung des Diözesanverbandes war die der Tischler in Münster, die 1894, also noch mitten in der Diskussion um die rechte Funktion dieser Gruppen, entstand. Ganz so reibungslos, wie die zahlreichen Gründungen von Fachabteilungen für sämtliche Berufe im gesamten Bistum in den nachfolgenden Jahren suggerieren, ging die Einführung dieser neuen Organisationsform innerhalb des Verbandes doch nicht vonstatten, vor allem nicht, solange der Gewerkschaftsstreit noch nicht ausgestanden war. So kann man im Jahresbericht des KGV Münster von 1909 über die Tätigkeit der Fachabteilungen lesen: »Frühere Klagen, daß die Abteilungen benutzt würden um über Gewerkschaftsfragen zu debattieren, waren übertrieben. Im letzten Jahre konnten sie überhaupt nicht erhoben werden.«[751]

Mit den Fachabteilungen gewannen die Gesellenvereine ein ganz neues und für viele junge Handwerker sehr attraktives Profil. Sie entwickelten sich zum Rückgrat vor allem der großen Ortsvereine wie Münster oder Recklinghausen. Voller Stolz verkündete die Kölner Zentrale 1925:

> Wenige Organisationen nehmen sich so der beruflichen Ausbildung ihrer Mitglieder an, wie der Gesellenverein in seinen Fachabteilungen. (...) Die Leistungen des Vereins wer-

[751] Bericht des KGV Münster über die Vereinstätigkeit im Jahre 1909 (Archiv der Kolpingsfamilie Münster-Zentral, Mappe 1900–1910); vgl. auch Tagebuch des Diözesanpräses Kochmeyer, Eintragungen vom 9.7. u. 1.8.1894 (Archiv des Kolpingwerks Diözesanverband Münster, Coesfeld).

den dadurch für den einzelnen größer, besonders dann, wenn an dem betreffenden Orte nicht einmal eine Berufsschule bestehen sollte.[752]

Dort, wo ein funktionierendes Berufs- und Handwerksschulsystem existierte, wollten die Fachabteilungen nicht Ersatz, sondern Ergänzung sein. Was die inhaltliche Qualität und die Motivation der Lehrenden und Lernenden betrifft, übertrafen die Vereinsabteilungen diese staatlichen Institutionen aber häufig.

Als 1914 der Erste Weltkrieg ausbrach, war auch in Bezug auf die Fachabteilungen die Etablierungsphase beendet. Umso schwerer war es dann nach dem Krieg, die Abteilungen zu reaktivieren oder neue zu schaffen. Das dauerte manchmal bis weit in die 1920er Jahre hinein, und schon wenige Jahre später wurden durch die Einengung des Verbandes auf rein religiöse Arbeit die Fachabteilungen durch die nationalsozialistischen Machthaber verboten. Diözesanpräses Echelmeyer bemerkte im nachhinein bitter: »Es wurde gesagt, die Arbeitsfront würde diese fachlichen Kurse übernehmen. Aber ihr sogenanntes ›Bildungswerk‹ war geradezu kümmerlich im Vergleich mit unseren Fachabteilungen.«[753] Noch 1932 hatten sich die Fachabteilungen des Gesamtverbandes zur besseren Organisation in der AFAG (Arbeitsgemeinschaften der Fachabteilungen des Gesellenvereins) zusammengeschlossen[754]. Aus dem münsterischen Diözesanverband kam dann im Sommer 1933 eine Initiative, die der Gesamtverein aufgriff. Der Berufsschullehrer Beck aus Lohne in Oldenburg entwarf berufskundliche Fernkurse, ein System, das nach dem Zweiten Weltkrieg erfolgreich wieder aufgenommen wurde.

Je stärker aber in der jungen Bundesrepublik das Ausbildungswesen der Handwerker durch den Staat verbessert und durchorganisiert wurde, desto mehr nahm die Bedeutung der Fachabteilungen der Ortsvereine ab. Die Diözesanleitung des Kolpingwerks reagierte, indem sie, wie bereits erwähnt, stärker auf die Schaffung eines Berufsethos, das sich mit ›Liebe zum Beruf‹, ›hoher Standard‹ und ›lebenslange Fortbildung‹ charakterisieren läßt, bei den jungen Handwerkern hinarbeitete. »Es kommt bei den einzelnen Berufsgruppen nicht auf große Anzahl der Teilnehmer an, sondern es kommt in erster Linie darauf an, daß Wärme und Begeisterung für die Berufsbildungsarbeit bei den Kolpingssöhnen geweckt wird,« hieß es beispielsweise in einer Diözesanvorstandssitzung von 1952[755]. Die eigenen Erfahrungen und die Interessen des Verbandes wurden von nun an dadurch zur Geltung gebracht, daß über Berufsschullehrer, Handwerkskammern und Kreishandwerkerschaften Einfluß auf die öffentliche Berufsbildungsarbeit genommen wurde, getreu der neuen

752 Generalsekretariat des Verbandes Katholischer Gesellenvereine (Hg.): Kolpingskalender 1925 (Köln, 1925) S. 128f.

753 Bericht Echelmeyers zu den Schwierigkeiten der Kolpingsfamilie mit dem Dritten Reich, 17.9.1946 (Bistumsarchiv Münster, GV Neues Archiv A 101–30).

754 Vgl. Deutsche Kolpingsfamilie, Handbuch 1960, S. 24. 1950 entstand aus der AFAG das ›Berufsbildungswerk der Deutschen Kolpingsfamilie‹.

755 Protokoll der Diözesanvorstandssitzung vom 22.5.1952 (Archiv des Kolpingwerks Diözesanverband Münster, Coesfeld, Kart. 15).

Abb. 43: Schreinerfachabteilung des KGV Münster, 1897; Aufschrift auf der Tragelade: »Von der Wiege bis zum Grabe / Muss man oft den Schreiner haben«

Abb. 44: Schneiderfachabteilung der Kolpingsfamilie Münster-Zentral in den 1950er Jahren

Linie der Verchristlichung der Gesellschaft durch den verantwortungstragenden christlichen Staatsbürger.

Eng mit den Fachabteilungen verknüpft waren der allgemeine Unterricht und die speziellen Meisterkurse, beides zur Vorbereitung auf die Meisterprüfung. Im Zuge der französischen Besatzung und der napoleonischen Kriege Anfang des 19. Jahrhunderts war in Deutschland die alte Zunftordnung abgeschafft und vollständige Gewerbefreiheit eingeführt worden. Diese Gewerbefreiheit wurde zwar mehrmals während jenes Jahrhunderts, zunächst vom preußischen Staat und dann vom Deutschen Reich, modifiziert. Grundlegend verändert wurde sie aber nicht. Das hieß auch, daß bis zum Ende des 19. Jahrhunderts keinerlei Ordnungen für die Ausbildung von Handwerkslehrlingen und für die Meisterprüfung vorlagen. Dies änderte sich erst mit der Handwerkernovelle vom 26.7.1897, die auch von den Katholischen Gesellenvereinen enthusiastisch begrüßt wurde, sollte sie doch eine gewisse Standesordnung und verlässliche Qualitätsstandards gewährleisten. Solche Maßnahmen waren von Kolping schon in der Gründungsphase der Gesellenvereine gefordert worden. Im einzelnen sah die Gesetzesnovelle die Gründung von Handwerkskammern, die Errichtung fakultativer Zwangsinnungen und die Neuregelung des Lehrlingswesens und der Berechtigung zur Führung des Meistertitels vor[756]. Dies bedeutete die Einführung einer geregelten Meisterprüfung, und dadurch bekam die Unterrichtstätigkeit der Gesellenvereine, die zu diesem Zeitpunkt schon in voller Entwicklung war, ein konkretes Ziel. Der allgemeine Unterricht umfaßte Fächer wie Rechtschreibung, Rechnen, Buchführung und Zeichnen und war deshalb für die Gesellen so nötig, weil »heutzutage die Schulkenntnisse aus der Elementarschule für einen Handwerker nicht mehr genügen«, wie es 1905 in Altlünen hieß[757]. Die speziellen Meisterkurse bereiteten die einzelnen Berufsgruppen direkt auf die Meisterprüfung vor. Stolz berichteten die jährlichen Statistiken des Diözesanverbandes Münster der Katholischen Gesellenvereine seit Jahrhundertbeginn über die Zahl der neuen Meister unter den Mitgliedern. Im Jahr 1908 waren es beispielsweise 72 Kolpingbrüder, die dieses »erstrebenswerteste Ziel« allen Unterrichts erreicht hatten[758]. In den Wechselfällen der deutschen Geschichte im 20. Jahrhundert erlebten die Vorbereitungskurse für die Meisterkurse ein ähnliches Schicksal wie die Fachabteilungen zwischen Hochzeiten und Verboten. Solange die staatlichen Bildungsangebote keine flächendeckende Meisterschulung ermöglichten, war eine Mitgliedschaft in einem katholischen Gesellenverein, der entsprechende Kurse anbot, sehr attraktiv.

[756] Vgl. u.a.: INSTITUT FÜR BERUFSERZIEHUNG IM HANDWERK an der Universität Köln (Hg.), Die geschichtliche Entwicklung der Handwerkslehre (Köln, 1958) S. 56–75.

[757] Protokollbuch für die Vorstandssitzungen des KGV Lünen 1903–1908, Eintragung vom 2.11.1905 (Archiv der Kolpingsfamilie Altlünen).

[758] Vgl. (auch für das Zitat) Summarische Übersicht über den Stand der kath. Gesellenvereine in der Diözese Münster Ende 1908 (Archiv der Kolpingsfamilie Telgte Nr. 13.2 – Depositum im Heimathaus Telgte).

Als weitere, allerdings weitaus unverbindlichere Möglichkeit der Bildung, stand in den größeren Vereinen mit eigenem Haus eine Bibliothek zur Verfügung. Die Bücherei des münsterischen Vereins bestand 1909 zu fast zwei Dritteln aus Romanen und Erzählungen und nur zu einem geringen Teil aus Fachliteratur. Dies hatte seine Gründe, denn so konnte die Vereinsleitung Einfluß nehmen auf die Unterhaltungslektüre ihrer Mitglieder, oder, wie es im Vereinsbericht hieß: »Wegen gewaltiger Verbreitung der Schundliteratur, über die alle Städte klagen, ist das Unternehmen, gute Lektüre unter das Volk zu bringen, äußerst segensreich.«[759] Die Bildungsmöglichkeiten in den Gesellenvereinen waren jedenfalls über den gesamten Untersuchungszeitraum gesehen sehr vielfältig, und, wenn man die große Anzahl der Fachabteilungen und der erfolgreichen Meisterkandidaten zum Maßstab macht, sehr fruchtbar. Der Kölner Generalsekretär Nattermann entwickelte in den 1920er Jahren noch weitergehende Visionen, die bedingt durch die Wirtschaftskrise und den Nationalsozialismus aber nie Realität wurden. Er schrieb im Jahr 1921:

> Daß wir zuletzt dazu übergehen könnten, eines oder mehrere unserer Gesellenhäuser zu einem regelrechten Volkshochschulheim auszugestalten, in welchem in mehrmonatlichem Wechsel unsere Mitglieder, herausgehoben aus ihrer praktischen Berufsarbeit, in systematischer Weise eine geschlossene Bildung sich aneignen könnten, wäre des Verfassers sehnlichster Wunsch.[760]

4.2 *Theater, Kino und Musik – Unterhaltung und hohe Kultur im Verein*

Auf die Frage, wie er den Katholischen Gesellenverein kennengelernt habe und wann er das erste Mal Kontakt zum KGV gehabt habe, antwortete ein Kolpingbruder des Jahrgangs 1908, der 1926 in den Verein aufgenommen wurde: »Jeder Verein hatte eine Laienspielschar, da sind wir als Kinder sonntags immer hingegangen, es gab ja kein Fernsehen oder so etwas.«[761] Bis heute ist die Außenwirkung des Kolpingverbandes, vor allem im Münsterland, oftmals geprägt durch Kolpingtheatergruppen, -orchester oder -chöre. Im Untersuchungszeitraum zwischen Kaiserreich und junger Bundesrepublik waren die Dimensionen allerdings viel größer. Fehlende sonstige Angebote im Kultur- und Freizeitbereich gerade in ländlichen Gebieten gaben den Gesellenvereinen und den Kolpingsfamilien, die Entsprechendes anboten, eine große Anziehungskraft.

Die Theatergruppen im Verein erfreuten sich einer Beliebtheit, sowohl was das Zuschauen wie auch das aktive Mitspielen betrifft, die heute kaum noch zu ermessen ist. Sämtliche Vereinsveranstaltungen wurden mit Theaterszenen abgerundet.

759 Bericht des KGV zu Münster über die Vereinstätigkeit im Jahre 1909 (Archiv der Kolpingsfamilie Münster-Zentral, Mappe 1900–1910).

760 Johannes Nattermann, Gesellenverein als Volkshochschule, S. 33.

761 Mündliche Auskunft von Bernhard Kohlstedte, 11.6.1996.

Sogar während des Ersten Weltkriegs, als sämtliche andere Vereinsaktivitäten ruhen mußten, wurde in Vereinen wie Altlünen und Recklinghausen noch Theater gespielt[762]. Daß vielen Kolpingsbrüdern das Theaterspiel das wichtigste Angebot im Vereinsleben war, zeigt auch ein Beispiel aus der Nachkriegszeit des Zweiten Weltkriegs. Im Frühjahr 1948 beschwerte sich der Bezirkssenior des Bezirks Moers beim Diözesanpräses über die Kolpingsfamilie Homberg mit den Worten: »Die Brüder meinen, wenn kein Theater gespielt wird usw., dann ist nichts los.«[763]

Das Repertoire reichte von kurzen Sketchen oder einzelnen Szenen aus Klassikern bis hin zu mehraktigen Komödien und Tragödien, die aufwendig gestaltet waren. Die meistgespielten Stücke waren anspruchslose und schnell einzustudierende Lustspiele. Sie garantierten den Gesellenvereinen volle Häuser und volle Kassen – und steigerten dadurch auch den Bekanntheitsgrad des Vereins vor Ort. Diese Komödien und Possen wurden zu allen Zeiten in der Geschichte von Gesellenverein und Kolpingsfamilie gern aufgeführt, machten aber, zumindest im westfälischen Bistumsteil, eine erstaunliche Entwicklung mit. Nach und nach, verstärkt dann nach dem Zweiten Weltkrieg, wurden sie in niederdeutschem Dialekt dargebracht. Wo dies geschah, überlebten die Theatergruppen der Gesellenvereine und Kolpingsfamilien den Einbruch durch das Kino, später auch durch das Fernsehen. Sie hatten ihre Nische gefunden und konnten durch diese Form von Heimatpflege auch die Verbindung zum Heimatort in besonderer Weise aufrecht erhalten. Im Gegenzug nahm die Pflege klassischer Stücke wie beispielsweise Goethes Faust, Schillers Wilhelm Tell und Shakespeares Hamlet immer stärker ab. Schon nach dem Ersten Weltkrieg wurden sie kaum noch aufgeführt und fanden auch kein Publikum mehr[764]. Im Dritten Reich wurden verstärkt religiöse Stücke einstudiert, um wenigstens für sie eine Erlaubnis zur öffentlichen Aufführung zu erhalten. Dies hatte nicht immer Erfolg. So wurde der Kolpingsfamilie Coesfeld 1936 nur die einmalige Vorstellung eines Mysterienspiels erlaubt mit der Begründung, die Veranstaltungen katholischer Vereine häuften sich zu sehr. Die Aufführung wurde dann aufgrund des äußeren Druckes ganz abgesagt[765]. Der Tendenz nach dem Zweiten Weltkrieg zu plattdeutschen Komödien wollte die Verbandsspitze in Münster durchaus entgegenwirken. So hieß es 1950 beispielsweise auf einer Sitzung des Diözesanvorstandes:

[762] Vgl. Protokollbuch für Vorstandssitzungen des KGV Lünen 1910–1919, Eintragungen vom 30.4.1916 u. 4.1.1918 (Archiv der Kolpingsfamilie Altlünen); Protokollbuch dür Vorstandssitzungen des KGV Recklinghausen 1902–1914/1919, Eintragung vom 2.2.1919: Geschäftsbericht der vier Kriegsjahre 1914–1918 (Archiv der Kolpingsfamilie Recklinghausen-Zentral).

[763] Bezirkssenior Volk, Moers, an Diözesanpräses Hölscher, Münster, 25.4.1948 (Archiv des Kolpingwerks Diözesanverband Münster, Coesfeld, Karton 185).

[764] Für die ›Klassiker‹ vgl. Protokollbücher von Münster, Recklinghausen und Oldenburg vor 1919; im Jahr 1924 geriet der KGV Oldenburg-Stadt in Schulden u.a. wegen der Aufführung einer klassischen Tragödie, die keine Publikumsresonanz fand; vgl. Chronik des KGV Oldenburg-Stadt Bd. III (1922–1929) (Archiv der Kolpingsfamilie Oldenburg-Stadt).

[765] Vgl. Schnorbus, S. 142.

Abb. 45: *Die Theatergruppe des Gesellenvereins Vechta, 1928*

Kath. Gesellenverein Cleve.

Sonntag, 11. Januar 1931, abends 7½ Uhr

Filmvorführung.

„Der Kampf ums Matterhorn"

Die Geschichte der ersten Bezwingung des Matterhorns. Um Natur- und Sportaufnahmen von packender Wirkung schlingt sich eine dramatisch bewegte Handlung. — (7 Akte.)

Beiprogramm.

Eintrittspreise 0.50 und 0.80 RM. Jugendliche unter 16 Jahren haben keinen Zutritt.

Nachmittags 3½ Uhr

Märchenfilmvorführung.

„Kalif Storch"

Nach dem Märchen von Wilhelm Hauff.

Erwachsene 0.50 RM. Kinder 0.20 RM.

Hierzu sind die Ehrenmitglieder, Mitglieder und ihre Angehörigen herzl. eingeladen.

1686 Der Vorstand.

Abb. 46: *Anzeige des KGV Kleve für eine Filmvorführung im Jahr 1931*

> Beim Laienspiel kommt es darauf an, daß bei der starken Nachfrage nach Theaterstücken von uns den Vereinen das gute und moderne Stück in die Hände gegeben wird und somit von uns das Geschmacksempfinden (...) gebildet wird. Besonders wichtig ist in diesem Punkte, daß mehr und mehr Lehrpersonen für dieses Arbeitsfeld gewonnen werden.[766]

Freilich blieb es in diesem Zusammenhang bei dem guten Vorsatz. Die Geschmacksbildung hatten zu diesem Zeitpunkt schon längst das Kino und das in den Anfängen steckende Fernsehen übernommen, auch im Bereich des Katholizismus.

Zwei Aspekte sind in Bezug auf die Theaterarbeit der Gesellenvereine und Kolpingsfamilie noch erwähnenswert. Zum einen ist das Vereinstheater als Einnahmequelle nicht zu unterschätzen gewesen. Viele Projekte bis hin zu Anschubfinanzierungen von Gesellenhäusern wurden so realisiert. Auch wurden Vorstellungen für wohltätige Zwecke abgehalten, zum Beispiel für den Malteser-Hilfsdienst im Ersten Weltkrieg, für das Winterhilfswerk im Dritten Reich und für die Flüchtlings- und Vertriebenenhilfe der Caritas nach dem Zweiten Weltkrieg. So konnte der Verein öffentlichkeitswirksam für sich werben[767]. Zum anderen kamen über Theatereinstudierungen erstmals Frauen als Aktive in den Verein, allerdings nur für einzelne Projekte als Gastdarstellerinnen und auch erst nach dem Ersten Weltkrieg. Vorher wurden die weiblichen Rollen mit männlichen Vereinsmitgliedern besetzt[768].

Wie bereits erwähnt, ist die Entwicklung des Vereinstheaters auch in Wechselwirkung mit dem Aufkommen und der Blüte des Kinos zu sehen. Nach seiner Erfindung 1895 breitete sich der Film in ungeheurer Geschwindigkeit aus. In den größeren Städten entstanden schon vor dem Ersten Weltkrieg Kinos. Erstaunlich ist in diesem Zusammenhang, daß im Bereich des als fortschrittsfeindlich angesehenen Katholischen Milieus schon sehr bald auch auf dem Lande Filmvorführungen stattfanden. Katholische Gesellenvereine befanden sich unter den ersten, die solche Geräte für die Vereinsarbeit erwarben. Das führte dann zu solchen Situationen wie 1913 im östlichen Münsterland, als der Gesellenverein Warendorf der Gemeinde Sassenberg für zwei Monate seinen »Kino-Apparat« auslieh[769]. Nach dem Ersten Weltkrieg schossen kommerzielle Filmtheater dann auch in den kleineren Städten des Bistums Münster aus dem Boden, sehr zum Mißfallen vieler Ortspfarrer. Diese Anti-Kino-Haltung in den Führungszirkeln des deutschen Katholizismus in der Weimarer Republik kommt in einem Artikel in der katholischen Intellektuellen-

766 Protokoll der Diözesanvorstandssitzung vom 11.2.1950 (Archiv des Kolpingwerks Diözesanverband Münster, Coesfeld, Karton 37).

767 Vgl. Protokollbuch für Vorstandssitzungen des KGV Recklinghausen 1902–1914/1919, Eintragung vom 2.2.1919: Geschäftsbericht der vier Kriegsjahre 1914–1918; Archiv 1927–58 der Kolpingsfamilie Recklinghausen: Bericht über das Lustspiel »Ein toller Streich« im Februar 1936 (Archiv der Kolpingsfamilie Recklinghausen-Zentral); Jahresbericht des Bezirks Beckum 1947 (Archiv des Kolpingwerks Diözesanverband Münster, Coesfeld, Karton 148).

768 Auskunft Wilhelm Thiemann, Bocholt, 10.6.1968.

769 Vgl. KGV Warendorf an Gemeinde Sassenberg, 5.9.1913 (Pfarrarchiv Warendorf, A 750.1 – Depositum im Bistumsarchiv Münster).

Zeitschrift ›Hochland‹ von 1920 deutlich zum Ausdruck. Dort schreibt ein Georg Panzer unter dem Titel »Wiedererweckung des Volkstums«:

> Was das Kino für unser Volkstum bedeutet, brauche ich wohl nicht hervorzuheben; es genügt, seine Wirkungen in einem Vergleich zu beleuchten: Es ist der Vampir des Volkes, der in schamlosem Mammonismus die Seele aus dem ohnehin so kranken Körper saugt, ist der kalte Wucherer, der seiner Volksgenossen Herz in klingendes Geld ummünzt. Was man heute als Filmkunst vorgesetzt bekommt, schlägt jedem Kunstbegriff ins Gesicht.[770]

Im weiteren Verlauf des Artikels wird auch klar, was Panzer so gegen das kommerzielle Kino aufbringt, denn er spricht von »amtlich konzessionierter Aufklärung«. Auch der Pfarrer von Epe sah 1928 eine sittliche Gefährdung seiner Gemeindemitglieder dadurch gegeben, daß »seit Jahren sonntags bis zu 450 junge Leute und Mädchen aus Epe das Gronauer Kino besuchen«[771]. Die Gesellenvereine nahmen an vielen Orten, auch in Epe, die Herausforderung an und veranstalteten eigene Filmabende. Die Chronik des Eper Vereins beschreibt den ersten Vereins-Filmabend im Herbst 1928 mit den Worten: »Saal gut besetzt. Bürgermeister und Gemahlin, Pfarrer. (...) Alles klappte. Begeisterung. Die Gesellen wollen jetzt absolut einen neuen Apparat und jeden Sonntag spielen, um die Leute von Gronau fernzuhalten.«[772] Die in den Gesellenvereinen gezeigten Filme waren eher Dokumentar- als Spielfilme. Sie handelten von Missionsländern oder Heiligenviten. Auch produzierte die Kölner Verbandszentrale eigene Filme, wie beispielsweise um 1930 ein Werk mit dem Titel »Der Gesellenverein im Schritt der Zeit«. Wenn Spielfilme aufgeführt wurden, waren sie entweder erbaulichen Inhalts oder klassische Literaturverfilmungen[773]. Nach dem Zweiten Weltkrieg war den Vereinsfunktionären schnell klar, daß mit Vereinskino die weitere Ausbreitung von Filmtheatern nicht zu verhindern war, vor allem da sich in der Zeit des Dritten Reichs die kommerziellen Kinos gegenüber nicht mehr vorhandenen Vereinsveranstaltungen etablieren konnten und überhaupt die Entwicklung des Tonfilms seit 1930 gutgemeinten Bemühungen seitens des Kolpingwerks davonlief. Statt mit eigenen Filmvorführungen ein Gegengewicht zu schaffen, sollten sich die Kolpingsfamilien nun durch Intervention auf höherer staatlicher Ebene für eine Kontrolle von Presse, Rundfunk und auch Film einsetzen, immer unter dem Schlagwort »Kampf gegen Schmutz und Schund«[774].

770 PANZER, Georg: »Wiedererweckung des Volkstums«, in: Hochland 17.1/1919–20, 235–238, Zitat S. 236.

771 Pfarrer Essfeld, Epe, an Generalvikariat Münster, 25.5.1928 (Pfarrarchiv Epe, Karton 49 – Depositum im Bistumsarchiv Münster).

772 Chronik des KGV Epe, S. 10 (Archiv der Kolpingsfamilie Epe).

773 Vgl. Jahresbericht 1930/31 des KGV Münster (Archiv der Kolpingsfamilie Münster-Zentral, Mappe 1930–1940).

774 Diözesanpräses Hölscher an Diözesanaltsenior Beyer, 9.2.1951 (Archiv des Kolpingwerks Diözesanverband Münster, Coesfeld, Karton 37).

Wie das Vereinskino, so waren auch die Gesangsabteilungen der Gesellenvereine kein kultureller Selbstzweck oder einfache Freizeitvergnügungen. Sie hatten ebenfalls einen sittlich-moralischen Anspruch und kamen überdies auch noch religiösen Verpflichtungen nach. Das Statut des Chores des münsterischen Gesellenvereins brachte dies 1905 klar zum Ausdruck. Dort hieß es:

> Der Gesang-Chor bezweckt durch seinen Gesang zunächst die Ehre Gottes und übt sich daher in geistlichen Liedern, welche beim gemeinschaftlichen Gottesdienste gesungen werden. Er will aber auch durch gute Lieder die sittengefährlichen Gesellschaftslieder ersetzen, deshalb übt er sich gleichfalls in moralisch guten, weltlichen Liedern. Ferner sucht er durch Vortrag dieser weltlichen Lieder die öffentlichen Feste des Gesellenvereins zu verschönern und bei allen Gelegenheiten Frohsinn und Scherz in der rechten Weise zu fördern.[775]

In der gleichen Satzung heißt es desweiteren, daß der Chor sich verpflichtet, niemals außerhalb des Vereins aufzutreten, ohne vorher die Erlaubnis des Präses eingeholt zu haben. Was nach autoritärer Bevormundung aussieht, hatte durchaus seine Berechtigung. Die Chöre der Gesellenvereine entwickelten oft eine außergewöhnliche Qualität und im Zuge dessen auch ein ausgeprägtes Eigenleben, das mit dem übrigen Vereinsleben nicht mehr viel zu tun hatte. Ähnliches gilt auch für die Vereinsorchester. Manchmal waren Abspaltungen die Folge. Für gut funktionierende Chöre war dies im Dritten Reich allerdings auch die einzige Möglichkeit, weiter bestehen zu können. In Billerbeck machte sich beispielsweise die Gesangsabteilung im Jahr 1937 als ›MGV Westfalentreue‹ selbständig[776]. Wie ausgeprägt gerade zu Beginn der 1930er Jahre das Chorwesen der Gesellenvereine war, zeigt ein ›Singtreffen der Kolpingschöre‹ aus dem Münsterland aus Anlaß des 50jährigen Bestehens des Dülmener Gesellenvereinschors im Juli 1933. Vierzehn Chöre von münsterländischen Gesellenvereinen beteiligten sich an dem Wettstreit und trugen unter anderem Werke von Orlando di Lasso, Schubert, Schumann und Brahms vor[777].

Die Gesellenvereine und Kolpingsfamilien ermöglichten durch ihre Chöre und Orchester Bevölkerungsschichten, die sonst nicht die Möglichkeit musischer Förderung hatten, ihr Talent und ihre Freude in Sachen Musik zu entdecken. Größere Vereine waren in der Lage, Musikinstrumente zur Verfügung zu stellen und kostenlosen Unterricht zu erteilen[778]. Dies fügte sich in das Gesamtkonzept der Verbandsfunktionäre, das Bedürfnis der Mitglieder nach Unterhaltung und Freizeitgestaltung zu verbinden mit einem kulturellen Anspruch, der eher bei dem städtischen Bildungsbürgertum als in ländlichen und kleinstädtischen Handwerkerkreisen zu ver-

[775] Statut des Gesang-Chores des KGV Münster, 1905 (Archiv der Kolpingsfamilie Münster-Zentral, Mappe 1900–1910).

[776] Vgl. Chronik der Kolpingsfamilie Billerbeck 1922–1935, Anhang (Archiv der Kolpingsfamilie Billerbeck); vom gleichen Gesellenverein hatte sich 1932 schon die Kapelle gelöst.

[777] Vgl. Festprogramm zur ›Goldenen Jubelfeier‹ der Gesangsabteilung des KGV Dülmen, 1933 (Archiv der Kolpingsfamilie Münster-Zentral, Mappe 1930–1940).

[778] So beispielsweise in Altlünen. Auskunft Wilhelm Otto, Lünen, 1.12.1995.

Abbildungen 47 und 48: Das Kolpingorchester Vechta in den Jahren 1925 und 1955

Abb. 49: Die Turnriege des KGV Goch vor dem Ersten Weltkrieg

muten gewesen wäre. Doch klassische Theaterliteratur, geistliche und klassische Musik sowie Lehrfilme entsprachen in Weiterentwicklung der ursprünglichen Vorstellung Kolpings von ganzheitlicher Bildung in jeglicher Hinsicht.

4.3 Turnabteilung – Darf ein Katholik Sport treiben?

Die Frage, ob ein Katholik sich sportlich betätigen darf, und wenn ja, in welchem Ausmaße, zu welchem Zweck und in welcher Organisationsform, beschäftigte Kirchenobere und Verbandsfunktionäre in starkem Maße während des Kaiserreichs und bezüglich Detailfragen auch noch in der Weimarer Republik und in der frühen Bundesrepublik. Für den Bereich des Katholischen Gesellenvereins spitzte sich diese Problematik auf die Fragestellungen zu: Darf ein Gesellenvereinsmitglied gleichzeitig Mitglied eines nichtkirchlichen Turnvereins sein? Und: Wie eigenständig dürfen die Turnabteilungen innerhalb des Vereins sein?[779] Die Schriften Adolph Kolpings, die in solchen Zweifelsfragen von den Nachfahren im Verein gern zu Rate gezogen wurden, konnten hier nicht weiterhelfen. Kolping selbst hatte sich nie über das Thema ›Sport‹ geäußert. Die Frage, ob Sport, was bis zum Ersten Weltkrieg vor allem Turnen, danach dann auch Handball, Fußball und Leichtathletik hieß[780], an sich gut sei und einen Platz in einem Katholischen Gesellenverein haben solle, wurde von der Verbandsleitung, auch im Bistum Münster, ganz pragmatisch gelöst. Turnen war bei den jungen Leuten sehr beliebt, und wenn ein Gesellenverein keine Turnmöglichkeiten bot, suchten die Gesellen diese in einem anderen Verein. War dieser Konkurrenzverein beispielsweise ein katholischer Jungmännerverein, dann berührte dies vor allem die eigene Stellung im Wettbewerbsgefüge des Vereinswesens innerhalb des katholischen Milieus. Wenn die Konkurrenz aber von einem interkonfessionellen Sportverein kam, war die Geschlossenheit des Milieus an sich betroffen, und dies spätestens forderte die verantwortlichen Präsides zum Handeln heraus. Im Bericht über die Diözesankonferenz der Gesellenvereine im Bistum Münster vom 15.6.1896 schreibt Diözesanpräses Kochmeyer zu dem Problem:

> In neuerer Zeit werden die von oben sehr begünstigten Turnvereine gefährlich wegen ihrer Tänzereien und ihrer Ausflüge mit Damen. Viele Präsides haben nach §12 unserer

[779] Vgl. SCHWANK, Willi: Die Turn- und Sportbewegung innerhalb der katholischen Kirche Deutschlands im 19. und 20. Jahrhundert unter besonderer Berücksichtigung der Gesellen- und Jugendvereine (Freiburg/Schweiz, Diss. Phil. 1977), S. 28–35.

[780] Für die Zeit vor 1920 weist Schwank für die Gesellenvereine von Ahaus, Legden, Velen und Xanten auch Fußballgruppen, für Marl und Legden auch Tischtennisgruppen nach. Vgl. Schwank, S. 225.

Generalstatuten die Strafe des Ausschlusses über jene verhängt, welche einem der genannten Vereine beitreten.[781]

Wenn Kochmeyer hier auch in erster Linie sittliche Gründe für die Ablehnung der Turnvereine angab, so ändert dies doch nichts an dem klaren Kurs innerhalb des Diözesanverbandes Münster: keine Doppelmitgliedschaft Gesellenverein – Turnverein! Stattdessen begann nun eine große Offensive für den Sport innerhalb des Gesellenvereins, so daß bis zum Ersten Weltkrieg fast die Hälfte aller Vereine des münsterischen Diözesanverbandes eine eigene Turnabteilung hatte[782]. Im Muttervererein zu Münster wurde im Jahr 1906 eine eigene Turnabteilung gegründet, über die es schon drei Jahre später heißt: »Die Turnabteilung befriedigt die Mitglieder vollauf, so daß sie kein Bedürfnis nach anderen Turnvereinen haben. Als Turnlokal dient ihnen der große Vereinssaal, eine Turnhalle, wie sie ein Verein wohl selten besser zur Verfügung hat.«[783]

Zu dem Zeitpunkt der Gründung der Turnabteilung in Münster war im Gesamtverein gerade eine Grundsatzentscheidung gefallen. Wie schon die Chöre und Orchester der Gesellenvereine so tendierten auch die Sportabteilungen zur Eigenständigkeit, zumindest zu einer Art Verein innerhalb des Vereins. Dem erteilte der Generalrat der katholischen Gesellenvereine im Jahr 1905 in Nürnberg eine klare Absage[784]. Die Abteilungen sollten Abteilungen bleiben und dem Sport sollte trotz der Sportoffensive nicht zuviel Stellenwert im Verein zukommen. Die Jahre zwischen diesem Beschluß und dem Ersten Weltkrieg waren im Gesamtverein geprägt von der Diskussion über Sinn und Zweck des Sports und seinen Platz im Gesellenverein. Diese Auseinandersetzung war sozusagen eine verspätete und nachgeholte, waren durch die gut funktionierenden Sportabteilungen vor allem in den größeren Vereinen doch schon längst Fakten geschaffen worden, erzwungen durch die Konkurrenz interkonfessioneller Turnvereine. Die Diskussion ergab zwei Grundpositionen des Verbandes zum Sport. Einerseits wurde die Notwendigkeit des Sports als Teil der Vorbereitung auf den Militärdienst betont, eine Haltung, die der dezidiert patriotischen Gesinnung des deutschen Katholizismus im ersten Jahrzehnt des 20. Jahrhunderts entsprach. Andererseits warnten die Verbandsoberen nun ganz energisch vor exzessiver Sportbegeisterung, wie sie sie unter den jungen Leuten ausgemacht haben wollten. Generalpräses Schweitzer stellte 1915 den Sinn des Sports sogar gänzlich in Frage:

Man hat behauptet, Turnen schütze die heranwachsende Jugend vor sittlichen Exzessen. Das ist eine Behauptung, die bis heute durch Nichts und von Niemandem mit Beweisen

781 »Diöcesan-Conferenz zu Münster in Westfalen am 15. Juni 1896«, in: Mitteilungen für die Vorsteher der katholischen Gesellenvereine, III. Serie Heft 2(1896), S. 63.

782 Vgl. Summarische Übersicht über den Stand der kath. Gesellenvereine in der Diözese Münster Ende 1913 (Archiv der Kolpingsfamilie Telgte Nr. 13.7 – Depositum im Heimathaus Telgte).

783 Jahresbericht 1909 des KGV Münster (Archiv der Kolpingsfamilie Münster-Zentral, Mappe 1900–1910).

784 Vgl. Schwank, S. 37.

belegt worden ist, die vielmehr von gläubigen christlichen Ärzten stark angezweifelt wird. Ein Beweis für ihre Richtigkeit ist jedenfalls nicht der Umstand, daß die unseren katholischen Anschauungen sehr fernstehenden Körperkultur-Fanatiker es sind, welche sie aufs eifrigste verfechten.[785]

Also durften Katholiken sich nun doch nicht sportlich betätigen? Die Antwort der damaligen Verbandsfunktionäre hätte gelautet: Sie dürfen, aber in Maßen. In den 1920er Jahren, als man im Bereich des Katholizismus einen vermeintlichen allgemeinen Sittenabfall beklagte, bekam der Sport im Gesellenverein just jene Wirkung zugeschrieben, die ihm Schweitzer 1915 noch abgesprochen hatte. So heißt es im Jahresbericht für 1922 in Altlünen: »Die einzelnen Abteilungen, wie die(...) Turn- und Sportabteilung innerhalb des Vereins, bieten allen Mitgliedern Gelegenheit, der so schrecklich in unserer Zeit sich breitmachenden Vergnügungssucht nicht zum Opfer zu fallen.«[786] Der Sport wurde nun im Gesellenverein eine Selbstverständlichkeit, seltsamerweise behielt er trotz Kriegserfahrungen und wehrpflichtloser Zeit sein vor dem Kriege angenommenes nationales Pathos. Die Sportabteilung wurde gar als Ersatz für den Militärdienst betrachtet, wie das Beispiel Münster zeigt, wo es 1924 hieß: »In den früheren Jahren hatten wir die allgemeine Wehrpflicht, die wie keine andere Einrichtung geeignet war, die körperliche Ertüchtigung zu pflegen. Jetzt hat der Sport diese wichtige Aufgabe zu erfüllen.«[787] Die Turnvorführungen auf dem Stiftungsfest des gleichen Jahres wurden mit »ein gutes Stück deutscher Arbeit, durch die wir Männer schaffen, die auch im Elende freudig bekennen, Deutsche zu sein« kommentiert[788].

Ein entscheidendes Ereignis für den Sport auch in den katholischen Gesellenvereinen war die Gründung der Deutschen Jugendkraft (DJK) 1920. Durch die DJK wurde ein Überverband für die Sportabteilungen der katholischen Vereine geschaffen, eine Entwicklung, die innerhalb der Gesellenvereine schon unmittelbar vor dem Ersten Weltkrieg diskutiert wurde. Der Diözesanverband Münster der Gesellenvereine hatte an der raschen Entscheidung des Gesamtvereins, der DJK-Gründung zuzustimmen und sich am neuen Verband zu beteiligen, großen Anteil. Noch ehe eine Generalversammlung zu diesem Thema tagen konnte, hatte er sich nämlich, genauso wie der ebenfalls sehr starke Paderborner Diözesanverband, für den Anschluß an die DJK ausgesprochen, an der Schaffung westfälischer DJK-Gaue mitgewirkt und damit für den gesamten Verband der katholischen Gesellenvereine unumkehrbare Fakten geschaffen[789]. Die Beteiligung an der DJK hatte für den Sport

[785] Franz Schweitzer: »Eine wichtige Zukunftsaufgabe unserer Vereine«, in: Mitteilungen für die Vorsteher der katholischen Gesellenvereine, IV. Serie Heft 21(1915), S. 4.

[786] Protokollbuch für Vorstandssitzungen des KGV Lünen von 1923, Jahresbericht des KGV über das 22. Vereinsjahr 1922 (Archiv der Kolpingsfamilie Altlünen).

[787] Chronik der Turnabteilung des KGV Münster 1919–1931, Jahresbericht für 1924 (Archiv der Kolpingsfamilie Münster-Zentral).

[788] Ebd.

[789] Vgl. Schwank, S. 87.

im Gesellenverein unterschiedliche Folgen. Zunächst einmal gewährleistete sie, daß ein attraktiver Spiel-, Wettkampfs- und Fortbildungsbetrieb geschaffen oder fortgesetzt werden konnte, da die Basis wegen der Teilnahme sämtlicher katholischer Verbände erheblich verbreitert wurde. Nur so blieben die Gesellenvereine gegenüber den nichtkonfessionellen Turn- und Sportvereine ›konkurrenzfähig‹, konnte auch für den sportlichen Freizeitbereich die Geschlossenheit des katholischen Milieus erhalten bleiben. Auf der anderen Seite entstanden für die Gesellenvereine längerfristig gravierende Nachteile durch den DJK-Beitritt. Von Anfang an waren sie innerhalb der DJK der Vormachtstellung des Jungmännerverbandes unterworfen, wurde dessen Überlegenheit bezüglich der Qualität und Quantität von Sportabteilungen wegen der gemeinsamen Dachorganisation noch deutlicher als zuvor[790]. Die DJK-Zugehörigkeit förderte zudem den im ersten Jahrzehnt des Jahrhunderts doch so vehement von der Verbandsspitze bekämpften Hang der Sportabteilungen zur Eigenständigkeit. In Münster hatte dies ganz konkret zur Folge, daß sich die Sportabteilung des KGV 1928 als »Turn- und Sportverein 06 Münster« (kurz »TuS 06«) selbständig machte, wenn auch unter Beibehaltung der Zuordnung zum Gesellenverein[791]. Im Dritten Reich erwies sich die DJK-Mitgliedschaft von Gesellenvereinssportabteilungen als tödliche Falle. Als Bestandteil religiöser Standesorganisationen hätten sie unter dem Schutz des uneindeutigen Artikels 31 des im Sommer 1933 ausgehandelten Reichskonkordats gestanden. Als Glied eines quasi eigenständigen Sportverbandes waren sie allerdings der Gleichschaltung oder Zerschlagung ausgeliefert[792]. Der münsterische »TuS 06« beispielsweise löste sich 1934 auf, er wurde auch nach 1945 nicht wieder neu gegründet[793].

Nach dem Zweiten Weltkrieg entstand die DJK als Dachorganisation katholischer Sportvereine wieder neu, doch bis in die 60er Jahre hinein war der Verband darüber gespalten, ob sich die DJK als Teil des Deutschen Sportbundes oder als weiterhin vollkommen eigenständige Sportorganisation verstehen sollte. Die erstgenannte Position setzte sich schließlich durch. Für den Kolpingverband im Bistum Münster hatte das allerdings keine großen Auswirkungen mehr. Die DJK-Gruppen waren nun überwiegend selbständige Vereine, die neuerstandenen Sportabteilungen innerhalb der Kolpingsfamilien waren wieder, wie in den Anfangsjahren sportlicher Betätigung in Gesellenvereinen, mehr oder weniger kleine Aktionsgruppen. Der Sport hatte seine große, in den ersten drei Jahrzehnten des 20. Jahrhunderts immer stärker angewachsene Bedeutung im Kolpingwerk weitestgehend verloren, eine

790 Bernhard Kohlstedte bestätigt dies auch für Münster und weist darauf hin, daß zumindest in den 1920er Jahren in der Stadt Münster das Ansehen der jeweiligen Sportabteilung ein wichtiger Beitrittsgrund für katholische Standesvereine war. Mdl. Auskunft Bernhard Kohlstedte, 11.6.1996.

791 Vgl. Chronik der Turnabteilung 1919–1931, Jahresbericht 1928 (Archiv der Kolpingsfamilie Münster-Zentral).

792 Vgl. Hürten, Deutsche Katholiken 1918–1945, S. 248; Klaus Scholder: Die Kirchen und das Dritte Reich Bd. 1 , S. 510ff.; S. 629f.

793 Vgl. ARBEITSKREIS Prof. H. Langenfeld: Vier Aufsätze zur Geschichte der DJK in Münster (Münster, masch. Manuskript 1993) o.S.

Entwicklung, die mit der Entkonfessionalisierung des Sports in Deutschlands als einem Zeichen der Erosion des katholischen Milieus einherging.

4.4 Tanzabend, Anstandsunterricht und Aufklärungsvortrag – Verhaltensnormen und Sexualmoral als Aufgabe und Problem der Vereinsarbeit

Die Gesellenvereine waren bis zur strukturellen Neuordnung vom Herbst 1933 ein Zusammenschluß von ledigen Männern zwischen 18 und höchstens 35 Jahren. Bei einer solchen Vereinsstruktur kann davon ausgegangen werden, daß das Verhältnis zwischen den Geschlechtern und der Umgang mit Sexualität ein zumindest unterschwelliges, aber auf größtes Interesse stoßendes Thema war. Unterschwellig mußte es allein deshalb schon bleiben, weil die gesellschaftlichen Normen und besonders auch die katholisch-kirchlichen Moralvorstellungen bezüglich Sexualität im Untersuchungszeitraum von heute aus betrachtet voller Tabus und Repressionen waren. Bei einem groben Blick über die Epochen zwischen der Mitte des 19. und der Mitte des 20. Jahrhunderts kann man feststellen, daß die 1920er Jahre, was die deutsche Gesamtgesellschaft angeht, in Bezug zum Geschlechtlichen vielleicht die freizügigsten waren. Da in der katholischen Lehrmeinung und in den Grundüberzeugungen breiter Schichten des katholischen Milieus allerdings keine Liberalisierung eingetreten war, mußten die weitgehend von außen herangetragenen Änderungen innerhalb des katholischen Lagers zu Konflikten führen.

Ein Beispiel für einen solchen Konflikt ist der ›Tanzstreit‹, der Ende der 1920er Jahre die Arbeit des Gesellenvereins Epe für längere Zeit blockierte. Im Frühjahr 1927 beschloß der Vereinsvorstand gegen den erklärten Willen des Präses, einen Tanzabend durchzuführen. Daraufhin wurde der Präses, ein Kaplan, vom Pfarrer zurückgezogen, »bis der Verein ordnungsgemäß dem Präses sich füge, sein Vetorecht anerkenne«[794]. Eineinhalb Jahre dauerte nun der Streit, vornehmlich zwischen dem Pfarrer und dem Verein, in dem sich die Konfliktlagen mehr und mehr mischten. Am Ende intervenierte Diözesanpräses Veen persönlich, um vor Ort die verfahrene Situation zu entschärfen. In der schriftlichen Vereinbarung zwischen Veen, dem Pfarrer, einem neuen Präses und dem Vereinsvorstand hieß es unter anderem:

> Ein öffentlicher Tanz ist strikte verboten, in der Regel auch ausschließliche Tanzveranstaltungen. Die Tanzfrage für Epe muß vorläufig ausscheiden und kann erst nach längerer Zeit, wenn sich der Verein genügend konsolidiert hat, erörtert werden. Die Regelung darf dann nur im Einvernehmen mit dem Diözesanpräses erfolgen.[795]

Trotz der neuen Blüte des Vereinslebens, die nun einsetzte, und des guten Willens der Gesellen wurde dem Verein noch einige Jahre keine Tanzveranstaltung

[794] Chronik des KGV Epe, begonnen am 28.9.1928, S. 1 (Archiv der Kolpingsfamilie Epe).

[795] KGV Epe, Protokoll der Sitzung vom 13.9.1928 (Pfarrarchiv Epe, Karton 49 – Depositum im Bistumsarchiv Münster).

erlaubt[796]. Die Erklärung, die der Eper Pfarrer über sein Verhalten dem Generalvikariat gegenüber abgab, kann vielleicht ein wenig erklären, warum der Tanz als so sittengefährdend angesehen wurde. Dort hieß es unter anderem zurückblickend auf Veranstaltungen des Gesellenvereins, »unanständige Tänze« seien aufgeführt und »unanständige Lieder« gesungen worden, und verschiedene Gesellen seien dann »mit Mädchen abgeschoben«[797]. Der Tanz war während des gesamten Untersuchungszeitraum ein Streitfaktor in den Gesellenvereinen des Bistums Münster und repräsentiert damit genau jene genannte Unterschwelligkeit in Bezug auf Verhaltensnormen und Sexualmoral. Beim Tanz fand die Begegnung und Annäherung der Geschlechter statt. Wenn die Gesellen darum kämpften, eine solche Veranstaltung stattfinden zu lassen und sie zeitlich nach hinten zu verlängern, und die Präsides, manchmal auch die Vorstände, auf der anderen Seite die Bedingungen durch Tanzvorschriften, Kleiderordnungen und die Zulassung nur von Schwestern und Müttern verschärfen wollten, dann ging es unausgesprochen und vielleicht auch unbewußt um die Lokkerung oder Beibehaltung jener Normen. Im Jahr 1925 sah sich der Diözesanvorstand genötigt, Richtlinien für Feste und Bälle zu erlassen. Neben Bestimmungen darüber, wann Frauen an Feierlichkeiten teilnehmen dürften und wie sie gekleidet sein sollten, finden sich dort auch Anweisungen zum Thema Tanz. Jeder öffentliche Festball wird untersagt, Tanz darf höchstens im Rahmen einer ›Familienfeier des Vereins‹ stattfinden. Doch selbst dann sind die Vorschriften sehr strikt: »Der Tanz darf aber nicht wesentlich über Mitternacht ausgedehnt und weder vorher noch nachher offiziell erwähnt werden, auch nicht im Programm oder Zeitungsbericht.«[798]

Nicht alle Vereinsvorstände und Präsides hielten sich an die strengen Vorgaben. Einige, vor allem in den größeren Städten, sahen es als pädagogisch vernünftiger an, kontrolliert Tanzvergnügungen abzuhalten, um die Gesellen »von gefährlichen Veranstaltungen« fernzuhalten«, wie es 1931 in Münster hieß[799]. Selbst der spätere münsterische Kardinal Clemens August Graf von Galen, dieser Exkurs sei hier erlaubt, ließ schon zu Beginn des Jahrhunderts als Präses des Berliner Gesellenvereins fünfmal jährlich Tanzfeste veranstalten, auch wenn ein Mitarbeiter später berichtete: »Für Graf Galen war das immer ein besonderes Kreuz, bis nachts gegen 1 Uhr

[796] Vgl. Chronik des KGV Epe, begonnen am 28.9.1928, S. 66 (Archiv der Kolpingsfamilie Epe). Dort ist das Verbot noch für Karneval 1931 belegt.

[797] Vgl. Briefe des Vorstands des KGV Epe an das Bischöfliche Generalvikariat in Münster, 28.4.1928 u. Pfarrer Essfeld, Epe, an Bisch.Generalvikariat in Münster, 25.5.1928 (Pfarrarchiv Epe, Karton 49 – Depositum im Bistumsarchiv Münster).

[798] Beschlüsse des Diözesanvorständetags vom 8.11.1925 (Pfarrarchiv Epe, Karton 49 – Depositum im Bistumsarchiv Münster). Bezeichnenderweise befindet sich diese Aufzeichnung in den Eper Gesellenvereinsunterlagen.

[799] Die Kolpingsfamilie – monatliche Mitteilungen des Gesellenvereins Münster 4. Jg/Nr. 10 vom 20.2.1931.

dabeizusitzen und nach dem Rechten zu sehen.«[800] Der Gesellenverein Billerbeck erlaubte 1929 Tanz als Abschluß des Stiftungsfestes, aber nur unter der Auflage, daß kein Wein getrunken und kein Charleston getanzt werden dürfe[801]. Selbst 1950 legte der Diözesanvorstand noch Richtlinien für den Tanz im Verein fest, wohlwissend, daß ein Verbot keinerlei Wirkung mehr gehabt hätte und mit der resignativen Feststellung: »Im allgemeinen sind die Familienfeste der Kolpingsfamilien leider nur reine Tanzabende«. In diesem Zusammenhang wurde aber von den Verbandsoberen des Bistums ausdrücklich betont, daß »an den Bestimmungen wie Ende der Veranstaltungen 24 Uhr, Damen unter 17 Jahre haben keinen Zutritt und dem Rauchverbot für Damen festgehalten werden soll.«[802]

Eine Möglichkeit, die Tanzlust der Vereinsmitglieder in die sogenannten ›rechten Bahnen‹ zu lenken, war auch die Abhaltung von Tanz- und Anstandskursen im Verein. Hier vereinigten sich das ganzheitliche Bildungskonzept Kolpings mit dem Interesse von Präsides und Verbandsoberen an sittlich-moralischer Aufsicht und mit dem Wunsch der jungen Leute, tanzen zu können. Diese Kurse fanden zu allen Zeiten statt, auch – vielleicht sogar vor allem – in wirtschaftlichen und politischen Krisenzeiten, wie beispielsweise 1929 in Billerbeck und 1946 in Münster[803]. Den Abschluß bildeten meist Bälle und »Parade-Essen«, in dem das Gelernte vorgeführt wurde. Die Tanz- und Anstandskurse gehörten zu den beliebtesten Angeboten der Gesellenvereine. Mehrfach wird in den Protokollbüchern berichtet, daß Kurse wegen zu hoher Beteiligung geteilt oder wiederholt werden mußten[804].

Das Thema Sexualität kam im Vereinsleben mehr oder weniger offen nur in aufklärenden Vorträgen zur Sprache. Der Standardvortrag in dieser Hinsicht, der im ganzen Diözesanverband verbreitet war, behandelte ›Die Geschlechtskrankheiten‹ und wurde meist von einem ortsansässigen Arzt gehalten[805]. Ansonsten trugen entsprechende Veranstaltungen Überschriften wie ›Das frühzeitige Anfangen von Lieb-

800 RENSING, Franz: »Clemens August Graf von Galen als Kuratus von St.Clemens und Kolpingspräses in Berlin«, in: Paulus und Liudger. Ein Jahrbuch aus dem Bistum Münster (2/1948), S. 28–36; Zitat S. 33.

801 Chronik des KGV Billerbeck 1922–1935, Eintragung vom 4.8.1929 (Archiv der Kolpingsfamilie Billerbeck).

802 Protokoll der Diözesanvorstandssitzung vom 11.2.1950 (Archiv des Kolpingwerks Diözesanverband Münster, Coesfeld, Karton 37).

803 Vgl. u.a. Chronik des KGV Billerbeck 1922–1935, S. 47 (Archiv der Kolpingsfamilie Billerbeck); Protokollbuch der Kolpingsfamilie Münster 1945–1947, Eintragung vom 20.6.1946 (Archiv der Kolpingsfamilie Münster-Zentral).

804 Vgl. u.a. Der kath. Gesellenverein und das Gesellenhaus zu Münster i.W. im Jahre 1924 (Archiv der Kolpingsfamilie Münster-Zentral, Mappe 1920–1930); Chronik des KGV Billerbeck 1922–1935, S. 40 (Archiv der Kolpingsfamilie Billerbeck).

805 Vgl. u.a. Chronik des KGV Recklinghausen 1920–1927, Eintragungen vom 5.9.21; 12.3.23; 1.9.24 (Archiv der Kolpingsfamilie Recklinghausen-Zentral); Protokollbuch für Vorstandssitzungen des KGV Lünen von 1923, Jahresbericht 1925 (Archiv der Kolpingsfamilie Altlünen); Protokollbuch der Kolpingsfamilie Barßel/Oldbg. 1933–1975, Eintragung vom 19.3.1947 (Archiv der Kolpingsfamilie Barßel).

schaften und das frühe Heiraten‹, ›Du und deine Braut‹, ›Vorbedingungen für ein glückliches Familienleben‹, ›Umgang mit Frauen‹ und ›Das Verhältnis der Geschlechter zueinander‹[806]. Referenten waren auch hier Ärzte, aber ebenso Lehrer oder der Präses selbst. Die während des gesamten Untersuchungszeitraums vertretene Linie läßt sich mit Schlagworten wie ›Keine frühzeitigen Liebschaften‹, ›Heirat erst bei entsprechender wirtschaftlicher Grundlage‹ und ›Wahl der Braut nicht nach äußerlichen Kriterien‹ zusammenfassen.

Der Sexualpädagoge Friedrich Wilhelm Foerster, der in der ersten Hälfte dieses Jahrhunderts auch in katholischen Kreisen breit rezipiert wurde, war der Auffassung, daß selbst die beste Aufklärung zur Verstärkung der sexuellen Reizbarkeit führe und deshalb an ihre Stelle eine »richtige Gesamterziehung« treten solle[807]. Diese Konzept entsprach weitestgehend der Praxis in den katholischen Gesellenvereinen. Die auftretenden Konflikte, meist im Zusammenhang mit Tanzveranstaltungen oder Vereinsfesten, wurden mit Gesamterziehung, das heißt einerseits mit Verboten, andererseits mit Kursen und Vorträgen, geregelt. In den Jahren sowohl nach dem Ersten wie auch nach dem Zweiten Weltkrieg ist allerdings deutlich zu sehen, daß sich die Präsides stärker gefordert fühlten, im Verein zur Sexualmoral und zu Verhaltensnormen im Umgang mit dem anderen Geschlecht Stellung zu beziehen[808]. Es galt, die Erlebnisse und Erfahrungen der aus dem Kriege zurückgekehrten Vereinsmitglieder aufzugreifen. Einige Präsides schickten ihren Kolpingssöhnen im Zweiten Weltkrieg warnende Broschüren, um sie vor sittlichen Fehltritten zu bewahren[809]. Doch ansonsten schien das Foerster'sche Prinzip, besser nichts zu erwähnen, was man nicht herausfordern will, die unausgesprochene Grundlage der Vereinsarbeit in Sachen Sexualmoral und Verhaltensnormen zu sein.

806 Vgl. Chronik des KGV Oldenburg-Stadt Bd. I (1885–1913), Eintragung vom 9.12.1900; Bd. III (1922–29), Eintragung vom 20.3.1927 (Archiv der Kolpingsfamilie Oldenburg-Stadt); Protokollbuch für Vorstandssitzungen des KGV Lünen von 1923, Jahresbericht 1925 (Archiv der Kolpingsfamilie Altlünen); Chronik des KGV Recklinghausen 1920–1927, Eintragung vom 19.9.1921 (Archiv der Kolpingsfamilie Recklinghausen-Zentral); Chronik des KGV Epe, begonnen am 28.9.1928, S. 43 (Archiv der Kolpingsfamilie Epe).

807 Vgl. FOERSTER, Friedrich Wilhelm: Sexualethik und Sexualpädagogik – Eine Auseinandersetzung mit den Modernen (Kempten/München, 1907) S. 58f.; zur Rezeption Foersters siehe: USSEL, Jos van, Sexualunterdrückung – Geschichte der Sexualfeindschaft (Gießen, 1977).

808 Vgl. u.a. Chronik des KGV Recklinghausen 1920–1927 (Archiv der Kolpingsfamilie Recklinghausen-Zentral); Protokollbuch für Vorstandssitzungen des KGV Altlünen 1929–1952, Eintragungen von 1949 (Archiv der Kolpingsfamilie Altlünen).

809 Vgl. beispielsweise ›Brief des Präses an die im Felde stehenden Kolpingssöhne‹, Gescher, 8.4.1940 (Pfarrarchiv St. Pankratius Gescher, Kart.32 – Depositum im Bistumsarchiv Münster).

4.5 Feiern entlang des Jahreskreises – Wie allmählich ein Klischee entsteht

In den 1950er Jahren kam folgende, den Niedergang des Verbandskatholizismus thematisierende Redensart auf: »Die KAB[810] stirbt an Vergreisung, und Kolping stirbt an der Theke.«[811] Wie schon an anderer Stelle erwähnt, wurde damit die ausgeprägte Feierkultur der Kolpingsfamilien verspottet. Es wird aber auch ein grundlegendes Dilemma deutlich. Sämtliche in den vorherigen Kapiteln beschriebene kulturelle und soziale Funktionen der Vereinstätigkeit waren in der Zeit nach dem Zweiten Weltkrieg weggefallen oder verloren nach und nach ihre Bedeutung. Was blieb, waren die Feste und Feiern während des Jahreskreises, die bis dahin das Gemeinschaftsleben nur mitgefördert hatten, es nun aber vielerorts allein aufrechterhielten. Die Gefahr, daß die Vereinsarbeit zu sehr vom Organisieren und Durchführen von Festivitäten geprägt werden könnte, wurde aber nicht erst in den 50er und 60er Jahren dieses Jahrhunderts gesehen. Schon im Jahresbericht von 1909 schrieb der Präses des münsterischen Vereins: »Man beurteilt den Verein zu sehr nach seinen Festen, und bildet sich die Meinung, als sei auch er mehr oder weniger ein Vergnügungsverein.«[812] Zu diesem Zeitpunkt allerdings wurde dies noch als ein Problem der Öffentlichkeitsarbeit und der Imagepflege betrachtet. In den Zeitungen wurde meist nur von größeren Festen des Gesellenvereins berichtet, was potentielle neue Mitglieder ebenso zu falschen Erwartungen verleiten konnte wie die Tatsache, daß kleinere Vereine in Ermangelung eines Kolpinghauses in einer Gaststätte tagten.

In der Tat bildeten die Feste die Eckfeiler des Vereinsjahres. Das begann meistens mit Karnevalsfeiern, führte über das Josefsschutzfest am dritten Sonntag nach Ostern zum Sommer- oder Schützenfest. Im Herbst folgten der Kolpingsgedenktag, dann die Nikolaus- und schließlich die Weihnachtsfeier. Viele Vereine feierten außerdem ein Stiftungsfest, das zu runden Jubiläen mit vielen benachbarten Gesellenvereinen begangen wurde. Je nach politischem System und Lage wurden auch der Kaisergeburtstag und in der Weimarer Republik eine Verfassungsfeier begangen, im Dritten Reich dann der 1. Mai als »Tag der Arbeit«. Bezüglich der Jubiläums-Stiftungsfeste sahen sich die Bezirkspräsides 1925 angesichts eines Überhandnehmens solcher Feiern zu einer strikten Reglementierung gezwungen. Neben der Festlegung, große öffentliche Veranstaltungen nur zu 25., 50. und 75. Jubiläen, da ja höhere noch nicht anstanden, erlauben zu wollen, hieß es unter anderem auch:

> Man gebe der großen Jubiläumsfeier einen religiösen Charakter, indem man eine religiöse Woche, ein Triduum oder ähnliches damit verbindet und am Sonntage vor dem eigentlichen Feste gemeinschaftliche Vereinskommunion hält. (...) Die öffentliche Kund-

810 Katholische Arbeiter- (bzw. Arbeitnehmer-) Bewegung

811 Auskunft u.a. Johannes Schmithausen (Diözesanpräses des Kolpingwerks 1956–1966).

812 Bericht des KGV Münster über die Vereinstätigkeit im Jahre 1909 (Archiv der Kolpingsfamilie Münster-Zentral, Mappe 1900–1910).

gebung muß ein Bekenntnis der katholischen Weltanschauung sein und handwerklichen Charakter tragen.[813]

Auch hier waren die Präsides um die rechte Außenwirkung bemüht, das Bild vom ›Feierverein‹ sollte tunlichst vermieden werden. Ein in diesem Zusammenhang ständig wiederkehrender Streitpunkt zwischen Gesellen und Präsides waren während des gesamten Untersuchungszeitraums die Karnevalsfeiern. In Recklinghausen waren sie so beliebt, daß Ehrenmitglieder scheinbar nur deshalb ihre Beiträge zahlten, um an dieser vereinsinternen Veranstaltungen teilnehmen zu können. Auch mußte der dortige Vereinsvorstand darauf hinweisen, daß das Kostüm dezent zu sein habe[814]. In Billerbeck ließ der Präses nur »berufsfreudige Abende«, nicht aber eigentliche Karnevalsfeiern zu. Die Gesellen durften eine bunten Abend in der jeweiligen Berufskleidung gestalten. Während der eigentlichen Karnevalstage zwischen Altweiber und Aschermittwoch führte die Billerbecker Gemeinde das Fest der Ewigen Anbetung durch, also durchgehende Betstunden, an denen sich auch der Gesellenverein beteiligte[815]. Diese Form von Fastnachtsverhinderung war im Münsterland und im oldenburgischen Bistumsteil weit verbreitet, im Ruhrgebiet und am Niederrhein wäre sie wohl nicht durchzusetzen gewesen.

Den Höhepunkt im Vereinsjahr stellten die Feiern zum Josefsschutzfest und, ab Herbst 1933, zum Kolpingsgedenktag dar. Das Josefsschutzfest (oder Josefsfest) war in vielen Gesellenvereinen mit der Jahreshauptversammlung, in fast allen Vereinen aber mit der Neuaufnahme von Mitgliedern verbunden. Der Heilige Josef war von der Gründung her der Schutzpatron der Gesellenvereine gewesen, darum hatte sein Fest, meist am dritten Sonntag nach Ostern begangen, besondere Bedeutung. Die Feier beinhaltete traditionell einen Festgottesdienst und einen Festakt, bei dem die feierliche Neuaufnahme geschah und oft auch der Jahresbericht des Vereins verlesen wurde. Bei der Umstrukturierung des Verbandes im Herbst 1933 wurde der Kolpingsgedenktag eingeführt, der um den Geburts- oder Todestag Kolpings (8.12. bzw. 4.12.) herum stattzufinden hatte. Diese Einführung war ein Zeichen der Zeit, in der der Führerkult verbreitet war, aber auch der Seligsprechungsprozeß Kolpings eröffnet wurde. Die Inhalte dieser Feier wurden von der Kölner Zentrale während des Dritten Reichs fest vorgegeben, hinterher nur noch als Anregung an die einzelnen Kolpingsfamilien verschickt. Daß das Josefsfest und später auch der Kolpingsgedenktag die absoluten Fixpunkte im Vereinsjahr waren, beweist die Tatsache, daß sowohl im Ersten und im Zweiten Weltkrieg wie in den schwierigen Nachkriegszeiten in sämtlichen Gesellenvereinen und Kolpingsfamilien, deren Arbeit ansonsten

813 »Beschluß der Bezirkspräsides d. Diözesanverbandes Münster bezüglich Jubiläumsfeiern der katholischen Gesellenvereine«, in: Der Führer 8–9/1925, S. 66.

814 Vgl. Protokollbuch des KGV Recklinghausen 1902–1914/1919, Eintragung vom 2.9.1902; Chronik des KGV Recklinghausen 1920–1927, Einladung zur Karnevalsfeier vom 9.2.1920 (Archiv der Kolpingsfamilie Recklinghausen-Zentral).

815 Vgl. Chronik des KGV Billerbeck 1922–1935, S. 131.

Abb. 50: Berufsfreudiger Abend in den 1920er Jahren

Abb. 51: Josefsschutzfest der Kolpingsfamilie Münster mit Bischof Keller und Diözesanpräses Hölscher, 1949

Abb. 52: Schützenfest der Kolpingsfamilie Münster-Zentral, 1953

brach lag, diese Feiern immer noch, wenn auch sehr bescheiden, begangen wurden[816].

Als zu Beginn der 1950er Jahre, wie eingangs schon besprochen, offenkundig wurde, daß das Feierelement in der Vereinsarbeit durch den Wegfall anderer Funktionen ein immer stärkeres Gewicht bekam, wollte der Diözesanvorstand wenigstens Form und Inhalt der Festlichkeiten reformieren und bot Kurse für »Neue Geselligkeit« an[817]. Die Entstehung des Klischees vom feucht-fröhlich feiernden Verband konnte so aber nicht verhindert werden. Die vielfältigen Feste waren während des Untersuchungszeitraums sicherlich nicht die Hauptgründe für die Mitgliedschaft im Gesellenverein bzw. der Kolpingsfamilie. Diese lagen sicherlich eher in seinen sozialen Errungenschaften und seinen Angeboten zur Fortbildung, außerdem in der Milieutradition der Mitgliedschaft im entsprechenden katholischen Berufsstandsverein. Die Feste machten den Verein aber nach außen bekannt und bestimmt nicht unattraktiver. Denn, und das mußte schon der Vereinsbericht des KGV Münster von 1907 trotz hehrer sozialer und kultureller Ziele zugeben, »die größte Teilnahme fanden die Feste des Vereins: Patrons- und Stiftungsfest, Familienfeste, Weihnachtsfeier, Fastnachtsfeier...«[818].

816 Vgl. u.a. Rundbriefe 1891–1956 des KGV Recklinghausen, Brief vom 24.10.1942 (Archiv der Kolpingsfamilie Recklinghausen-Zentral); Protokollbuch des KGV Epe 1924–51 (Archiv der Kolpingsfamilie Epe); Jahresbericht des KGV Münster 1916, 1918, 1919; Protokollbuch 1945–1947 (Archiv der Kolpingsfamilie Münster-Zentral).

817 Vgl. Protokoll der Diözesanvorstandssitzung vom 11.2.1950 (Archiv des Kolpingwerks Diözesanverband Münster, Coesfeld, Karton 37).

818 Jahresbericht 1907 des KGV Münster, herausgegeben am Josefsfest 1908 (Archiv der Kolpingsfamilie Münster-Zentral, Mappe 1900–1910).

5. Religion im Vereinsalltag – Prozesse von Verinnerlichung und Verkirchlichung

Katholische Gesellenvereine und Kolpingsfamilien waren nicht in erster Linie religiöse Vereine. Religion war nur ein Aspekt, neben Bildung, Freizeitgestaltung und Sozialfürsorge. Daran änderte auch die Tatsache, daß während des gesamten Untersuchungszeitraums die Vereinsführer auf allen Ebenen durchweg Priester waren, nichts. Nur die nationalsozialistischen Machthaber drängten den Verein auf seine rein religiöse Dimension zurück, was in den Worten des Diözesanpräses Echelmeyer zumindest eine »Einengung«[819], in Wahrheit aber wohl eher eine Austrocknung der Vereinsarbeit war, die fast überall zu einem Winterschlafstatus führte. Dennoch sorgten nicht zuletzt die klerikalen Vereinsoberen dafür, daß auch außerhalb der Zeiten des Dritten Reichs die Glaubensmanifestation und -ausübung im Verein nicht zu kurz kam. Die Gesamtentwicklung des religiösen Lebens in den Gesellenvereinen und Kolpingsfamilien zwischen Kaiserreich und junger Bundesrepublik läßt sich mit einem Trend hin zur Verinnerlichung und Verkirchlichung beschreiben. Damit entsprachen sie einem allgemeinen Trend im deutschen Katholizismus, wenn auch manchmal mit Verzögerung.

Religionsunterricht im Zuge der Weiterbildungskurse und Religionsvorträge hatte es schon von den Anfangsjahren Mitte des 19. Jahrhunderts an gegeben. Hinzu kamen ebenfalls von Anfang an gemeinschaftliche Kommunionen. In der Regel fanden sie viermal im Jahr statt. Die Mitglieder eines Gesellenvereins besuchten dabei geschlossen eine meist stille Messe am frühen Sonntagmorgen und gingen dann zusammen zur Kommunionbank, um die Eucharistie zu empfangen. Dem ging meist ein vorbereitender Religionsvortrag und die Beichte am Samstagabend voraus. Dieses Vorgehen entsprach auch in seiner aus heutiger Sicht geringen Häufigkeit der eucharistischen Praxis breiter Kreise in der katholischen Kirche. Den Mitgliedern, die sich der Gemeinschaftskommunion entzogen, drohten Sanktionen bis hin zum Vereinsausschluß[820]. Entsprechend scharf wurden Anwesenheitskontrollen durchgeführt, in größeren Vereinen gar durch die Abgabe von Marken oder das Stempeln von entsprechenden Kommunionkarten[821]. Die Gemeinschaftskommunionen waren aber weniger religiös-spirituelle Übungen oder Erlebnisse für die Gesellen als Demonstrationen von Geschlossenheit und frommer Gesinnung des Vereins. Eine besondere Gestaltung der Gottesdienste oder eine hervorragendere Beteiligung der Mitglieder am Ablauf waren lange nicht vorgesehen, individuelle Frömmigkeit trat zurück gegenüber kollektiver Überzeugung.

819 Vgl. Bericht Echelmeyers zu den Schwierigkeiten der Kolpingsfamilie mit dem Dritten Reich, 17.9.1946 (Bistumsarchiv Münster, GV Neues Archiv A 101–30).

820 Vgl. u.a. Chronik des KGV Oldenburg-Stadt, Bd. I (1885–1913), Eintragung von 1889 (Archiv der Kolpingsfamilie Oldenburg-Stadt).

821 Vgl. vor allem »Über unsere Kommunionkontrolle«, in: Die Kolpingsfamilie – Monatliche Mitteilungen des Gesellenvereins Münster, 2. Jg./Nr. 1 vom 1.5.1928.

Neue Akzente ergaben sich erst während des Pontifikats Pius X. in den Jahren vor dem Ersten Weltkrieg. Der Papst regte den öfteren Empfang der Eucharistie an, und die dadurch entstehende »Oftkommunionbewegung« gelangte erstaunlich schnell in die Gesellenvereine. Die Statistik für Gesellenvereine im Bistum Münster weist für 1907 eine durchschnittliche Zahl von vier Gemeinschaftskommunionen aus. Vier Jahre später heißt es schon, »die öftere hl. Kommunion hat auch in unseren Gesellenvereinen Eingang gefunden,« und es werden acht Vereine genannt, die achtmal pro Jahr Gemeinschaftskommunion hielten. Im Jahr 1912 gab es dann einen Verein, nämlich Telgte, der zwölf Kommunionen zur Vereinspflicht erhob, und damit Vorreiter für fast alle anderen Vereine des Diözesanverbandes wurde, die nach dem Ersten Weltkrieg den monatlichen, verpflichtenden gemeinschaftlichen Eucharistieempfang einführten[822]. Ebenfalls nach der Jahrhundertwende eingeführt wurden ›geschlossenen Vereinsexerzitien‹, ein mißverständlicher Begriff, denn diese geistlichen Übungen umfassten nicht alle Mitglieder eines Vereins, sondern nur solche, die sich freiwillig meldeten. ›Geschlossen‹ bedeutete, daß sich diese Gruppen für mehrere Tage, meist jedoch für ein Wochenende, weil es die Arbeitszeiten anderweitig nicht zuließen, unter der Leitung eines Geistlichen in ein entsprechendes Exerzitienhaus, ein Kloster oder, wo möglich, ins eigene Gesellenhaus zurückzogen. Oft wurden solche Exerzitien auch eigens für solche Mitglieder veranstaltet, die vor der Einberufung zum Militärdienst standen[823]. Nach dem Ersten Weltkrieg wurden Exerzitien innerhalb des religiösen Vereinslebens zur Normalität. Aber an vielen Orten standen die Mitglieder dieser Form noch skeptisch gegenüber, auch mußten die Präsides das Geld für solche Veranstaltungen oftmals über Gönner hereinbringen, weil es den Gesellen unmöglich war, selbst für die Unkosten solch mehrtägiger Veranstaltungen aufzukommen. Dennoch wurden Vereinsexerzitien von den Verbandsleitungen sowohl in Köln wie in Münster nachhaltig empfohlen. Der Vredener Gesellenverein wurde beispielswiese 1929 im Kolpingsblatt als Vorbild für den Gesamtverband hingestellt:

> Vreden hat, so darf man wohl sagen, eine Rekordleistung aufgestellt hinsichtlich der Exerzitien. Von 53 Mitgliedern haben 42 an den Exerzitien teilgenommen. Hier ist ein kräftiges ›Bravo‹ am Platz. Daß es in einem solchen Verein gut aussieht, kann man sich denken, und so sind die 80-90 Prozent Beteiligung der Mitglieder an den Sonntagsveranstaltungen nicht weiter verwunderlich.[824]

Generell läßt sich sagen, daß die Impulse für eine stärkere Verinnerlichung der Glaubenspraxis und damit einhergehend auch eine deutlichere Anbindung an das religiöse Leben der Heimatpfarrei von den oberen Verbandsinstanzen Bewegungen

822 Vgl. Summarische Übersicht über den Stand der kath. Gesellenvereine in der Diözese Münster Ende 1907, Ende 1911, Ende 1912 (Archiv der Kolpingsfamilie Telgte Nr. 13.1; 13.5; 13.6 – Depositum im Heimathaus Telgte).

823 Vgl. Summarische Übersicht über den Stand der kath. Gesellenvereine in der Diözese Münster Ende 1909 (Archiv der Kolpingsfamilie Telgte Nr. 13.3 – Depositum im Heimathaus Telgte).

824 »Aus den Vereinen«, in: Kolpingsblatt 1929/S. 74.

Abb. 53: Pontifikalmesse der Kolpingsfamilie Münster-Zentral in St. Aegidii, 1950

die wie die Eucharistische Bewegung, die Jugendbewegung und die Liturgische Bewegung durchaus ›von unten‹ Eingang in den deutschen Katholizismus fanden, sollten mittels Weisung ›von oben‹ auch Fuß in den Gesellenvereinen fassen. Es hing dann meistens von dem Ortspräses und der Begeisterungsfähigkeit der Ortsmitglieder ab, inwieweit Neuerungen im religiösen Bereich des Vereins Platz greifen konnten. In Recklinghausen versuchte der dortige Präses 1932 eine Gemeinschaftsmesse, ganz im Sinne von Jugend- und Liturgischer Bewegung, einzuführen. Von über 300 Mitgliedern nahmen aber nur 10–15 daran teil[825]. Ein ähnlicher Versuch in Billerbeck war erfolgreicher. Dort veränderte der Präses im Sommer 1931 die Gestaltung der Gemeinschaftskommunion, indem deutsche Antwortgebete mit einem Gesellen als Vorbeter sowie zum Abschluß das Kolpinggrablied eingeführt wurden[826]. So wurde ein religiöses Gemeinschaftserlebnis geschaffen, das weit über den bloßen gemeinschaftlichen Kommunionempfang hinausging. In den meisten Gesellenvereinen aber galt als Maßstab für ein erfolgreiches religiöses Leben im Verein die Anzahl der Teilnehmer an den ab der Weimarer Republik flächendeckend monatlichen Gemeinschaftskommunionen und an den Pfarrprozessionen zu den unterschiedlichen Festen des Kirchenjahres, vor allem aber zu Fronleichnam. Das, was nach außen hin besonders sichtbar war und die Stärke und Geschlossenheit des Gesellenvereins ausdrückte, galt also am meisten[827]. Diese Haltung wurde nach dem Zweiten Weltkrieg wieder aufgenommen. So schrieb 1948 ein Bezirkssenior dem Diözesanpräses Hölscher: »Ich bin erfreut, daß die Monatskommunion die letzte Zeit immer gut besucht ist, das ist, glaube ich doch, der wichtigste Maßstab, den wir anlegen müssen.«[828] Für die Nachkriegszeit des Zweiten Weltkriegs und die 1950er Jahre ist aber auch festzustellen, daß sich Exerzitien im Diözesanverband Münster des Kolpingwerks großer Beliebtheit und weiter Verbreitung erfreuten[829].

Als besondere Ereignisse im religiösen Jahresablauf der Gesellenvereine und der Kolpingsfamilien sind die Wallfahrten zu betrachten. Sie führten in die traditionellen Marienwallfahrtsorte des Bistums wie Telgte und Kevelaer, aber auch zum Grab Kolpings nach Köln. Im Dritten Reich, als die Vereine fast vollständig auf ihre religiöse Tätigkeit zurückgeworfen wurden, nahm dieser ›Wallfahrtskatholizismus‹ enorme Dimensionen an. In diesem Zusammenhang erwähnenswert ist die Heiligrockwallfahrt nach Trier im Sommer 1933 und die Aachener Heiligtumsfahrt im Juli 1937. An beiden Veranstaltungen nahmen auch hunderte von Kolpingbrüdern

825 Vgl. Protokollbuch des KGV Recklinghausen 1931–33, Eintragungen vom 6.10.1932; 1.12.1932 (Archiv der Kolpingsfamilie Recklinhausen-Zentral).

826 Vgl. Chronik des KGV Billerbeck 1922–1935, S. 79 (Archiv der Kolpingsfamilie Billerbeck).

827 Vgl. z.B. Altlünen, wo es im Jahresbericht von 1926 (Protokollbuch für Vorstandssitzungen von 1923) heißt: »Ihren Glauben bekundeten die Mitglieder durch Teilnahme an den Prozessionen und häufigen Sakramentenempfang.« (Archiv der Kolpingsfamilie Altlünen).

828 Gerd Volk, Bezirkssenior von Moers, an Diözesanpräses Hölscher; Homberg, 25.4.1948 (Archiv des Kolpingwerks Diözesanverband Münster, Coesfeld, Karton 185).

829 Vgl. z.B. Protokoll der Diözesanvorstandssitzung vom 11.2.1950 (Archiv des Kolpingwerks Diözesanverband Münster, Coesfeld, Karton 37).

aus dem Bistum Münster teil. Bemerkenswert ist auch die Wallfahrt der Bezirke Bocholt-Borken und Coesfeld des münsterischen Diözesanverbandes der Kolpingsfamilien zum Kolpinggrab am 3. Juni 1934. Sie fiel in eine erste Zeit starker Bedrängung durch die nationalsozialistischen Machthaber und hatte mit über 1500 Teilnehmern den Charakter einer Großdemonstration[830].

830 Vgl. u.a. Chronik 1922–1935 des KGV Billerbeck, S. 138 (Archiv der Kolpingsfamilie Billerbeck).

6. Fazit: Der Katholische Gesellenverein im Bistum Münster – fortschrittlicher Kulturträger oder volkstümlicher Traditionalistenbund?

In der heutigen Wahrnehmung einer breiten Öffentlichkeit sind die Kolpingsfamilien, die im Bistum Münster immer noch zahlreich vorhanden sind und insgesamt über 44000 Mitglieder haben[831], vielerorts Relikte einer vergangenen Zeit und gerade auch in ihrem kulturellen Anspruch eher Bewahrer volkstümlicher Traditionen denn Träger lebendiger oder innovativer Initiativen. Ob diese Wahrnehmung der Realität des aktuellen Vereinslebens gerecht wird, mag dahingestellt sein. Für den Untersuchungszeitraum zwischen der Mitte des 19. und der Mitte des 20. Jahrhunderts trifft sie jedenfalls nicht zu. An vielen Orten der Diözese sind die damaligen Katholischen Gesellenvereine nicht nur hervorragende Vertreter einer katholischen Vereinskultur, sondern auch Träger der Kultur vor Ort schlechthin gewesen. Das stimmt vor allem für die kleineren Kommunen und dort besonders für den Zeitraum des späten Kaiserreichs und der Weimarer Republik. Der wichtigste Faktor ist in diesem Zusammenhang das Gesellenhaus gewesen, das in vielen Gemeinden über seine Funktion als Herberge und Versammlungsort hinaus ein wahres Kulturhaus mit Bibliothek, Theaterbühne, Turnmöglichkeiten und Weiterbildungsangeboten war. Selbst winzige Gesellenhäuser boten in Orten ohne entsprechende andere Einrichtungen Möglichkeit für kulturelle Betätigung nicht nur den eigenen Vereinsmitgliedern, sondern auch Gästen wie Männergesangsvereine oder Jugendgruppen. Die bis 1933 bestehende Vereinsstruktur sorgte dafür, daß das Mitgliedsgefüge sehr homogen war und sich ständig erneuern mußte. Eine ›Vergreisung‹ war durch die Altersbegrenzung von 35 und den Ausschluß von Meistern und verheirateten Gesellen nicht möglich, eine unselige Honoratiorenherrschaft unterbunden. In Zeiten relativ geschlossener katholischer Lebenswelten konnte sich der Verein diese Beschränkungen noch leisten, ohne seine Existenz aufs Spiel zu setzen. Als positiven Effekt dieses Erneuerungszwangs konnte das Vereinsleben ein rasches Reagieren auf technische und kulturelle Neuerungen verbuchen. Zusammen mit der eher bremsenden Haltung der Präsides und Verbandszentralen entstand daraus eine gemäßigt innovative Linie, die beispielsweise ein sehr frühzeitiges Auseinandersetzen mit Film und Kino oder neuen Sportarten ermöglichte. Die Statuten der Gesellenvereine sorgten auch für eine gewisse Einübung in demokratische Formen. Mitbestimmung und Mitgestaltung des Vereinslebens waren möglich, eine Erfahrung, die für die jungen Leute meist im Gegensatz zum sonstigen Erleben von Staat, Gesellschaft und Kirche stand[832]. Vereinsziele und Vereinspraxis waren ganz auf die

[831] Zahl für 1995, Auskunft der Diözesangeschäftsstelle des Kolpingwerks, Coesfeld.

[832] Vgl. in diesem Kontext auch: KREY, Ursula: Vereine in Westfalen 1840–1855. Strukturwandel, soziale Spannungen, kulturelle Entfaltung (Paderborn, 1993), S. 168.

Bedürfnisse der Gesellen zugeschnitten und sollten unter anderem der Erweiterung ihres Kultur- und Bildungsbewußtseins dienen.

Mitbestimmung und die Einführung kultureller und sozialer Neuerungen fanden aber dort ihre Grenze, wo Ortspfarrer, Vereinspräsides oder die Verbandszentralen in Köln und Münster mit den Vorstellungen der Gesellen nicht übereinstimmten. Während des gesamten Untersuchungszeitraums waren die Vereinsmitglieder in der Gestaltung des Vereinslebens abhängig vom Wohlwollen der geistlichen Verbands- und Vereinsleitung. Was aber aus heutiger Sicht ein Mangel an Autonomie und Selbstbestimmung ist, war für die Kolpingsbrüder meist ein selbstverständlicher Umstand. Da viele Anregungen für das Vereinsleben sowieso von den Präsides ausgingen, ist fraglich, ob diese Machtstrukturen überhaupt als gravierender Mangel empfunden wurden. Konflikte ergaben sich weniger um Inhalte als um Formen, die Präsides meinten vor allem immer dann einschreiten zu müssen, wenn sie die Sittlichkeit, wie dieser Begriff auch immer gefüllt wurde, bedroht sahen. Solange die Aufgaben und Ziele der Vereinsarbeit vielfältig und kulturell und sozial überaus notwendig waren, blieben Streitereien um Tanzveranstaltungen und Schützenfeste nur Randprobleme. Meist waren es Scheingefechte, die die wahren Machtverhältnisse in der Vereinsleitung ausloteten.

Ab den 1950er Jahren konnten diese Auseinandersetzungen um die rechte Form des Feierns aber existentiell werden. Denn spätestens zu dieser Zeit fielen sämtliche soziale und kulturelle Funktionen der Vereine weg und die Verbandsleitung schaffte es nicht, in einem mutigen Schritt überkommene Zweige abzulegen und neue Herausforderungen anzunehmen. Nun entwickelte sich das Kolpingwerk tatsächlich zu einer Art volkstümlichen Traditionswahrers. Dies wurde auch dadurch begünstigt, daß in Folge der 1933 eingeleiteten Öffnung des Verbandes die Altersstruktur deutlich nach oben rutschte. Die Klage darüber, daß der Aspekt der Geselligkeit alle anderen Verbandszwecke zu überwuchern drohte, war nicht neu. Schon seit dem Kaiserreich war sie vor allem innerklerikal immer wieder aufgetreten und weitete sich regelmäßig zu einer Grundsatzdiskussion über den Sinn und Unsinn des katholischen Vereinswesens[833]. Bis 1933 konnten die Gesellenvereine solche Anfechtungen mit Hinweis auf ihre sozialen und kulturellen Errungenschaften problemlos parieren. Im Verlauf der 50er Jahre aber gerieten sie oftmals in Erklärungsnotstand. Die Erosion des Milieukatholizismus betraf die Vereine als wichtigen Bestandteil desselben besonders stark – und damit natürlich auch die Kolpingsfamilien, die von der Tradition und der Stärke her eine bedeutende Säule des katholischen Vereinswesens waren. Betrachtet man jedoch die Entwicklung der Katholischen Gesellenvereine und der Kolpingsfamilien im Bereich des Bistums Münster über den gesamten Untersuchungszeitraum von 1852 bis 1960, dann ist ihr Beitrag zur Verbesserung der sozialen Stellung der Handwerker und zur kulturellen Entwicklung, vor allem

[833] Vgl. MOOSER, Josef: »Das katholische Milieu in der bürgerlichen Gesellschaft. Zum Vereinswesen des Katholizismus im späten Deutschen Kaiserreich«, in: Olaf Blaschke u. F.-M. Kuhlemann (Hg.): Religion im Kaiserreich (Gütersloh, 1996) 59–92, hier S. 91.

zur Übermittlung kultureller Werte und Güter an breitere Schichten, sehr hoch einzuschätzen.

Diese These wird zusätzlich durch folgende Überlegung unterstützt. Gesellenvereine hatten eine besondere Bedeutung in Kleinstädten, nach dem Ersten Weltkrieg auch auf dem Lande. In diesen Gegenden war, noch fern von unserer heutigen Medien- und Informationsgesellschaft, die kulturelle Infrastruktur überaus dürftig. Katholische Büchereien prägten den Literaturgeschmack von Generationen, Kircheneinrichtungen, die Liturgie und sogar Heiligenbildchen deren Gefühl für Ästhetik. Die Kolpingvereine aber boten die Möglichkeit zur aktiven Teilhabe und Weiterentwicklung bezüglich kultureller Aktivitäten. Pädagogisch-didaktisch betrachtet war dies überaus effektiv und schuf, neben anderem, die für die erwähnte ständige Mitgliederreproduktion notwendige Attraktivität des Vereins. Was jedoch die gesellschaftliche Entwicklung angeht, so wurde auf diese Weise die kulturelle Kluft zwischen den urbanen Bürgern einerseits und Kleinstädtern und Landleuten andererseits zumindest ein wenig verkleinert.

IV. Teil

Katholische Gesellenvereine und Kolpingsfamilien im Bistum Münster von den Anfängen bis zur Bundesrepublik

Versuch einer Bilanz

Aus den ersten einhundert Jahren des Bestehens Katholischer Gesellenvereine und Kolpingsfamilien im Bistum Münster eine Gesamtbilanz ziehen zu wollen, ist zunächst einmal ein sehr fragwürdiges Unterfangen. Kategorien und Bewertungsmaßstäbe, sollte es sie überhaupt geben, liegen für eine Spanne von mehr als einhundert Jahren ereignisreicher Entwicklung nicht auf der Hand. Die beschriebene Zeit war geprägt von wechselnden politischen Systemen und ökonomischen Realitäten, von gesellschaftlichen Modernisierungstendenzen und entsprechenden Gegenreaktionen. Bilanzieren lassen sich deshalb in diesem Zusammenhang vor allem die Vorgehensweisen von Basis und Leitung der Kolpingbewegung in diesen Zeiten der Modernisierung. Entsprachen sie ihr, bewußt oder unbewußt, oder stellten sie eher ein instinktives oder auch taktisches Gegensteuern gegen diesen Prozeß dar?

Der Begriff der ›Modernisierung‹ verbreitete sich in Deutschland in den 1980er Jahren als Sammelbezeichnung für den Transformationsprozeß älterer, traditionaler Gesellschaftsformationen in ›moderne‹ Gesellschaften[834]. Er ist nicht zu verwechseln mit dem Begriff des ›Modernismus‹, der von der katholischen Kirche um die Wende zum 20.Jahrhundert in polemischer Weise für liberale und rationalistische, aber auch reformkatholische Auffassungen benutzt wurde und katholischerseits durchweg negativ belegt war, gipfelnd in der entsprechenden Enzyklika ›Pascendi‹ Pius' X. von 1907 und dem von Theologen zu leistenden ›Antimodernisteneid‹[835].

Im Horizont der Modernisierung die Entwicklung von Gesellenvereinen und Kolpingsfamilien zu bilanzieren heißt, von folgender Ausgangslage auszugehen. Wenn vom Kolpingwerk in Deutschland zwischen 1850 und 1960 die Rede ist, dann bewegt man sich in den Kategorien des Katholischen Milieus, das in der Literatur als Gegenreaktion auf Entwicklungen der Moderne wie Industrialisierung, Liberalismus und Demokratie beschrieben wird und seinerseits beispielsweise durch das Vereinswesen moderne und demokratisierende Tendenzen ausprägte. Als Antimodernismus mit modernen Mitteln ließe sich diese ambivalente Entwicklung charakterisieren. Die Katholischen Gesellenvereine und Kolpingsfamilien waren sowohl Produkt dieses Katholischen Milieus wie auch Konstituent desselben. Und als einer der ältesten Vertreter des deutschen Verbands- und Vereinskatholizismus mit ununterbrochener Tätigkeitsgeschichte kann an ihnen die Ambivalenz des Milieus über einen längeren Zeitraum gezeigt werden.

Nipperdey geht in seiner Bewertung dieses deutschen Vereins- und Verbandskatholizismus sehr weit: »Die Vereine (...) führten über die traditionelle, autoritative, kirchliche Kultur hinaus in die sich modernisierende Welt, deren Elemente wurden in die katholische Welt hineingenommen. Sie waren (...) ein Stück Teilemanzipati-

[834] Vgl. KAUFMANN, Franz-Xaver: »Zur Einführung: Probleme und Wege einer historischen Einschätzung des II. Vatikanischen Konzils«. In: Franz-Xaver Kaufmann / Arnold Zingerle (Hg.): Vatikanum II und Modernisierung: historische, theologische und soziologische Perspektiven (Paderborn, 1996), 9–34; hier: S. 19.

[835] Vgl. WEISS, Otto: Der Modernismus in Deutschland – ein Beitrag zur Theologiegeschichte (Regensburg, 1995).

on und Modernisierung des Katholizismus.«[836] Und den Gesellenvereinen bescheinigt er, bei den kleinen Leuten gerade deshalb so viel Erfolg gehabt zu haben, weil sie nicht »dem obrigkeitlichen oder sozialen Establishment« nahe gewesen seien[837]. Hürten stellt heraus, daß die Kolpingvereine einen ganz neuen Typus im Bereich des deutschen Katholizismus darstellten, daß sie nämlich weder ein caritativer Hilfsverein wie die Vinzenzkonferenzen noch ein religiöser Zusammenschluß wie die Kongregationen und Sodalitäten waren:

> Vielmehr wurde hier das soziale Engagement des deutschen Katholizismus in der neuen Form sichtbar, daß ein sozialpolitisches Ziel, die Hilfe für die durch industrielle Umschichtung in besondere Not geratenen Handwerksgesellen, im Rahmen der Kirche erfolgte, die Verwirklichung gesellschaftlicher Zielsetzungen nicht weltlichen Verbänden überlassen, aber auch die religiöse Betreuung der Gesellen hiervon nicht getrennt und ausschließlich religiösen Vereinen überwiesen wurde. So entstanden die Gesellenvereine nicht als piae uniones unter rein geistlicher Leitung, aber auch nicht als weltliche, ausschließlich auf die Erreichung materieller oder wenigstens außerreligiöser Ziele gerichtete Verbände. Der geistliche Präses und der Laiensenior in der Führung der Vereine bringen diese Universalität des Vereinszwecks zum Ausdruck. Das hier angewandte Organisationsprinzip, ganzheitliche Menschenbildung im Rahmen der konkreten Umweltbedingungen des Berufs zu treiben, erwies allerdings seine generelle Bedeutung für das katholische Vereinswesen erst in späteren Jahren.[838]

Wird der Diözesanverband Münster diesen positiven, fast schon euphorischen Einschätzungen der Gesellenvereinskonzeption – gemeint sind hier vor allem die Gründerjahre und die Ära des Kaiserreichs – gerecht? Nipperdeys Auffassung von der Ferne zum Establishment trifft für die Vereine im Bistum Münster nicht durchgängig zu, wie gezeigt wurde. Wenn sich Bischof, Bürgermeister, Ortspfarrer und wohlhabende Bürger für die Gründung eines Gesellenvereins einsetzten, wie in der Stadt Münster und in Recklinghausen, ist eher das Gegenteil anzunehmen. Auf der anderen Seite stehen aber auch Erfahrungen wie die des Gesellenvereins der Stadt Oldenburg, der 1885 große Schwierigkeiten hatte, ein Lokal für sein erstes Stiftungsfest zu finden, weil Handwerksgesellen dort immer noch zu gesellschaftlichen Randgruppen gehörten[839]. Was die ›Doppelspitze‹ in der Vereinsführung betrifft, so ist Mooser zuzustimmen:

> Dieses Autoritätsprinzip der Präsidesverfassung stand im durchaus bewußten Widerspruch zum liberalen Prinzip der Gleichheit der Mitglieder eines Vereins. Dem »demo-

836 Nipperdey, Deutsche Geschichte 1866–1918 Bd. 1, S. 440.

837 Vgl. ebd.

838 HÜRTEN, Heinz: «Katholische Verbände», in: Anton Rauscher (Hg.): Der soziale und politische Katholizismus. Entwicklungslinien 1800–1963 Bd. II (München/Wien, 1982), 215–277, hier 229f.

839 Vgl. Chronik des KGV Oldenburg Bd. I (1885–1913) (Archiv der Kolpingsfamilie Oldenburg-Stadt).

kratischen, dem Majoritätsprinzip« sollte durch die geistliche Leitung »die gefährliche Spitze abgebrochen werden«, wie 1898 ein anonymer geistlicher Autor schrieb.[840]

In der Praxis der Vereine vor Ort endete ein demokratischer Meinungsbildungsprozeß dann, wenn der Präses sein Veto einlegte. Und dennoch ist das Einüben von Demokratie und Selbstverwaltung bedingt durch die vorgegebene Vereinsstruktur als Modernisierungsfaktor nicht hoch genug einzuschätzen, vor allem, wenn man sich vor Augen hält, daß die überwiegende Anzahl der Gesellenvereine im Bistum Münster in ländlicheren Gebieten lag.

Die Frage, ob die Katholischen Gesellenvereine besonders in der Zeit bis zum Ersten Weltkrieg, aber auch darüber hinaus, eher eine emanzipatorische oder eine sozialdisziplinierende Wirkung auf und für ihre Mitglieder hatten, ist entsprechend nicht eindeutig zu beantworten. Sicherlich finden sich in den Jahresberichten der Vereine des öfteren Sätze wie »Übrigens waren die Mitglieder auch brav« und »In Folge dessen schloß sich das Band, welches in letzter Zeit zwischen Meister und Gesellen sich gebildet hatte, immer fester«[841], die darauf hinweisen, daß Gesellenvereine gerade in den ersten fünfzig Jahren ihres Bestehens von etablierter kirchlicher wie weltlicher Seite zunächst als Mittel zur Bändigung des ›revolutionären Potentials‹ im Gesellenstand wie zur Überwindung der Kluft proletarischer Geselle – arrivierter Meister betrachtet wurden. Das von Kolping durchaus zu diesem Zwecke – die Erfahrungen der 1848er Revolution waren schließlich noch frisch – entwickelte Programm einer ganzheitlichen Bildung blieb aber nicht bei der Sozialdisziplinierung stehen, sondern hatte, wie jedes erfolgreiche Bildungskonzept, automatisch auch emanzipatorische Wirkungen.

Modernisierend, aber nicht gerade emanzipatorisch, wirkte um die Jahrhundertwende der bürokratische Ausbau des Gesamtverbandes. Durch eine Zentralisierung der Arbeit bei gleichzeitiger Schaffung verschiedener Unterebenen, deren Verhältnis untereinander und zur Zentrale genauestens geregelt war, entstand einerseits eine moderne und effektive Organisation, andererseits führte dies auch zu einer verstärkten Disziplinierung in diesem Falle der beteiligten Priester, deren Aufgaben im Zusammenspiel zwischen Ortsbischof und Verbandsleitung ebenso festgelegt waren, ein für die Entwicklung des Katholischen Milieus typischer Prozeß[842]. Bezüglich der Katholischen Gesellenvereine war aber neu, daß die so gewonnene Schlagkraft durchaus gegen andere, vermeintlich konkurrierende Gruppen innerhalb der eigenen Kirche eingesetzt wurde. Das Ziel der Geschlossenheit gegen die als feindlich angesehene Außenwelt und die milieuinterne Konkurrenz sollte auch erreicht werden, indem der Handlungsspielraum und das Mitbestimmungsrecht für die aktiven Laien im Verband noch stärker als vorher beschränkt wurde, ein in Folge der

840 Mooser, Das katholische Vereinswesen in der Diözese Paderborn um 1900, S. 457.

841 Chronik des KGV zu Oldenburg Bd. I, 1885–1913, Eintragung von 1888 (Archiv der Kolpingsfamilie Oldenburg-Stadt); «Zur Geschichte unseres Vereins«, in: Jahrbuch des KGV zu Recklinghausen 1855–1886/1902–1914 (Archiv der Kolpingsfamilie Recklinghausen-Zentral).

842 Vgl. Gabriel, S. 80.

Abb. 54: Hundertjahrfeier des Diözesanverbandes am 25.10.1958; im Hintergrund die Stadtwappen der acht Gründungsvereine:

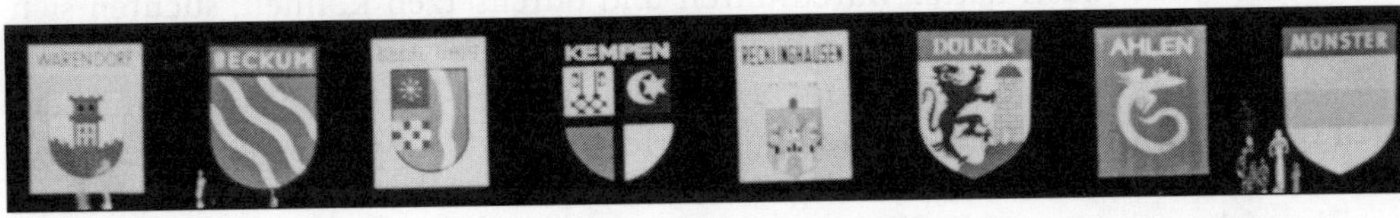

Präsidesdisziplinierung nur allzu logischer Schritt. Auf diese Weise entstand allerdings ein Ungleichgewicht zwischen den Bildungszielen des Verbandes und der gesamtgesellschaftlichen Entwicklung auf der einen und der Realität des Kolpingwerks auf der anderen Seite, das nach 1918 auf Ausgleich drängte.

Nach dem Ersten Weltkrieg nämlich war die Emanzipation der Mitglieder soweit fortgeschritten, daß die Autoritäten von Präsides und Vereinsoberen nicht mehr unreflektiert akzeptiert wurden. Die Gründe dafür sind allerdings eher in den Kriegserfahrungen und den heftigen Einbruch der Moderne nun auch in ländliche Gebiete zu suchen als in verbandlichen Aktivitäten und Bildungsprogrammen. Ruster faßt dies für den Gesamtkatholizismus so zusammen:

> Katholisches Autoritätswesen und moderne Denkfreiheit, katholische Untertanenmentalität und subalterne Denkmuster gegen ein wachsendes modernes Freiheitsbewußtsein auf allen Gebieten des Lebens, so läßt sich die Grundkonstellation bezeichnen, in der sich der Katholizismus in der Weimarer Gesellschaft vorfand.[843]

Die Verbandsleitung erkannte die neue Situation und verschaffte dem Kolpingwerk einen Modernisierungsschub ›von oben‹, der sich vor allem durch vorsichtige Demokratisierung der Strukturen, das heißt konkret durch stärkere Mitbestimmungsrechte für die Laienmitglieder, auszeichnete. Auch wurde die konstruktive Auseinandersetzung mit den neuen Bewegungen innerhalb des Katholizismus gesucht, an der Basis aber meist ohne größere Resonanz. Die Gesellenvereine waren zu ›Klassikern‹ innerhalb des Spektrums des deutschen Katholizismus geworden. Reformkräfte, die eine fortgeführte Modernisierung des alten Kolping'schen Gedankenguts an der Basis hätten durchführen und durchsetzen können, suchten sich in anderen Gruppierungen einen Aktionskreis und eine geistige Heimat. Die ursprünglichen Vereinsziele hätten zum ersten Mal auf dem Prüfstand stehen müssen. Doch die Gesellenvereine als etablierte und erfolgreiche Gruppierungen waren ›von unten‹, von der Basis her zu unbeweglich dafür geworden. Innovative Ideen kamen bezeichnenderweise ausschließlich von der Verbandsspitze, so beispielsweise von Generalpräses Nattermann und dem bayrischen Landespräses Murböck. Auch hier waren die Gesellenvereine repräsentativ für die Gesamtentwicklung des deutschen Katholizismus, denn dem »trunkenen Höhenflug des katholischen Frühlings« bis Mitte der 1920er Jahre folgte am Ende des Jahrzehnts das »Gefühl der versäumten Gelegenheiten«[844], Selbstbesinnung und Festigung des inneren Zusammenhalts erhielten den Vorzug gegenüber aktiver Auseinandersetzung mit modernen Zeitströmungen.

Und genau in dieser Haltung erlebten das Katholische Milieu und als dessen Segment die Gesellenvereine des Bistums Münster den 30. Januar 1933. Auch was den Nationalsozialismus betrifft, hatte Vordenker Nattermann schon in den Vorjahren versucht, eine offene Debatte zu führen, war damit aber entweder nicht bis

843 Ruster, S. 55.
844 Ruster, S. 91.

zur Basis vorgedrungen oder dort auf breite Ablehnung gestoßen. Für die sogenannte Machtergreifung gelten für die Kolpingleute wie für die meisten Katholiken die Begriffe ›Überraschung‹, ›Verkennung‹, ›Unterschätzung‹. Und wie die meisten deutschen Katholiken blieben sie auch danach der Sache ihres Glaubens treu, wählten im März gar noch ihre Partei, das Zentrum. Doch dann hatte die Gesellenvereinsführung es mit ihren Kooperationsangeboten an die Nationalsozialisten noch eiliger als die Zentrumsfraktion mit ihrer Selbstauflösung oder der Episkopat mit dem Konkordatsabschluß. Die lange Zeit – offiziell bis zum Beginn der Weimarer Republik, im Vereinsalltag auch weit darüber hinaus – gültige bewußt nichtpolitische Ausrichtung des Verbandes kam ihr dabei entgegen. Nattermann wollte den Aufbruch nutzen und seinen Verband zum modernsten im ganzen katholischen Spektrum machen. Sein Grundlagenartikel im Kolpingsblatt hieß entsprechend »Mitten in der Bewegung der Zeit«[845]. Walter Dirks nennt dies den »Schwächeanfall des deutschen Katholizismus von 1933« und ergänzt, daß der Grad der kritischen Distanz zum Regime in den Folgejahren entsprechend den Ereignissen bald zu, bald abnahm[846].

In seiner berühmten Streitschrift »Die Kapitulation oder Deutscher Katholizismus heute«, durch die der Begriff des ›Katholischen Milieus‹ erstmals in breiterem Umfang in die Diskussion eingeführt wurde, und die kurz nach dem Ende des Untersuchungszeitraums der vorliegenden Arbeit im Jahr 1963 erschien, behauptet Carl Amery, daß die Katholiken in Deutschland 1933 Opfer ihrer eigenen Geschlossenheit geworden seien. Die im Kulturkampf erprobte bzw. entstandene Durchorganisierung des Katholizismus erwies sich nun als »gänzlich ungeeignet, ja schädlich«[847]. Die Forderung nach einem Reichskonkordat nämlich wurde erfüllt, die einzelnen öffentlichen Gliederungen des Katholizismus hingegen durch Gleichschaltung entmachtet. Amery kritisiert die Katholischen Gesellenvereine namentlich dafür, daß sie auch danach noch auf die offizielle Approbation durch Hitler warteten und »noch weit ins Jahr 1934 hinein das Ihre an Loyalitätserklärungen und Führer-Byzantinismus« taten[848]. Er erkennt aber auch an, daß die perfide Strategie der Nationalsozialisten von der doppelten Legalität bzw. Illegalität, das Nebeneinander von ›Horde‹ und ›Staat‹ nämlich, auch von den Verbänden lange nicht durchschaut wurde und sie dieser Vorgehensweise entsprechend zum Opfer fielen, und er verdeutlicht dies mit einem für die Kolpingsvereine typischen Beispiel: »Während die Gehälter der Geistlichen pünktlich überwiesen wurden, verprügelten HJ-Halbstarke kleine Bäckergesellen, die amtlich genehmigte katholische Zeitungen

845 Johannes Nattermann: »Mitten in der Bewegung der Zeit«, in: Kolpingsblatt vom 15.3.1933, S. 61f.

846 Vgl. DIRKS, Walter: »Das Defizit des deutschen Katholizismus in Weltbild, Zeitbewußtsein und politischer Theorie«, in: Hubert Cancik (Hg.): Religions- und Geistesgeschichte der Weimarer Republik (Düsseldorf, 1982), 17–30, hier S. 18, S. 30.

847 Amery, S. 31.

848 Vgl. ebd. S. 31 u. S. 36.

austrugen«[849]. Besonders was den Münchener Gesellentag vom Sommer 1933 wie auch die Werner Ereignisse vom Sommer 1935 angeht, ist dieser Einschätzung zuzustimmen, wobei hier deutlich zwischen den Kirchen- und Verbandsleitungen auf der einen und mutigeren und weitsichtigeren Präsides und Mitgliedern an der Basis auf der anderen Seite zu unterscheiden ist. Die Gesamtverantwortung tragenden Verbandsoberen taten sich naturgemäß mit einem Konfrontationskurs schwer.

Die 1930er Jahre wurden aber auch, durch den äußeren Druck gezwungenermaßen, für das Kolpingwerk eine Zeit neuer Ideen und Schwerpunktsetzungen, die zwar nicht unbedingt umgesetzt werden konnten und wurden, die dennoch in einer Phase, die für den geschichtsträchtigen und ehemals mächtigen Verband demütigend war, statt auf Resignation auf Vertrauen in die Zukunft setzten[850]. Auf die Tatsache, daß nach 1945 nicht oder nur in geringem Maße wieder darauf eingegangen wurde, ist in dieser Arbeit schon ausgiebig hingewiesen wurden. An dieser Stelle sei aber erlaubt, ein fiktives Szenario zu entwerfen, wie das Kolpingwerk sich nach 1945 neu hätte konstituieren können, wären die Ansätze der 30er Jahre konsequent weiterverfolgt worden.

Die Kolpingsvereine vor Ort hätten zu Familienvereinen werden können. Damit wäre selbstverständlich die Mitgliedschaft von Frauen verknüpft gewesen. Die Jugendarbeit des Kolpingwerks hätte sich gegenüber Bischöfen und BDKJ viel einfacher rechtfertigen lassen. Die Kolpingsfamilien wären, wie es ihrem seit Herbst 1933 geführten Namen entsprochen hätte, wirkliche Familienkreise geworden. Ein Kolpingwerk als Familienverband aber hätte in das Konzept der Katholischen Aktion auch im Bistum Münster hervorragend hineingepasst. Den Neuaufbau des Staates mit der starken Betonung seiner Keimzelle Familie nicht nur verbal zu flankieren, sondern ganz praktisch durch die Umwandlung zu einem Familienverband auch zu dokumentieren, hätte der Kolpingbewegung in den 1950er Jahren eher mehr denn weniger gesamtgesellschaftliche Anerkennung und politischen Einfluß gesichert, zudem wäre sie wahrscheinlich kirchlicherseits stark begrüßt worden. Die schleichende Nachwuchskrise hätte so vielleicht vermieden werden können. Bei all diesen Spekulationen bleibt allerdings die Frage, wie die traditionellen Mitglieder, die die Kolpingsfamilien 1945 ›von unten‹ wieder aufbauten, mit solch einer Vorgabe der Verbandsleitung umgegangen wären, unberücksichtigt. Mit starken Widerständen der Basis gegen einen erneut ›von oben‹ verordneten Verbandsumbau wäre zu rechnen gewesen.

Die Bedeutung von Frauen im Kolpingwerk insgesamt, im Diözesanverband Münster und in den Gesellenvereinen und Kolpingsfamilien vor Ort ist nicht ausreichend damit beschrieben, daß erst 1966, und damit außerhalb des Untersuchungszeitraums, die deutsche Zentralversammlung den Beschluß gefasst hat, weibliche Mitglieder zuzulassen. Vor allem in den Theatergruppen einzelner Gesellenvereine spielten schon im letzten Jahrhundert Frauen mit, und ein geplantes Verbot

[849] Ebd. S. 43.
[850] Vgl. II. Teil, Kap. 3.5 dieser Arbeit.

dessen durch den Vereinsabschnitt ›De Unionibus‹ der Diözesansynode von 1897 wurde von den Kolpingpräsides abgelehnt[851]. In der gleichen Synodenvorlage wurde auch gefordert, Jubiläen und Feste, vor allem aber Tanzveranstaltungen in den einzelnen Vereinen möglichst einzuschränken. Gerade hier fand die ›Begegnung der Geschlechter‹ statt, und Auseinandersetzungen der Mitglieder mit den örtlichen Geistlichen blieben nicht aus[852]. Daß diese ›Zusammenführungen‹ auch dem Zusammenhalt des Milieus dienen konnten, war eine Erkenntnis, die sich erst dann durchsetzen konnte, als die Geschlossenheit in Gefahr war und die Zahl der Mischehen ständig stieg, also erst nach dem Zweiten Weltkrieg[853].

Entsprechende Veranstaltungen fanden aber auch schon vorher statt, so war zum Beispiel in den 1930er Jahren ein »frohes Beisammensein der Gesellen mit Schwestern und Bräuten« in der stadtmünsterischen Kolpingsfamilie am Sonntagnachmittag sehr beliebt[854]. Auch für die Mütter der Vereinsmitglieder gab es eigene Treffen, vor allem vor 1933, als die Mitglieder noch überwiegend Jugendliche und junge Männer waren. Präses Veen nannte sie im übrigen »Kolpingsmütter«, die Schwestern der Gesellen »Kolpingstöchter«[855]. Ohne eigentliche Mitgliedschaft spielten sie also eine Rolle im Vereinsleben, wenn auch eine passive. Vor allem in Kriegs- und Nachkriegszeiten galt ihnen, waren die Söhne und dann auch die Ehemänner im Feld, gefallen, vermißt oder in Gefangenschaft, die besondere Solidarität und Zuwendung von Kolpingsbrüdern und Präsides[856].

Daß die Frauenmitgliedschaft erst 1966 eingeführt wurde, hat neben den restaurativen Tendenzen der frühen Nachkriegszeit des Zweiten Weltkriegs aber auch andere Gründe. Sie liegen, ähnlich wie bei der Diskussion um die Jugendarbeit 1945–1947, in der innerkatholischen Konkurrenz der Verbände und Vereine. Von den Kolpingsfamilien im Bistum Münster organisierte Veranstaltungen für Frauen waren in den 1950er Jahren sehr gut besucht, erregten aber Ärgernis unter anderem bei den Frauenverbänden[857].

Generell kann für das Kolpingwerk in den 1950er Jahren gesagt werden, daß es Opfer der für die Moderne charakteristischen Prozesse von Differenzierung, Spezialisierung und Individualisierung wurde. Die religiöse und die sozialberufsständische Arbeit waren für die Gesellenvereine und Kolpingsfamilien die beiden Standbeine gewesen, das bipolare Fundament sozusagen. Doch die verstärkten Differenzie-

[851] Vgl. I. Teil, Kap. 5.3.
[852] Vgl. vor allem III. Teil, Kap. 4.4.
[853] Vgl. II. Teil, Kap. 4.5.
[854] Vgl. u.a. eine entsprechende Ankündigung im monatlichen Rundbrief Echelmeyers an alle Mitglieder vom April 1936 (Archiv der Kolpingsfamilie Münster-Zentral, Mappe 1930–1940).
[855] Vgl. »Rückblick«, in: Kolpingsfamilie – Monatliche Mitteilungen des Gesellenvereins Münster 11/1932.
[856] Vgl. in diesem Zusammenhang z.B. die Weihnachtsbriefe 1946 von Diözesanpräses Echelmeyer an Kriegerwitwen und Ehefrauen von Vermißten (Archiv des Kolpingwerks Diözesanverband Münster, Coesfeld, Karton 548).
[857] Mdl. Auskunft Johannes Schmithausen, 13.6.1996.

rungsprozesse ließen den Spagat zwischen Kirche und Gesellschaft für das Kolpingwerk zu groß werden. Vereinfacht gesagt, die Maschinen für die Fortbildung wurden immer komplizierter und folglich für Ortsvereine zu teuer, andererseits waren Kolpingssöhne keine Theologen und wollten auch keine sein, selbst wenn sich eine daran interessierte bischöfliche Seite das idealiter so vorstellte. Das Doppelmotto »Gott zur Ehre und den Gesellen zum Vorteil« konnte auf beiden Ebenen weniger und weniger verwirklicht werden. In steigendem Maße jedoch, und das ist die große Ausnahme für jene Zeit, gelang die Lobbyarbeit auf politischem und speziell auf parteipolitischem Gebiet. Hier hatte sich aufgrund veränderter staatlich-gesellschaftlicher und kirchlicher Realitäten ein ganz neues Feld eröffnet, das von weiten Kreisen innerhalb des Kolpingwerks konsequent genutzt wurde.

Franz-Xaver Kaufmann fasst, unter Bezugnahme auf Habermas, Luhmann und Beck, die wesentlichen Elemente soziologischer Modernisierungstheorien in fünf Punkten zusammen: Die Entwicklung funktionsorientierter gesellschaftlicher Teilsysteme, die Ausbildung unterschiedlicher Ebenen sozialer Wirklichkeit, die verstärkte Beweglichkeit derselben gegeneinander, die Ausweitung gesellschaftlicher Komplexität und schließlich die Dezentralisierung von Entscheidungen[858]. Die Kolpingsbewegung, zumal im Bistum Münster, ist in jenen einhundert Jahren des Untersuchungszeitraums in unterschiedlichster Weise Subjekt, Objekt und auch Gegenreaktion der Modernisierung und dieser ihrer Charakteristika gewesen. Ihre Entstehung Mitte des 19. Jahrhunderts war eine bewußte Reaktion gegen die Entstehung von gesellschaftlichen Teilsystemen und unterschiedlichen Sozialebenen sowie deren Beweglichkeit gegeneinander. Die frühe Industrialisierung hatte die Auflösung familialer Strukturen im Handwerk und die folgegemäße Entstehung eines Gesellenproletariats bewirkt. Als Ergebnis dessen und Zeichen der Zeit drohten im ›Gesellenstand‹ die Ebenen Arbeitswelt, Freizeit und religiöses Leben völlig auseinanderzufallen. Die Katholischen Gesellenvereine sollten dem entgegenwirken. In der Ausführung dessen wurden sie dann im Laufe der Entwicklung – paradoxerweise, aber typisch für das Katholische Milieu – Teil und Ausdruck der wachsenden gesellschaftlichen Komplexität. Sie schufen im ständigen Ausbau ihrer Organisation zunehmend Aktionsraum und Wahlmöglichkeiten für ihre Mitglieder, erweiterten durch ihre Bildungsabgebote deren Horizont und boten so indirekt gesellschaftliche Aufstiegschancen. Gegen Ende des Untersuchungszeitraums geriet die Kolpingbewegung dann in den modernen Sog von Unübersichtlichkeit, Komplexität und Dezentralisierung von Entscheidungszentren.

Das alte »Gott zur Ehre und den Gesellen zum Vorteil« drückte in geradezu ›antimoderner‹ Weise die Absicht aus, die unterschiedlichen funktionalen und sozialen Ebenen einer Gruppe der Gesellschaft, der katholischen Handwerksgesellen nämlich, dennoch in einer geschlossenen Lebenswelt zusammenhalten zu wollen. Als dies in den 1960er Jahren zunehmend unmöglich wurde, mußte sich das Kolpingwerk endgültig von sämtlichen Grundlagen der Gesellenvereinsidee verabschieden.

[858] Vgl. Kaufmann, Vatikanum II und Modernisierung, S. 21ff.

Dies darzustellen und zu bewerten bleibt allerdings späteren Zeiten und Arbeiten vorbehalten.

Ein Ausblick mag an dieser Stelle aber gestattet sein. Die letzten vierzig Jahre zeichnen sich, im Gegensatz zu den einhundert Jahren des Untersuchungszeitraums, nicht gerade durch grundlegende Umwälzungen im wirtschaftlichen und politischen Bereich aus. Dennoch hat sich die Geschichte in jener Zeit scheinbar beschleunigt. Medienzeitalter, Informationsgesellschaft, Entideologisierung und Globalisierung sind hier die entsprechenden Stichworte. In den Kategorien der Katholizismusforschung gesprochen befinden wir uns in der Nach-Milieuzeit. Selbst die verbliebenen Rudimente des katholischen Milieus scheinen sich in kürzester Zeit in Luft aufzulösen. Trotz dieser Umstände ist das Kolpingwerk im Bistum Münster in den letzten Jahrzehnten ein bedeutender gesellschaftlicher wie kirchlicher Faktor geblieben. Das ist erstaunlich und einer sorgfältigen Analyse wert, vor allem auch deshalb, weil die kritischen Fragen nach den Grundlagen und Zielen und dem folgend nach der Existenzberechtigung eines katholischen Sozialverbandes von außen wie von innen nicht ab- sondern zunehmen werden.

Bildnachweis, Quellen und Literatur

Bildnachweis

Alle Abbildungen:
Archiv des Kolpingwerks Diözesanverband Münster, Coesfeld; außer:
Abb. 3, 46: Kolpingsfamilie Kleve
Abb. 5, 6: Kolpingsfamilie Emmerich
Abb. 15: Kolpingsfamilie Delmenhorst St. Marien
Abb. 17: Kolpingsfamilie Vreden
Abb. 18, 21: Kolpingsfamilie Raesfeld
Abb. 19, 20: Kolpingsfamilie Bocholt-Zentral
Abb. 42: Kolpingsfamilie Alstätte

I. Ungedruckte Quellen und gedruckte und unveröffentlichte Quellen

Staatsarchiv Münster
- Katholische Verbände Nr. 4
- Oberpräsidium Nr. 1601
- Regierung Münster Nr. 1040

Stadtarchiv Münster
- Stadtregistratur Fach 153

Bistumsarchiv Münster
a) Bestände
- GV Neues Archiv A 101–30
- Sammlung Zeitgeschichte Nr. 70
- Bischöfliches Sekretariat O–783a

b) Deposita
- Pfarrarchiv Epe: Karton 46; Karton 49; Karton 52
- Pfarrarchiv Freckenhorst: A600; Karton 19P
- Pfarrarchiv Warendorf: A750.1; A750.2
- Pfarrarchiv Datteln, St. Amandus: Karton 85/IV,6; Karton 86/V,6b
- Pfarrarchiv Rheinberg, St.Petrus: Karton 40
- Pfarrarchiv Gescher, St. Pankratius: Karton 32; Karton 35; Bündel 1

Archiv des Museum Heimathaus Telgte
a) Bestände
Nr. 26: Mitgliedsbuch des Katholischen Gesellenvereins Telgte1873–1895
Nr. 28: Verzeichnis der activen Mitglieder 1902–1929

b) Deposita
Archiv der Kolpingsfamilie Telgte
Nr. 11.1: Änderungen im Mitgliederbestand vom 3. Dez. 1933– 1. Nov. 1934
Nr. 13.1: Summarische Uebersicht über den Stand der kath. Gesellenvereine in der Diözese Münster Ende 1907

Nr. 13.2: Summarische Uebersicht über den Stand der kath. Gesellenvereine in der Diözese Münster Ende 1908
Nr. 13.3: Summarische Uebersicht über den Stand der kath. Gesellenvereine in der Diözese Münster Ende 1909
Nr. 13.4: Summarische Uebersicht über den Stand der kath. Gesellenvereine in der Diözese Münster Ende 1910
Nr. 13.5: Summarische Uebersicht über den Stand der kath. Gesellenvereine in der Diözese Münster Ende 1911
Nr. 13.6: Summarische Uebersicht über den Stand der kath. Gesellenvereine in der Diözese Münster Ende 1912
Nr. 13.7: Summarische Uebersicht über den Stand der kath. Gesellenvereine in der Diözese Münster Ende 1913
Nr. 13.8: Jahresbericht 1925
Nr. 14.7: Katholischer Gesellenverein zu Telgte, Statistik für das Jahr 1919
Nr. 14.8: Statistik für 1925
Nr. 14.9: Statistik für 1926
Nr. 17.2: Winterprogramm für 1930
Nr. 17.5: Arbeitsplan für den Volkspolitischen Kreis im Kath. Gesellenverein Telgte
Nr. 20.3: Vereinstätigkeitsbericht 1908
Nr. 20.4: Vereinstätigkeitsbericht 1909
Nr. 24.6: Kath. Gesellenhaus e.V. Telgte an das Luftw. Bau-Bataillon II–IV Handorf
Nr. 24.11: Mietvertrag zw. Gesellenverein Telgte und Justizverwaltung Münster
Nr. 42.1: Protokollbuch des Gesellenvereins 1928–1948
Nr. 43.2: Kassenbuch vom April 1914 – Oktober 1928

Archiv des Kolpingwerks Deutscher Zentralverband in Köln
- Akte Deutsche Diözesanangelegenheiten bis 1944
- A87, Briefwechsel

Archiv des Kolpingwerks Diözesanverband Münster in Coesfeld
- Protokollbuch des Kuratoriums Gesellenhaus Münster
- Sammlung Berichte aus der NS-Zeit
- Tagebuch der Diözesanpräsides Hollmann und Kochmeyer, 1876–1922

Karton 15: Diözesan-Vorstand 1952–1967
Karton 18: Akte: Diözesan-Altsenior 1947–1957
Karton 20: Bestand der Gesellenhäuser im Bistum Münster Ende des II.Weltkriegs
Karton 37: Diözesan-Vorstand 1950–58;
Diözesanvorständetagungen des Diözesanverbandes Münster der Deutschen Kolpingsfamilie 1946–1951;
Mitgliederbewegung in der Diözese Münster 1945–1951;
Franz Hölscher: »Ausblick« (masch. Manuskript, 1951)
Karton 103: KolpingsfamilieWerne
Karton 148: Bezirk Beckum
Karton 153: Bezirk Borken
Karton 182: Bezirk Münster
Karton 185: Bezirk Moers
Karton 189: Bezirk Rees
Karton 197: Bezirk Warendorf
Karton 199: Schriftverkehr mit der Zentrale in Köln
Karton 548: Bestände des Gesellenvereins Münster

Archiv der Kolpingsfamilie Altlünen
- Protokollbuch für die Vorstandssitzungen des Katholischen Gesellenvereins Lünen 1903–1908
- Protokollbuch für die Vorstandssitzungen des Katholischen Gesellenvereins Lünen 1910–1919
- Protokollbuch für die Vorstandssitzungen des Katholischen Gesellenvereins Lünen von 1923
- Protokollbuch für die Vorstandssitzungen des Katholischen Gesellenvereins Alt-Lünen 1929–1952
- Protokollbuch für Versammlungen 1929–48
- Jahresberichte Altkolping Alt-Lünen 1934–61
- Versammlungsprotokolle 1948–50

Archiv der Kolpingsfamilie Barßel
Protokollbuch 1933–75

Archiv der Kolpingsfamilie Billerbeck
Chronik 1922–35

Archiv der Kolpingsfamilie Bocholt-Zentral
- »Aus der Vereinsgeschichte« (Auszug aus dem Bocholter Volksblatt vom 4. Juli 1914)
- Rundbriefe des Präses Schmitz an alle Kolpingssöhne vom 22.9.1944 und von Januar 1945
- Josef Kemper (Senior), Bocholt, an Echelmeyer, 15.11.1945
- Interview zwischen Herrn Kaplan Heinz Böcker, Präses der Kolpingsfamilie Bocholt-Zentral und Herrn Wilhelm Thiemann, 10.6.1968

Archiv der Kolpingsfamilie Delmenhorst
- Chronikbuch/Archiv der Kolpingsfamilie Delmenhorst

Archiv der Kolpingsfamilie Epe
- Protokollbuch 1924–1951
- Chronik des kath. Gesellenvereins Epe, begonnen am 28.9.28
- ›Unser Kirchenblatt‹ 1934–36
- Hölscher an die Präsides der Kolpingsfamilien im Bistum Münster anläßlich seiner Ernennung zum Diözesanpräses, Oktober 1947

Archiv der Kolpingsfamilie Marl-Polsum
- Gründungsurkunde des Katholischen Gesellenvereins Polsum vom 3.3.1933

Archiv der Kolpingsfamilie Münster-Zentral
- Mappe 1900–1910
- Mappe 1910–1920
- Mappe 1920–1930
- Mappe 1930–1940
- Chronik der Turnabteilung 1919–1931
- Protokollbuch des Vorstands, 1926–28
- monatlicher Rundbrief des Präses Echelmeyer an die Mitglieder der Kolpingsfamilie Münster, Juli 1935 April 1936
- Protokollbuch 1945–47

Archiv der Kolpingsfamilie Oldenburg-Stadt
- Chronik des katholischen Gesellenvereins Oldenburg Band I (1885–1913)
- Chronik des katholischen Gesellenvereins Oldenburg-Stadt Band II (1914–1922)
- Chronik des katholischen Gesellenvereins Oldenburg-Stadt Band III (1922–1929)
- Chronik der Kolpingsfamilie Oldenburg-Stadt Band III (1937–46)

- Chronik der Kolpingsfamilie Oldenburg-Stadt Band IV (1947–50)
- August Huber: »Wie ich zum Katholischen Gesellenverein kam« (masch. Manuskript)
- Protokollbuch 1928–33
- Protokollbuch 1934–1936

Archiv der Kolpingsfamilie Recklinghausen-Zentral
- Jahrbuch des Katholischen Gesellenvereins zu Recklinghausen 1855–1886, 1902–1914
- Protokollbuch für die Vorstandssitzungen des Gesellenvereins 1902–1914 / 1919
- Chronik des Gesellenvereins 1920–1927
- Protokollbuch des Katholischen Gesellenvereins Recklinghausen 1931–33
- Protokollbuch des Katholischen Gesellenvereins vom 1.1.1934–10.6.1938
- Predigten und Zeitungsausschnitte 1937–1950 / Rundbriefe 1891–1956
- Protokollbuch der Kolpingsfamilie Recklinghausen-Zentral 1948–50

Archiv der Kolpingsfamilie Wessum
- Protokollbuch/Chronik: »Versammlungen und Veranstaltungen seit Bestehen der Deutschen Kolpingsfamilie Wessum«

Privatbesitz
- Protokollbuch der Kolpingsfamilie Lindern 1946–1953

II. Periodika

- Rheinische Volksblätter, 1852–1900
- Kolpingsblatt, 1901–1934
- Mitteilungen für die Vorsteher der Katholischen Gesellenvereine, 1864–1936
- ›Der Führer‹, 1915–1938
- ›Die Kolpingsfamilie‹ – Monatliche Mitteilungen für den Gesellenverein Münster, 1.5.1927–25.5.1935
- ›Kolpingsfamilie‹ – Mitteilungen für die Diözese Münster Nr. 2/November 1947
- Münsterischer Anzeiger, 1.2.31
- Steinfurter Anzeiger, 25.1.31
- Münsterische Morgenpost, 23.2.33

III. Festschriften

- FS 50 Jahre Katholischer Gesellenverein Ruhrort 1905
- FS 50 Jahre Katholischer Gesellenverein Dülmen 1910
- FS 60 Jahre Katholischer Gesellenverein Warendorf 1913
- FS 50 Jahre Katholischer Gesellenverein Rheine 1919
- FS 75 Jahre Katholischer Gesellenverein Beckum 1928
- FS Einweihung des neuen Gesellenhauses und Weihe der neuen Vereinsfahne Datteln 1928
- FS 40 Jahre Katholischer Gesellenverein Dinslaken 1930
- FS 75 Jahre Katholischer Gesellenverein Ahlen 1931
- FS 125 Jahre Kolpingsfamilie Ahlen 1981

IV. Mündliche Auskünfte

- Theo Grünewald, Lünen, 1.12.1995.
- Bernhard Kohlstedte, Münster, 11.6.1996.
- Franz Lüttgen, Köln, 7.3.1995.
- Pfr. i.R. Ostholt-Wipperfeld, Warendorf, 3.6.1996.
- Wilhelm Otto, Lünen, 1.12.1995.
- Johannes Schmithausen, Münster, 13.6.1996.
- Anton Wünnemann, Münster, 15.6.1996.

V. Sekundärliteratur und gedruckte und veröffentlichte Quellen

ALTERMATT, Urs: Katholizismus und Moderne. Zur Sozial- und Mentalitätsgeschichte der Schweizer Katholiken im 19. und 20. Jahrhundert (Zürich, 1989).

AMERY, Carl: Die Kapitulation oder Deutscher Katholizismus heute (Reinbek, 1963).

ARBEITSKREIS FÜR KIRCHLICHE ZEITGESCHICHTE (AKKZG): »Katholiken zwischen Tradition und Moderne. Das Katholische Milieu als Forschungsaufgabe«, in: Westfälische Forschungen 43/1993, 588–654.

ARBEITSKREIS Prof. H. Langenfeld: Vier Aufsätze zur Geschichte der DJK in Münster (Münster, masch. Manuskript 1993).

ARETZ, Jürgen: Katholische Arbeiter-Bewegung und Nationalsozialismus. Der Verband katholischer Arbeiter- und Knappenvereine Westdeutschlands 1923 bis 1945 (= VdKfZg. B, Bd. 25) (Mainz 1978).

BALDAUF, Wolfgang: Zwischen Staatstreue und Widerstand – Katholische Jugend in Münster nach 1933 (Münster, 1983).

BECKMANN, Christof: Kath. Vereinswesen im Ruhrgebiet. Das Beispiel Essen-Borbeck 1900–1933 (Münster, Diss. phil., 1990).

BERGMANN, Jürgen: »Das Handwerk in der Revolution von 1848«, in: Ulrich Engelhardt (Hg.): Handwerker in der Industrialisierung: Lage, Kultur und Politik vom späten 18. bis ins frühe 20. Jahrhundert (Stuttgart, 1984), 320–346.

BÖCKENFÖRDE, Ernst-Wolfgang: Der deutsche Katholizismus im Jahre 1933 (Freiburg i.Br., 1988).

BÖRSTING, Heinrich: Geschichte des Bistums Münster (Bielefeld, 1951).

BÖRSTING, Heinrich: Handbuch des Bistum Münster Bd. 2, Gegenwart (Münster, 1946).

BRAUER, Theodor: Adolf Kolping (=Deutsche Priestergestalten Bd. 1) (Kevelaer, 1935).

BRAUER, Theodor: Der Katholik im neuen Reich. Seine Aufgabe und sein Anteil (München, 1933).

BROCKFELD, Susanne: »Vom ›Arbeitsnachweis-Bureau‹ zum ›Arbeitsnachweisamt‹. Die Arbeitsvermittlung in Münster vom Ende des 19. Jahrhunderts bis zum Ersten Weltkrieg«, in: Franz-Josef Jakobi (Hg.): Stadtgesellschaft im Wandel. Untersuchungen zur Sozialgeschichte Münsters im 19. und 20. Jahrhundert (Münster, 1995), 61–102.

BROSZAT, Martin: Der Staat Hitlers. Grundlegung und Entwicklung seiner inneren Verfassung (München, 1979).

COPELOVICI, Rosa et. al. (Hg.): Soziale Frage und Gesellenverein Teil I: 1846–1852 (= Adolph-Kolping-Schriften, Kölner Ausgabe Bd. 3) (Köln, 1985).

COPELOVICI, Rosa et al. (Hg.): Soziale Frage und Gesellenverein Teil II: 1852–1858 (= Adolph-Kolping-Schriften, Kölner Ausgabe Bd. 4) (Köln, 1986).

DAMBERG, Wilhelm: »Gesellschaftlicher Wandel und pastorale Planung. Das Bistum Münster und die Synoden von 1897, 1924, 1936 und 1958«, in: Werner Thissen (Hg.): Das Bistum Münster Bd. II (Münster, 1993).

DAMBERG, Wilhelm: Abschied vom Milieu? Katholizismus im Bistum Münster und in den Niederlanden 1945–1980 (= VdKfZ B, Bd. 79) (Paderborn, 1997).

DAMBERG, Wilhelm: Moderne und Milieu (= Geschichte des Bistums Münster Bd. 5) (Münster, 1998).

DENZLER, Georg u. Volker Fabricius: Die Kirchen im Dritten Reich. Bd. 2: Dokumente (Frankfurt/M., erw. Ausg. 1988).

DEUTSCHE KOLPINGSFAMILIE (Hg.): Handbuch der Deutschen Kolpingsfamilie (Köln, 1960).

DIÖZESANSTELLE MÜNSTER DER DEUTSCHEN KOLPINGSFAMILIE (Hg.): Kolping-Bericht 1957–1963 (Münster, 1963).

DIRKS, Walter: »Das Defizit des deutschen Katholizismus in Weltbild, Zeitbewußtsein und politischer Theorie«, in: Hubert Cancik (Hg.): Religions- und Geistesgeschichte der Weimarer Republik (Düsseldorf, 1982), 17–30.

DITT, Karl: »Kultur in Westfalen 1870–1970: Kategorien und Thesen«, in: Westfälische Forschungen 47/1997, 1-29.

DONDERS, Adolf: Vereinsseelsorge als Gegengewicht gegen die materialistische Zeitströmung (Köln, 1917).

EYMELT, Friedrich: »Adolf Kolpings Werk in Norddeutschland: Der Beginn der Organisation«, in: Die Diözese Hildesheim in Vergangenheit und Gegenwart 52/1984, 111–115.

FICKER, Ludwig: Der Kulturkampf in Münster (Münster, 1928).

FISCHER, Conan: Stormtroopers. A Social, Economic and Ideological Analysis, 1929–35 (London, 1983).

FOERSTER, Friedrich Wilhelm: Sexualethik und Sexualpädagogik – Eine Auseinandersetzung mit den Modernen (Kempten/München, 1907).

FÖHLES, Eleonore: Kulturkampf und katholisches Milieu 1866–1890 in den niederrheinischen Kreisen Kempen und Geldern und der Stadt Viersen (Viersen, 1995).

GABRIEL, Karl: Christentum zwischen Tradition und Postmoderne (= Quaestiones Disputatae 141) (Freiburg, 1992).

GEMEINNÜTZIGKEIT und Steuerrecht – Richtlinien für Anträge der Kolpingshäuser auf Anerkennung der Häuser als gemeinnützige Einrichtungen. Sonderdruck aus »Mitteilungen für die Präsides« 2/1950.

GENERALSEKRETARIAT DES VERBANDES KATHOLISCHER GESELLENVEREINE (Hg.): Kolpingskalender 1925 (Köln, 1925).

GENERALSEKRETARIAT DES KATHOLISCHEN GESELLENVEREINS (Hg.): Das Programm des Katholischen Gesellenvereines (Köln, 2. Aufl. 1926).

GENERALSEKRETARIAT DES KATHOLISCHEN GESELLENVEREINS (Hg.): Handbuch des Katholischen Gesellenvereins (Köln, 1929).

GOEKEN, Ferdinand: Die Entwicklung des Gewerbes in Münster in Westfalen während des 19.Jahrhunderts (Münster, Diss. iur. 1924).

GOTTO, Klaus u. Konrad Repgen (Hg.): Die Katholiken und das Dritte Reich (Mainz, 3. erw. u. überarb. Aufl. 1990).

GROSINSKI, Klaus: »Katholische Gesellenvereine (KGV) 1846–1945«, in: Dieter Fricke et al. (Hg.): Lexikon zur Parteiengeschichte Bd. 3 (Köln/Leipzig, 1985), 228–240.

GRÜNDER, Horst: » ›Krieg bis auf's Messer‹ – Kirche, Kirchenvolk und Kulturkampf (1872–1887)«, in: Franz-Josef Jakobi / Thomas Küster (Hg.): Geschichte der Stadt Münster Band 2 (Münster, 1993), 131-166.

GRÜNDER, Horst: »Nation und Katholizismus im Kaiserreich«, in: Albrecht Langner (Hg.): Katholizismus, nationaler Gedanke und Europa seit 1800 (= Beiträge zur Katholizismusforschung: Reihe B, Abhandlungen) (Paderborn etc., 1985), 65–87.

HAUNFELDER, Bernd: »Zwischen Widerstand und Anpassung: Zur Rolle der Vereine und Wahlkomitees im politischen Leben des Regierungsbezirks Münster 1848–1866«, in: Westfälische Forschungen 39/1989, 212–231.

HELLER, Andreas (Hg.): Religion und Alltag: interdisziplinäre Beiträge zu einer Sozialgeschichte des Katholizismus in lebensgeschichtlichen Aufzeichnungen (Wien/ Köln 1990).

HÜNERMANN, Wilhelm: Material zu einer kirchlichen und einer weltlichen Feierstunde zum Kolpingsgedenktag 1946 (Köln, 1946).

HÜRTEN, Heinz: »Katholische Verbände«, in: Anton Rauscher (Hg.): Der soziale und politische Katholizismus. Entwicklungslinien 1800–1963 Bd. II (München/ Wien, 1982), 215–277.

HÜRTEN, Heinz: Deutsche Katholiken 1918–1945 (Paderborn etc., 1992).

INSTITUT FÜR BERUFSERZIEHUNG IM HANDWERK an der Universität Köln (Hg.): Die geschichtliche Entwicklung der Handwerkslehre (Köln, 1958).

JASPERS, Karl: Vom Ursprung und Ziel der Geschichte (München, 1949).

KAUFMANN, Doris: »Ein ›Warner gegen die Mächte der Finsternis‹. Pater Friedrich Muckermanns Kampf gegen Bolschewismus und Nationalsozialismus in Münster 1924–1934«, in: Hans-Günter Thien (Hg.), Überwältigte Vergangenheit – Erinnerungsscherben: Faschismus und Nachkriegszeit in Münster i.W. (Münster, 1985), 13–28.

KAUFMANN, Doris: Katholisches Milieu in Münster 1928–1933. (Düsseldorf, 1984).

KAUFMANN, Franz-Xaver: »Zur Einführung: Probleme und Wege einer historischen Einschätzung des II.Vatikanischen Konzils«. In: Franz-Xaver Kaufmann / Arnold Zingerle (Hg.): Vatikanum II und Modernisierung: historische, theologische und soziologische Perspektiven (Paderborn, 1996), 9–34.

KELLER, Michael: Katholische Aktion. Eine systematische Darstellung ihrer Idee (Paderborn, 1933).

KELLNER, Hans-Josef: »Zentrum der Jugend- und Bildungsarbeit. Vom Jugendheim zur Ländlichen Bildungsstätte St. Michael« in: Heimatkalender des Kreises Warendorf 1990, 77–81.

KERTELGE, Michael: Die Bergarbeitergemeinde St. Josef in Selm-Beifang. Ein lokales katholisches Milieu 1933–1945 (Selm 1995).

KOCKA, Jürgen: Arbeitsverhältnisse und Arbeiterexistenzen – Grundlagen der Klassenbildung im 19. Jahrhundert (Bonn, 1990).

KOLPING, Adolph: »Rede auf der 6. Generalversammlung des Katholischen Vereines Deutschlands, Münster, 22.9.1852«, in: Rosa Copelovici et al. (Hg.): Soziale Frage und Gesellenverein Teil II: 1852–1858 (= Adolph-Kolping-Schriften, Kölner Ausgabe Bd. 4) (Köln, 1986), 40–45.

KOLPING, Adolph: »Rede auf der 6. Generalversammlung des Katholischen Vereines Deutschlands, Münster, 23.9.1852«, in: Rosa Copelovici et al. (Hg.): Soziale Frage und Gesellenverein Teil II: 1852–1858 (= Adolph-Kolping-Schriften, Kölner Ausgabe Bd. 4) (Köln, 1986) 45–51.

KOLPING, Adolph: »Für ein Gesellenhospitium«, in: Feierstunde, 2. Jg./Nr. 42 vom 17.10.1852, 177–179.

KOLPINGWERK DIÖZESANVERBAND MÜNSTER (Hg.): 125 Jahre Diözesanverband Münster 1859–1984 (Münster, 1984).

KÖSTERS, Christoph: Katholische Verbände und moderne Gesellschaft. Organisationsgeschichte und Vereinskultur im Bistum Münster 1918 bis 1945 (= VdKfZ B, Bd. 68) (Paderborn etc., 1995).

KRACHT, Hans Joachim: »Erwachsenenbildung und Sozialarbeit im Kölner Gesellenverein (1849–1865)«, in: Annalen des Historischen Vereins für den Niederrhein 177(1975) (= FS Eduard Hegel), 194–216.

KRACHT, Hans Joachim: »Adolph Kolping und die Gründung der ersten Gesellenvereine in Westfalen«, in: Max Bierbaum (Hg.): Studia Westfalica. Beiträge zur Kirchengeschichte und religiösen Volkskunde Westfalens (= FS Alois Schröer) (Münster, 1972), 195–213.

KREY, Ursula: Vereine in Westfalen 1840–1855. Strukturwandel, soziale Spannungen, kulturelle Entfaltung (Paderborn, 1993).

KRIMMER, Ansgar: Der Katholische Gesellenverein in der Diözese Rottenburg 1852–1945 (= VdKfZG B, Bd. 66) (Paderborn etc., 1994).

KROES, Heinrich: »Aufrechtes Handeln Werner Kolpingssöhne – die Auflösung der Kolpingsfamilie im Jahr 1935 durch die Nationalsozialisten«, in: 100 Jahre Kolpingsfamilie Werne – Unser Auftrag für die Zukunft (Werne, 1993), 65–87.

KUROPKA, Joachim (Bearb.): Meldungen aus Münster: 1924–1944; geheime und vertrauliche Berichte von Polizei, Gestapo, NSDAP und ihren Gliederungen, staatlicher Verwaltung, Gerichtsbarkeit und Wehrmacht über die politische und gesellschaftliche Situation in Münster (Münster, 1992).

KÜSTER, Thomas: Alte Armut und neues Bürgertum. Öffentliche und private Fürsorge in Münster von der Ära Fürstenberg bis zum Ersten Weltkrieg (1756–1914) (Münster, 1995).

LAHRKAMP, Beatrix: »Zur Auseinandersetzung zwischen katholischer Kirche und Nationalsozialismus im Münsterland – Eine Analyse kirchlicher Erlebnisberichte«, in: Westfälische Zeitschrift 136 (1986), 111–177.

LEUKER, Franz u. Maria-Theresia: »Gemeindeseelsorge und Vereinsarbeit in der Propsteipfarre St. Remigius während des Nationalsozialismus«, in: Horst Kerst (Hg.): 1200 Jahre St. Remigius Borken (Borken, 1983), 153–161.

LÖFFLER, Peter: Bischof Clemens August Graf von Galen. Akten, Briefe und Predigten 1933–1946, Bd. 1: 1933–1939 (= VdKfZ A, Bd. 42) (Mainz, 1988).

LÖFFLER, Peter: Bischof Clemens August Graf von Galen. Akten, Briefe und Predigten 1933–1946, Bd. 2: 1939–1946 (= VdKfZ A, Bd. 43) (Mainz, 1988).

LONGERICH, Peter: Die braunen Bataillone. Geschichte der SA (München, 1989).

LOTH, Wilfried: Katholiken im Kaiserreich (Düsseldorf, 1984).

LÜTTGEN, Franz: Johann Gregor Breuer und Adolph Kolping – Studien zur Frühgeschichte des Katholischen Gesellenvereins (Paderborn, 1997).

MOOSER, Josef: »Das katholische Vereinswesen in der Diözese Paderborn um 1900 – Vereinstypen, Organisationsumfang und innere Verfassung«, in: Westfälische Zeitschrift 141 (1991), 445–461.

MOOSER, Josef: »Das katholische Milieu in der bürgerlichen Gesellschaft. Zum Vereinswesen des Katholizismus im späten Deutschen Kaiserreich«, in: Olaf Blaschke u. F.-M. Kuhlemann (Hg.): Religion im Kaiserreich (Gütersloh, 1996), 59–92.

MORSEY, Rudolf (Bearb.): Die Protokolle der Reichstagsfraktion der Deutschen Zentrumspartei 1920–1925 (Mainz, 1981).

MORSEY, Rudolf: »Die deutschen Katholiken und der Nationalstaat zwischen Kulturkampf und Erstem Weltkrieg«, in: Historisches Jahrbuch 90 (1970), 31–64.

MUCKERMANN, Friedrich: Im Kampf zwischen zwei Epochen. Lebenserinnerungen. (= VdKfZ A, Bd. 15) (Mainz, 1973).

MURBÖCK, Jakob: Der kath.[olische] Gesellenverein in seinem Verhältnis zur Jugend- und Standesbewegung (München, 1921).

NATTERMANN, Johannes: »Der Gesellenverein seit 1923«, in: Hertha Siemering (Hg.): Die deutschen Jugendverbände (Berlin, 3. Aufl. 1931) 193–197.

NATTERMANN, Johannes: Der Gesellenverein als Volkshochschule (Köln, 1921).

NATTERMANN, Johannes: Gesellenverein und Demokratie (Köln 1928).

NIENHAUS, Frank: Zwischen Kirchenglocken und Werkssirenen (In Vorbereitung).

NIPPERDEY, Thomas: Deutsche Geschichte 1800–1866 (München, 6. Aufl.1993).

NIPPERDEY, Thomas: Deutsche Geschichte 1866–1918. Bd. 2: Machtstaat vor der Demokratie (München, 1992).

O.V.: Der katholische Gesellenverein in seiner sozialen Bedeutung (Köln, 2. Aufl. 1911).

OLLIGES-WIECZOREK, Ute: Politisches Leben in Münster – Parteien und Vereine im Kaiserreich (1871–1914) (Münster, 1995).

PANZER, Georg: »Wiedererweckung des Volkstums«, in: Hochland 17.1/1919–20, 235–238.

PÜNDER, Tilman: Münsters Entwicklung im 19. Jahrhundert (Münster, 1995).

RAEM, Heinz-Albert: Katholischer Gesellenverein und Deutsche Kolpingsfamilie in der Ära des Nationalsozialismus (= VdKfZG B, Bd. 35) (Mainz, 1982).

RAUSCHER, Anton: »Die personale Struktur des gesellschaftlichen Lebens. Gustav Gundlach und sein Beitrag zur katholischen Soziallehre«, in: Karl Dietrich Bracher et al. (Hg.): Staat und Parteien. Festschrift für Rudolf Morsey zum 65. Geburtstag (Berlin, 1992), 333–344.

RENSING, Franz: »Clemens August Graf von Galen als Kuratus von St.Clemens und Kolpingspräses in Berlin«, in: Paulus und Liudger. Ein Jahrbuch aus dem Bistum Münster (2/1948), 28–36.

RIDDER, Bernhard: Die Deutsche Kolpingsfamilie in ihren Diözesanverbänden (Köln, 1960).

RÖMER-KRUSEMEYER, Maria: Adolf Donders (Münster, 1949).

RUFF, Mark E.: »Katholische Jugendverbände und die Erosion des Katholischen Milieus im Erzbistum Köln, 1945–1962« (Leipzig, masch. Manuskript 1996).
RUSTER, Thomas: Die verlorene Nützlichkeit der Religion. Katholizismus und Moderne in der Weimarer Republik (Paderborn etc., 1994).
SCHAAP, Klaus: Die Endphase der Weimarer Republik im Freistaat Oldenburg 1928–1933 (Bonn, Diss. phil. 1975).
SCHÄFFER, Sebastian: Adolph Kolping – Sein Leben und Werk (Köln, 1. Aufl. 1880).
SCHARF-WREDE, Thomas: Das Bistum Hildesheim 1866–1914 (= Quellen und Studien zur Geschichte des Bistums Hildesheim Bd. 3) (Hannover, 1995).
SCHELER, Max: »Soziologische Neuorientierung und die Aufgabe der deutschen Katholiken nach dem Krieg – Teil IV«, in: Hochland 6/1916, 257–294.
SCHEMATISMUS für die Diözese Münster 1914
SCHEMATISMUS für die Diözese Münster 1925.
SCHEMATISMUS für die Diözese Münster 1932.
SCHEMATISMUS für die Diözese Münster 1947
SCHILDT, Gerhard: Die Arbeiterschaft im 19. und 20. Jahrhundert (= Enzyklopädie Deutscher Geschichte Bd. 36) (München, 1996).
SCHMOLKE, Michael: Adolph Kolping als Publizist. Ein Beitrag zur Publizistik und zur Verbandsgeschichte des deutschen Katholizismus im 19. Jahrhundert (Münster, 1966).
SCHMOLKE, Michael: »Adolph Kolping (1813–1865)«, in: Jürgen Aretz/ Rudolf Morsey/ Anton Rauscher (Hg.): Zeitgeschichte in Lebensbildern Bd. 3 (Mainz, 1979), 36–49.
SCHNORBUS, Ursula: »Bericht des Pfarrers Wigger über das kirchliche Leben in Coesfeld während der NS-Zeit«, in: Geschichtsblätter des Kreises Coesfeld 19(1994), 135–147.
SCHOLDER, Klaus: Die Kirchen und das Dritte Reich Bd. 1 (Frankfurt a.M./ Berlin, 1977).
SCHOLDER, Klaus: Die Kirchen und das Dritte Reich Bd. 2 (Frankfurt a.M/ Berlin, 1980).
SCHOLDER, Klaus: Die Kirchen zwischen Republik und Gewaltherrschaft. Gesammelte Aufsätze. Hg.v. Karl Otmar von Aretin u. Gerhard Besier (Berlin, 1988).
SCHRÖER, Alois: »Das Kolpingwerk in Münster 1852 bis 1977«, in: Kolpingwerk Diözesanverband Münster (Hg.): Europa in Freiheit. Wir bauen mit – 125 Jahre Kolpingwerk in der Diözese Münster (Münster, 1977) 97–107.
SCHULTE-UMBERG, Thomas: Zum Altare Gottes will ich treten (Münster, Diss.theol. 1998).
SCHULZE, Willy: »Zur Geschichte der Deutschen Jugendkraft bis 1935 im oldenburgischen Teil des Bistums Münster«, in: Jahrbuch Oldenburger Münsterland 1996, 173–182.
SCHWANK, Willi: Die Turn- und Sportbewegung innerhalb der katholischen Kirche Deutschlands im 19. und 20. Jahrhundert unter besonderer Berücksichtigung der Gesellen- und Jugendvereine (Freiburg/Schweiz, Diss. Phil. 1977).
SMULA, Hans-Jürgen: Milieus und Parteien. Eine regionale Analyse der Interdependenzen von politisch-sozialen Milieus, Parteiensystem und Wahlverhalten am Beispiel des Landkreises Lüdinghausen 1919 bis 1933 (Münster, 1987).
SOWADE, Herbert: »Wachstum, Grenzen und Gestalt des Bistums Münster«, in: Werner Thissen (Hg.): Das Bistum Münster Bd. 2 (Münster, 1993), 319–362.
SPERBER, Jonathan: Popular Catholicism in Nineteenth-Century Germany (Princeton/N.J., 1984).
STASIEWSKI, Bernhard (Bearb.): Akten deutscher Bischöfe über die Lage der Kirche 1933–1945, Bd. 2 1934–1935 (= VdKfZ A, Bd. 20) (Mainz, 1976).
USSEL, Jos van: Sexualunterdrückung – Geschichte der Sexualfeindschaft (Gießen, 1977).
VEEN, Johannes: Jugendheime (Düsseldorf, 1913).
WAGENER-ESSER, Meike: Geschichte der Caritas im Bistum Münster (Münster, Diss. theol. 1998).
WEISS, Otto: Der Modernismus in Deutschland – ein Beitrag zur Theologiegeschichte (Regensburg, 1995).
WUST, Peter: Die Rückkehr des deutschen Katholizismus aus dem Exil (Nachdruck aus der »Kölnischen Volkszeitung« vom 21. u. 22.5.1924) in: Karl Hoeber (Hg.): Die Rückkehr aus dem Exil. Dokumente der Beurteilung des deutschen Katholizismus der Gegenwart (Düsseldorf, 1926) 16–35.

Register